Jürg Altwegg
Die Republik des Geistes

SERIE PIPER
Band 1130

Zu diesem Buch

Aufklärung und Revolution, 1848, Dreyfus-Affäre, die Volksfront, Okkupation und Résistance, die Entkolonialisierung und der Mai 68: in entscheidenden Momenten der französischen Geistesgeschichte haben die Intellektuellen von Voltaire bis Sartre eine wichtige Rolle gespielt – die Übergänge zwischen Geschichte, Politik und Kultur sind in Frankreich fließender als anderswo. Immer wieder ist der Einfluß der Ideen auf den Gang der Dinge, die sie veränderten, nachweisbar. Altweggs Buch unternimmt es, die Geschichte dieser Ideen und ihre Realisierung (oder Nichtrealisierung) zu beschreiben. Zwei Linien zeichnen sich ab. Einerseits gab es die Linie, die von der Französischen Revolution bis zum Pariser Mai-Aufstand von 1968 reichte, andererseits diejenige, die als kultureller Faschismus in der 2. Hälfte des 19. Jahrhunderts entstand und später in die Kollaboration mit dem NS-Regime führte. Heute weist erstmals seit zweihundert Jahren die politische Entwicklung auf einen republikanischen Konsens hin – unter Ausschluß der Extreme. Die Überwindung der Blöcke, die sich nicht zuletzt in der Tagespolitik abzeichnet, entspricht dem historischen Trend: dem Ausklingen des auf die Revolution von 1789 zurückgehenden Links-Rechts-Schemas.

Jürg Altwegg, geboren 1951 in Zürich, lebt in Genf. Studium der Romanistik, Germanistik und Geschichte. Schreibt seit Jahren regelmäßig für »Die Zeit« und die »Frankfurter Allgemeine Zeitung«, in deren Redaktion er 1986 eintrat. Für seine publizistische Tätigkeit ist Altwegg mehrfach ausgezeichnet worden, 1982 vom Kanton Zürich und 1984 mit einer Medaille des Deutsch-Französischen Journalistenpreises.

Jürg Altwegg

Die Republik des Geistes

Frankreichs Intellektuelle zwischen Revolution und Reaktion

Mit einem Nachwort
zur Taschenbuchausgabe

Piper
München Zürich

ISBN 3-492-11130-0
Neuausgabe 1989
2. Auflage, 5.–8. Tausend Oktober 1989
(1. Auflage, 1.–4. Tausend dieser Ausgabe)

Umschlag: Federico Luci,
unter Verwendung eines Holzstichs nach der Zeichnung
»Der Zar und die Zarin in der Académie Française
am 7. Oktober 1896« von André Brouillet (1896)
(Archiv für Kunst und Geschichte, Berlin)
Foto Umschlagrückseite: Jean-Paul Maeder
Satz: Mühlberger, Augsburg
Druck und Bindung: Clausen & Bosse, Leck
Printed in Germany

Inhalt

I

Das Erbe der Revolution

Am 13. Juli des vorrevolutionären Jahres 1788 fegt ein gewaltiges Gewitter über Frankreich hinweg. Es zerstört praktisch den gesamten Getreideanbau des Landes. Gravierende Versorgungsprobleme sind die Folge, und als am Quatorze Juillet 1789 das Volk die Bastille stürmt, ist die neue Ernte noch nicht eingebracht, der Brotpreis der höchste des ganzen Jahrhunderts, das mit einer Revolution zu Ende geht.

Obwohl materielle Gründe beim Sturz der Aristokratie durch die Bourgeoisie, die mit dem Proletariat eine vorübergehende Allianz einging, eine maßgebliche Rolle spielten, kann die Französische Revolution mit guten Gründen als »Tochter der Aufklärung« bezeichnet werden. Zum Erbe, das sie den späteren Epochen und der Welt hinterließ, gehörte nicht nur der blutige Terror des Gleichheitsgedankens während der Schreckensherrschaft, sondern ebenso die geistige Vorgeschichte der historischen Umwälzungen – die tolerante, aufklärerische und emanzipatorische Philosophie des 18. Jahrhunderts mit ihrem Glauben an die Vernunft und an das Gute im Menschen.

In der Nachfolge von Descartes, der die Möglichkeit der Beherrschung der Natur durch die Wissenschaft aufgezeigt hatte, entwarfen die Philosophen der Aufklärung eine neue Ordnung. Dem ebenso autoritären wie asketischen Ideal von Kirche und Staat im 17. Jahrhundert setzten sie das Prinzip der Vernunft entgegen. Nach 1748 erschienen die grundlegenden philosophischen Standardwerke, von Montesquieus *Esprit des lois* (Vom Geist der Gesetze) über Rousseaus *Emile*, den *Contrat social* (Gesellschaftsvertrag) und den *Discours sur l'inégalité* (Diskurs über die Ungleichheit) sowie den Schriften von Buffon und Diderot bis zu Voltaire, der die Macht, die bei

Montesquieu noch ganz der Aristokratie vorbehalten bleibt, der Großbourgeoisie geben wollte. Rousseau schlug sich vorbehaltlos auf die Seite der Schwachen. In seinem Gesellschaftsentwurf liegt die Macht rechtmäßig beim Volk. Deshalb muß der Staat den Mißbrauch des Individualbesitzes eindämmen und mit seiner Gesetzgebung zu Steuer- und Erbschaftsfragen das soziale wie politische Gleichgewicht schaffen und bewahren. Diese Forderung nach einer progressiven Steuer war die neueste und radikalste Forderung der Aufklärung, und sie brachte Rousseau unweigerlich mit Voltaire und den Enzyklopädisten in Konflikt.

Die verschiedenen Denkströmungen entwickelten sich in einer fast vollständigen Freiheit. Madame de Pompadour, Favoritin des Königs, die über gute Beziehungen zu den Finanzkreisen verfügte, beschützte die Philosophen. Ihr stellten sich am Hofe die Königin und der Thronfolger entgegen. Machault d'Arnouville versuchte, durch die Schaffung eines »Zwanzigsten« die Steuerprivilegien zu mindern und eine gewisse fiskalische Gleichheit einzuführen. Dabei stützte er sich auf die Philosophen, die diesen Schritt forderten; so entstand eine Allianz aufgeklärter Minister und kritischer Denker.

In den Jahren zwischen 1750 und 1763 griff die Regierung nicht ein. Malesherbes, für die Zensur zuständig und selber ein Philosoph, glaubte keineswegs an die Nützlichkeit seiner Funktion. Ohne seinen persönlichen Einsatz hätte die *Enzyklopädie*, die zuvor vom Staatsrat verboten worden war, nicht erscheinen können. Sie wurde 1772 abgeschlossen. Politisch und sozial gibt sie sich gemäßigt. Sie proklamiert den Glauben an den unbegrenzten Fortschritt der Wissenschaft und liest sich wie ein grandioses Monument der Vernunft.

1778 starben kurz nacheinander Rousseau und Voltaire, doch verbreiteten weniger bedeutende Schriftsteller die neuen Ideen, die von Philosophen wie Mably, Raynal, Condorcet weitergedacht wurden. Die philosophische Produktion verlangsamte sich und verflachte, doch bildete sich so etwas wie eine revolutionäre Doktrin heraus.

Die Inhaber der Macht reagierten spät. Ab 1760 befürchtete die »Assemblée du Clergé«, daß mit dem »Glauben auch die Gefühle der Liebe und der Treue für die Person des Staatsoberhaupts erlöschen« würden. Zwischen 1775 und 1789 verbot das Pariser Parlament insgesamt 65 Schriften. In der Begründung einer Zensurmaßnahme heißt es:

»Die Schriftsteller machen sich jetzt daran, alles zu bekämpfen, alles zu zerstören, alles umzustürzen. Wenn sich der systematische Geist, der die Feder dieses Schreibers geführt hat, unglücklicherweise der großen Menge bemächtigen sollte, wäre die Verfassung der Monarchie bald vollständig und endgültig erschüttert, die Vasallen würden sich sogleich gegen den Grundherren erheben und das Volk gegen seinen Souverän.«

1784 ging die Premiere von Beaumarchais' Komödie *Die Hochzeit des Figaro* über die Bühne – gegen den Widerstand von Ludwig XVI. Die Adligen belustigten sich am komödiantisch inszenierten Untergang ihrer eigenen Klasse. »Der ›Figaro‹ hat die Noblesse getötet«, kommentierte Mirabeau später das Ereignis. So überspitzt diese Einschätzung erscheint, formuliert sie doch den Einfluß der Ideen auf den Gang der französischen Geschichte, wie er auch seit der Revolution immer wieder nachgewiesen werden kann, und illustriert das überaus komplexe – und gar nicht so ungleiche – Verhältnis von Geist und Macht.

Die geistigen Errungenschaften der Aufklärung fanden in der »Erklärung der Menschenrechte« vom 26. August 1789 ihren deutlichsten Niederschlag. Mit ihrem universellen Anspruch ging sie erheblich weiter als die englischen und amerikanischen Vorbilder. In der Präambel wird »die Unkenntnis, das Vergessen oder die Mißachtung der Menschenrechte« als »einzige Ursache« für das »öffentliche Unheil« und die »Korruption der Regierenden« bezeichnet, als Ziel »das Glück aller« angestrebt. Siebzehn Artikel sollen es garantieren.

Zuerst ist von der rechtlichen Freiheit und Gleichheit der Menschen die Rede. Soziale Unterschiede müssen gemeinsamen Nützlichkeitserwägungen entspringen. Der zweite Artikel nennt als Zweck jeder politischen Vereinigung die Bewahrung der »natürlichen und unwandelbaren Rechte des Menschen«. Diese Rechte sind die Freiheit, der Besitz, die Sicherheit und das Recht auf Widerstand gegen die Unterdrückung. Dieser letzte Zusatz entstand aus dem Bedürfnis, die Revolution zu legitimieren. In Artikel 4 wird die Freiheit definiert als das Recht »zu tun, was anderen nicht schadet«. Speziell erwähnt werden das freie Recht auf Sprechen, Schreiben, Drucken und Publizieren. Die Einschränkung, daß die ungehinderte Meinungsäußerung die »öffentliche Ordnung« nicht stören dürfe, provozierte den Protest der patriotischen Journalisten. In Nummer 8 der Zeitschrift *Révolu-*

tions de Paris schrieb Loustalot: »Wir sind schnell von der Versklavung zur Freiheit übergegangen, wir marschieren noch schneller von der Freiheit in die Versklavung. Die erste Sorge jener, die danach streben, uns zu befreien, wird sein, die Pressefreiheit einzuschränken oder gar zu ersticken. Unseligerweise ist dieses schändliche Prinzip, daß niemand für seine Überzeugungen behelligt werden könne, wenn nur seine Äußerung die etablierte Ordnung nicht störe, im Schoß der Nationalversammlung geboren worden. Diese Bedingung ist wie ein Gürtel: man kann ihn beliebig lockern oder enger schnallen. Die öffentliche Meinung hat diese Maßnahme erfolglos verworfen; sie wird nun dazu dienen, jeden Intriganten, der einen Posten ergattert hat, auf diesem zu belassen. Man wird den Bürgern nicht mehr die Augen öffnen können über das, was er war, was er tat und was er tun will, ohne daß er sagt, man störe die öffentliche Ordnung ...«

Die Juristen und Realisten der Nationalversammlung gingen bei der Umgestaltung der französischen Wirklichkeit mit den absoluten Grundsätzen von 1789 selbst recht willkürlich um. Doch die neue herrschende Klasse kümmerte sich kaum um diese Widersprüche. Sie war überzeugt, daß sie mit der Verteidigung ihrer Interessen auch den Idealen der Revolution diente. Der kürzlich verstorbene Historiker Albert Soboul sprach zutreffend von den »übertretenen Prinzipien«.

Die wechselnden Schwerpunkte und Formulierungen der sich ablösenden Verfassungen spiegeln die veränderten historischen Notwendigkeiten wider, und damit die neuen Machtverhältnisse. So findet sich in der Fassung von 1793 zusätzlich zum Recht des Volkes auf Widerstand gegen die Unterdrückung ein »Recht zum Aufstand«. Dieser Artikel 35 entstand aus dem Bedürfnis, der kurz zuvor erfolgten Abschaffung der Monarchie eine verfassungsmäßige Grundlage zu geben: »Wenn die Regierung die Rechte des Volkes verletzt, ist der Aufstand für das Volk und für jeden Teil des Volkes heiligste und unerläßlichste Pflicht.«

Die schnelle Verabschiedung dieser Verfassung mit allen Merkmalen einer politischen Demokratie – auf die sich die Republikaner das ganze 19. Jahrhundert hindurch beriefen – sollte den Nationalkonvent vom Vorwurf der diktatorischen Herrschaft reinwaschen. Von den Stimmberechtigten votierten 1 800 000 mit Ja gegen nur 17 000 mit Nein für ihre Ratifizierung; ihre Anwendung wurde jedoch auf die Zeit des Friedens verschoben.

1795 trat ein neues Grundgesetz in Kraft. Darin ist wenige Monate nach dem Aufstand der Pariser Sansculotten das Recht auf Revolte nicht mehr enthalten. Desgleichen fehlen das Recht auf Arbeit, die öffentliche Unterstützung der Armen sowie das Recht auf den schulischen Unterricht. Statt dessen weist es kaum ein Jahr nach dem Sturz von Robespierre eine lange Liste von Bürgerpflichten auf.

Die letzten revolutionären Wellen verebbten nach der Jahrhundertwende; die Veränderungen, die Bonaparte durchsetzte, wurden nicht mehr unter dem Druck des Volkes vorgenommen. Zu den tiefgreifenden Hinterlassenschaften der Revolution gehörte im Anschluß an die Jahrhunderte des Gottesgnadentums, auf das sich die Monarchie stützte, das Bewußtsein von der parallelen Existenz eines weltlichen, modernen, in vielerlei Hinsicht fortschrittlichen Staats in einer konservativen, antiegalitären, katholischen Gesellschaft, die eben nicht identisch waren. Im engeren Bereich des republikanischen Gedankenguts umfaßte das Erbe ebenso die radikale Utopie eines Condorcet wie den Liberalismus der Gironde und die Diktatur der Jakobiner, die demokratische Verfassung von 1793 wie das Zensus-Wahlrecht, das Rousseau den Einzug ins Parlament verwehrt hätte, das parlamentarische Regime des »Directoire« wie die politische Philosophie der Ideologen und zumindest noch den Beginn von Bonapartes Herrschaft: Bis ins Jahre 1804 trugen die Münzen der Nation die Aufschrift *République Française, Empereur Napoléon.*

Auf die Tage des Aufruhrs und der gesellschaftlichen Umwälzungen geht schließlich das politische Links-Rechts-Schema zurück: Es etikettierte ursprünglich die Anhänger und Gegner der Revolution. An diesen Extremen – dem freiheitlichen Geist von 1789 sowie der Schreckensherrschaft des Jahres 1793 – orientiert sich seither in der Politik sowohl die Praxis wie die Philosophie.

Die ungebrochene Faszination der Nachwelt hat nicht nur mit den historischen Erinnerungen und den bleibenden Errungenschaften zu tun – sie ist nicht zuletzt der deutschen Philosophie zu verdanken: Kant, Fichte, Hegel befaßten sich ausgiebig mit den Ereignissen im Nachbarland und schufen eigentlich erst den Mythos der Revolution, auf die Claude Jaquillard in seinem *Adieu à l'Allemagne* – einer Abrechnung mit der deutschen Geschichtsphilosophie – auch die Geburt Deutschlands zurückführt, die er mit »1789 und vor allem 1806« datiert, »als die Napoleonischen Truppen in das Land einfallen und mit den Waffen in der Hand die Ideale der Menschenrechtserklärung verbreiten. In einer ersten Phase bereitet die deutsche Jugend den schönen und beunruhigenden Kindern Jean Jacques Rousseaus einen triumphalen Empfang. Aber die Okkupation ist unerbittlich und 1807/08 hält Fichte in Berlin seine berühmte ›Rede an die deutsche Nation‹. Auf den Chauvinismus Frankreichs antwortet Deutschland mit seinem Nationalismus. Zunächst wird eine Handvoll, schließlich eine Armee von Poeten, Malern, Philosophen die Herausforderung, vor die sie die Geschichte gestellt hat, aufnehmen. In einigen Jahrzehnten überschreiten sie alle Werte, lassen sie grandiose Sterne entstehen, die das Bewußtsein der Menschheit erleuchten. Im Ungewissen ihrer Bibliotheken, von ihrer unauslöschlichen Angst herab, erschüttert von den neuen Wegen, die sie sich durch die Zukkungen ihrer brennenden Subjektivität freilegen, stürmen die Genies der unheilbaren deutschen Wunde himmelwärts, nehmen die Festungen des Absoluten ein, erforschen die Tiefenschichten der Seele, schließen sie den Wahn im Unmaß ihrer Werte, Formen und Konzepte ein.« Die »Metaphysik Fausts« schwebte über Königsberg, Tübingen, Trier, Berlin: Ihn – Faust – verkörperten »der Reihe nach die Brüder Schlegel, Fichte, Tieck, Schelling, Hegel; er bestimmt den Sinn der Doktrinen, die den pietistischen Anspruch ablegen und die Apokalypsen unseres Jahrhunderts vorbereiten«. Hegel – dies der fatale politische Sündenfall – setzte »den Menschenrechten brutal die Rechte der Vernunft entgegen. Im Klartext: Geschichte kontra Individuum. Das rousseauistische Denken wird militant, um die ›Menschen zur Freiheit zu zwingen‹.« Beginnt das Verhängnis des 20. Jahrhunderts tatsächlich mit Hegels Theoretisierung der revolutionären Wahrheit? Anstiftung zum Totalitarismus oder intellektuelles Nachvollziehen, Verarbeiten von bereits Geschehenem?

Seit zweihundert Jahren ist die Geschichte der Revolution und ihrer Rezeption (vor allem auch der politischen Reaktion) die Geschichte einer deutsch-französischen Dynamik, deren politisch-militärische Folgen mehrmals äußerst tragisch und deren geistige Exzesse manchmal nicht weniger dramatisch waren. Anders als in der Heimat der Dichter und Denker war die Epoche des Umbruchs in Frankreich in intellektueller Hinsicht – auf der Ebene der reinen Produktion – eine eher armselige: Die Tochter der Aufklärung hat zwar viel politische Kultur, aber keine großen Werke hervorgebracht.

Im 19. Jahrhundert – in Paris wie in der Provinz insgesamt konservativ geprägt – waren es bezeichnenderweise vorwiegend Historiker der Revolution, die den republikanischen Gedanken in die Politik trugen.

Nach dem Sturz Napoleons sah sich die Restauration als erstes im eigentlichen Sinne konterrevolutionäres und reaktionäres Regime mit der Revolution und der Verarbeitung ihres historischen Erbes konfrontiert. Unter Ludwig XVIII. wird im Artikel 11 der Charte vom 4. Juni 1814 eine noch immer bedenkenswerte Bestimmung aufgenommen: »Jedes Nachforschen nach Meinungen und Stimmabgaben vor der Wiederherstellung des Königtums ist verboten. Dieses Vergessen ist auch den Gerichten und den Bürgern auferlegt.« Diese Maßnahme entsprach keineswegs dem Voltaireschen Geist der Forderung nach Meinungsfreiheit für Andersdenkende und Oppositionelle – sie entsprang ausschließlich politischem Kalkül und sollte der inneren Befriedung dienen. Dahinter steckte noch ein anderer Grund: Die früheren Meinungen wurden für unverbindlich erklärt, galten als närrisch. Dies war wahrscheinlich der geschickteste Schachzug der Restauration gegen die explosive Hinterlassenschaft der Revolution. Denn mit zeitgenössischen Meinungsäußerungen nahm es das ultrareaktionäre Regime sehr ernst: im Juni 1820 wurde die Zensur wieder eingeführt und zwei Jahre danach ein Gesetz erlassen, das der Regierung erlaubte, Zeitungen, deren Tendenz ihr mißfielen, zu verbieten.

Der kurze Aufstand von 1830 orientierte sich in differenzierter Weise am Vorbild der Großen Revolution: Wie ließ sich 1789 wiederholen, ohne die Auswüchse von 1793 aufs neue heraufzubeschwören? Die Furcht der Aufständischen vor der Republik, die mit dem Jakobinertum identifiziert wurde, brachte – der Historiker François Furet spricht vom »ersten Versuch einer Synthese der Revolutionsgeschichte« – die Monarchie der Orléans an die Macht. Doch Männer wie Chateaubriand und Tocqueville waren überzeugt, daß dem, was sie Demokratie, nicht Republik nannten, die Zukunft gehörte. Unter der Herrschaft der Orléans manifestierten sich die ersten Ansätze des französischen sozialistischen Denkens.

Die neue Monarchie währte bis 1848. Die Zweite Republik, die aus dem Aufstand der Pariser Revolutionäre hervorging und deren Regierung der Schriftsteller Lamartine vorstand, erließ Maßnahmen, die unverkennbar die Handschrift der Großen Revolution trugen:

allgemeines Wahlrecht, Wiederherstellung der Pressefreiheit, Abschaffung der Todesstrafe und der Sklaverei. Die von Cavaignac im Juni 1848 brutal niedergeschlagene Revolte der unter der Wirtschaftskrise leidenden Arbeiter ließ den Graben zwischen Bourgeoisie und Proletariat, die 1789 zu einer Art Allianz gegen die Aristokratie zusammengefunden hatten, endgültig unüberbrückbar werden. Im Mai 1849 gewannen die Orléanisten, Legitimisten und Katholiken die Wahlen. Sie schlossen sich zur »Partei der Ordnung« zusammen und ergriffen reaktionäre Maßnahmen gegen den liberalen, fortschrittlichen »Geist von 1848«. Am 2. Dezember 1851 löste Louis Napoléon Bonaparte, der drei Jahre zuvor – am 10. Dezember 1848 – zum Präsidenten gewählt worden war, mit einem Staatsstreich die Nationalversammlung auf. Der Widerstand wurde niedergeschlagen, die Republikaner und Sozialisten verhaftet oder ins Exil gezwungen. Im Jahr darauf konnte sich der legal gewählte Staatspräsident zum Kaiser Napoleon III. ausrufen lassen. Wieder war die Republik als Tochter der Revolution gescheitert und hatte zur breit abgestützten Diktatur geführt.

Erst nach 1870 konnte sich eine republikanische Staatsform in Frankreich auf Dauer einrichten: Der Mythos des Bonapartismus war am Ende, nicht anders erging es dem Jakobinertum nach der Repression gegen die Pariser Kommune. Die Royalisten zersplitterten sich in Dynastiestreitigkeiten. Die Republik wurde nach den Worten von Thiers »das Regime, das am wenigsten spaltet«. Dennoch war ihr Aufkommen nicht nur der momentanen Konjunktur zuzuschreiben – sie konnte sich auf eine Ideologie, zumindest auf eine Anzahl Ideen und Überzeugungen, wie den Glauben an den Fortschritt, stützen.

Führende Männer der Dritten Republik waren wiederum brillante Intellektuelle, die aus verschiedenen Richtungen kamen. Gambetta und Jules Ferry waren Demokraten, aber auch Positivisten. Gleiches galt für Emile Littré, den Begründer des berühmten Wörterbuchs. Obwohl der Philosoph Auguste Comte die Souveränität des Volkes als »metaphysisches Dogma« ablehnte, war die Republik durchaus mit seinen Ideen vereinbar. Aus der intellektuellen Tradition von Condorcet bis Comte und dem revolutionären Erbe, das mit der Nation versöhnt wurde, entstand eine Zivilisation der Republik; politischer und wissenschaftlicher Fortschritt galten als Synonyme.

Der missionarische Eifer gegen die Kirche – noch war das gescheiterte Ziel der Revolution, die Entklerikalisierung des Landes, nicht aus dem republikanischen Visier gerückt – verlagerte sich nun auf die Schule, die unter dem Minister Jules Ferry weltlich und obligatorisch wurde. 1889 feierte Paris mit einer Weltausstellung den ersten Zentenar der »Révolution française«. Er hinterließ der Welt den Eiffelturm.

Die Dritte Republik überlebte sowohl die Dreyfus-Affäre als auch den Ersten Weltkrieg. An ihrem Ende standen – wie schon bei ihrem Beginn – die schmachvollsten Niederlagen in der Geschichte Frankreichs: gegen Deutschland, 1870 und 1940.

Die Zeit der Okkupation war nicht einfach ein bedrückendes Warten auf die Befreiung von der Nazi-Fremdherrschaft – der amerikanische Politologe Stanley Hoffmann hat das Vichy-Regime als »letzte französische Konterrevolution« bezeichnet. Seine aktive Gesellschafts- und Kollaborationspolitik war von der rechtsextremen »Action française« inspiriert, deren geistiger Führer, der Schriftsteller Charles Maurras, stets behauptet hatte, die Revolution von 1789 sei nicht »französisch«, sondern das Werk von Juden, Protestanten, Freimaurern und sonstigen »Fremden« gewesen. Die antirepublikanische Intelligenz nahm Rache an den Ideen der Aufklärung. Auf die antifaschistischen Emigranten in Frankreich wurde eine gnadenlose Hetzjagd veranstaltet.

Nach vier Jahren Faschismus, der nicht nur ein importierter war, gestaltete sich der Übergang zur Vierten Republik ziemlich blutig. Er erinnert in vielem an den Terror von 1793. »Revolutions-« und »Volksgerichte« ließen ohne juristische Legitimation über 10 000 Todesurteile vollstrecken. Offizielle Gerichte verhängten über mehr als 120 000 Personen Strafen wegen Kollaboration. Zu den Verurteilten gehörten einige hundert Schriftsteller. Die Strafe für Charles Maurras lautete auf lebenslängliches Gefängnis, Robert Brasillach wurde erschossen. Bestimmte Maßnahmen der Amnestiebestimmungen erinnern an den Charte-Paragraphen von 1814 und 1830. So wurde zum Beispiel den Zeitungen verboten, über die Vergangenheit von Leuten zu berichten, die bereits ein ordentliches Verfahren hinter sich hatten.

Nach diesen kurzen Prozessen wurde die unrühmliche Vergangenheit hinter dem Glorienschein der Résistance, die Angelegenheit einer kleinen Minderheit gewesen war und zum Synonym für die Ehre der

Republik wurde, verdrängt. Sie diente der Nachkriegsgesellschaft als rhetorisches Fundament. Im kulturellen Lager dominierten die sehr dogmatischen, auf Moskau eingeschworenen Kommunisten, auf die sich nach 1945 fast die gesamte geistige Aktivität konzentrierte. Ihnen gegenüber standen die Gaullisten als Repräsentanten der politischen Macht nach 1944 und vor allem seit dem Beginn der Fünften Republik. Das waren die beiden führenden Kräfte im Frankreich der Jahre nach 1944. Die Kolonialkriege verstärkten und verlängerten dieses Schema: Kommunisten und Intellektuelle standen (von wenigen Ausnahmen abgesehen) gemeinsam auf der Seite des Friedens und der Freiheit. Die Krise, die im Frühjahr 1968 ausbrach, hatte ihre Ursache in der Unruhe des studentischen Milieus. Die Revolte linksextremer Gruppierungen gegen die »Konsumgesellschaft« nahm schnell ein sehr viel breiteres Ausmaß an als die Studentenproteste in anderen Ländern. Gegen den Willen der Kommunistischen Partei und ihrer Gewerkschaft, der CGT, schlossen sich Millionen von Arbeitern dem Aufstand an. Streiks lähmten praktisch das gesamte Land, und die Staatsgewalt schien die Kontrolle über die Ereignisse zu verlieren. Charles de Gaulle flüchtete vorübergehend ins Exil nach Baden-Baden. François Mitterrand und Pierre Mendès-France hielten die Stunde der Opposition für gekommen. Am 27. Mai unterzeichnete Premierminister Georges Pompidou mit den Gewerkschaften das »Grenelle«-Abkommen, das den sozialen Forderungen stark entgegenkam und damit zu einer Beruhigung der Lage beitrug, obwohl die Basis der streikenden Arbeiter es als ungenügend ablehnte. Drei Tage später nahm de Gaulle die Situation energisch in die Hand: Er erklärte, daß er nicht zurücktreten werde, und löste das Parlament auf. Die Wahlen vom 23. und 30. Juni brachten der politischen Rechten einen überwältigenden Sieg. Pompidou, der de Gaulle die Macht gerettet hatte, wurde als Regierungschef durch Maurice Couve de Murville abgelöst.

Im folgenden Jahr desavouierten die Franzosen den Staatspräsidenten, der den Gesetzentwurf über eine Regionalisierung des Landes mit der Vertrauensfrage verknüpft hatte, in einem Referendum. Nach der verlorenen Abstimmung trat de Gaulle am 27. April 1969 von seinem Amt zurück; er starb im November 1970. Im Juni 1969 hatten die Franzosen Georges Pompidou zu seinem Nachfolger gewählt. Nach dessen Tod, noch vor Ende seiner Amtszeit, wurde Valéry Giscard d'Estaing 1974 französischer Staatspräsident.

Fast gleichzeitig nahm die französische Intelligenz unter dem »Schock Solschenizyn« vom verdrängten stalinistischen Terror und dem Gulag in deren ganzen Ausmaß und Systematik Kenntnis. Aus dieser Erschütterung heraus kristallisierte sich die sogenannte *nouvelle philosophie,* die wesentliche Strömungen des französischen Denkens der Nachkriegszeit aufgriff und eine radikale Totalitarismus- wie globale Utopiekritik entwickelte. Dieser Prozeß, in dessen weiteren Phasen die verdrängte Vergangenheit ins Bewußtsein der Öffentlichkeit zurückkehrte, kam auf Kosten von Marxismus und Kommunismus in Gang, deren spektakulärer Verlust an Einfluß scheinbar paradoxerweise François Mitterrands Wahlsieg von 1981 möglich machte.

Anders als 1936 gelangten die getrennt marschierenden Linksparteien 1981 ohne die Wahlkampfunterstützung der Linksintellektuellen an die Macht: Sie befanden sich nach dem neuphilosophischen Schock in einer Phase der politischen Resignation und des ideologischen Zweifels – Beobachter hatten noch kurz vor Mitterrands Erfolg eine kulturelle Wende nach rechts, die erste seit 1945, ausgemacht. Doch schlagartig holte die allgemeine Freudenexplosion die Linksparteien aus ihrer Abstinenz – allerdings nur vorübergehend. Der Historiker Marc Ferro verkündete das »Ende der Verachtung«, der Philosoph Henri Lefebvre skizzierte die »politische Rolle«, die den Intellektuellen nun zugedacht sei. Michel Foucault sagte in einem Gespräch mit *Libération*: »Es gilt, dem Dilemma des Für oder Gegen zu entkommen. Schließlich kann man dagegen sein und dennoch aufrecht. Mit einer Regierung arbeiten bedeutet nicht Unterwerfung oder völlige Übereinstimmung. Man kann gleichzeitig mitarbeiten und sich sträuben.« Eine von Foucault entworfene Ethik sollte das neue Zeitalter prägen: »Das Denken in Bewegung halten, damit sich die Dinge ändern.« Leicht ephemere »Generalstände der Kultur« propagierten sogar die Versöhnung von Politik und Avantgarde.

Der neue Staatspräsident war umgehend bemüht, seine Nähe zu den Intellektuellen zu demonstrieren. Sie wurden – zum Teil namentlich – aufgerufen, während seiner siebenjährigen Amtszeit, die bis zum Vorjahr der Zweihundertjahrfeier der Revolution dauern wird, Verantwortung und hohe Funktionen zu übernehmen. Jacques Attali, Régis Debray und einige weniger bekannte Theoretiker saßen oder sitzen als enge Berater in den Vor- und Nebenzimmern des Präsidentenbüros im Elysée, wo Arbeitsessen mit Kulturschaffenden aller Gattungen und Kontinente zur Routineangelegenheit geworden sind.

Zum Kulturminister berief das Staatsoberhaupt seinen treuen Gefährten auch in bitteren Zeiten, den ungestümen Jack Lang, der die von Regisseur Serge Moati als großes Spektakel inszenierte, vom Fernsehen in alle Haushalte übertragene Zeremonie von Mitterrands Amtseinsetzung ausgedacht hatte. Der Einzug ins Panthéon zu den Klängen von Beethovens »Neunter« sollte ganz bewußt an die großen nationalen Feste der Revolution erinnern, bei denen der Freiheit, der Einheit der Republik oder auch dem Neuen Menschen gehuldigt wurde. Unverkennbar waren die Anspielungen auf die Festlichkeiten, die am 11. Juli 1791 unter der Regie des Malers David die Überführung der Urne Voltaires ins Pariser Panthéon umrahmt hatten. Mit dem Niederlegen von Rosen an einzelnen Gräbern ehrte der neue Präsident den sozialistischen Zweig der republikanischen Tradition, speziell die Volksfront von 1936, die bis dahin im nationalen Bewußtsein wenig präsent und durchaus ein bißchen suspekt war – nicht zuletzt weil man sie völlig zu Unrecht für die Niederlage von 1940 verantwortlich gemacht (und Pétain deswegen Léon Blum ins Gefängnis geworfen) hatte.

Mitterrand war aber auch schnell bemüht zu zeigen, daß er sich als Präsident aller Franzosen – der ganzen Nation – fühlt. Nichts illustrierte diesen Anspruch deutlicher als die Tatsache, daß er 1982 alle im Zusammenhang mit dem Algerienkrieg verurteilten Bürger begnadigte und obendrein rehabilitierte. Unter diese Amnestie fielen sowohl Armeeangehörige und Beamte, die sich aus Opposition gegen die Entkolonialisierung Terrororganisationen angeschlossen hatten, als auch die Generäle, die gegen de Gaulle einen Putsch versucht hatten. Der Schlußstrich unter den Algerienkrieg und seine Folgen, der als jüngstes Beispiel die Integration auch ungeliebter Episoden in die Geschichte Frankreichs veranschaulicht, erschien um so gewichtiger, als ihn Mitterrand gegen die Opposition der linken Intelligenz – Simone de Beauvoir kritisierte »Prämien für politische Verbrecher« – und den Willen seiner eigenen Partei (wie auch der Kommunisten) durchsetzte. Angesichts des Widerstands griff er sogar auf die Sondervollmachten des Staatspräsidenten zurück (die das Parlament zur Akklamationsmaschine reduzieren). Der selbstherrliche, geradezu monarchistische Umgang der Exekutive mit der Legislative ist republikanische Tradition. De Gaulle ließ die Wahlkreise, in denen nach dem Majoritätsprinzip gewählt wird, so zurechtschneidern, wie es seiner Herrschaft nützlich war, und Mitterrands Reform des Städte-Statuts war eindeutig gegen die Bastion des Oppositionsführers Jacques Chirac, des Bürgermeisters von Paris, gerichtet. Solche Maßnahmen, die bei den Betroffenen stets heftigen Protest hervorrufen – Mitterrand bezichtigte de Gaulle in Anlehnung an die Ereignisse vom 2. Dezember 1851 des »permanenten Staatsstreichs« –, gelten als legitim und als durchaus republikanisch.

Das spektakulärste Beispiel für die Präsenz des aufgeklärten humanistischen Erbes in der Fünften Republik der Sozialisten stellt zweifellos die Abschaffung der Todesstrafe dar. Die Revolution hatte ihre Anwendung ohne Folter verkündet. Über zweihundert Jahre hitziger Debatten, die großartige Plädoyers von Victor Hugo bis Albert Camus hervorbrachten, führt eine direkte Linie von der Guillotine, die endlich außer Gebrauch gekommen ist und bald – nach einer emotionalen Schonfrist – im Museum gezeigt werden soll, über die kurzlebige Zweite Republik, die die Todesstrafe für politische Verbrechen abschaffte, zu Mitterrand, der die Maßnahme gegen die Mehrheit der Bevölkerung, jedoch mit zahlreichen Stimmen der Opposition durchsetzte – es war sein erster wirklicher Beitrag zum Fortschritt der französischen Zivilisation. In einem anderen Bereich mit republikanischen Präzedenzien allerdings hat er der zunehmend fremdenfeindlichen Stimmung nachgegeben: Das auf lokale Angelegenheiten beschränkte Stimmrecht für Ausländer – ein Wahlversprechen von 1981 – wird nicht (wieder) eingeführt. Es war 1793 auf nationaler Ebene allen, die ihren Wohnsitz seit mindestens einem Jahr in Frankreich hatten, zuerkannt worden und wurde auch 1848 wieder hergestellt; damals überlebte es die Rückkehr der Reaktion und war bis 1871 in Kraft.

Neben diesen – manchmal gebrochenen – Kontinuitäten weist Frankreichs Verhältnis zur eigenen Vergangenheit vielerlei Konflikte und Brüche auf, doch ist es ein überaus vitales, dynamisches, und die Geschichte zumindest seit der Revolution in der Politik ständig präsent.

Die Wachablösung von Giscard zu Mitterrand hatte in ihren tiefen Veränderungen wie in den oberflächlichen Begleiterscheinungen erneut gezeigt, daß ein Präsidentenwechsel eben mehr als ein Regierungswechsel ist – die Republik nicht durchgängig demokratisch funktioniert. Die Revolution hat den König getötet, doch jeder neue Mann im Elysée erneuert mit einer großzügigen Amnestie für Straffällige die Erinnerung an die Monarchie, die auch im Zeremoniell ihre Spuren hinterlassen hat. Bei der Abwahl Giscards, der sich wie der *Roi Soleil* gebärdet und im Amt persönlich bereichert hatte, mag sogar die Lust am Königsmord mitgewirkt haben.

Daß der Übergang trotz allem weitgehend problemlos verlief, unterstreicht die Stabilität der französischen Republik (Mehrheitswahlrecht/Präsidialsystem), deren Institutionen sich inzwischen so fest etabliert haben, daß sie einen Rechts-Links-Wechsel zu verkraften vermögen – und ebenso eine oppositionelle, von Revanchegefühlen durchdrungene Agitation, deren haßerfüllte Tiraden, die manchmal an rhetorischen Bürgerkrieg grenzen, unter allen früheren republikanischen Verfassungen eine permanente Regierungskrise ausgelöst hätten.

Diese Stabilität kontrastiert mit der tiefen kulturellen Umwälzung – dem Verzicht auf den Marxismus als der seit 1945 dominierenden Ideologie –, die die Periode kennzeichnet und die bereits unscharfe Konturen eines neuen Zeitalters erkennen läßt. Zum Zeitpunkt der Präsidentschaftswahlen fragte die Buchzeitschrift *Lire* – allerdings aus Anlaß des ersten Todestags von Jean-Paul Sartre, dessen Ableben eine immense Leere hinterlassen hatte – die Meinungsmacher der »République des Lettres« nach den einflußreichsten französischen Intellektuellen. Eine Überraschung stellte die Rangfolge gewiß nicht dar: die Spitze teilt sich ein Trio mit Claude Lévi-Strauss, Raymond Aron und Michel Foucault, gefolgt von Jacques Lacan, Simone de Beauvoir, Marguerite Yourcenar, Fernand Braudel und einem Feld von weiteren 35 Personen, die schon bedeutend weniger Stimmen erhalten haben. Die Rangliste spiegelt den Rückgang der Marxisten (mit nur drei von 42 Plazierten: Aragon, Althusser, Bourdieu) und das Gewicht der Institutionen, die noch nie so mächtig waren. Der Vormarsch der Universitätsprofessoren, die oft schlecht schreiben, es jedoch gewohnt sind, sich direkt vor Publikum zu artikulieren, mag mit dem Triumph der audiovisuellen Medien, deren Diktatur Régis Debray bisher am schärfsten kritisierte, zu tun haben: in der Arena des Fernsehens treten sie viel wirkungsvoller auf als die Schriftsteller. Allerdings handelt es sich zumindest bei den Spitzenreitern der *Lire*-

Liste, die selber nicht weniger typisch ist für die Veränderungen des französischen Kulturlebens, ausschließlich um Gelehrte, die ausgezeichnete Publizisten sind.

Doch Leute wie Gide und Bernanos, Malraux, Sartre und Camus, aber auch Zola, Voltaire, Victor Hugo, die als freie Schriftsteller selber zu einer Institution wurden und so etwas wie das bessere Gewissen der Nation verkörperten, sogar für eine Moral standen, gibt es heute nicht mehr – mit Sartre ist, zwei oder drei Jahre vor Aragon, der *grand écrivain* offenbar endgültig gestorben. Parallel zum Siegeszug der Geisteswissenschaften, die seit dem Ende des Zweiten Weltkriegs die Literatur an allen Fronten zurückdrängten und die Philosophie in eine tiefe Krise stürzten, haben die Imperative »Wissenschaftlichkeit« und »Spezialisierung« triumphiert. Sie repräsentieren ein wertfreies analytisches Wissen, das keine Stellung mehr bezieht. Der im besten Sinne undisziplinierte – alles überstrahlende, alles kommentierende – Intellektuelle, den am auffälligsten Sartre personifizierte, hat einer Elite von Experten, die jeweils eine Disziplin vertreten, Platz gemacht; die einer politischen Ethik, einem moralischen Engagement verpflichtete Polemik ist der sachlichen Analyse gewichen.

Diese Entwicklung hätte eigentlich zwischen den Inhabern der politischen Macht und den Intellektuellen einen sachbezogenen Dialog auf Distanz ermöglichen können – gemäß der von Foucault skizzierten Haltung des kritischen Mitmachens ohne totale Übereinstimmung. Statt dessen trat die grundsätzliche Diskrepanz, die beide Seiten irritierte, deutlich hervor. Auf die kurze Euphorie des Nach-Mai 81 folgte erneut die Hinwendung zu Selbstbesinnung und Neuorientierung – die noch immer alles bewegende Abkehr vom Marxismus wird nach wie vor mit kaum verminderter Heftigkeit vollzogen, ja geradezu zelebriert und bestimmt längst auch die Politik der Sozialisten. Noch zeichnet sich erst unscharf ab, wodurch der Marxismus ersetzt werden soll oder kann – vorerst zieht die Epoche Bilanz, rechnet sie ab. Nachdrucke von Zeitschriften als Dokumente einer Ära erreichen nur zu oft ein Mehrfaches ihrer ursprünglichen Verbreitung. Auch die weiterexistierenden Foren stellen sich der *rétrophilie*, der ein wichtiges Heft der Zeitschrift *Esprit* (Nr. 2, 1984) gewidmet ist. Unter dem Titel »Génération 80, glissements d'époque« faßt das Geleitwort Stimmung und Fakten zusammen: »Das

Ende der siebziger Jahre brachte das Ende der Avantgarde-Logik, die verlangte, daß eine Avantgarde nach der andern kam«, schreibt der Historiker Guillaume Malaurie. »Die Politiker interessieren sich für die Schlüssel des 19. Jahrhunderts (den Liberalismus), die Philosophen für die Menschenrechte. Die Historiker, die neue Forschungsfelder beackern, betreiben das ›Wiederlesen‹. Die Architekten ›rehabilitieren‹. Die Linke holt die alte – einst rechte – europäische Idee hervor. Die großen sozialen Bewegungen, soweit sie überhaupt noch existieren, stützen sich auf traditionelle Werte, wie etwa Amnesty International und ›Médecins sans frontières‹. Letztes Symptom: die Neuentdeckung der Unternehmerdynamik.«

Die vorbildliche sozialistische Kulturpolitik hat vor allem zu mehr Kulturkonsum geführt – die intellektuelle Produktion ist interessant, verwirrend, aufschlußreich, sie läßt Profile erkennen, doch bisher fehlen in den achtziger Jahren, soweit man das schon sagen kann, die ganz großen Werke, die überdauern werden. Der neugierige Blick ist nach rückwärts gewandt – auf zwei Jahrhunderte Revolution und bald fünfzig Jahre Kriegs- und Nachkriegsgeschichte.

Das große Aufarbeiten hat begonnen.

Voltaire und die Deutschen

Was ist das: Toleranz? Es ist die schönste Gabe der Menschlichkeit. Wir sind alle voller Schwächen und Irrtümer; vergeben wir uns also gegenseitig unsere Torheiten. Das ist das erste Gebot der Natur.

Voltaire, *Dictionnaire philosophique*

1765 definierte der Philosoph François-Marie Arouet, genannt Voltaire, die Aufgabe des Denkens als Dienst am Fortschritt: »Der wahre Philosoph«, schrieb er, »bebaut die unbestellten Felder, erhöht die Zahl der Pflüge und damit der Bewohner, beschäftigt den Armen und bereichert ihn, fördert die Heiraten, versorgt die Waisen, murrt nicht über die notwendigen Steuern und bringt den Bauern soweit, daß er sie mit Freude bezahlen kann. Er erwartet nichts von den Menschen und tut für sie alles Gute, zu dem er fähig ist.«

Seine Auffassung von der Republik basierte auf der Vorstellung eines Zweiklassensystems von Armen und Reichen. Die Demokratie hielt er allenfalls in kleinen Staaten für anwendbar. Zeitweise träumte er von einem aufgeklärten Despoten, der fähige Minister beruft – Illusionen, die umgehend an der französischen Realität zerbrachen. Später wandte er sich dem englischen Regierungssystem zu, das die individuelle Freiheit garantierte und der königlichen Macht Grenzen setzte: »In einer Republik, die diesen Namen verdient, ist die Freiheit, seine Gedanken zu äußern, ein natürliches Recht des Bürgers. Er kann sich seiner Feder wie seiner Stimme bedienen; es darf ihm genausowenig verboten werden zu schreiben wie zu sprechen, und die Vergehen, die er mit der Feder begeht, müssen bestraft werden wie die mit dem Wort begangenen. Solcherart ist das Gesetz Englands, einer Monarchie, wo die Menschen freier sind als anderwärts, weil sie aufgeklärter sind.«

Dieses Zitat belegt Voltaires ebenso zeitgeschichtliche wie zeitlose Aktualität. Wenngleich der größte Teil seines Werks längst dem Vergessen anheimgefallen und unlesbar geworden ist: die philosophischen Romane, seine Korrespondenz und gewisse theoretische Schriften werden bleiben. Und immer noch entzündet sich an Voltaire die Frage nach dem Verhältnis von Wort und Tat, von Geist und Macht in allen ihren Facetten. Soll – darf – man über seinem Beitrag zur Weltliteratur seine Waffenschiebergeschäfte vergessen, die Arroganz des Reichen und Mächtigen, seine Intrigen gegen Rousseau, für den er die Todesstrafe wollte? Wie erklärt sich im Werk des Aufklärers, der den Fortschritt predigte und die Toleranz, der fanatische Antisemitismus, der pathologische Haß auf die Polen und die hämischen Äußerungen über das Christentum (wobei er dann doch wieder begrüßte, daß die Kirchen gehorsame Untertanen hervorbringen, die der denkenden und handelnden Elite die Dreckarbeit abnehmen, und dies auch noch so zynisch mitteilte)? An diesen Fragen ereifert sich Frankreichs politisch-literarische Öffentlichkeit nach wie vor – mit kaum verminderter Hartnäckigkeit ist man für oder gegen Voltaire, und dessen Auseinandersetzung mit Rousseau ist weit davon entfernt, abgeschlossen zu sein.

Mit geistigen Entwicklungen in Deutschland befaßte sich Voltaire viel stärker als andere Philosophen seiner Zeit. Die Reformation erklärte er einzig aus der Korruption der Kirche. Luther war für ihn der Mann, der die Menschheit vom Teufel befreit hat. Seiner Bibelübersetzung warf er allerdings Geschmacklosigkeit vor, und die Auseinandersetzung mit Calvin betrachtete er als den Wettstreit zweier Fanatiker. Gerade im Vergleich zu den Errungenschaften der Renaissance stellte die Reformation für ihn einen Rückschritt des Zivilisationsgedankens dar – ihre Fehleinschätzung als *révolution religieuse* durch Voltaire beeinflußt bis auf den heutigen Tag die französische Geschichtsschreibung.

In der philosophischen Erzählung *Candide* führt Voltaire die Leibnizsche Theodizee rund um die Welt ad absurdum. Der ausgebildete Soldat Candide kennt sich im preußischen Exerzierreglement besonders gut aus. Pangloss' Fähigkeit im Errichten spektakulärer philosophischer Systeme kann ebenso wie die Weltferne dieser großartigen Gedankengebäude, die an jedem realistischen Einwand zusammenbrechen, als deutscher Bezug interpretiert werden. Die »deutschen Gestalten« sind durchaus positiv gezeichnet: weder an einen Staat noch an eine Nation gebunden, treten sie als gewandte Kosmopoliten auf; Candide gelingt es, sich von den gesellschaftlichen Konventionen und den psychischen Zwängen seiner Jugend zu lösen.

Von den deutschen Dichtern hat sich Lessing wohl am kritischsten mit dem französischen Zeitgenossen, der ihm ein literarischer und politischer Gegner war, beschäftigt. Zwei Jahre nach dessen Tod veröffentlichte er im *Musen Almanach* eine »Grabschrift auf Voltaire«, die keinerlei Zweifel an seiner ablehnenden Einstellung aufkommen läßt:

Hier liegt – wenn man euch glauben wollte,
Ihr frommen Herr'n! – der längst hier liegen sollte.
Der liebe Gott verzeih aus Gnade
ihm seine Henriade,
Und seine Trauerspiele,
Und seiner Verschen viele;
Denn was er sonst ans Licht gebracht,
Das hat er ziemlich gut gemacht.

Schon Ende des 18. Jahrhunderts setzte eine deutsche Voltaire-Rezeption – die interessanteste –, die mit wissenschaftlicher Kritik oder Forschung nicht viel zu tun hatte, ein: Jeder fand in seinen »kämpferischen« Schriften, in seiner Philosophie, Belletristik oder Biographie, was er eben finden wollte (und brauchen konnte). Noch relativ direkt war der Einfluß der frivolen *Pucelle* auf Schillers *Jungfrau von Orleans,* doch schon bei Jean Paul erwies sich das Voltaire-Bild als zunehmend stereotyp und abstrakt: Er sah in ihm den »Bekämpfer des Dogmatismus, die Verbindung von enzyklopädischer Wissensanhäufung und geistreicher Improvisation«, den »Inbegriff des Regelfreien, Normwidrigen, des ›esprit à l'état naissant‹«, schreibt Alain Montandon im Sammelband *Voltaire und Deutschland.*

Doch als Reaktion auf die Verhältnisse im eigenen Land wirkte Voltaires Existenz als engagierter, politisch handelnder, von seiner Feder lebender Autor, die auch die verächtliche Ablehnung durch die Romantik erklärt, positiv prägend. Am Vorabend des Kriegs von 1870/71 allerdings trat David Friedrich Strauss (*Voltaire. Sechs Vorträge,* 1870) dem Franzosen in offener Feindschaft entgegen. Einzig im fünften Kapitel rehabilitiert er den Denker, den er in eine für heutige Leser nicht mehr nachvollziehbare Nähe zum *Faust* rückt. Im bereits zitierten Band interpretiert der Marburger Professor Hermann Hofer Strauss' geistige Haltung als Ausdruck des preußischen Nationalismus und der imperialistischen Ideologie des deutschen Kaiserreichs. Damit erklärt er den sensationellen Erfolg des Buchs in Deutschland.

Die Reaktion auf Strauss und die *bêtises contemporaines* des preußischen Nationalismus kennzeichneten Nietzsches Meinung über Voltaire. Für ihn verkörperte der *philosophe des Lumières* vor dem Ausbruch der Revolution Geist und Genius der Zivilisation. Voltaires künstlerische und intellektuelle Harmonie hielt er den Ängsten und Zweifeln der Moderne entgegen, deren Schwächen und Dekadenz Nietzsche in Rousseau vereint sah: »Nicht Voltaires maßvolle, dem Ordnen, Reinigen und Umbauen zugeneigte Natur, sondern Rousseaus leidenschaftliche Torheiten haben den optimistischen Geist der Revolution wachgerufen, gegen den ich rufe: ›Ecrasez l'infâme!‹ Durch ihn ist der Geist der Aufklärung und der fortschreitenden Entwicklung auf lange verscheucht worden: sehen wir zu – ein jeder bei sich selber – ob es möglich ist, ihn wieder zurückzurufen!«

Heinrich Mann bezog bei Voltaire nochmals andere Impulse: Er verehrte den engagierten revolutionären Schriftsteller mit politischer Wirkung. Mann, der seine eigenen Essays als »Kampfartikel«, als geistige Waffen im Sinne der Aufklärung, begriff, führte die französische Tradition des *écrivain engagé* – Lamartine, Hugo, Zola – auf den genialen »Repräsentanten Frankreichs« zurück. Ihn spielte er gegen den deutschen Nationaldichter Goethe aus: »Sein Werk, der Gedanke an ihn, sein Name haben in Deutschland nichts verändert, keine Unmenschlichkeit ausgemerzt, keinen Zoll Weges Bahn gebrochen in eine bessere Zeit. Hinter seinem Sarge ging die Familie keines Calas. Er hat den Menschen, die schuldig werden müssen, Gerechtigkeit, Gleichheit, Freiheit nur in jenen Gefilden verheißen, mit denen Dichtung uns tröstet«, schrieb Heinrich Mann in *Geist und Tat*.

Dieses Voltaire-Verständnis, das eine Vorstufe zu seinem Essay *Zola* darstellt, hat zu den bekannten, das politische Engagement des Schriftstellers betreffenden Spannungen zwischen Heinrich und Thomas Mann beigetragen. Von da aus führt eine Linie der deutschen Voltaire-Rezeption über die antifaschistischen Schriftsteller bis zu Horkheimer und Adorno, denen er in ihrer *Dialektik der Aufklärung* nochmals als Modell dienen konnte.

Der französische Faschismus: autonom, autochthon

Der französische Faschismus fand im Klima der Niederlage von 1871, als die deutsche Reichsgründung im Spiegelsaal von Versailles vollzogen wurde, seinen Nährboden. An seinem Anfang als organisierte geistige Bewegung stand im letzten Jahrzehnt des 19. Jahrhunderts die Dreyfus-Affäre – in deren Zusammenhang der Begriff des Intellektuellen überhaupt erst aufkam – als Geburtsstunde der »Action française«. In ihr sind bereits die wesentlichen Elemente der europäischen Nationalfaschismen enthalten. Für Frankreich, wo sie sich als besonders widersprüchlich erweisen, lassen sie sich mit einem völkischen Blut-und-Boden-Patriotismus, der Intellektuellenfeindlichkeit wie auch dem intellektuellen Engagement, dem Haß auf die Demokratie und ihre Institutionen sowie mit militärischem Revanchismus zusammenfassen. Zwei Faktoren kommen hinzu: die Rolle des Juden als Sündenbock und das Deutschlandbild, das seit jener Zeit, da man Dreyfus zu Unrecht des Landesverrats im Solde des Erbfeinds bezichtigte, als Indikator bei der Analyse innerfranzösischer Zustände gelten kann.

Doch im Gegensatz zu den anderen Mächten des europäischen Kontinents war Frankreich der faschistischen Versuchung zumindest politisch nicht erlegen, und gerade weil sein Faschismus eine Ideenbewegung blieb, die bis zur Niederlage im Jahre 1940 von der politischen Macht ausgeschlossen war, erweist sich die Beschäftigung mit ihm als besonders aufschlußreich: denn die »Natur einer politischen Ideologie ist in ihren Bestrebungen stets klarer als in ihren Anwendungen«, schreibt Zeev Sternhell in seinem Standardwerk *Ni droite ni gauche* (1983) – zumindest was die Rhetorik betrifft. Tatsächlich sind das faschistische Denken und die reiche Literatur, die es propagiert, von einem hohen Niveau, das sie nirgendwo sonst erreichten.

Aber auch historisch drängt sich Frankreich als Gegenstand auf: hier entstand die erste Synthese von Nationalismus und Sozialismus.

Das Aufkommen geistiger faschistischer Tendenzen, die es immer gegeben hat, kann natürlich nicht mit 1871 angesetzt werden, obwohl die Niederlage ihnen Auftrieb verlieh und dem Bedürfnis der Gedemütigten nach Revanche zum Beispiel auch die Renaissance der olympischen Idee zuzuschreiben ist. Der Baron Pierre de Coubertin, ein glühender Chauvinist, wollte die preußische Jugend zunächst auf dem Sportplatz und später durchaus auch auf dem Schlachtfeld besiegen.

Als Stichdatum erweist sich für Frankreich 1848. Im Anschluß an die revolutionären Tage brach der Konsens der Ersten Republik, der Volk, Nation und Staat in einem zentralistisch gesteuerten Gleichgewicht hielt, zusehends auseinander. Nach dem Scheitern der Revolution von 1848 beschleunigte der Staatsstreich Napoleons III. vom 2. Dezember 1851 den Verzicht auf die republikanischen Vorstellungen von Freiheit und Demokratie. Der Bruch der Bourgeoisie mit den Prinzipien von 1789 kam letztlich einer Ablehnung und Verleugnung des Gedankenguts der Aufklärung gleich: das Bürgertum reduzierte seine Ideale auf die ökonomische Dimension, auf die private materielle Bereicherung – mit Freiheit, Gleichheit, Brüderlichkeit hatte es nichts mehr im Sinn. Die – fortan in einem pejorativen Sinne zu verstehenden – bürgerlichen Werte und Imperative triumphierten. Die Kunst konnte sich nicht mehr auf souveräne Werte beziehen. Roland Barthes hat in seinem Essay *Le Degré zéro de l'écriture* (Am Nullpunkt der Literatur) aufgezeigt, wie die Schriftsteller zu diesem Zeitpunkt aufhörten, »Zeuge des Universellen« zu sein, und begannen, Fluchtwege zu beschreiten und Sprachutopien zu bilden. Die Werke und das Schicksal von Mallarmé, Baudelaire und Flaubert, der sich auf Reisen begab und in die Einsamkeit von Croisset zurückzog, markieren den Beginn der ästhetischen Moderne. Die künstlerische Avantgarde wandte sich angeekelt vom politischen Geschehen ab. Gleichzeitig unternahm Napoleon alles, um die Distanz zwischen Volk – *le peuple* – und literarisch-politischer Avantgarde (der Begriff aus dem Vokabular der Feldherrensprache war von den Frühsozialisten auf die Kunsttheorie ausgeweitet worden: die Literaten als Vorhut im Kampf für eine bessere Gesellschaft) systematisch zu vergrößern. Es existierten Pläne und Projekte für eine »offizielle Literatur«, die vom Staat gelenkt werden könnte. Die Kolportageliteratur unterlag der Kontrolle des Polizeiministers, Werken wie *Les Fleurs du mal* (Die Blumen des Bösen) und *Madame Bovary* wurde der Prozeß gemacht, und die Einführung der Literaturpreise, die auf diese reaktionäre Epoche zurückgehen, bezweckten die Anpassung der Schriftsteller.

Die Kluft, die sich auftat, hatte weitreichende Folgen. Der Begriff der weltlichen »Nation«, die die Einheit offensichtlich nicht mehr gewährleisten konnte, wurde durch jenen der Rasse verstärkt. Schon der 1856 verstorbene Historiker Augustin Thierry sprach vom französischen »Rassenkampf« als Motor der Geschichte. Im Zuge des Positivismus trat der Rassismus mit dem Anspruch der Wissenschaftlichkeit auf – dafür gibt es einige traurige Beispiele. Das Buch *L'Aryen et son rôle social* (Der Arier und seine soziale Rolle), dem 1899 ein nachhaltiges Echo beschieden war, faßt nur zusammen, was sich als Profil einer Epoche längst abzeichnete.

Eine aufschlußreiche Debatte entzündete sich an Wagner. Die Nationalisten lehnten ihn zwar aus ideologischen Gründen als Deutschen und Barbaren ab, auf der anderen Seite feierten sie ihn begeistert als Erneuerer und Prophet der heidnischen Mythen. Mallarmé stand mit dem Versuch, Wagner aus Wertschätzung für dessen Musik, die er jener von Berlioz oder Massenet vorzog, gegen den Chauvinismus zu verteidigen und sich gleichzeitig seiner protofaschistischen Ausschlachtung zu verweigern, weitgehend isoliert in der kulturellen Landschaft.

Die Trennung von Kirche und Staat, die auf die Schwächung des Katholizismus folgte, ließ zwei ideologische Strömungen hervortreten. Eine weltliche Ideologie, nationalistisch und positivistisch, berief sich auf die französische Geschichte, die zum Kultgegenstand wurde, und sah in den imperialistischen Kolonialkriegen eine Verwirklichung der zivilisatorischen Mission Frankreichs, die mit der kulturellen, manchmal rassischen Überlegenheit ihre Begründung erhielt. Dieser eher rationalistischen Tendenz gegenüber festigte sich die vom Polytheismus faszinierte, offen rassistische Bewegung, die in ihrem fanatischen Antisemitismus auch den christlichen Monotheismus ablehnte. Hinter den oberflächlichen politischen Antagonismen entlarvt eine gemeinsame Sprache oftmals erstaunliche Parallelen.

Bei Maurice Barrès schließlich liefen diese Strömungen zusammen.

Er steht – zusammen mit Dichtern wie Péguy – auch am eindrucksvollsten für die politische Konfusion und die vielen Konversionen, die ein Konglomerat kennzeichnen, das man erst seit dem Erscheinen von Bernard-Henri Lévys Buch *Idéologie française* (1981) zu nennen wagt. Barrès, der sich als Sozialist ins Parlament wählen ließ und sich auch zum Sozialismus bekannte – aber die Notwendigkeit betonte, gegen den »zu kosmopolitischen oder vielmehr zu deutschen Sozialismus zu kämpfen« –, vollzog schließlich die Fusion von Rasse, Nation und Kultur. »Die Ausländer« – ein Begriff übrigens, der im Französischen mit jenem des Fremden identisch ist –, schrieb er, »haben ein anderes Hirn als wir«, und voller Stolz gestand er ein, daß er weder Sokrates noch Platon verstehe, weil kein griechisches Blut in seinen Adern fließe. Herkunft, Gesetz, Natur, Sprache, Literatur, Politik, Gesellschaft wurden in den Kategorien von Blut und Boden – *le sang et le sol* – gedacht.

Diese kulturelle Gegenrevolution, die die Aufklärung haßte, fand zu einem Zeitpunkt statt, da neue Wissenschaften das Bild vom Menschen erschütterten: Psychologie und Soziologie stellten die Autonomie des Individuums, auf das sich der Rationalismus stützte, in Frage. Zeev Sternhell schreibt: »Die rationalistische und ›mechanistische‹ Welterklärung, die das europäische Denken seit dem 17. Jahrhundert beherrscht, wird durch eine ›organische‹ ersetzt. (...) Für die Männer der Generation von 1880, für Le Bon, Barrès, Sorel oder Vacher de Lapouge, hat das Individuum in sich keinen Wert mehr, und das Kollektiv kann nicht als Summe der Individuen, die es bilden, erfaßt werden. Diese neue Generation wendet sich heftig gegen den rationalistischen Individualismus der liberalen Gesellschaft, gegen den ›Utilitarismus und Materialismus‹, die in ihr vorherrschen.« Die antirationalistische Revolution – zu der Sternhell ebenfalls Darwins Entwicklungslehre, die Sozialpsychologie Le Bons und die italienische politische Soziologie (Pareto, Mosca) rechnet – förderte ein Klima, in dem der Faschismus gedeihen konnte, und propagierte ein neues politisches Verhalten: »Man glaubt an die Subordination des Individuums unter das Kollektiv und die Geschichte.«

In der Dreyfus-Affäre brach sich das antirationalistische Denken mit seinem Haß auf alles Fremde Bahn. Neben dem jüdischen Hauptmann, der als erster Jude in der französischen Armee diesen Grad bekleidete, richtete es sich vor allem gegen den Dichter Zola, der sich zum Anwalt von Dreyfus gemacht hatte und dessen italienische Abstammung Anlaß und Vorwand der übelsten Beschimpfungen wurde. »Etwas Entscheidendes trennt uns«, schleuderte ihm eines Tages Barrès entgegen, »die Alpen.« Das sind bis heute die Argumente des französischen Faschismus geblieben. Wer sich ihnen entzog, anders dachte und handelte, der war instinktlos, dekadent, antinational, von anderer Rasse und fremdem Wesen. Die Stigmatisierung solcher Personen wurde schnell auf einen Begriff gebracht: *les intellectuels*. So entstand das Schimpfwort, das – von Clemenceau geschaffen, von Barrès umgehend aufgegriffen – jene schmähte, die gegen die Ungerechtigkeit, deren Opfer Dreyfus geworden war, protestierten und in einem Manifest die Revision des Prozesses forderten.

Der Protest dieser Intellektuellen entsprang zwar im einzelnen unterschiedlichen Motiven, doch ergab sich daraus ein ziemlich kohärentes Bild ihres Standorts: Sie beriefen sich auf das Gewissen, waren politisch engagiert, wissenschaftlich ausgerichtet, demokratisch gesinnt, im allgemeinen jünger, aber nicht unbedingt gebildeter als ihre Gegner; sie stützten sich nicht auf eine Ideologie, sondern auf humanistische, eher kosmopolitische Werte. Voltaire, Lamartine, Victor Hugo waren in diesem Sinne bereits engagierte Intellektuelle gewesen. In der Dreyfus-Affäre schlossen sich die Intellektuellen erstmals zu einer gemeinsamen Aktion zusammen.

Der Ausdruck »Intellektueller«, von Faschisten als Beleidigung auf ihre Gegner gemünzt, meinte also zu Beginn seiner Geschichte – man kann es nicht oft genug wiederholen – die Sache des Protests und des Widerstands gegen die Lüge im Namen einer sogenannten höheren Wahrheit. Das Profil, das die Dreyfus-Affäre zeichnete, kann noch für unsere Zeit als Orientierungsschema Gültigkeit beanspruchen: in ihm stehen Rasse, Blut und Boden als Komponenten einer Ideologie gegen das Individuum und sein kritisches Denken; die »gesunde« – konkrete – Kultur der Instinkte gegen die »dekadente«, abstrahierende Intelligenz und das kosmopolitische Denken; die – linke wie rechte – Revolution gegen Demokratie und Parlamentarismus. Doch die scharfe Grenzziehung entsprach nur für kurze Zeit der politischen Konstellation. Nach der Beendigung der Affäre, die die politische Linke lange als interne Angelegenheit der Bourgeoisie vernachlässigte, wurden im linksrevolutionären Lager neuerlich populistische, manchmal rassistische Töne laut. Man sah im Bourgeois den »ewig

Entwurzelten« und verglich ihn mit dem ruhelos umherirrenden Juden.

Am Vorabend des Ersten Weltkriegs muß man für Frankreich von der Existenz einer präfaschistischen Linken und von einer revolutionären nationalistischen Rechten sprechen – sie zogen mit gemeinsamer Begeisterung in die Schlacht. Ihren konkretesten Niederschlag fand die Dreyfus-Affäre – in deren Umfeld Theodor Herzl das Buch *Der Judenstaat* schrieb – neben dem erstmaligen kollektiven Auftreten der Intellektuellen vor allem in der frühesten faschistischen Bewegung Europas, der »Action française«, die um 1930, als Hitler und Mussolini mit der politischen und gesellschaftlichen Realisierung dieses kulturellen Entwurfs begannen, weite Teile der französischen Intelligenz faszinierte.

So konfus er in seinen verschiedenen Ausformungen erscheint – im Zeitalter der aufkommenden Masse gehörte die Integration des Proletariats in die Nation und seine Emanzipation zu den permanenten Themen des französischen Faschismus. Er sollte leisten, was der Liberalismus für die Bourgeoisie erreicht hatte. So konnte sich Barrès durchaus auf die Revolution, 1848, die »Commune« und die jakobinische Tradition berufen. Wie zahlreiche Autoren warf er der Bourgeoisie vor, das Proletariat seit 1789 stets – und noch während der Dreyfus-Affäre – zur Durchsetzung ihrer eigenen Interessen mißbraucht zu haben.

Weitere Schlüsselfiguren des autonomen und autochthonen französischen Faschismus waren Georges Sorel und Georges Valois. Sorel vollzog die intellektuelle Synthese von Nationalismus und Sozialismus in seiner *Révolution dreyfusienne,* und Valois, der Verfasser von *La Révolution nationale*, versuchte nach dem Weltkrieg, die »Links-« und »Rechtsrevolutionäre« zu versöhnen. Ihm und seinen Freunden galt die Demokratie als Todfeind des Sozialismus – Valois (wie Maurras) sah in ihr eine Bedrohung der Nation. Als wirkungsvollstes Kampfmittel, mit dem sich die Bourgeoisie gerüstet hatte, mußte sie für Linke wie Rechte zerstört werden.

Lang ist die Liste jener, die aus linken Positionen ins faschistische Lager rückten. Sie beginnt mit den Linksradikalen zur Zeit des Boulangismus (die auch den Antisemitismus als politische Kraft mobilisierten), führt über Sorel, Lagardelle, Hervé und unzählige andere bis zu den prominenten Kollaborateuren Déat und Doriot, in deren

Schlepptau Tausende von Sozialisten und Kommunisten »das Hemd wechselten«. Von allen Parteien verloren die Kommunisten am meisten Mitglieder an die faschistischen Gruppierungen (unter ihnen Angehörige des Politbüros), doch widerstand der orthodoxe Marxismus – und mit ihm die KPF – am hartnäckigsten der faschistischen Versuchung. Für alle Konversionen stellte der Bruch mit der liberalen (Un)Ordnung die wesentliche Motivation dar. Wenn der Titel von Sternhells Buch *Ni droite ni gauche* die Substanz des französischen Faschismus als »weder rechts noch links« – und als Revisionismus gegen beide – politisch durchaus richtig verortet, so trifft das nur sehr bedingt auch auf seine hervorragendsten Vertreter zu: sie kamen eher von links als von rechts.

Warum aber blieb das kulturelle Mutterland des Faschismus von einem autoritär-totalitären Regime verschont? Einen Grund nennt Sternhell mit dem weniger brutalen Einbruch der Moderne. Er vertritt die These, daß die faschistische Revolution nur in Ländern, wo die traditionelle Rechte gemäßigt und schwach ist, Erfolg hat. Aus der Revolution von 1789 ist aber zugleich eine starke Reaktion hervorgegangen, die sich auch institutionalisieren konnte und letztlich als Bollwerk gegen den Faschismus wirkte. Ihr Gedankengut war zwar durchaus faschistisch – doch gerade ein Zirkel wie die »Action française« zeigte letztlich keinerlei Interesse, zur Tat zu schreiten: »Die bequem in ihren Redaktionsräumen installierten Maurras und seine Journalisten fühlen sich im Regime der liberalen Demokratie wohl, es liefert ihnen den Rahmen zur Ausübung ihrer einzigen Talente.« Ihre große Stunde sollte mit der Kollaboration kommen.

Die Dreyfus-Affäre war aber nicht nur die Geburtsstunde der »Action française«. Frankreich, das am Ausgang des 19. Jahrhunderts das Zentrum der antisemitischen Agitation war, machte einen Justizskandal zur nationalen Gewissensfrage und stellte die Staatsräson hinter einigen universalen Prinzipien der Menschenrechte zurück. Die jahrelange Debatte über Grundsatzfragen der politischen Philosophie hatte möglicherweise eine gewisse immunisierende Wirkung – zumindest hatte sie bewiesen, daß die Ideale der Aufklärung und von 1789 noch lebendig waren. Allerdings konnte die Spaltung, die die »Affäre Dreyfus« erneut bewußt machte, nicht darüber hinwegtäuschen, daß im Land mit der tiefgreifendsten bürgerlichen Revolution Europas, die in der Nation deutliche Spuren hinterlassen und ihr sowohl ein geographisches Gesicht wie eine geschichtliche Identität gegeben hatte, das liberale Denken ziemlich profillos und isoliert blieb: mit der Demokratie zum Beispiel hat es sich nur selten befaßt. Der Geist – rechts wie links – war oppositionell und subversiv, doch die französische Republik mit ihren Kommissaren und assimilierten Institutionen als Resultat einer Entwicklung, die wesentlich von intellektuellen, zum Teil extremen Elementen eingeleitet und mitgeprägt wurde, war stark genug, um sich gegen die Revolte der alliierten Extreme behaupten zu können – zumindest bis 1940.

Die schwarzen Jahre

Am 14. Juni 1940 marschierten deutsche Truppen in Paris ein; wenige Tage später unterschrieb Pétain das Waffenstillstandsabkommen. Mit dem »tragischen Frühling« begann für Frankreich eines der schwärzesten Kapitel seiner Geschichte; auch der Geistesgeschichte.

»Die Katastrophe von 1940 bleibt wegen ihres Ausmaßes und ihrer Konsequenzen ohne jeden Zweifel das wichtigste Ereignis in der Geschichte des zeitgenössischen Frankreich«, schreibt Stanley Hoffmann. Der Zusammenbruch des republikanischen Regimes (des dauerhaftesten seit 1789), die schnelle Zerstörung einer für unbesiegbar gehaltenen Armee, die Millionen von Flüchtlingen auf den französischen Straßen, die Teilung des Landes wie die Kollaboration auf allen Ebenen und eine sich nur zögernd formierende Widerstandsbewegung – das alles gerann zum Trauma des Jahres 1940, dessen Ursachen und Folgen noch immer nicht schlüssig untersucht worden sind. Hoffmann sieht eine Ursache in dem, was er »Maginot-Zivilisation« nennt, und meint damit die von ihm diagnostizierte »blockierte Gesellschaft«, in der es keinen Informationsfluß gab, die Methoden veraltet waren und in der sich die Horizonte verengten. Das überalterte, auf sich zurückgezogene, in sich verschlossene Frankreich glaubte an die Dauerhaftigkeit des Friedens von Versailles und an die Unüberwindbarkeit der »Maginot-Linie«. Die Katastrophe von 1940, die das Land gewaltsam öffnete und seine Kultur erschütterte, hat komplexe soziale, politische, psychologische Hintergründe – ein Schlüssel zum antirepublikanischen Sündenfall findet sich im »Geist der dreißiger Jahre«.

Im verknöcherten, unbeweglichen Frankreich blickte die Jugend mit einer gewissen Sehnsucht über die Grenzen. Gegenüber dem deutschen Nationalsozialismus, dem italienischen Faschismus und dem internationalen Kommunismus, denen als politischen Avantgarden (die bedeutende Intellektuelle auf ihrer Seite hatten) die Zukunft gehörte, empfanden sich die Franzosen als ziemlich blasse Liberaldemokraten, die sich ohne rechte Begeisterung mit dem Parlament, dem Völkerbund und ähnlich unattraktiven Dingen befaßten; manch einer jedenfalls, der keineswegs a priori faschistisch dachte, liebäugelte mit dem totalitären Glanz und Geist.

Die aufsteigenden totalitären Systeme lösten bei den jungen französischen Intellektuellen, die selbst auch nicht durchweg demokratisch gesinnt waren, einen Minderwertigkeitskomplex aus, der im nachhinein ihren Mangel an Scharfblick und Radikalität erklären mag. Innerhalb dieser neuen Generation, die nach einer kulturellen Identität und einem politischen Selbstverständnis jenseits von Faschismus wie Sozialismus suchte und die man heute als die »Nonkonformisten der dreißiger Jahre« (die sich weigerten, den »Krieg der anderen« zu führen) bezeichnet, bildeten sich verschiedene Strömungen heraus, die unterschiedlich auf die gesellschaftliche Krise reagierten. Nach 1935 und erst recht nach 1940, als die Wahl für jedermann eine ausschließliche wurde, haben diese Intellektuellen für beide Lager optiert: Einige schlossen sich dem autoritären Pétain-Regime und seiner »Nationalen Revolution« an, andere wurden zu aktiven – auch militärischen – Führern des Widerstands, der demokratisch gesinnt und marxistisch beeinflußt war. Spuren des Willens, den Sprung vom politischen Theoretisieren zum Handeln zu vollziehen, sind sowohl im Vichy-Faschismus als auch in der Résistance-Ideologie, zu deren gemeinsam verehrten Dichtern Péguy gehörte, auszumachen – als direkter Einfluß der Vorkriegsjahre.

Keine Marionette – eine Schlüsselfigur des französischen Faschismus stellt Philippe Pétain dar, *le Maréchal*, der Sieger von Verdun: Pétain – einige Tage nach Beendigung des Krimkriegs geboren, ein Mann des 19. Jahrhunderts – war 1940, als ihm die politische Macht zufiel, 84 Jahre alt. Nach der *libération* wurde er zum Tode verurteilt, schließlich begnadigt. Er starb sechs Jahre nach Hitler. Pétain, ein Greis – gewiß verkörperte er, wie Alfred Sauvy schreibt, *La France fatiguée*, das (zivilisations)müde Frankreich, das sich für die neue Jugend aus dem barbarischen Osten begeisterte. Doch das heißt auch, ihn auf eine passive Rolle fixieren. Pétain, der von einem kaum mehr nachvollziehbaren Volksenthusiasmus getragen war, verdankte seine

Popularität seinem Alter, meint der Historiker Henri Amouroux. Der unbestechliche Chronist der Kollaboration, der seinen Landsleuten einen nichts beschönigenden Spiegel vorhält, zeigt sich noch im nachhinein fasziniert von diesem »zeitlosen Mann«. Amouroux zeichnet Pétain als »Muster an Ausgeglichenheit und Gesundheit, das seiner Rasse zur Ehre gereicht« (von Hitler hat das kaum jemand gesagt).

Dieses Bild, das sich die Nation vom Sachwalter des Führers im eigenen Land machte, haben die trivialsten Bestsellerautoren und die größten Dichter des Landes mitgeprägt. René Benjamin, ein katholischer und faschistischer Volksschriftsteller, dichtete: »Im Alter von 85 Jahren ist er aufrecht, nein, nicht wie ein junger Mann, er ist aufrecht wie sein Gewissen. Sein Schritt ist klar und sein Schnurrbart vom unbefleckten Weiß der Tugend.« Auch der Päan, den Paul Claudel Pétain widmete, ist bildnishaft und verklärend. Paul Valéry besang den obersten Winzer 1941 in den rationalen, leicht moralisierenden Tönen des kartesianisch-katholischen Frankreich: »Er preßt seinen Wein wie alles, was er macht, mit Skrupeln und allergrößter Sorgfalt.« In Philippe Pétain, dem erdverbundenen *Vigneron* und *Maréchal*, verehrten das Land und seine Dichter – die größten, die es hervorgebracht hat – den Repräsentanten des französischen *bon sens*, den legitimierten Vertreter des bäuerlichen Frankreich, die gesunde Inkarnation von *travail, famille, patrie* – Pétain, der Vater des Vaterlands, der »französischste aller Franzosen«, wie ihn der faschistische Dichter Charles Maurras feierte. Amouroux betitelt den zweiten Band seiner sechsteiligen Okkupationsgeschichte *40 Millions de Pétainistes* (von damals 41 Millionen Franzosen) – niemand hat die Zahl angezweifelt.

Zu den Historikern, die der Idylle vom unpolitischen, passiven Pétain, der als pflichtbewußter Helfer in der Not die Auswirkungen der »Katastrophe« in Grenzen gehalten habe, widersprechen, gehört Henri Guillemin, ein Mitschüler Sartres. Er glaubt, im Verhalten des Marschalls eine klare Strategie der negativen Machtergreifung erkennen zu können:

Als Pétain 1934 erstmals in die Regierung geholt wurde, waren seine politischen Prioritäten zwar nur wenigen bekannt, aber tatsächlich längst festgelegt: Er war Monarchist, also Antirepublikaner, sowie einer der langjährigsten – und sympathisierenden – Abonnenten der Zeitschrift *Action française*. Es gibt Dokumente, die belegen, daß Pétain und seine Getreuen (insbesondere Laval) insgeheim auf die Niederlage spekuliert und diese herbeigesehnt haben. Aufschlußreich ist diesbezüglich ein seltsamer Gesinnungswandel des Marschalls: Nachdem er sich noch 1935 scharf gegen Deutschland ausgesprochen hatte, fand er es ein Jahr später plötzlich »unverständlich, daß sich zwei Nationen wie Deutschland und Frankreich nicht verstehen sollten« – und postulierte sogar, wie Guillemin erwähnt, eine »gemeinsame Politik«. Zudem hielt der Militärexperte Pétain, der kurz zuvor noch Panzer und Flugzeuge für die Armee gefordert hatte, deren Modernisierung und Aufrüstung plötzlich nicht mehr für notwendig – was sich im Debakel von 1940 auswirken sollte.

1936 schrieb Pétain: »Können wir die Ordnung ohne Blutvergießen wiederherstellen?« Doch in Frankreich herrschte damals keinerlei Unordnung. Nur: An der Spitze des Landes stand ein Jude und Sozialist, Léon Blum. Guillemin verweist auf weitere Äußerungen Pétains, die von seinem politischen Zynismus Zeugnis ablegen: »Unter Todesmühen *[peines de mort]* müssen wir die Innenpolitik ändern, aber die Franzosen haben noch nicht genug gelitten.« Schon früher hatte Maurras von einer wünschenswerten Niederlage gesprochen, von der es zu profitieren gelte. Der nationalistischen Rechten ging es darum, den Krieg mit Hitler um jeden Preis zu vermeiden – mit Worten und Taten, für die man Linke oder Anarchisten wegen Defätismus eingesperrt hätte. Zwei Monate nach dem Münchner Abkommen schrieb Thierry Maulnier, heute Mitglied der »Académie Française«, es sei »richtig gewesen, den Krieg zu vermeiden, denn ein Sieg Frankreichs wäre zu Recht als Katastrophe für die abendländische Kultur betrachtet worden«. An der Schaffung dieses Klimas waren auch bedeutende Dichter wie Montherlant und Giraudoux beteiligt. Sie hielten die verehrten Hitler und Mussolini für Beschützer Frankreichs vor der kommunistischen Subversion. Montherlant verherrlichte das Nazitum als *puissance solaire,* »die uns vom Christentum befreien wird«.

Pétain wartete ab. Zweimal verweigerte er seinen Eintritt in die Regierung. Erst in jenem Augenblick, da der Krieg als verloren betrachtet werden mußte, hielt er seine Stunde offenbar für gekommen. So gelang es ihm, die Volksfront für die Schande des Mißerfolgs verantwortlich zu machen. Ihre Vertreter warf man kurzerhand ins Gefängnis. Pétain ließ sich alle Vollmachten geben – und veröffentlichte anderntags im *Journal officiel* ein Dekret, wonach die Republik abgeschafft sei.

Die faschistischen Schriftsteller, die – abgesehen vom Sonderfall Céline und einigen Romanen Drieus la Rochelle – nicht viel Erhaltenswertes hinterlassen haben, sahen mit dem innenpolitischen Sieg ihre Stunde gekommen, eine ziemlich rachsüchtige Abrechnung mit der besten literarischen Tradition in Frankreich zu halten. Proust, Gide und die Surrealisten wurden beschuldigt, die Moral des Volkes ausgehöhlt zu haben – gleich hinter den politischen Sündenböcken plazierte man die literarischen. Der zweite Akt bestand in einer ebenfalls von langer Hand vorbereiteten publizistischen Machtergreifung. *Je suis partout* war bereits 1930 gegründet worden; 1937 gab Pierre Gaxotte die Chefredaktion an Robert Brasillach ab. »Wir sind mit Hitler völlig einer Meinung, daß die Politik nur dann, wenn sie rassisch ist, ihre höchste Form erreicht«, schrieb – Jean Giraudoux. 1944 erreichte die Zeitschrift eine wöchentliche Auflage von 300 000 Exemplaren. Es war das meistverbreitete Organ der aktiven intellektuellen Kollaboration, zu deren spektakulärsten Ereignissen die Reise von Drieu la Rochelle, Marcel Jouhandeau, Brasillach, Bonnard, Chardonne, Ramon Fernandez und einigen anderen zum Kongreß Europäischer Schriftsteller nach Weimar gehörte.

Literatur als Widerstand

Den *écrivains-collabos,* die meist nur als Einzelfälle analysiert wurden, stellt die Literaturgeschichte die Helden der Résistance gegenüber. Malraux, Chamson und René Char hatten den bewaffneten Kampf aufgenommen; Paulhan, Camus, Aragon und Roger Vailland waren – zum Teil im Untergrund – publizistisch tätig. Neben anonymen Schriftstellern – zum Beispiel dem in Lyon erschossenen René Leynaud, einem Freund Camus' – sind auch prominente Dichter zu Märtyrern des Antifaschismus geworden: Robert Desnos starb in der Deportation, der Poet Max Jacob im Lager von Drancy.

Das Exil, zu dem sich viele entschlossen hatten, bewirkte eine einmalige Dezentralisierung des französischen Geisteslebens. In Argentinien gab Roger Caillois die *Lettres françaises* heraus, in der Schweiz erschienen die literarisch-neutralen *Cahiers du Rhône* von Albert

Béguin und Hermann Hauser, in London Raymond Arons Zeitschrift *La France libre.* Jules Romains und André Maurois hatten sich nach New York abgesetzt, wo sich auch der Schweizer Denis de Rougemont (der für die *Voice of America* arbeitete) aufhielt, ein französischer Verlag entstanden war und wo die Wissenschaftler Focillon, Gustave Cohen sowie Claude Lévi-Strauss lehrten. In Villeneuve-lès-Avignon lancierte Pierre Seghers *Poesie 40,* Jean Lescure verlegte *Messages* und Noël Arnaud gründete *La Main à Plume.* René Tavernier ließ in Lyon, dem Zentrum der bewaffneten Résistance und dem Ort der fürchterlichsten Repression, die von Klaus Barbie inszeniert wurde, zwischen 1941 und 1944 über dreißig Nummern der anspruchsvollen Zeitschrift *Confluences* erscheinen. Zu den mutigsten Taten des geistig-militanten Widerstands gehörte die Gründung der *Editions de Minuit,* deren Manifest die mehr oder weniger freiwilligen Zensurmaßnahmen des Buchhändlerverbands kritisierte und attackierte: Thomas Hardy, Virginia Woolf, Henry James, Faulkner waren verboten, und es schien geraten, Shakespeare, Milton, Keats und Shelley – »das gesamte jüdische und englische literarische Gesindel« – aus dem Schaufenster zu verbannen und unter den Ladentisch zu nehmen.

Obwohl die Deutschen literarische Zeitschriften weniger verfolgten als die unerbittlich gejagten politischen Widerstandsblätter (wie *Combat* und *Libération*), konnte die Literatur einzig durch die Tatsache ihres Bestehens Opposition zum Ausdruck bringen – schließlich war es verboten, Marx, Freud und Kafka zu publizieren. Gedichte wurden zu Waffen. Man druckte sie heimlich, schmuggelte sie unter Todesgefahr über die Demarkationslinie und setzte sie im Untergrund für die politische Propaganda ein. Sie standen symbolisch für die Werte, die es zu verteidigen galt. Paul Eluards Gedicht »Ein einziger Gedanke« – »Liberté« – wurde auf Flugblättern aus der Luft abgeworfen.

Eluards Résistance-Lyrik fügt sich harmonisch in das Gesamtwerk ein; schon 1918 hatte der Poet, einer der bedeutendsten des Jahrhunderts, »Gedichte für den Frieden« geschrieben und darin die Freude der heimkehrenden Soldaten besungen. »Liberté« ist zum lyrischen Denkmal des antinazistischen Widerstands geworden. Wie alle Gedichte Eluards besticht es durch seine stilistische Schlichtheit und den ebenso diskreten wie gezielten Einsatz rhetorischer Mittel.

Die Gedichte Aragons und Eluards hatten im Untergrund eine

heute kaum mehr vorstellbare Fanal- und Breitenwirkung. Lyrik als Gattung, das war die adäquate literarische Form der bewaffneten Résistance: individualistisch, geheim, in Einzelaktionen sich manifestierend – eine Art poetischer Guerilla. Nicht ein *acte gratuit* wie etwa André Gides Revolte (gegen die bürgerliche Moral), sondern eine isolierte, gleichzeitig schöpferische und bewußte Handlung, die erst im Bezug auf den aktuellen (Kon)Text, auf das Ganze, ihren vollen Sinn erreichte, der im Moment des Schreibens und Schießens nicht unbedingt ersichtlich war.

Die Résistance hat zur Lyrik eine enge, wechselseitige Beziehung unterhalten. Erstaunlicherweise erscheinen die überzeugendsten Widerstandsgedichte wie die Vollendung und höchste Ausformung einer Tradition, die nach dem Krieg kein Autor – zumindest kein Lyriker vom Rang Eluards – weiterzuführen wagte oder vermochte. Während Aragon eine geradezu mittelalterliche Rhetorik bemühte, ist Paul Eluard Baudelaire – und Lamartine – verwandter als seinen Zeitgenossen. Ein poetischer Neubeginn hat im französischen Maquis jedenfalls nicht stattgefunden, und Aragon irrt, wenn er schreibt: *Nous sommes en 1940. J'élève la voix et je dis qu'il n'est pas vrai qu'il n'est point de rimes nouvelles, quand il est un monde nouveau.* Es gab keine neuen Verse.

Die Résistance als Thema

Allein schon aus Gründen der aufwendigen Infrastruktur eignet sich das Theater wenig zur direkten politischen Agitation – insbesondere in einer Situation des illegalen Widerstands. Bezeichnenderweise hat die Résistance, an sich ein reiches dramatisches Motiv, nur zwei Bühnenwerke von Bedeutung – nein, nicht hervorgebracht, sondern inspiriert. Beide wurden im Jahr ihrer Uraufführung gedruckt – mehr als zwei Jahre nach der Befreiung. In Armand Salacrous *Les Nuits de la colère* wird der Held bei einem Attentat auf einen deutschen Munitionstransport verletzt. Sein Freund, bei dem er sich versteckt hält, liefert ihn der Pétain-Justiz ans Messer: er wird gefoltert und schließlich erschossen. Widerstandskämpfer, die seinen Tod rächen wollen, geraten in den Hinterhalt einer Collabo-Miliz. Salacrou bedient sich der damals längst bekannten Technik der retrospektiven Aufrollung:

Das eindrucksvolle Stück beginnt mit dem Tod der Handelnden, die sich wieder erheben. Die zeitlichen Ebenen vermischen sich – Tote sprechen mit Lebenden –, und gerade diese raffinierte dramaturgische Gestaltung verleiht dem Stück eine szenische Intensität.

Um Gefangenschaft, Folter und Tod – als existentielle Grenzsituationen – geht es ebenfalls in Jean-Paul Sartres *Morts sans sépulture* (Tote ohne Begräbnis): Wie lange kann das politische Bewußtsein der Folter standhalten? Bis zu welchem Punkt ist Widerstand möglich? Wo beginnt – moralisch? politisch? – der Verrat? Das Stück, das die Thematik des Existentialismus in konzentrierter Form beispielhaft darstellt, versucht auch, die Ohnmacht der Macht zu zeigen.

Das Schwarzweißmuster, vor dessen Hintergrund sowohl Sartres wie Salacrous Drama abläuft, erleichtert, ja provoziert geradezu die politische Identifikation des Zuschauers mit dem Widerstandskämpfer. Das erklärt die Popularität beider Stücke in den Nachkriegsjahren und gleichzeitig die Scheu zeitgenössischer Regisseure, sie zu inszenieren.

Im Bereich der Prosa fällt die Ausbeute an Résistance-Literatur quantitativ reicher aus. Mehrere Autoren haben sich in fiktiver Form von ihr inspirieren lassen, dokumentarisch Zeugnis abgelegt oder engagiert Stellung bezogen: Elsa Triolet, François Mauriac, Roger Vailland, Romain Gary, Jean Schlumberger, André Guéhenno, Louis Aragon (der als François la Colère zeichnete); einige andere wären zu nennen. Als einsames Meisterwerk wird allgemein *Le Silence de la mer* (Das Schweigen des Meeres) von Vercors (Pseudonym für Jean Bruller, gewählt nach dem Namen einer französischen Provinz) angesehen. Die Novelle, die 1942 im Untergrund veröffentlicht wurde und umgehend den Ruhm des Verfassers begründete, war nach der *libération* Gegenstand einer erfolgreichen Verfilmung von Jean-Pierre Melville.

Der Inhalt: Ein deutscher Offizier ist beim Erzähler und dessen Nichte einquartiert, die ihm mit eisigem Schweigen begegnen. Vercors zeigt geschickt die Faszination, die die französische Kultur auf den Deutschen ausübt, den erst ein Besuch in Paris über die Realität der Okkupationspolitik belehrt. In ästhetischer Hinsicht besticht Vercors' Novelle durch die dramaturgische Bewältigung des Schweigens, das der Verfasser als erzähltechnisches Mittel (nicht nur zur Erzeugung von Spannung) meisterhaft einsetzt.

Arthur Koestler allerdings las – im englischen Exil – die Erzählung mit Skepsis und Bitterkeit. In der Zeitschrift *Tribune* veröffentlichte er im November 1943 eine sarkastische Zusammenfassung. Koestler verwarf die psychologische Konstruktion der Erzählung, die er für unglaubwürdig hielt – und in ihrer politischen Aussage »noch schlimmer« einschätzte. Seine Kritik richtete sich gegen die Mischung von »Arroganz und Minderwertigkeitskomplex«: Entweder ist der *officier allemand* ein Antinazi, der das Pech hatte, deutsche Eltern zu haben: dann ist das Schweigen ihm gegenüber idiotisch. Oder aber er ist von merkwürdiger – ganz eigentlich: unverzeihlicher – Naivität und darum nicht glaubwürdiger. »Wir haben da 1942«, schreibt Koestler, »die seltsam exakte Wiederholung der Mentalität, welche 1939 antinazistische Deutsche in französische Konzentrationslager schickte. Herr Vercors hat nicht mehr gelernt als die französischen Politiker, die sich im Exil streiten.« Für ein »Monument der Résistance-Literatur« erstaunlich mutet die mehr als nur angedeutete Liebe, die sich nicht entfalten darf, an, ebenso wie die Personifizierung des Feindes in einem Offizier, der ein Bewunderer der französischen Kultur ist und – als er von den Greueltaten seiner Armee erfährt – sich buchstäblich zu Tode verzweifelt an die Ostfront versetzen läßt.

Der dritte Weg

Mit der Bewunderung der fremden Herren für die einheimische Kultur war Vercors jedoch der Wahrheit näher als mit dem hartnäckigen Schweigen der Gedemütigten gegenüber den Folterknechten der Barbarei, das zum Sinnbild der Résistance wurde; denn das Schweigen war (wie der Widerstand auch) die Ausnahme, es kennzeichnete das Verhalten einer kleinen Minderheit. Die Mehrzahl der Intellektuellen entschied sich weder für Pétain noch für de Gaulle; die Kollaboration aus ideologischer Überzeugung war ihre Sache nicht, doch zum gefährlichen Kampf gegen den Nationalsozialismus fühlten sie sich zumindest in den ersten zwei oder drei Kriegsjahren ebensowenig berufen. Bequemer war der dritte Weg, die mehr oder weniger aktive Anpassung, getragen von der Bereitschaft, mit Konzessionen Vergünstigungen zu erkaufen. Viele Künstler und Schauspieler, aber auch zahlreiche Schriftsteller, Professoren und Journalisten haben diese Lösung zwischen Vichy und London gewählt – und sind in Paris geblieben, der Hauptstadt der Sieger und der Kultur.

Das geistige und politische Leben in der besetzten Metropole wurde von zwei – gelegentlich rivalisierenden – Institutionen überwacht: von der Propagandaabteilung, die der Feldkommandantur unterstellt war, sowie der deutschen Botschaft in der Rue de Lille, wohin Ribbentrop den ehemaligen Zeichenlehrer Otto Abetz, der seit 1934 in der Hitlerjugend für »französische Angelegenheiten« zuständig gewesen war, delegiert hatte. Zu den engsten Mitarbeitern von Abetz gehörten Rudolf Schleir, Ernst Achenbach (Presse), Friedrich Grimm (Propaganda), der Journalist Friedrich Sieburg, Karl Epting (Leiter der deutschen Kulturinstitute) und Rudolf Rahn (Rundfunk). Mit Ausnahme von Dr. Zeitschel, der für »spezielle Angelegenheiten« (das heißt die »Judenfrage«) zuständig war, handelte es sich keineswegs um Barbaren, sondern um kultivierte, frankophile Frankreichkenner, die von den französischen Zeitgenossen einmütig als gemäßigt und »voller Verständnis« geschildert werden. Dies gilt in ganz besonderem Maß für Gerhard Heller, der mit der Zensur beauftragt war und 1981 – kurz vor seinem Tod – einen Bericht über seine Tätigkeit vorlegte, der im Jahr darauf ins Deutsche übersetzt wurde: *Un Allemand à Paris* (In einem besetzten Land). Ihm warf Drieu la Rochelle in seinem *Journal* der Kriegszeit vor, er sei, weil zu wenig hart, ein »Feigling« (was die beiden nicht an der Pflege freundschaftlicher Beziehungen hinderte).

In einem Verhör vor der amerikanischen Militärbehörde gab Schleir nach dem Krieg an, Abetz habe für die kulturelle Propaganda eine Milliarde Francs zur Verfügung gestanden. In seiner Aufzählung der »subventionierten« Institutionen finden sich Zeitungen, vor allem aber Theater und politische Gruppierungen. Die Presse wurde nicht durch Terrormaßnahmen, sondern mit den subtileren Mitteln der Verführung und Korruption gleichgeschaltet. Zudem kontrollierten die Deutschen die einzige Nachrichtenagentur, über die alle Informationen liefen. In wöchentlichen Sitzungen, bei denen es sehr locker und geistreich zugegangen sein soll, legte Otto Abetz die redaktionellen Richtlinien fest – ziemlich direkt wurden etwa fünfzig Zeitungen und Zeitschriften überwacht. Der gesamte Pressevertrieb war in deutscher Hand. Mehrere Organe hatten es vorgezogen, ihr Erscheinen einzustellen, andere waren in die Vichy-Provinzen, wo die Zensur zuweilen weniger scharf gehandhabt wurde, umgezogen. Der Verbleib in den besetzten Departements mußte um den Preis totaler Abhängigkeit erkauft werden. Was die täglich erscheinende deutschsprachige *Pariser Zeitung* publizierte, war »Pflichtlektüre«. Paris wurde innerhalb kürzester Zeit äußerst germanophil.

Die amerikanischen Touristen hatten lediglich den deutschen Soldaten Platz gemacht, mochte es scheinen. Es gelang den Besatzungstruppen, die Hauptstadt der Kultur und der Vergnügungen als solche weiterzuführen. Die großen Couturiers kreierten Mode, als ob weiter nichts geschehen wäre. Coco Chanel feierte Triumphe im Glanz der Okkupation. In den feinen Bordellen – sie wurden erst nach dem Krieg verboten – herrschte Hochbetrieb; die vornehmen Restaurants waren bestens besucht und boten, als die Provinzen längst unter der Rationierung Mangel litten, erstklassiges Essen. Für ihre kultivierten Soldaten organisierten die Oberbefehlshaber der Stadt eigens deutschsprachige Führungen durch die Stätten der Laster und Lust. Die Nachtlokale inserierten in der *Pariser Zeitung*.

Auch das künstlerische Leben war reger denn je: Kinos, Theater waren regelmäßig ausverkauft. Die Museen meldeten Rekordbesuche. Sacha Guitry spielte im »Madeleine«-Theater *Pasteur* und dinierte mit Ernst Jünger, Epting, Speidel, mit Jean Cocteau, René Benjamin und der Schauspielerin Arletty. Die »Comédie Française« brachte Stücke von Musset, Daudet, Molière und Anouilh – Louis Jouvet konnte mit der Komödie *Ecole des femmes* (Schule der Frauen) einen besonderen Erfolg verbuchen. 75 Reprisen und 31 Neuinszenierungen verzeichnen die Statistiken allein für die Saison 1940/41 – eine schöne Bilanz für eine besetzte Stadt.

Unter dem dynamischen Serge Lifar brach auch die »Opéra« zu neuen artistischen Gipfeln auf. Am 23. Juni 1940 führte der Intendant Hitler durch das ruhmreiche Haus. Göring sah Lifar für die Leitung des zukünftigen Europäischen Balletts vor. In den Jahren der Okkupation gaben zahlreiche Altstars unserer Zeit ihr Debüt: Zizi Jeanmaire, Jeanine Charrat, Ludmilla Tchernia, auch der Chansonnier Serge Reggiani. Ein Drittel der Zuschauer waren jeweils deutsche Soldaten. Sie feierten Maurice Chevalier und die Mistinguette – die vor so viel Erfolg gleich zu einer Tournee durch die Gefangenenlager in Deutschland aufbrachen. Wochenlang schlachtete die deutsche wie die Kollaborationspresse den Propagandaeffekt der KZ-Gastspiele aus.

»Die Kollaboration, das ist Mozart in Paris«, erklärte die Pianistin Lucienne Delforge, für die der politische Opportunismus zur »Knechtschaft des Künstlerberufs« gehört. Als die Berliner Oper von einer englischen Bombe getroffen wurde, verlegte sie ihre Aufführungen an die Seine, wo man die *Entführung aus dem Serail* und den *Tristan* gab. Zahlreich waren die französischen Kritiker und Musiker, die in Wien an den Feiern zum 150. Todestag von Mozart teilnahmen. In Meudon, wo hundert Jahre zuvor der *Fliegende Holländer* entstanden war, eröffnete Winifred Wagner eine Gedenkausstellung. Einen glanzvollen Höhepunkt brachte die Uraufführung von Paul Claudels Stück »Der seidene Schuh«, die in den vierzehn Jahren seit seinem Bestehen nicht zustande gekommen war. Pétain, der sogar eine Claudel-Tournee organisierte, machte es möglich; Jean-Louis Barrault, der auch die Inszenierung besorgte, hatte das Stück für die Bühne bearbeitet. Claudel konnte mit seiner Kollaboration, die er in Privatgesprächen zu »erklären« versuchte, die Freilassung seines Sohnes aus deutscher Gefangenschaft erreichen. Nach der *libération* widmete er sich mit gleicher dichterischer Inbrunst dem neuen Sieger Charles de Gaulle.

1942 drängten die Massen in die Pariser Ausstellung von Arno Breker, der Pétain eine Skulptur geschenkt hatte. Breker veranstaltete eine aufsehenerregende Deutschlandreise, an der Derain, Vlaminck, Othon Friesz, Despiau und Dunoyer de Segonzac teilnahmen. Von Brekers wie von Ernst Jüngers Protektionismus sollen mehr oder weniger bedrohte Künstler profitiert haben – unter ihnen Picasso, der in seinem Atelier den Besuch hoher Nazi-Offiziere empfing. Nach dem Krieg mußte ihm die Kommunistische Partei eine ziemlich brüchige Legende als »Widerstandskämpfer der Künste« konstruieren. Im Zeichen der »künstlerischen Zusammenarbeit« – der *collaboration artistique* ... – stand auch das Gastspiel des Schillertheaters bei der »Comédie Française«, eine Gelegenheit, den Obersten Speidel und Germaine Lubin, die Schauspieler Edwige Feuillère und Heinrich George, Serge Lifar und Gisela Uhlen an einen Tisch zu bringen. In Text und Bild berichtete die französische Ausgabe von *Signal* über die gesellschaftlichen Ereignisse auf der Kulturszene, die so tat, als ob es den Krieg nicht gab, und wer wollte damals schon ahnen, daß diese

Dokumente zu Kronzeugen einer möglichen Anklage werden könnten. Paris glaubte an das Gute im Menschen, an die unsterblichen humanistischen Werte. Und vor allem an den deutschen Endsieg.

Auf dem Montmartre waren sogar – untrügliches Zeichen von Meinungsfreiheit und mutiger Aufmüpfigkeit – die satirischen Chansonniers und wortwitzigen Kabarettisten in Aktion. Und da das gemischte Publikum weder Pétain noch Vichy und auch nicht Hitler, Laval oder *les boches* für gute Themen hielt, wurden die scharfzüngigen Pointen eben auf Blum, Herriot und Reynaud gemünzt. Sie saßen als für die Niederlage Verantwortliche im Gefängnis. Gleichzeitig wurden in derselben Stadt – und unter Ausschluß der publizistischen Öffentlichkeit – Ärzte, Journalisten und Professoren zu Zwangsarbeit in Fabriken verurteilt, Juden verfolgt und deportiert, Widerstandskämpfer gefoltert und erschossen. Regelmäßig verließen vollgepferchte Eisenbahntransporte das *gay Paris. Nuit et brouillard* (Nacht und Nebel) bedeutete: nach Auschwitz.

Nachdem, wie Gérard Sandoz in seiner Darstellung des deutschen Widerstands gegen den Nationalsozialismus berichtet *(Ces Allemands qui ont défié Hitler),* die französischen Behörden schon vor dem Eindringen der deutschen Armee »ein Maximum« taten, um die unerwünschten Emigranten, vorwiegend Linke, Journalisten und Schriftsteller, zu »evakuieren«, wurde deren Lage mit dem Zusammenbruch noch verzweifelter. Das Waffenstillstandsabkommen vom Juni 1940 verlangte in Artikel 19 ausdrücklich die Auslieferung der »Feinde Hitler-Deutschlands, die nach Frankreich geflohen sind«. Auf einer Liste, die man den Behörden von Vichy übergab, standen die Namen der vierzig meistgesuchten Intellektuellen, auf die eine gnadenlose Jagd einsetzte. Unter ihnen befand sich Rudolf Breitscheid, ein prominenter Vertreter der deutschen Sozialdemokratie und Freund Léon Blums, der während der Weimarer Republik für die Völkerverständigung eingetreten war. Er emigrierte 1933 ins Land der Freiheit und der Menschenrechte, wo er als unermüdlicher Warner vor Hitlers Kriegsvorbereitungen auftrat, aber nur als lästiger Störer empfunden wurde. Nach seiner Flucht von Hotel zu Hotel und dem verzweifelten Versuch, sich nach Amerika abzusetzen, wurde er in Marseille von der französischen Polizei gefaßt und ausgeliefert. Er starb 1944 in Buchenwald. Rudolf Hilferding, Theodor Wolff, Carl Einstein, Walter Benjamin, Arthur Koestler und Jean Améry – ihre Schicksale sind bekannt.

Gerhard Heller machte sich zumindest im nachhinein über die Absichten der deutschen Frankreichpolitik, die in der Kultur einen bedeutenden Motor der Kollaboration sah, trotz aller Kollaborationsbereitschaft auf beiden Seiten keinerlei Illusionen: »So genau kann ich es zwar nicht sagen, denn ich war ja in einer untergeordneten Stellung tätig. Ich hatte den Eindruck – und dieser Eindruck täuscht eigentlich nicht, denn es gibt Dokumente, die ihn belegen –, daß vom Propagandaministerium eine eindeutige Politik gemacht und verlangt wurde. Sie stand unter dem Leitgedanken, daß Frankreich kulturell nie mehr eine bedeutende Rolle sollte spielen können: es würde an Deutschland sein, in Europa die kulturelle Führung zu übernehmen. Ich kann dazu ein Beispiel anführen. Als nämlich 1941 französische Dichter zum Europäischen Schriftstellerkongreß nach Weimar reisten, war das erst nach einer Intervention der Botschaft (und von mir) möglich. Goebbels wollte das ursprünglich nicht, obwohl viele Schriftsteller aus Italien, Finnland, Rumänien, überhaupt aus ganz Europa angekündigt waren. Die Franzosen sollten ausgeschlossen bleiben.«

Dennoch behauptete Heller, dem kurz vor seinem Hinscheiden ein hoher französischer Orden *pour le rayonnement culturel* verliehen wurde, nicht Parteimitglied gewesen und nie auf seine ideologische Tauglichkeit geprüft worden zu sein: »Meine Vorgesetzten, das kann ich ruhig sagen, hatten nicht viel Ahnung von der französischen Sprache. Aber wir waren auch nur ein kleiner Sektor, dem das Schrifttum unterstand. In anderen Abteilungen gab es ausgewiesene Frankreichkenner, Journalisten, die schon zuvor in Paris stationiert gewesen waren. Als ich in die französische Hauptstadt kam, wurde mir klargemacht, welches meine Aufgaben seien. Man sagte mir auch, daß es im Grunde keine Zensur gebe, denn es sei bereits eine Konvention mit den Verlegern unterzeichnet worden. Es seien aber viele Manuskripte da, die politische Themen behandelten und gelesen werden müßten. Ausgemerzt waren schon die Schriften von Juden, Freimaurern und antideutschen Autoren. Diese Begriffe wurden zum Teil sehr weit gefaßt. Die französischen Verleger waren gehalten, derartige Bücher, die sie noch auf Vorrat hatten, von sich aus abzuliefern. Als ich hinter der ›Place de l'Etoile‹ in einer Garage die vielen Exemplare sah, die eingestampft werden sollten, erfaßte mich ein gewaltiger Schrecken; es waren berühmte Namen darunter. Sie erinnerten mich an die

Bücherverbrennungen, die ich noch in Berlin erlebt hatte. Wer Bücher verbrennt, der tötet bald auch Menschen – das war mir sehr deutlich bewußt und prägte mich. Ich fand bei Sartre ein auf Marx beruhendes Zitat: Die Schande und die Scham sind revolutionäre Gefühle. Das habe ich nie vergessen. Von nun an regte sich ein gewisses Gefühl des Widerstands – nicht im Sinne der Résistance, des Widerstands gegen die Zerstörung – in mir.

Ich mußte die Bücher lesen, die nicht unter das Zensurabkommen fielen. Es waren vor allem Werke über die Niederlage von 1940. Viele Franzosen schrieben damals auch einfach darüber, um sich selber davon zu befreien, zur Rechtfertigung, um die Dinge, die sie im Kopf hatten, loszuwerden. Ich setzte mich hin und fing mit dem Lesen an. An guten Tagen brachte ich es bis auf 800 Seiten, diagonal lesend. Ich habe in all den Büchern nicht viel Anstößiges gefunden, mich aber gegen absoluten Unsinn gesträubt, auch von Leuten, die sich rechtfertigen oder einfach zeigen wollten, daß sie schreiben können, oder die gar versuchten, sich beim Besatzer einzuschmeicheln. In solchen Fällen habe ich gesagt, das ist einfach schlecht, dafür stelle ich kein Papier zur Verfügung. Georges Duhamel, der damals sehr bekannt war, hatte ein Buch mit dem Titel ›Lieu d'asyle‹ veröffentlicht. Darin beschrieb er, wie er als Arzt die Kriegstage erlebt hatte. Einige Deutsche waren empört, als sie erfuhren, daß dieses Buch erschienen war, und verlangten, daß es verboten werde. Denn Duhamel sei ein notorischer Deutschenhasser (was man später auch von François Mauriac sagte), ein Buch von ihm könne nicht geduldet werden. Um einige Exemplare zu retten, bat ich ihn, mir zehn oder zwölf Stück in einem Paket zukommen zu lassen. Ich versah es mit der Aufschrift *Propriété du Lieutenant Heller.*«

Die führende Literaturzeitschrift der dreißiger Jahre, die *Nouvelle Revue Française (NRF)*, wurde stramm auf Kollaborationskurs getrimmt – gemäß der weisen Einsicht von Botschafter Otto Abetz, wonach es in Frankreich drei Mächte gebe: die Kommunistische Partei, die Banken – und die *NRF*. Sie wurde Pierre Drieu la Rochelle übergeben, den man damit über den Verzicht auf die von ihm geforderte französische faschistische Einheitspartei hinwegtröstete. Gaston Gallimard, der *NRF*-Verleger, ließ ihn gewähren. In seinem Haus hatten militante Kollaborateure ebenso wie intellektuelle Antifaschisten ihr Büro, und Gallimard selbst, der gerne den *Salon* von

Frau Epting besuchte, förderte auf der anderen Seite oppositionelle Schriftsteller, denen er im Maquis finanzielle Mittel zukommen ließ.

Das war die Lage im besetzten Paris: die Rechte wußte oft nicht, was die Linke tat. Groteske Szenen gehörten zum literarischen Alltag. François Mauriac, der spätere Nobelpreisträger und durchaus der Résistance zuzuzählen, überreichte dem deutschen Zensor die Erstausgabe seiner *Pharisienne* mit dem nicht nur ironisch zu verstehenden Eintrag »Für Leutnant Heller, der sich sehr für das Schicksal der ›Pharisienne‹ eingesetzt hat, in Dankbarkeit: François Mauriac.« Und während Jean-Paul Sartre im Café de Flore ein neues Buch schrieb, las Heller – in Zivil – einige Tische weiter *L'Etre et le Néant* (Das Sein und das Nichts). Allseits wurde mit dem Endsieg von Hitlers Armeen gerechnet (auch die Mehrzahl der literarischen Résistance-Werke entstand nach 1943), und zumindest in Paris scheint es, wie Amouroux die Stimmung zusammenfaßt, bis dahin weder Angst noch Haß gegeben zu haben. *On s'installe,* schreibt der Historiker, man richtete sich ein. Auf beiden Seiten.

Die literarische Ernte der deutschen Jahre kann sich sehen lassen. Im okkupierten Paris erschienen mit dem Segen der Zensur bedeutende Werke, die die Nachkriegsära prägten: Simone de Beauvoir reflektiert in ihrem 1943 publizierten Erstlingswerk *L'Invitée* (Sie kam und blieb) die Beziehung von *moi* und *l'autre* – ein zentrales Thema des Existentialismus. Von Albert Camus erschien *L'Etranger* (Der Fremde; 1942), und *Le Malentendu* (Das Mißverständnis) wurde noch unter der Besatzung uraufgeführt – aus dem Werk *Le Mythe de Sisyphe* (Der Mythos von Sisyphos) mußte 1942 auf Befehl Hellers allerdings das Kapitel über Kafka, den Juden, weggelassen werden, was Autor und Verleger – Gaston Gallimard – akzeptierten. In späteren Ausgaben wurde der Essay mit einer ziemlich euphemistischen Erklärung nachgedruckt: »Die Studie über Franz Kafka, die wir im Anhang publizieren, war in der ersten Auflage von ›Le Mythe de Sisyphe‹ durch ein Kapitel über ›Dostojewski und der Suizid‹ ersetzt worden. Sie wurde jedoch 1943 in der Zeitschrift ›L'Arbalète‹ veröffentlicht.« Auch Sartre (Das Sein und das Nichts, 1943, *Huis clos* – Bei geschlossenen Türen, 1944), Colette und Jean Genet (*Notre-Dame-des-Fleurs*, 1944) und viele andere publizierten im Einvernehmen mit der Zensur, die ebenfalls einige Texte von Aragon und Elsa Triolet freigab. Es geht hier keineswegs darum, im nachhinein irgendwelche Prozesse aufzurollen und Vorwürfe zu formulieren. Doch die Tatsache, daß zahlreiche Meisterwerke der modernen Literatur im Krieg entstehen konnten und von den Verfassern mit Erlaubnis der Zensur gedruckt wurden, läßt sich ebensowenig wegdiskutieren wie der Umstand aus der Welt zu schaffen ist, daß Frankreich tat, worauf sich keines der zuvor besetzten Länder – alle ihre Regierungen waren ins Exil gegangen – einließ: Es war auf höchster Ebene wie auch in allen Schichten der Bevölkerung zur überaus aktiven Zusammenarbeit bereit. Beide Erscheinungen sind eng miteinander verknüpft. Sie stellen – wie die nie verarbeitete Niederlage von 1940 – eine schwere Hypothek dar für die Zukunft. Mit dieser Konstellation hat nach 1945 die internationale Ausstrahlung der französischen Kultur, die heftige, intellektuell brillante Jahre höchster Schaffenskraft hinter sich hat und einen gewaltigen Vorsprung aufweist, zu tun. Im spezifisch französischen Kontext des äußerst komplexen Sowohl-als-auch auf engstem Raum – und in den Köpfen! – ging der Krieg zudem fast ebenso unrühmlich und paradox zu Ende, wie er begonnen hatte: mit dem Exil der innenpolitischen Verlierer – und nicht mit Frieden, sondern in einem Klima der Hetze und der Revanche.

Die Tragikomödie von Sigmaringen

Zu den wenig bekannten Kapiteln der jüngeren französischen Geschichte gehört das Exil der faschistischen Elite im barocken Schloß von Sigmaringen, dem einstigen Regierungssitz der Fürsten von Hohenzollern-Sigmaringen; ihm widmet Henry Rousso in seinem Werk *Un Château en Allemagne* eine minutiöse Darstellung:

Das schwäbische Exil der Hauptakteure der Kollaboration führt weit über 25 000 Franzosen in die Kleinstadt, die heute kaum mehr als 10 000 Einwohner zählt. In den Köpfen der frankophonen Schloß- und Dorfbewohner spukt eine einzige Schimäre: die Rückkehr nach Frankreich, und zwar als Sieger. Vorbild und Modell, das bis in aufschlußreiche Einzelheiten kopiert wird, ist pikanter- und ironischerweise de Gaulles Exil in London. Jene, die mit den Alliierten zusammenspannen, werden der Kollaboration mit dem Feind bezichtigt. Die absurden Projekte sehen vor, aus den zwei Millionen französischen Kriegsgefangenen und Zwangsarbeitern – sie bilden das Volk, auf das sich die Phantom-Regierung beruft – eine Armee zu bilden und die »von Amerika besetzte Nation zu befreien«. Ein militärisches Strohfeuer – Rundstedts Gegenoffensive in den Ardennen – gibt den Hirngespinsten neue Nahrung.

Im obersten Stockwerk des Schlosses haben die Deutschen Pétain einquartiert. Er ist in Begleitung seiner Frau und einiger Getreuer. Der Greis, der sich von allen verschaukelt fühlt, hat einen »Machtstreik« (Rousso) angetreten. Verwundert über das negative Bild, das der französische Rundfunk von ihm zeichnet, beschäftigt er sich vor allem mit der Vorbereitung seines Prozesses. Der Sieger von Verdun hat zum Kummer seines Arzts, der bei der Ausübung der Regierungsgeschäfte eine bedeutende Rolle spielt, seinen legendären Appetit beibehalten. Er genießt eine Sonderbehandlung. Das Essen, das den unfreiwilligen Gästen serviert wird, spiegelt in seiner Vielfalt und Reichhaltigkeit die exakte Hierarchie der emigrierten Gesellschaft, die die Regeln des Protokolls und die Gebote der Macht peinlich genau einhält, geradezu bis zur Lächerlichkeit respektiert.

Deutschland ist nicht einmal ein undankbarer Gastgeber, sondern im Gegenteil äußerst großzügig. Allerdings schwinden die Mittel, mit denen die aufwendige politische Posse aufrechterhalten wird, zusehends. Die Ausfahrten des entmachteten Staatschefs gehören zu den pittoresken Momenten. Pétain verläßt Sigmaringen stets in seinem von zwei Limousinen der Gestapo eskortierten Citroën. Auf der Strecke nach Tuttlingen oder Meßkirch wird angehalten, und der Greis geht zu Fuß weiter, gelegentlich in Begleitung, zumeist jedoch allein. Seine Gedanken sind bei Napoleon, dessen Exil auf der Insel Elba wohl eher Trost denn Hoffnung spendet. Im Schloßzimmer liest Pétain die Memoiren des Zynikers und Opportunisten Talleyrand – doch seine Lektionen können ihm kaum mehr nützlich sein.

Auf der Etage unter Pétains Suite hat Otto Abetz, der nach dem glanzvollen kulturellen Treiben in Paris auch den eher grotesken Epilog dazu inszeniert, Pierre Laval, der ebenfalls an seiner Verteidigung arbeitet, sowie mehrere Minister untergebracht. In einem Nebenflügel logieren die eifrigsten Protagonisten der Komödie von Sigmaringen: Ferdinand de Brinon, Joseph Darnand, Marcel Déat, Jean Luchaire und Eugène Bidoux. Luchaire, für die Propaganda zuständig, hat sein – mit Kreide angeschriebenes – »Ministère de l'Information« in der Karlstraße eingerichtet. Im Keller ist eine Druckerei untergebracht, und Luchaire, dem 220 Mitarbeiter zur Verfügung stehen (»fünfzehn hätten genügt«, sagte er anläßlich eines späteren Verhörs), gelingt es, täglich eine vierseitige Zeitung mit dem Titel *La France* herzustellen. Die erste Ausgabe erscheint am 26. Oktober 1944 mit einem bleichen Porträt Pétains auf der Titelseite. Im Leitartikel gibt sich *La France* als Sprachrohr der Franzosen in Deutschland aus und bezeichnet Sigmaringen als legitimen Sitz des rechtmäßig regierenden Marschalls. Luchaire verfügt außerdem über einen Rundfunksender. Allabendlich übermittelt *Radio Sigmaringen* oder *Ici la France* Nachrichten; die politischen Beiträge und musikalischen Programme können auch in Frankreich empfangen werden.

Während im Osten das Paradestück der Kollaboration, die aus französischen Freiwilligen bestehende »Division Charlemagne« (Karl der Große) noch an der Front kämpft, stellt Jacques Doriot, der Führer des faschistischen »Parti Populaire«, in Sigmaringen das »Comité de la libération française« auf die Beine. Es ist dazu ausersehen, das verlorene Territorium zurückzuerobern – respektive zu befreien! Doch Doriot kommt bei einem mysteriösen Attentat ums Leben – »ermordet durch die terroristischen Flieger des anglo-amerikanischen Imperialismus und des Bolschewismus«, wie *La France* das Ereignis kommentiert. Sein Begräbnis am 25. Februar 1945 wird zu einer der letzten größeren Demonstrationen der Vichy-Emigranten. Das offizielle Deutschland schließt sich der Trauer seiner treuen Verbündeten an. Am offenen Grab versöhnt sich sogar Jean Luchaire mit seinem verstorbenen Rivalen und Erzfeind. Allen Anwesenden ist klar: Mit Doriot werden die letzten Illusionen und Hoffnungen der »France allemande« begraben.

Auch die Präsenz der Intellektuellen in Sigmaringen entspricht ganz ihrer hervorragenden Bedeutung im Rahmen der Kollaboration. Louis-Ferdinand Céline, der berühmteste und begabteste unter ihnen, trifft im November 1944 ein. Am Bahnhof wird er von Lucien Rebatet und vielen Schaulustigen begrüßt: Übersetzungen und Presseartikel haben den Verfasser genialer Romane und übelster antisemitischer Hetzschriften längst auch in Deutschland bekannt werden lassen. Brinon ernennt ihn zum Arzt der französischen Kolonie. Céline, der mit zwanzig Koffern voller Eisenwaren angekommen ist und im Hotel »Zum Löwen« wohnt, ist in ausgedehnte Schwarzmarktgeschäfte verwickelt und gehört zu den wenigen, die sich über den Ausgang der Farce keinerlei Illusionen machen.

Noch gehen in der »Confiserie Schön« die Salongespräche weiter. Im »Deutschen Haus« rezitiert Robert Le Vigan Gedichte; die Pianistin Lucienne Delforge spielt wie weiland im besetzten Paris Bach und Frescobaldi. Über *Radio Sigmaringen* gibt Eugène Bestaux eine »Einführung in die deutsche Gegenwartsliteratur«. In einem »Manifest der französischen Intellektuellen in Deutschland« vom November 1944 wird die Verfolgung von »Tausenden von Schriftstellern, Wissenschaftlern, Journalisten, Professoren, Künstlern« durch die neuen Machthaber im »amerikanisch besetzten Frankreich« verurteilt. »Trotz der Leiden des Vaterlands« sind die Verfasser und Unterzeichner vom Endsieg der »westlichen Zivilisation«, zu der die französische Kultur so viel beigetragen habe, überzeugt.

Doch die düsteren Anzeichen mehrten sich. In Paris wurden im Dezember Freiwillige der deutschen Waffenverbände erschossen, und am 6. Februar stand Robert Brasillach vor dem Exekutionskommando – jener aus Überzeugung faschistische Schriftsteller, der im Gegensatz zu den Flüchtenden kein Feigling sein wollte. »Ich bleibe«, hatte Brasillach am Vorabend des Exodus nach Sigmaringen zu Rebatet gesagt. Pierre Drieu la Rochelle, der im Falle einer wahrscheinlichen Verurteilung wohl begnadigt und für einige Jahre ins Gefängnis gesteckt worden wäre, zog mit seinem Suizid vor allem die Konsequenzen seines politischen Scheiterns. Nach diesen Hiobsbotschaften griff in der schwäbischen Kleinstadt die Angst um sich. Die wirklichen Sieger drangen in die barocke Idylle vor. Angehörige der amerikanischen und französischen Armee nahmen die letzten Gespenster im Schloß fest. An Luchaire, Laval, Brinon und vielen anderen wurde das Todesurteil vollstreckt, Pétain wegen seiner Verdienste in der Schlacht von Verdun begnadigt.

Libération, Epuration – zwischen Krieg und Frieden

Der Friede erwies sich in mancherlei Hinsicht blutiger und sogar totalitärer als der Krieg – zumindest für die französischen Schriftsteller: An der literarischen Front brachen die Feindseligkeiten erst richtig aus. Mit der mehr oder weniger friedlichen Koexistenz faschistischer, antifaschistischer und »unpolitischer« Schriftsteller im selben Haus, wie sie unter deutscher Aufsicht die Regel gewesen, war es vorbei – die »Résistance«, die gesiegt hat, nahm Rache an der Kollaboration, blutige Rache. Bezeichnenderweise gehörten viele jener ewigen Opportunisten, die im Krieg irgendwo zwischen aktiver Anpassung und passiver Kollaboration den Weg des geringsten Widerstands gegangen waren, zu den Scharfmachern im unerbittlichen Säuberungsprozeß.

Von Brasillachs engsten Mitarbeitern bei *Je suis partout* wurden Cousteau und Rebatet ebenfalls zum Tode verurteilt, jedoch begnadigt. Für Claude Jeantet lautete der Richterspruch auf lebenslängliche Haft (zumindest einige Jahre saß er im Gefängnis), während weitere Mitarbeiter der führenden Kollaborationszeitschrift mit Schreibverbot belegt oder ins Exil verbannt wurden. Mit seiner Flucht nach Sigmaringen und Dänemark, wo er auf Gesuch der französischen Behörden achtzehn Monate lang gefangengehalten wurde, konnte sich Céline der drohenden Hinrichtung entziehen – er wurde 1951 begnadigt. Das sind lediglich die spektakulärsten Fälle.

Schriftsteller hielten Gericht über Schriftsteller: In den Monaten September und Oktober des Jahres 1945 verurteilte der aus der Résistance hervorgegangene »Conseil National des Ecrivains« (CNE), dem Leute wie Mauriac, Sartre, Camus, Malraux, Eluard, Aragon, Vercors und andere angehörten, mehr als hundert Autoren. Bestraft wurden zum Teil prominente Literaten, die man der Korruption und Kollaboration mit dem Feind für schuldig befand, unter ihnen Montherlant, Marcel Jouhandeau, Paul Morand, Bernard Grasset, Sacha Guitry, Jean Giono, Barjavel sowie natürlich die notorischen Faschisten. Nach seiner Verurteilung sprach Charles Maurras nicht ganz ohne Berechtigung von »Dreyfus' Rache«.

Auch Gaston Gallimard, der im Krieg Autoren wie Camus und Sartre verlegt und über die größten Papierkontingente verfügt hatte, geriet ins Kreuzfeuer der Kritik. Die *Nouvelle Revue Française* wurde mehr geopfert denn verboten, doch ihr taktisch geschickter Verleger kam dank guter Beziehungen ebenso über die Runden der nicht weniger schwierigen Nachkriegszeit wie in den Jahren zuvor. Im CNE, der sich mit den Säuberungen des Verlagswesens befaßte, vertrat Sartre, wie Pierre Assouline in seiner Biographie *Gaston Gallimard* (1984) berichtet, vor allem seinen Verleger. *Les Temps modernes* wurden gegründet, um nach dem »Verbot« der *NRF*, deren Platz viele einnehmen wollten, erneut eine Zeitschrift zu haben – sie wurde zum intellektuellen Flaggschiff der Epoche. Sie erlaubte es Gallimard, sich mit der Résistance, der Linken, den Säuberern, die sie repräsentierte, zu versöhnen: »Mit Aragon an der Spitze der ›Lettres françaises‹ nun unter der Fuchtel der Kommunisten, Malraux im Informationsministerium des Generals und Sartre als Direktor der ›Temps modernes‹ kann Gaston Gallimard zuversichtlich sein«, schreibt Assouline: seine Schachzüge waren geglückt – die Stellung schien gesichert, und das »Dossier Gallimard« sollte bald zu den Akten gelegt werden.

Die Prozesse fanden in einem Klima der Leidenschaften und der Willkür statt – manchmal genügte der Ruf, ein Antikommunist zu sein, um verurteilt zu werden. Die Mehrzahl bekam ein Schreib- und Publikationsverbot auferlegt; jede Verurteilung hatte zur Folge, daß die Bücher des Betroffenen aus den Buchhandlungen verschwanden. Paul Valéry und Paul Claudel, Anouilh, François Mauriac, Colette, Arthur Honegger und – mit einigem Zögern – auch Albert Camus, der Kämpfer gegen die Todesstrafe, unterschrieben das Gnadengesuch für Brasillach, auf dem ebenso viele prominente Namen – von Simone de Beauvoir bis Jean-Paul Sartre – fehlten. De Gaulle, der die Gewichte abwägen mußte und zuvor François Mauriac gegenüber eine Exekution für sehr unwahrscheinlich erklärt hatte, weigerte sich, den Aufmarsch des Hinrichtungskommandos zu stoppen. Erst einige Jahre nach diesen zum Teil höchst unrühmlichen Schauprozessen fand ein Aufruf Mauriacs, der für Mäßigung plädierte, allmählich Gehör.

Im Bereich der Presse nahmen die Säuberungen einen besonneneren Verlauf, denn für die Zeitungen hatte es nach 1940 praktisch nur die Alternative Widerstand oder Kollaboration – Vichy oder London – gegeben. Nach der *libération* wurden jene, die es mit Pétain und den Deutschen gehalten hatten, verboten und die beschränkten Papiervorräte den mutigen Résistance-Blättern, die wirklich etwas riskiert hatten, zugeteilt. In jenen Tagen, da die Zeitungen nicht nach wirtschaftlichen, sondern politischen Kriterien gemacht wurden, erlebte der französische Journalismus eine Blütezeit: Albert Camus war Leitartikler des im Widerstand gegründeten *Combat*, Louis Aragon leitete das Nachmittagsblatt *Ce Soir*, und Hubert Beuve-Méry, ebenfalls ein Mann des Maquis, gründete *Le Monde*. Noch gab es keine Massen- und Magazinpresse amerikanischer Machart, die Gazetten verstanden sich als Ideenträger, in denen die Meinung(en) vor den Meldungen absolute Priorität hatten. *De la Résistance à la Révolution*, vom Widerstand zur Revolution, lautete das allgemeine Motto, und das »Lied der Partisanen«, das die faschistischen Chansons der Pétain-Ära ablöste, intonierte den Grundton der vermeintlich neuen Zeit: *Ohé, partisans* (Arbeiter und Bauern), *c'est l'alarme*. Die Leitartikel tönten links und revolutionär, denn es galt das Böse zu verdrängen und das Gute konnte, da der Faschismus aus Deutschland eindeutig rechter Provenienz gewesen und im eigenen Land von den Konterrevolutionären unterstützt worden war, nur links sein.

Die Säuberungen forderten nach offiziellen Angaben rund 10 000 Todesopfer. Der Historiker Robert Aron, der ausgewiesenste Spezialist der Epoche, spricht gar von 40 000 Hinrichtungen ohne jede juristische Grundlage. Ihre Zahl wäre ohne das schnelle Einschreiten der Behörden zweifellos noch bedeutend höher ausgefallen: zwischen September 1944 und April 1945 wurden 126 000 Personen in Lagern interniert, oftmals unter extrem belastenden Bedingungen, die jedoch keineswegs den Vergleich mit dem *système concentrationnaire* der KZs, den Kritiker der *épuration* anstellten, rechtfertigten. Viele Inhaftierte wurden im Frühsommer des Jahres 1945 ohne jeden Prozeß freigelassen. Von den 86 589 Dossiers, die der Justiz übergeben wurden, führten 45 Prozent zu rechtmäßigen Verurteilungen. Anders aber als später bei den Nürnberger Prozessen wurde in Frankreich bestraft, ohne daß die Vergehen der Kollaboration und des Verrats je in einem gesamtgesellschaftlichen Zusammenhang definiert worden wären. Natürlich trafen die Maßnahmen der Behörden und die Racheakte einer aufgewühlten Bevölkerung gewisse *salauds* der Kollaboration, ihre Provokateure, Denunzianten und Profiteure – aber nicht ausschließlich und nicht alle. Nur zu oft mußten Sündenböcke herhalten und wurden irgendwelche Rechnungen beglichen: Hatte de Gaulle nicht schon 1943 versprochen, daß »das Land eines Tages wissen muß, daß es gerächt ist«?! Die Legitimität der neuen Ordnung berief sich auf die Résistance, die sich ihrerseits als *fille de 1789* verstand und damit als durchaus legitime Hüterin der republikanischen Tradition. Aber die französische Gesellschaft war 1945 nicht so unschuldig, wie sie sich gab: »als ob man«, wie Jean-Marie Domenach im August 1947 in der Zeitschrift *Esprit* bemerkte, »das Ausmaß des Verbrechens fürchtete«.

Die innenpolitische Säuberungswelle hatte – zusammen mit der alliierten Schlußoffensive gegen Deutschland, an die sich Frankreichs Armeen anhängten – nicht zuletzt die Aufgabe, aus dem Land, das auf Regierungsebene kollaboriert hatte, in den neun Monaten zwischen der *libération* und dem Ende der kriegerischen Auseinandersetzungen in Europa eine Siegernation zu machen – eine Illusion, die weitreichende Folgen zeitigen sollte. Wie immer Militärexperten den Beitrag der Résistance (zum Zeitpunkt der Befreiung standen 200 000 Mann unter Waffen) einschätzen mögen (meist ziemlich gering): sie mußte nun das Fundament für die Nachkriegsgesellschaft abgeben, den »Sieg« legitimieren und Vichy vergessen machen. Der Eifer, mit dem Faschisten und Kollaborateuren der Prozeß gemacht wurde, lieferte der kollektiven Verdrängung das kulturelle und politische Alibi und ermöglichte es dem Land über die wahren – und tiefen – Ursachen wie Hintergründe der Niederlage von 1940 und über die Realität der Jahre danach hinwegzusehen. Der Mythos von der Maginot-Linie, die – man weiß nicht, wie – zusammengebrochen war, wird ersetzt durch den Résistance-Mythos.

Der gesellschaftliche Säuberungsprozeß, der sich nahezu ausschließlich auf die schreibende Klasse beschränkte, blieb folglich eine ziemlich oberflächliche Erscheinung und täuschte das von den Amerikanern befreite Land über die Tatsache hinweg, daß praktisch die gesamte Wirtschaft und Beamtenschaft kollaboriert und auch das Proletariat keineswegs als Bollwerk gegen den »reaktionären Faschismus als logische Folge des Kapitalismus« fungiert hatte. Daran konnten weder de Gaulles weitgehende Verstaatlichungsmaßnahmen noch seine kühnen Mitbestimmungsmodelle etwas ändern. Die Veränderungen beim gewaltsamen Übergang von der Dritten Republik zum Vichy-Staat waren tiefgreifender gewesen als die kosmetischen Reformen der Jahre 1945/46. Zahlreiche von Pétain geschaffene Einrichtungen wurden in der französischen Nachkriegsgesellschaft beibehalten.

Die Diskrepanz zwischen rhetorischem Anspruch und gesellschaftlicher Wirklichkeit wurde die Achillesverse des neuen Frankreich. Ausländischen Beobachtern fiel dieser Sachverhalt bald auf. Der englische Journalist Alexander Werth schrieb: »Einer der Widersprüche der ersten Nachkriegsregierungen war es, daß sie den Gesetzen nach oberflächlich revolutionär waren, im geheimen aber konservativ.«

Und Jean Améry bemerkte 1961: »Man hatte nach dem Krieg – zum erstenmal in der französischen Geschichte! – nur Revolution gespielt, so wie man ›Sieg‹ spielte und ›Großmacht‹.« Und: »Das Frankreich der ersten Nachkriegszeit hatte seit der Dreyfus-Affäre zum erstenmal wieder ethische, politische, geistige Wertkriterien, die unter sich übereinstimmten« – die aber keinesfalls den wirklichen Zuständen im Land entsprachen. In dieser komplexen Situation – ohne die unmittelbare Vergangenheit bewältigt zu haben: sie war nur liquidiert worden – trat das wenig versehrte Land, das zwanzig Prozent der gesamten amerikanischen Europahilfe erhielt, in den Kalten Krieg ein, der sich in Frankreich mit den Kolonialkriegen überschnitt.

Von den in den dreißiger Jahren führenden Avantgarden konnte keine die katastrophale Klammer »39/45« überleben. Futurismus und Surrealismus hatten in die politische Sackgasse geführt. Vergeblich versuchte André Breton, nach seiner Rückkehr aus dem Exil wieder zu Ansehen und Einfluß zu gelangen. Sowohl Bernanos wie Duhamel zogen sich nach der *libération* vom traditionellen französischen Roman, der ihre Spezialität gewesen war, auf den politischen und ethischen Essay zurück. Antoine de Saint-Exupéry, den seine bisherige Literatur der Fliegerei und menschlichen Solidarität für einen großen Kriegsroman prädestinierte, schrieb im New Yorker Exil – *Le Petit Prince* (Der kleine Prinz); er kam im Alter von 44 Jahren ums Leben – abgeschossen von einer deutschen Maschine, die der Flieger-Dichter bei einem Aufklärungsflug in einer völlig aussichtslosen Lage angegriffen hatte. Paul Nizan, ein revolutionärer Schriftsteller lange bevor sein Mitschüler Sartre seine Theorien vorlegte, hatte die Kommunistische Partei aus Protest gegen den Hitler-Stalin-Pakt verlassen und war vorbehaltlos für den Krieg gegen die Faschisten eingetreten. Nizan hätte durchaus ein Arrangement à la Sartre (der sich als Soldat zum meteorologischen Dienst abstellen ließ) erreichen können, doch aus antifaschistischer Überzeugung ging er, körperlich und psychisch eher schwächlich, an die Front. Er fiel während des kurzen Krieges, den sich Deutschland und Frankreich lieferten, in Dünkirchen, von einer verirrten Kugel getroffen, am 23. Mai 1940.

Die Résistance auf fast wundersame Weise überlebt hat André Malraux, der bereits in Indochina gekämpft und im Spanischen Bürgerkrieg die Luftwaffe der Internationalen Brigaden aufgebaut hatte. Malraux floh 1940 aus deutscher Kriegsgefangenschaft und schloß sich dem bewaffneten Widerstand an. *Les Noyers de l'Altenburg* (Die Nußbäume der Altenburg), von denen Teile weiterer Entwürfe von der Gestapo beschlagnahmt und zerstört wurden, ließ er im Exil erscheinen. Im Akt der künstlerischen Schöpfung »bringen wir aus uns selber die Bilder hervor, mächtig genug, unser Nichts zu leugnen«, heißt es in diesem Roman, der noch mitten im Krieg die Neuorientierung von Malraux' zukünftigem Schaffen ankündigte: Nach 1945 wurde Malraux unter de Gaulle Informations-, später (1958) auch Kulturminister; als Schriftsteller beschränkt er sich auf die politische Biographie und Autobiographie, widmet sich aber vorwiegend kunsttheoretischen Betrachtungen. Die Kunst scheint ihm die einzige Möglichkeit, der Absurdität der Existenz einen Sinn abzuringen und entgegenzustellen. Sein letzter der großen antifaschistischen Romane, *L'Espoir* (Die Hoffnung), war 1937 herausgekommen.

Aus dem Munde von André Malraux, der die abenteuerlichen Anekdoten um seine Person geschickt zu nähren verstand, hat Sartre, der gewiß kein Widerstandskämpfer war, der Vorwurf, er habe eben nie vor den Maschinengewehrläufen der Gestapo gestanden, getroffen wie sonst keine der zahlreichen – verbalen – Attacken auf seine Person. Die komplexe französische Situation weckte sein politisches Engagement, sie stellte die Weichen zu seinem politischen Tun und intellektuellen Schaffen der zweiten Lebenshälfte. Sartre hat die entscheidenden Jahre, auf die andere nur noch mit Schweigen und Rückzug zu reagieren vermochten, in Theorie, Literatur, Philosophie umgesetzt, zu Primär- und Sekundärliteratur verarbeitet, auf Konzepte und Schlüsselbegriffe gebracht.

Die verzögerte Versöhnung

Am 8. Oktober 1926 meldete die Pariser Zeitung *Le Journal,* Paul Claudel, damals französischer Botschafter in Tokio, werde demnächst in Berlin Monsieur de Margerie ablösen. Noch am gleichen Tag veröffentlichte das Auswärtige Amt ein Dementi. In einem geradezu sensationellen Aufsatz der Zeitschrift *Akzente* (Nr. 5, 1982) weist Edwin Maria Landau nach, wie Claudels Akkreditierung von deutscher Seite hintertrieben wurde. In Deutschland galt der 1868 geborene Dichter und Diplomat, der nach dem zweiten Angriff auf sein Heimatland tatsächlich sehr germanophobe und auch verletzende – allerdings nicht sehr hochstehende – Lyrik verfaßt hatte und in der »Verkündigung Mariä« seiner »Empörung über die Bedrängnis des Vaterlands Ausdruck gab«, als unverbesserlicher chauvinistischer Patriot, den man nicht in der Hauptstadt wollte.

Zum Zeitpunkt dieser Ankündigung hatte sich Claudel längst auf sein delikates Amt vorbereitet. Landau publizierte eine schon am 25. September des Vorjahres geschriebene »Note über die französisch-deutsche Zusammenarbeit«, die alle Probleme – bis zur Frage der Schuldentilgung – mit unerwarteter Sachkompetenz angeht und Claudel im nachhinein als weitsichtigen Politiker und Diplomaten mit historischem Feingefühl ausweist. Trotzdem geht Landau in der Interpretation seiner sorgfältigen Dokumentation etwas weit: zu Recht ist er der Auffassung, daß Claudels Programm für Berlin stark »über den Geist von Locarno« hinausweise. Er meint sogar, daß Claudels Ernennung »eine grundlegende Wende in den französisch-deutschen Beziehungen« hätte herbeiführen können und »heute darf man hinzufügen, daß sie vielleicht Katastrophen, deren Zeugen und Opfer die Welt wurde, verhindert hätte«. An Claudels Stelle ging damals François-Poncet – »seine These über Goethe versprach mehr

Verständnis für deutsches Wesen« – als Botschafter nach Berlin. Die hintertriebene Berufung ist für Landau Anlaß, sich ausführlicher mit Claudels Beziehung zu Deutschland zu befassen.

Nach längeren Aufenthalten als Diplomat in Frankfurt und Hamburg vertreibt der Ausbruch des Ersten Weltkriegs Paul Claudel aus Deutschland. Kaum in Frankreich angekommen, »macht er sich zum Vorkämpfer einer Aussöhnung«. Den Friedensvertrag von Versailles hält er für unklug und schlecht, den Sieg für »verspielt«. Er träumt von einem Europa, das auch das »urchristliche Polen« und die baltischen Staaten umfaßte. Claudel weiß, daß diese Vision nur im Zusammengehen von Frankreich und Deutschland eine Chance auf Verwirklichung hat, 1930, als das Außenministerium nochmals seine Entsendung nach Deutschland erwägt, erklärt er in einem Interview: »Gerade das geistige Deutschland brachte und bringt mir immer wieder ungewöhnlich wohlwollendes Verständnis entgegen. In meiner Heimat gelte ich als dunkler Metaphysiker, und dieser Vorwurf – bei euch manchmal ein Lob – trifft mich als Franzosen schwer. Aber die Deutschen sind aufgeschlossen für neue Dinge. Deutscher Geist ist es, der beim notwendigen Abbau des Materialismus und Rationalismus stets vorangeht. In Deutschland wird immer wieder der Versuch gemacht, Gestaltwillen und Gestaltwesen dem Ablauf natürlicher, wenn auch manchmal sehr menschlich hochgezüchteter Kräfte entgegenzuhalten.«

Nicht ohne Berechtigung zerlegt Landau, der Kenner von Mensch und Werk, die Ambivalenz von Claudels Deutschlandbild in Komponenten, wie sie auch in anderen Bereichen seines Wesens und Schaffens ausgemacht werden können, hier aber besonders hervortreten: Entweder spricht er als der weitsichtige, auch politisch klar denkende Dichter oder als der aggressive Katholik und »Stammgast der Bibel«, der sich mit protestantenfressender Virulenz zu Wort meldet und das universale Christentum gegen die Nationalismen und andere »Interessengruppen«, die die Kirche bedrängen, verteidigt.

Paul Claudels Haltung dem längst nazistisch gewordenen Deutschland gegenüber ist zumindest naiv. Am 29. Oktober 1939 richtet er über den Rundfunk einen Appell an das deutsche Volk: »Nicht Niederlage und Schmach wollen wir euch bringen, nein, Befreiung und Freiheit. Ganz Europa sagt, Deutschland, du bist ein Teil unserer Seele und unseres Leibes. Wir werden versuchen, euch nach dem

Wort der Schrift begreiflich zu machen, wie gut und lieblich es ist, als Brüder an ein und demselben Ort zu hausen, in ein und demselben Europa, befreit von dem Feldwebel und der Gestapo.« Noch am 24. April – also kurz vor der unerwarteten Kapitulation – überschreibt er einen Artikel im *Figaro* mit »Der Verbindungsstrich«. Als Plädoyer der faschistischen Sehnsucht nach einer »notwendigen Niederlage« Frankreichs kann man diesen Aufsatz gewiß nicht interpretieren, doch Claudels Eintreten für eine höhere europäische Ordnung wirkt im Rückblick trotz seiner Forderung nach einer »Rechtsordnung« für dieses Europa zwiespältig. Zudem unterschlägt Landau in diesem Zusammenhang auch den Pétain-Päan wie die Tatsache, daß der dichtende Diplomat während des Spanischen Bürgerkriegs die faschistische Rechte hymnisch besungen hatte.

Paul Claudel, Frankreichs offizieller wie literarischer Botschafter in der ganzen Welt und dennoch alles andere als ein sogenannter »politischer« Autor, illustriert über ein halbes Jahrhundert hinweg die tragische Komplizenschaft des deutsch-französischen Verhältnisses. Man ist jedenfalls versucht, in seiner Entwicklung einen ebenso historischen wie persönlichen Lernprozeß auszumachen. Jenseits der politischen Verirrungen des Dichters führt zudem eine logische Linie von der vorbereitenden Note des designierten, schließlich verhinderten Botschafters Frankreichs in Deutschland zum greisen Paul Claudel, der nach dem Zweiten Weltkrieg für die Versöhnung eintritt und 1948 in neuen »Betrachtungen über Deutschland« ausführt: »Deutschland bedarf Europas, und Europa bedarf Deutschlands. Es geht nicht um dieses Land, es geht um uns. Mme. de Sévigné sagte, sie leide am Halsweh ihrer Tochter. Solange man Deutschland in seinem augenblicklichen Zustand beläßt, wird Europa Deutschlandweh haben und nicht dazu gelangen, sein Gleichgewicht wiederzufinden.«

Zum Abschluß seines Essays veröffentlichte Landau schließlich noch die persönliche Aufzeichnung einer Äußerung Claudels vor dem Hamburger Schauspielhaus, das 1953 seine »Geschichte von Tobias und Sara« aufführte: »Unsere beiden Länder mit ihren gemeinsamen Grenzen, aber mit Bergen und Sümpfen von Mißtrauen und Mißverständnissen, die sie trennen. Ich bin ein Greis von fünfundachtzig Jahren ... Ich habe drei Kriege erlebt, und mein Herz stockt bei dem Gedanken an die Bedrohung durch einen neuen Krieg ... Die Verständigung zwischen den Völkern ist möglich ... Gewiß, noch sind

Berge da, aber Berge sind dazu da, um bestiegen zu werden ... Vielleicht, sehr wahrscheinlich sogar, sind dies die letzten Worte, die ich in der Öffentlichkeit vorbringe. Sie sind eingegeben von dem tiefen Verlangen, daß zwischen Deutschland und Frankreich morgen und für alle Zeiten Frieden und Freundschaft herrschen mögen.«

Stationen und Situationen einer engagierten Existenz

Der Schriftsteller paßt zu seiner Epoche: Jedes Wort *hat einen Widerhall.* Jedes Schweigen *auch. Ich betrachte Flaubert und Goncourt als verantwortlich für die Unterdrückung, die auf die Kommune folgte, weil sie keine Zeile schrieben, um sie zu verhindern.*
Jean-Paul Sartre, Oktober 1945

Ende März 1941 kehrt Jean-Paul Sartre aus deutscher Gefangenschaft nach Paris zurück, wo er seinen angestammten Platz als Philosophielehrer am Lycée Pasteur wieder einnehmen kann. Kein Zweifel: Sartre ist dem Nazitum, dessen Aufkommen er in Berlin mit erstaunlicher Indifferenz erlebt hat, feindlich gesinnt. Zusammen mit Maurice Merleau-Ponty will er »etwas tun«. Attentate kommen für diese Intellektuellen nicht in Frage. Deshalb schaffen sie sich ein Organ, in dem verschiedene Tendenzen abwechselnd zu Wort kommen sollen. So entsteht, was man später ziemlich kühn eine »Rèsistance-Gruppe« genannt hat: »Socialisme et Liberté«.

Sartre arbeitet jedoch vorwiegend an seinem philosophischen Werk. Er übernimmt die literarische Rubrik der *Comoedia,* der einzigen sogenannten unpolitischen kulturellen Zeitschrift, die die Nazis in Paris tolerieren. Die erste Nummer erscheint am 21. Juni 1941 (nach dem Krieg wurde die Publikation verboten). Sartre verfaßt eine begeisterte Kritik über *Moby Dick* – und stellt seine Mitarbeit ein. Die französischen Intellektuellen um »Socialisme et Liberté« haben beschlossen, nicht mehr für Publikationsorgane der besetzten Zone zu schreiben. In Paris macht Sartre die Bekanntschaft von Giacometti. Ihre leidenschaftlichen Diskussionen drehen sich ausschließlich um ästhetische Probleme in der Kunst. Beide suchen nach Möglichkeiten zur Überwindung des »subjektiven Individualismus«. Ihre Gespräche nehmen in wesentlichen Punkten die Nachkriegsdebatte über die abstrakte Kunst und einen »bestimmten Realismus« (den stalinistischen) vorweg.

Im Sommer begeben sich, wie Francis Jeanson in seiner Sartre-Biographie, auf die sich große Teile dieses Kapitels stützen, schildert, der Philosophielehrer und seine Lebensgefährtin Simone de Beauvoir, *le Castor* genannt, auf eine ausgedehnte Frankreichreise. Mehrere Wochen lang sind sie per Eisenbahn und Fahrrad unterwegs. In Lyon und Marseille sehen sie sich amerikanische Filme an (»bis zu drei pro Tag«). In der Hoffnung, mit der Résistance in Kontakt zu kommen, trifft sich Sartre mit einem Widerstandskämpfer, der ihm den desillusionierenden Rat gibt, Léon Blum einen Geburtstagsbrief ins Gefängnis zu schicken. Bilanz dieser Tour de France: 1200 Kilometer per Fahrrad – politisch: nichts. Enttäuscht versucht sich Sartre den Kommunisten zu nähern, die über einen straff organisierten Apparat verfügen. Auch bei ihnen stößt der »kleinbürgerliche Intellektuelle« auf Verachtung – ein von ihnen ausgestreutes Gerücht behauptet gar, er habe seine Freilassung um den Preis der Agententätigkeit für die Nazis erkauft. In der Folge schreibt Sartre einige literarische Aufsätze für die Résistance-Blätter *Confluences* und *Cahiers du Sud*.

1942. Die Weihnachtsferien verbringen Sartre und *Castor* bei einer gemeinsamen Freundin. Sie lesen, schreiben, gehen ins Theater – sie nutzen das intensive kulturelle Treiben, das die Deutschen in Paris inszenieren und inszenieren lassen. Die Sommerferien, vom Verlust einiger Freunde überschattet, führen das Paar ins Baskenland, erneut nach Marseille – und immer wieder in das befreiende Dunkel der Lichtspieltheater, die amerikanische Filme zeigen. Nach einer leichten Erkältung – »Wir blieben einen Monat, um uns zu erholen und zu verwöhnen« – verfaßt Sartre eine Rezension des soeben erschienenen *Der Fremde* von Albert Camus.

Am 15. Juli Aufbruch zu einer neuen Radrundfahrt. Sartre, der nicht mehr für die *presse collabo* schreibt, hat einen vielversprechenden Vertrag in der Tasche: »Gegen regelmäßige und ziemlich ansehnliche Bezahlung« soll er Drehbücher schreiben. Das eröffnet ihm die Aussicht auf die Existenz eines freien Publizisten. Sein Vertragspartner, die »Pathé«, ist für die kollaborierende Kinoproduktion und die deutsche Filmwochenschau in Paris zuständig.

Die Widerstandsgruppe »Socialisme et Liberté« hat Sartre zu diesem Zeitpunkt bereits aufgelöst – um auf Wunsch zweier Schauspielerinnen ein Stück zu schreiben (Jean-Louis Barrault, der für die beiden Darstellerinnen keine Verwendung fand, hatte ihnen geraten, bei dem bedeutenden Autor vorzusprechen). Für sie verfaßt Sartre *Les Mouches* (Die Fliegen). Dank der vielseitigen Beziehungen des Verlegers Gallimard gerät die Uraufführung zu einem künstlerischen und gesellschaftlichen Ereignis. Die Premiere findet am 2. Juni 1943 statt, allerdings nachmittags, denn die Nächte sind unsicher geworden, und oftmals fällt die Gasversorgung aus. In der Pause kommt es zur ersten persönlichen Begegnung zwischen Sartre und Camus. Daß das Theater umbenannt worden war, weil es ursprünglich den Namen der jüdischen Schauspielerin Sarah Bernhardt trug, scheint weder den Autor noch den prominenten Regisseur (Charles Dullin) zu stören, ebensowenig die Tatsache, daß nur Theaterkritiker der Kollaborationspresse im Saal sitzen. In der *Pariser Zeitung* erscheint eine äußerst positive Besprechung von Stück und Aufführung.

1944. Nach der Rückkehr aus den Frühlingsferien fallen die ersten Bomben auf Paris. Sartres Lebensgefährtin findet außerhalb der Stadt einen Ort, wo sie sich mit Nahrungsmitteln eindecken kann. Inzwischen ist auch – mit dem Segen der NS-Zensur – *Das Sein und das Nichts* erschienen, und Sartre, in der Mitte seines vierten Jahrzehnts stehend, hat den Grundstein für seine spätere Stellung als die dominierende Figur der Nachkriegsära gelegt.

Doch noch sind die Feindseligkeiten nicht zu Ende. In der Wohnung von Michel Leiris nimmt Sartre (in der Rolle des »Bout rond«) an einer szenischen Lesung des Picasso-Stücks *Le désir attrapé par la queue* teil. Mit von der Partie als Darsteller oder Zuschauer: Camus, Barrault, Simone de Beauvoir, Picasso, Georges Braque, Bataille. Leiris lädt einige seiner Gäste ein, über das mitternächtliche Ausgehverbot hinaus zu bleiben. Sie trinken Wein, hören Jazzplatten, Mouloudji singt einige seiner Lieder. Draußen gleicht Paris mehr und mehr einer Festung.

Es war die erste einer Reihe von Fiestas (wie sie sie nannten), die in den kommenden Wochen und Monaten bis zur *libération* noch folgen sollten und die Simone de Beauvoir als »glühende Apotheose der Gegenwart angesichts einer beängstigenden Zukunft« bezeichnet hat. Angst vor welcher Zukunft? Mit der immer schwieriger werdenden Gegenwart, die jedoch bereits – man schreibt das Jahr 1944! – konkrete Hoffnungen auf ein Ende von Fremdherrschaft und Faschismus zuläßt, kommt man offenbar ganz gut zurecht.

Weitere Fiestas finden bei Bataille und praktisch allen Angehörigen der Sartre-Familie statt. Herbert Lottmann, der amerikanische Camus-Biograph, spricht von einer »Umkehrung der herrschenden

Wirtschaftsordnung« in eine »Konsumorgie« aus Alkohol und Nahrungsmitteln. Camus spielt auf Pfannen Militärmärsche, und aus einem Wandschrank heraus dirigiert Sartre ein imaginäres Orchester. Das »wilde Leben« der fidelen Existentialisten von Saint-Germain-des-Prés (als irdische Reaktion auf die metaphysische Angst vor der Atombombe) hat in Tat und Wahrheit im Kreis einiger privilegierter Intellektueller und Ex-Surrealisten mitten im besetzten Paris begonnen.

Im Frühling wird ein enger Freund der Clique, Sartres ehemaliger Schüler Burla, ein spanischer Jude, verhaftet und erschossen. In diesen Wochen macht Sartre die Bekanntschaft von Jean Genet, der bei der legendären Fiesta in der Nacht vom 5. auf den 6. Juni ebenfalls dabei ist – im Laufe des folgenden Tags trifft die Nachricht von der gleichzeitigen Landung der Alliierten in der Normandie ein. Am 10. Juni, noch ist Paris besetzt und die Repression angesichts der deutschen Nervosität von zunehmender Schärfe, findet die Uraufführung von *Bei geschlossenen Türen* statt; Sartre hatte das Stück als Auftragsarbeit eines Pharmaindustriellen geschrieben. Einige Tage später hält er auf Einladung von Jean Vilar einen öffentlichen Vortrag über Fragen des Theaters und lernt bei dieser Gelegenheit Jean Cocteau kennen.

Im Juli 1944 wird ein Mitglied der Résistance-Gruppe »Combat« verhaftet und gefoltert. Niemand weiß, ob es ausgepackt hat. Sartre, der über Camus in loser Beziehung zu »Combat« steht, zieht es vor, sich zuerst bei Michel Leiris, später – drei Wochen lang – in einem Gasthof in Neuilly-sous-Clermon zu verstecken. Am 11. August – die Amerikaner stehen vor Chartres – kehrt er per Eisenbahn und Fahrrad nach Paris zurück, immer in Begleitung von Simone de Beauvoir. Die letzte Nacht vor der Befreiung am 25. August verbringen sie mit Genet, Leiris und einem amerikanischen Freund.

Am 6. beziehungsweise 9. August des folgenden Jahres explodierten über Hiroshima und Nagasaki die ersten Atombomben; sechs Tage später ging mit der Kapitulation Japans der Zweite Weltkrieg auch in Fernost zu Ende. In den darauf folgenden Monaten eroberte der Existentialismus zuerst Paris und – mit einer Geschwindigkeit, die sich einzig mit der historischen Aktualität dieser Philosophie als Weltanschauung und *mode de vie* erklären läßt – umgehend auch weite Teile einer geistig und materiell ausgehungerten Welt, deren Zivilisation in Trümmer gefallen war. Innerhalb von zwei Wochen erschienen die beiden ersten Bände von Sartres *Les Chemins de la liberté* (Wege der Freiheit) und Simone de Beauvoirs *Le Sang des autres* (Das Blut der anderen); gleichzeitig kam ihr Stück *Les Bouches inutiles* auf die Bühne. Sartre hielt Vorträge, die Ereignisse waren. Im Oktober lieferte Gallimard die erste Nummer von *Les Temps modernes* aus. Im Leitartikel verkündete der leitende Herausgeber Jean-Paul Sartre: »Alle Schriftsteller bürgerlicher Herkunft haben die Versuchung der Unverantwortung gekannt: seit einem Jahrhundert ist sie in der literarischen Karriere Tradition geworden. Der Autor stellt selten eine Verbindung zwischen seinem Werk und der materiellen Vergütung her. Auf der einen Seite schreibt, singt, stöhnt er; auf einer anderen Seite gibt man ihm Geld. Zwei Fakten ohne scheinbaren Zusammenhang ...«

Solche Sätze erstaunen aus der Feder eines Autors, der bis dahin nie politisch gedacht (allenfalls in den Konzepten eines bürgerlichen Anarchismus und Nihilismus) und der im besetzten Paris die Grundlagen seiner Existenz als freier Schriftsteller und Philosoph geschaffen hatte. »Die Freiheit«, forderte Sartre in der ersten Ausgabe der *Temps modernes,* die den Ton der anbrechenden Epoche anstimmten, »dürfen wir nicht betrachten als eine metaphysische Macht der ›menschlichen Natur‹, sie gibt uns nicht die Erlaubnis zu tun, was wir wollen, noch uns in ein Refugium der Innerlichkeit zurückzuziehen, das uns am Ende zum Kerker würde. Man ist frei, aber man tut nicht, was man will. Und dennoch ist man verantwortlich für das, was man tut.« Und noch deutlicher: »Der Schriftsteller paßt zu seiner Epoche: Jedes Wort hat einen Widerhall. Jedes Schweigen auch. Ich betrachte Flaubert und Goncourt als verantwortlich für die Unterdrückung, die auf die Kommune folgte, weil sie keine Zeile schrieben, um sie zu verhindern.«

Sartres persönliche Vergangenheit und sein Verhalten im Krieg können seinen plötzlichen Anspruch an die Literatur nicht legitimieren. Später hat er verschiedentlich versucht, *Die Fliegen* als Résistance-Stück zu (v)erklären. Wörtlich: »Es war damals nötig, das französische Volk aufzurichten, ihm Mut zu machen ...« Mit einem Stück, das von der Zensur abgesegnet war und vor einem mehrheitlich deutschen sowie einem kollaborationsbereiten französischen

Publikum gespielt wurde? Derart sensibilisiert war die französische Öffentlichkeit damals keineswegs. Sartre: »Orest verkörpert die kleine Gruppe von Franzosen, die gegen die Deutschen Attentate verüben und in sich *die Angst der Reue* tragen, diese Versuchung, sich selber zu denunzieren« (1948), und bereits gleich nach der *libération* in einem Interview mit *Carrefour*: »Warum Griechen deklamieren lassen, wenn nicht, um sein eigenes Denken in einem faschistischen Regime zu verbergen? Das wirkliche Drama, das ich hätte schreiben wollen, ist jenes vom Terroristen, der auf der Straße Deutsche niederschießt, und damit die Exekution von fünfzig Geiseln auslöst« – man muß ihm gar nicht vorhalten, daß ein anderer, Salacrou, mit *Les Nuits de la colère* (Die Nächte des Zorns) dieses Stück geschrieben hat. In Sartres Mutter- und Königsmörder argwöhnten zumindest die deutschen Zensoren keinen aktuellen Bezug und keinerlei Anstiftung zum Widerstand. Mehr als dreißig Jahre später wurde das Drama in der okkupierten Tschechoslowakei gespielt. Simone de Beauvoir berichtet darüber ausführlich in *Tout compte fait* (Alles in allem): »Da das Publikum es eindeutig wollte, erklärte Sartre, er halte die sowjetische Aggression für ein Kriegsverbrechen; er habe ›Die Fliegen‹ geschrieben, um die Franzosen zum Widerstand zu ermutigen und sei glücklich, daß sein Stück in der besetzten Tschechoslowakei gespielt werde. (. . .) Das Publikum reagierte auf bestimmte Sätze mit frenetischem Beifall. Als Jupiter zu Orest und Elektra sagt: ›Ich bin gekommen, euch zu retten‹, brach Gelächter aus. (. . .) Am nächsten Abend wurde auch ›Die schmutzigen Hände‹ mit stürmischer Begeisterung aufgenommen. Das Publikum entdeckte in dem Stück zahlreiche Parallelen zu den jüngsten Ereignissen. Nach Hoederers Satz, eine Besatzungsarmee sei nie beliebt, und wäre es die Rote Armee, gab es tosenden Beifall. Jemand erzählte mir, in einem Lustspiel habe eine Schauspielerin Stürme von Heiterkeit entfesselt, als sie am Telefon zu einer Freundin sagte: ›Ruf später noch mal an, ich bin besetzt.‹« Das ist natürlich nicht die politische Relevanz, die Sartre in seinen Schriften kategorisch forderte und mit seinen Taten anstrebte.

Die Naivität dieser Zeilen manifestiert vor allem die Last der eigenen Vergangenheit. Auf sie bezieht sich Sartres Schaffen in der zweiten Lebenshälfte – am direktesten in den politischen Schriften, in denen er schließlich die neuen Imperative formuliert. In der von Traugott König in Zusammenarbeit mit Sartre konzipierten deutschen

Ausgabe der *Politischen Schriften* wird der Prozeß der politischen Bewußtseinsbildung in allen seinen Positionen nachvollziehbar. Der erste, von Hanns Grössel zusammengestellte Band (aus dem Jahre 1980) mit dem Titel *Paris sous l'occupation* (Paris unter der Besatzung) vereinigt – in Frankreich völlig vergessene – Artikel, Reportagen und Aufsätze Sartres aus den Jahren 1944 und 1945, in denen er erklärt oder zu erklären versucht, was damals in Frankreich geschah. Im Titelaufsatz – der erstmals 1944 in London erschienen war und sich an das über Frankreichs Haltung verbitterte englische Volk richtete – beschreibt er das unter »Persönlichkeitsverlust« leidende Paris als »Auslage von Attrappen«, »hohl und leer«, in dem die Besatzer »uns mehr wie Möbel denn wie Menschen« vorkamen: »Wir spürten, daß uns unser Schicksal entglitt. Frankreich glich einem Blumentopf, den man aufs Fensterbrett stellt, wenn die Sonne scheint, und über Nacht hereinholt, ohne ihn nach seiner Meinung zu fragen.«

Wie kaum ein Denker hat sich Sartre während kurzer Zeit mit Okkupation und Kollaboration – »ein riesiges gesellschaftliches Phänomen, das fünfunddreißig Millionen menschliche Wesen betraf« – befaßt. In seiner Schrift *Qu'est-ce qu'un collaborateur?* (Was ist ein Kollaborateur?) analysiert er das Phänomen als Gesetzmäßigkeit. Mit dem nach Norwegen zurückgekehrten Prinz Olaf nimmt er an, daß die aktive Kollaboration generell von zwei Prozent der Bevölkerung betrieben werde. »Denn die Kollaboration ist, wie der Selbstmord, wie das Verbrechen, eine normale Erscheinung.«

Während Sartre also die Kollaboration geradezu als soziologische Notwendigkeit einstufte (und erledigte), leitete er von der konkreten, der historisch nachweisbaren Situation der Résistance, die als Bewegung einen ähnlich beschränkten Teil der Bevölkerung mobilisiert hat, die Grundzüge seiner Existentialphilosophie her: Geworfensein, zur Freiheit verdammt – was heißt das anderes als: Kollaboration oder Widerstand – konnte im historischen Kontext gar nichts anderes bedeuten.

So einfach stellte sich die Frage in Frankreich zwischen 1940 und 1944 (wie man zumindest nach 1945 vorgegeben hat). Sie steht – auch wenn sich die Mehrheit des Volkes und mit ihr Sartre der eindeutigen Beantwortung entzogen haben – am Nullpunkt des menschlichen Prozesses der Selbstverwirklichung, um den es im Existentialismus geht. »Der Revolutionär«, schreibt Sartre, »definiert sich durch das Überschreiten *[dépassement]* der Situation, in der er sich befindet« – und mit der sich der Kollaborateur abfindet, arrangiert. Für Sartre ist der Mensch die Summe seiner Taten. Im besetzten Land, in dem es eine Widerstandsbewegung gab, das sogar geographsch zweigeteilt war, konnte der einzelne wählen (mußte es aber nicht unbedingt) – konnte, wie es ein Schlüsselbegriff des Existentialismus formuliert, »sich wählen«. Dieser Freiheits- und Verantwortungsbegriff kündigt sich in Beschreibungen an, deren Motive und Stimmungen – Abwesenheit, Entfremdung, Bewußtseinslähmung – auf tiefe psychologische Vorgänge schließen lassen und die nicht nur extrem ambivalent, sondern stellenweise auch paradox anmuten: »Niemals sind wir freier gewesen als unter der deutschen Besatzung«, heißt es in *La République du silence* (Die Republik des Schweigens) und: »Wir hatten alle unsere Rechte verloren und vor allem das Recht zu sprechen; man spottete uns jeden Tag ins Gesicht, und wir mußten schweigen; man deportierte uns in Massen – als Arbeiter, als Juden, als politische Gefangene; überall an den Mauern, in den Zeitungen, auf der Leinwand begegneten wir dem abscheulichen und faden Gesicht, das unsere Unterdrücker uns von uns selbst geben wollten: auf Grund all dessen waren wir frei.«

Immer wieder unternahm Sartre auch den Versuch, das Handeln oder das Unterlassen – in Sätzen, denen jede Rechthaberei abgeht – zu mystifizieren: »Doch die Résistance war nur eine individuelle Lösung, und wir haben es stets gewußt: auch ohne sie hätten die Engländer den Krieg gewonnen, auch mit ihr hätten sie ihn verloren, wenn sie ihn hätten verlieren müssen. In unseren Augen hatte sie vor allem einen symbolischen Wert; und deswegen waren viele Résistance-Angehörige verzweifelt: immer Symbole. Eine symbolische Rebellion in einer symbolischen Stadt; einzig die Folterungen waren wirklich.«

Der leise, differenzierte Ton dieses um Achtung und Verständnis werbenden Texts überrascht – das ist nicht der kategorische Sartre der kommenden Jahre; noch fehlt seinen Schilderungen auch die politische Perspektive. Sie zeichnet sich zuerst in den Schriften zur Literatur, die praktisch gleichzeitig mit den Artikeln und Reportagen über die Besatzungszeit entstanden, ab; sein Leitartikel im ersten Heft der *Temps modernes*, der die »Versuchung der Unverantwortung« geißelte, enthielt Ansätze einer kollektiven Selbstbezichtigung – doch die

Verantwortung wurde letztlich entschieden verdrängt und auf Goncourt und Flaubert übertragen. In plötzlichem Eifer attackierte der Verfasser des Romans *La nausée* (Der Ekel) aus dem Jahre 1938, dessen Protagonisten keinerlei Anteil am Lauf der Welt nehmen, 1947 in der gesammelten Artikelfolge *Qu'est ce que la littérature?* (Was ist Literatur?) mit der Lyrik ausgerechnet jene Gattung am unerbittlichsten, die in der Résistance als einzige eine wirklich politische Rolle gespielt und sich auch hinsichtlich der Kollaboration am wenigsten kompromittiert hat – die einzige auch, derer sich Sartre selber (mit Ausnahme eines Chansons, das er für Juliette Gréco, die »Muse der Existentialisten«, schrieb) nie bediente.

Ende 1946 veröffentlichte Sartre den kurzen apodiktischen Text »Der Krieg und die Angst«, der in seiner Stimmung an den deutschen Pazifismus der achtziger Jahre erinnert. Im Jahr darauf brach auch in Frankreich der Kalte Krieg aus. Als Sartre 1948 mit anderen zusammen das »Rassemblement Démocratique Révolutionaire« (RDR) gründete und dazu ein Manifest schrieb, waren die Weichen bereits gestellt: Der Protest gegen die »Politik der Blöcke« kam zu spät und war zum Scheitern verurteilt. Sartres Schriften, die nun von einer intensiver werdenden Auseinandersetzung mit der Tages- und Weltpolitik zeugen, lesen sich wie ein unermüdlicher Versuch, die Fatalität der Alternative zu überwinden. Aber immer wieder kommt er auf das traumatische Thema »München« zurück. In »Wir brauchen den Frieden, um die Welt zu erneuern« schreibt er:

»Was ist ein Münchner? Ein Franzose, der im Jahre 1938 der Kapitulation seiner Regierung in München zugestimmt hat. Im Jahre 1948 wird man also denjenigen Franzosen Münchner nennen, der dem Krieg die Kapitulation vorzieht.« Ein Münchner des Jahres 1948 – als solchen kann sich Sartre durchaus rechtfertigen: »Wenn also wir, die wir keinen Krieg wollen, Münchner sind, so heißt das, daß wir vorhaben, unser Land auszuliefern. Aber an wen? An die UdSSR? An die Vereinigten Staaten? Man braucht nicht lange nachzudenken, um zu erkennen, daß sich die Situation seit 1938 verkehrt hat. (...) Doch diese Umkehrung darf uns nicht überraschen: wir Münchner von 1948 waren gegen die Kapitulation von München [aber zumindest »erleichtert«, wie er 1974 in den »Gesprächen mit Simone de Beauvoir« berichtete; J. A.] Und unsere Anti-Münchner von heute, was wollten sie denn damals? Die bedingungslose Kapitulation. Bei näherem Hinsehen ist das kein Widerspruch: sie wollten Frankreich Hitler ausliefern, heute wollen sie es den USA ausliefern, die übrigens gar keinen so großen Wert darauf legen.« Sartres Umkehrung der »Situation«, die von einer gewagten historischen Analogie ausgeht, kann mit guten Argumenten auch als Station im Prozeß der Verdrängung – denn er war 1938 kein »Anti-Münchner« gewesen – gedeutet werden, und darauf weist schließlich auch die Generalisierung, in die sie mündet: »Als unsere Anti-Münchner eine hungernde Bevölkerung, die Brot verlangte, niederschlugen, bildeten sie sich ein, ganz Rußland zu vernichten. Wenn wir ›Münchner‹ sind, so deshalb, weil wir meinen, daß es in jedem Fall und gleich unter welchem Vorwand ein Verbrechen ist, auf das Proletariat zu schießen.«

Im gleichen Aufsatz verneint Sartre, »auf seiten der UdSSR gegen Amerika stehen« zu wollen und weigert sich, »gegen ein demokratisches Volk zu kämpfen, das sehr oft einen ausgesprochenen Sinn für die Freiheit bewiesen hat«. Neben seinem fast manisch zu nennenden Bestreben, niemals – nie mehr? – dem falschen Lager irgendwelche, und sei es auch nur passive, Schützenhilfe zu leisten, waren es seine fast schon romantisch zu nennende Beziehung zum neu entdeckten Proletariat als Inkarnation der politischen Hoffnung und seine Hinwendung zur marxistischen Philosophie, deren französische Rezeption in diesen turbulenten Jahren erst richtig begann, vor allem aber der gräßliche Formen kollektiver Hysterie und staatlicher Repression annehmende Antikommunismus, die Sartre immer näher zur Kommunistischen Partei (KPF) trieben. Er wurde ihr *compagnon de route*. Höhepunkt dieser Weggefährtenschaft ist der Essay *Les Communistes et la paix* (Die Kommunisten und der Frieden). Jenseits der bedenklichen Positionen, die der Philosoph hier verteidigt, muß man mit Traugott König darauf hinweisen, daß der Aufsatz in keinem Land des Ostblocks erscheinen konnte und eine der »wichtigsten Vorarbeiten seiner ›Kritik der dialektischen Vernunft‹ darstellt« (König). In dieser Arbeit steckt auch viel Autobiographisches, und sie macht das Bekenntnis des Philosophen zu den relativen »Wahrheiten, die geworden sind«, nachvollziehbar – der Weg, der zu ihnen führt, ist gerade in seinem Fall wesentlicher als die Einsicht an sich: »Ohne diesen Weg kann eine Wahrheit nur ein ›wahrer Irrtum‹ sein.«

Die Debatten der französischen Intelligenz drehten sich in jener Zeit um die Einstellung zum Sowjetkommunismus. Mit lakonischer

Kälte opferte Sartre einige seiner langjährigen Freundschaften den eigenen Überzeugungen – auch mit Camus kam es zum Bruch. Nach dem Einmarsch sowjetischer Truppen in Ungarn (1956) ergriff der Philosoph, den Merlau-Ponty im Jahr zuvor einen »Ultrabolschewisten« genannt hatte, nicht ohne ein anfängliches Zögern Partei für die Aufständischen, und in *Le Fantôme de Staline* (Das Gespenst Stalins) rechnet er auch mit seinen Kritikern aus der KPF (zum Beispiel Roger Garaudy) heftig ab – doch einen Schlußstrich zieht der Text nicht: »Unser Programm ist klar: trotz hundert Widersprüchen, inneren Kämpfen, Massakern ist die Entstalinisierung im Gang; das ist die einzige wirksame Politik, die im gegenwärtigen Moment dem Sozialismus, dem Frieden, der Annäherung der Arbeiterparteien dient: Mit unseren Möglichkeiten als Intellektuelle, die von Intellektuellen gelesen werden, werden wir versuchen, zur Entstalinisierung der Kommunistischen Partei Frankreichs beizutragen.«

Im Frankreich der fünfziger Jahre verhärteten sich die Fronten, zumal der Kalte Krieg zeitlich mit den Kolonialkriegen zusammenfiel. In Indochina und Algerien verteidigte das Land seine im Weltkrieg verspielte Rolle als Weltmacht. Als der französische Matrose Henri Martin, der in Vietnam Flugblätter gegen den Krieg verteilt hatte, 1951 von einem Militärgericht wegen »Demoralisierung der Armee« zu fünf Jahren Zuchthaus verurteilt wurde, beteiligte sich Sartre an einer breiten Kampagne, die seine Rehabilitierung oder Begnadigung bewirken sollte. Zu diesem Zweck stellte er ein Buch *(L'Affaire Henri Martin)* zusammen, das neben einer Dokumentation des Falls die Briefe Henri Martins an seine Familie sowie Beiträge zahlreicher prominenter Publizisten enthält, aber erst nach der Freilassung des Angeklagten ausgeliefert wurde; in der Bundesrepublik erschien es erstmals 1983 als vierter Band der *Politischen Schriften* (1955 hatte der DDR-Verlag Volk und Welt eine deutsche Übersetzung: *Wider das Unrecht*, vorgelegt).

Sartres Argumentation gegen die juristische Verlogenheit ist ein brillantes Stück politischer Rhetorik, doch strotzt das Porträt, das der weltweit bekannte Philosoph vom mutigen Matrosen entwarf, vor sozialistischer Rührseligkeit: »Arbeiterelite«, »Arbeiteraristokratie« – »die mythische und wahre Geschichte des Proletariats« sind Begriffe und Redewendungen, die er massenweise und ohne jede Distanzierung oder Ironisierung verwendet. Mit dem besten philosophischen Vokabular seines Existentialismus stilisierte er den antifaschistischen proletarischen Musterknaben zum bewußt politisch Handelnden hoch, der er selbst in der gleichen Situation nicht gewesen war: »Mit welcher Begeisterung mag er bis zum Ausbruch des Krieges den verbissenen Kampf der Arbeiter um ihre Positionen verfolgt haben, ihre ersten Rückschläge, das Ende der Volksfront, die Reaktion der Arbeitgeber. Im September 1939 hat der Junge gewählt, was er war; er hat die Klasse seiner Herkunft gewählt – so, wie er selbst die Auflösung seines Glaubens vorgenommen hat, zu der es in jedem Fall gekommen wäre.« Damals war Henri Martin zwölf Jahre alt.

Was sich im Bereich der politischen Publizistik im Extremfall bis zur leicht lächerlichen Karikatur veräußerlichte, stand – auf prägendere, substantiellere Weise – am Ausgangspunkt vieler Schriften, in denen sich Sartre immer wieder mit seinen entscheidenden existentiellen Erfahrungen einließ. In einem Text, der dem Titel nach *Les Peintures de Giacometti* (Die Gemälde Giacomettis) behandelt, schildert er im nachhinein (1954) einen Abend im April 1941: »Ich hatte zwei Monate in einem Gefangenenlager verbracht, in einer Sardinenbüchse, und die Erfahrung der absoluten Promiskuität gemacht; die Grenze meines Lebensraums war meine Haut: Tag und Nacht fühlte ich die Wärme einer Schulter oder eines Schoßes: Das war nicht quälend: die anderen, das war nochmals ich. Am ersten Abend in Freiheit, ein Fremder in meiner Heimatstadt, ich hatte die alten Freunde noch nicht wiedergefunden, öffnete ich die Türe eines Cafés: Ich empfand sogleich Angst – oder fast.« Sartre, der Heimkehrer, erfuhr den Raum als Leere: »Ich war verloren. Die wenigen Gäste erschienen mir weiter entfernt als die Sterne, jeder hatte Anspruch auf ein großes Stück Bank, auf einen ganzen Marmortisch, und um sie zu berühren, hätte man das Parkett, das mich von ihnen trennte, überqueren müssen.« Sie sind unerreichbar: »Ich hatte nicht mehr das Recht, ihnen meine Hand auf die Schenkel zu legen und sie ›petite tête‹ zu nennen: ich war wieder in der bürgerlichen Gesellschaft, ich mußte das Leben auf respektierliche Distanz neu lernen, und meine plötzliche Agoraphobie verriet meine vage Sehnsucht nach dem gemeinschaftlichen Leben *[vie unanime]*, von dem ich auf immer entwöhnt worden bin.«

Der Mensch, zur Freiheit verdammt: Die in den vielsagenden

Begriffen und Bildern einer urkindlichen Situation geschilderte Befreiung aus deutscher Gefangenschaft kündet auf schmerzliche Weise Sartres intensive Beschäftigung mit *les autres* an. Von der in diesem Text festgehaltenen Begebenheit – einem existentiellen Schlüsselerlebnis des über dreißigjährigen Sartre – führt eine logische Linie zur zwanzig Jahre später veröffentlichten *Critique de la raison dialectique* (Kritik der dialektischen Vernunft), einer der intelligentesten Analysen der zwischenmenschlichen Beziehungen, die das 20. Jahrhundert bisher hervorgebracht hat.

Wieder direkt auf die Résistance beziehen sich bei Sartre die Begriffe *engagement* und *littérature engagée*. Doch immer wieder hat er das Stadium der Schlagworte überwunden und ist zu tatsächlich neuen künstlerischen Positionen vorgedrungen. Sein Konzept des literarischen Kunstwerks, das erst in der Rezeption seine Ausformung und Legitimation erhält – ohne den Leser und seine schöpferische Mitwirkung bei der Lektüre bleibt ein Buch taub –, wäre wohl undenkbar ohne das Beispiel der Résistance-Lyrik und ihrer Funktion im antifaschistischen Widerstand. Allerdings greift seine Definition tiefer – sie geht auf die phänomenologischen Studien zurück. Die Theorie, wonach das Kunstwerk – das er im Anschluß an die Auseinandersetzung mit Husserl als »imaginäres Gebilde« bezeichnet hat – als reales Objekt (die bemalte Leinwand, das mit Zeichen bedruckte Papier) nur das materielle äußere Analogon ist, von dem her das Bewußtsein das innere Bild entwirft, hat er bereits 1940 in der Schrift *L'Imaginaire* (Das Imaginäre) entwickelt.

Doch der Versuch, die Kriegsjahre und seine persönlichen Erlebnisse literarisch in den Griff zu bekommen, scheiterte. Den Romanzyklus *Die Wege der Freiheit* hatte er 1938 als Fortsetzung von *Der Ekel* konzipiert – Anliegen des Romans: die Möglichkeiten der Freiheit. Unter dem Eindruck der Ereignisse veränderte Sartre das Projekt mehrfach, bis es schließlich Gestalt annahm und dann doch unvollendet blieb. Die beiden ersten Teile, die 1945 erschienen, spiegeln die geschichtlichen Umwälzungen und Sartres Unfähigkeit, sie – existentiell wie ästhetisch – zu gestalten. In *L'Age de raison* (Zeit der Reife) geht es um den Philosophielehrer Mathieu Delarue (den »Mann von der Straße«), der seine »ungenutzte Freiheit« bewahren will. Er verweigert sich jeder entscheidenden Handlung. Die Angst vor der Verantwortung läßt ihn nach immer neuen Ausflüchten suchen, bis er einsieht, daß er in seiner ungebundenen Existenz die Freiheit verspielt. Die Dramaturgie der äußerst symbolischen Erzählung ist um jene Einheit bemüht, die aus dem Inhalt nicht erwachsen kann – die des Orts, der Zeit, der Handlung; sie erweisen sich indes als Hülsen. Der »Standpunkt des Autors«, der die Fäden in der Hand hält, rückt damit in den Vordergrund – ganz im Gegensatz zur Geschichte, die er erzählt. Verzweifelt versucht der Verfasser, vor dem Hintergrund einer sich auflösenden Welt Regisseur der Inszenierung, die ihm entgleitet, zu sein. *Le Sursis* (Der Aufschub), 1944 abgeschlossen, verdeutlicht vor dem Hintergrund drohender Kriegsgefahr das als schicksalhaft empfundene Hereinbrechen der Geschichte in dieses irreale Universum anarchistisch-antibürgerlicher, handlungsunfähiger Individuen: Münchner Abkommen, die Invasion der Tschechoslowakei, die französische Mobilmachung.

La Mort dans l'âme (Der Pfahl im Fleische) zeichnet sich ebenfalls durch das beklemmende, lähmende Klima aus: die Handlung dieser 1949 veröffentlichten Fortsetzung spielt im Juni 1940. Mathieu erlebt die Auflösung seiner Einheit bis zum Einmarsch der Deutschen. Im zweiten Teil wird eine Gruppe von Gefangenen ins Ungewisse abgeführt. Ein vierter Band der *Wege der Freiheit* sollte den Titel *Die letzte Chance* bekommen und darstellen, wie die Hauptfiguren der bisherigen Handlung unter der Besatzung und in der Résistance ihre Freiheit finden – bekommen und erlangen. Nur zwei Kapitel sind in den *Temps modernes* erschienen (unter der Überschrift *Drôle d'amitié*) – Sartre verzichtete schließlich auf die abschließende Ausführung dieses Entwurfs.

Wie immer man das Resultat, das Fragment geblieben ist, beurteilen mag (es ist anderen Werken Sartres keinesfalls ebenbürtig), am aufschlußreichsten ist zusammen mit der Entstehungsgeschichte Sartres Beziehung zur Literatur: Die unvollendeten *Wege der Freiheit* bezeugen sein Scheitern an der literarischen Bewältigung des Krieges, auf dessen Erfahrung er jedoch seinen neuen Anspruch an die Literatur gründete. Fortsetzung – und Schluß – der Literatur in den philosophischen und politischen Schriften, ist man zu formulieren versucht: Bewahrte Sartre bei allen neuen – unerfüllbaren – Ansprüchen, die er nun an sie stellte, die Literatur instinktiv vor zweifelhaften Affirmationen und einem Realismus, die er zwar theoretisch ohne jeden Skrupel propagierte – deren Imperativen er sich aber mit seinen eigenen literarischen Schriften niemals unterwarf, und sei es um den Preis der Enthaltsamkeit? Man weiß nicht, wie der vierte Teil der *Wege*-Trilogie ausgefallen wäre, man ahnt es allenfalls; daß aber Sartre auf ihn verzichtete, ist nicht weniger aufschlußreich, als es jede abgeschlossene Fassung hätte sein können. Bleibt das Resultat, daß er die Verarbeitung der Geschichte zu Literatur – was anderen meisterhaft gelungen war – nicht zu leisten vermochte und Sartre mit zunehmender Politisierung, da die Geschichte die Weichen für sein weiteres Leben und Schreiben stellte, seine Abkehr vom Roman vollzog.

Mit diesen Erörterungen ist zumindest angedeutet, warum – und auf welche Weise – Jean-Paul Sartre in den Nachkriegsjahren eine derart dominierende Stellung einnahm, und dies durchaus in Verkennung der tatsächlichen Proportionen: die helle Sartre-Sonne überstrahlte alle und alles. »Er repräsentierte«, schrieb Dominique Desanti 1959 in ihren Erinnerungen an diese Zeit, »für uns die vollkommene menschliche Wohlgelungenheit, das großzügige Verständnis ohne Albernheit, ein eigenartig schonungsloses Wohlwollen. Mehr noch als zu denken hat er uns zu leben gelehrt.«

Man darf angesichts seiner Wirkung die Frage stellen, bis zu welchem Grad Sartre eben auch den ideologischen Überbau für die erfolgreiche Verdrängung der Kriegs- und Kollaborationszeit nach 1945 lieferte – jedenfalls konnte sich die Öffentlichkeit mit ihm um so leichter identifizieren, als er wie die große Mehrzahl der Franzosen in der Résistance (im Gegensatz zu Camus, Malraux, Aragon) tatsächlich kein Held gewesen war. Seine Existential- und Freiheitsphilosophie, in der auch die – ungenutzte – Chance zu einem radikalen Neubeginn enthalten war, wurde nicht als Herausforderung verstanden; dafür diente sie nur um so wirkungsvoller dem Vergessen und Übertünchen der französischen faschistischen Vergangenheit. Nicht nur *l'enfer, c'est les autres,* wie es in *Bei geschlossenen Türen* heißt, auch *les salauds* waren die anderen, die Faschisten, die Collabo-Schweinehunde. Unter diesen Voraussetzungen wurde der Existentialismus auch zur offiziösen Philosophie des Résistance-Mythos, der die wirklichen gesellschaftlichen und politischen Verhältnisse kaschierte – nicht nur innerhalb der intellektuellen Klasse.

Sartre selbst war der Rummel um seine Person, über dessen Gründe er sich wohl mangels persönlicher Eitelkeit nie irgendwelche Gedanken machte, immer eher peinlich gewesen. Als sein Einfluß langsam zurückging und er zunehmend ins Schußfeld der kommunistischen Linken wie der orthodoxen Rechten geriet, weinte er ihm keine Träne nach – er ging seinen Weg des Engagements, der im besetzten Paris begonnen hatte, konsequent weiter, gegen wechselnde Zeiten und ihre Moden.

1964, als zwischen Sartre und einigen Vertretern des apolitischen *nouveau roman* eine Polemik ausgetragen wurde, stand er mit seinem literarischen Imperativ ziemlich einsam da. Damals kam die Meinung auf, Ästhetik könne an sich schon revolutionär sein, und Sartre hielt ihr entgegen: »Ich habe mich verändert, ich habe allmählich gelernt, das Reale zu sehen ... Was bedeutet Literatur in einer Welt, die hungert? Wie die Moral muß auch die Literatur allgemeine Verbindlichkeit haben. Der Schriftsteller muß sich auf die Seite der größeren Zahl, der zwei Milliarden Hungernden stellen ... andernfalls dient er einer bevorzugten Klasse und ist ein Ausbeuter wie sie ... Der Hunger in der Welt, die Atomdrohung, die Entfremdung des Menschen – ich wundere mich, daß sie nicht unsere ganze Literatur färben!«

Im gleichen Jahr 1964 verweigerte Sartre die Annahme des Literaturnobelpreises. Ende 1966 – im Juli hatte er am Russel-Tribunal teilgenommen – kritisierte er in einem Interview Foucault, Lévi-Strauss, Lacan und das »Tel Quel«-Kollektiv: Er rügte ihren Verzicht auf den Marxismus als historisches Erklärungsmodell. 1968 – Sartre hatte sich vom 6. Mai an mit dem Aufstand der Studenten solidarisiert – führte sein Weg endgültig ins gesellschaftliche Abseits der Renault-Automobilwerke, mit einer verbotenen maoistischen Zeitung in der Hand, deren Herausgeber er geworden war. Vergeblich versuchte er, seine Verhaftung zu provozieren. Zumindest von einem Teil der Studenten wurde er als Greis verhöhnt.

1971 erschien der erste Band von *L'Idiot de la famille* (Der Idiot der Familie), an dem er seit zehn Jahren gearbeitet hatte – auch gegen den Widerstand seiner jungen politischen Freunde, gewisser *gauchistes*, die von ihm ein »populäres, politisch wirksames Schreiben« forderten und denen er sonst so ziemlich jede Konzession machte. Mit harnäckiger Verbissenheit – als ginge es um das befreiende Abtragen einer schier unmenschlichen existentiellen Last – rang er seiner schwindenden Gesundheit die gigantische Flaubert-Biographie ab. In ihr stellt er mit einmaliger Intensität die Frage nach dem aktuellen Wissen um den Menschen und seine Bedingtheit. Vor dem Hintergrund der kulturellen, ökonomischen, soziologischen, psychologischen Strukturen und Gegebenheiten beantwortet Sartre die Frage mit den Mitteln der existentialistischen Methode weniger summarisch als 1945. Das Werk, eine großartige Rehabilitierung der Literatur und Flauberts, weist mancherlei Parallelen zu seinem Verfasser auf und suggeriert die verschiedensten Rückschlüsse – am oberflächlichsten in dem Wunsch, die monumentale Studie »wie einen Roman zu lesen«, dem Sartre in einem Interview Ausdruck gab, »weil es ja die Geschichte einer Lehrzeit ist, die zum Scheitern eines ganzen Lebens führt. Ich möchte aber auch, daß man es [das Werk] beim Lesen für die Wahrheit hält, für einen Roman, der wahr ist. Über das ganze Buch hin ist es Flaubert, so, wie ich ihn mir vorstelle, aber da ich über Methoden verfüge, die mir stringent erscheinen, denke ich auch, daß es der Flaubert ist, wie er war. In dieser Studie brauche ich in jedem Augenblick Imagination. Für mich sind Intelligenz, Imagination und Sensibilität ein und dasselbe, das ich auch als das Erlebte bezeichnen könnte. Ich bin gezwungen zu imaginieren: Wenn ich zum Beispiel einen Brief von 1838 und einen anderen von 1852 nehme, so sind das Dokumente, die niemals miteinander in Beziehung gesetzt worden sind, weder von Flaubert selber noch von den Briefpartnern, noch von den Kritikern. In jenem Moment existierte die Beziehung nicht. Wenn ich sie jetzt herstelle, so imaginiere ich sie, und wenn ich sie einmal imaginiert habe, kann das für mich eine wirkliche Beziehung ergeben. Ein wissenschaftliches Werk würde definitorische Strenge voraussetzen. Als Philosoph versuche ich in Begriffen streng zu sein, und der Unterschied zwischen Definition und Begriff ist für mich folgender: Eine Definition ist eine Bestimmung von außen, die zugleich zeitlos ist; ein Begriff ist für mich eine Bestimmung von innen, die nicht nur die Zeit in sich einschließt, die der Gegenstand, von dem es einen Begriff gibt, voraussetzt, sondern auch ihre eigene Erkenntniszeit. Anders gesagt, es ist ein Denken, das die Zeit in sich einführt. Untersucht man also einen Menschen und seine Geschichte, so kann man nur in Begriffen vorgehen. Macht man zum Beispiel aus der Passivität, die bei Flaubert so wichtig ist, eine Definition, so bedeutet sie nichts mehr, weil man sie ja von außen betrachtet. Will man sie als ein historisches Ganzes auffassen, so muß man zeigen, woher sie kommt und wie sie sich entfaltet.«

Wegen Sartres Erblindung mußte auch dieser mehrere dicke Bände umfassende *Idiot der Familie* unvollendet bleiben. In den siebziger Jahren meldete sich Sartre nur noch in Interviews zu Wort – sie vervollständigen seine Autobiographie *Les mots* (Die Wörter). In die Debatte um die Neue Rechte schaltete er sich nicht mehr ein, obwohl er sich später noch mit der Situation der Homosexuellen beschäftigte und mit seinem Intimfeind Raymond Aron zusammentraf, um bei Staatspräsident Giscard d'Estaing für die Aufnahme ostasiatischer Flüchtlinge zu plädieren. Die Forderung nach einem Boykott der Moskauer Olympiade war seine letzte politische Äußerung in einer bereits völlig veränderten intellektuellen Konjunktur.

Mit Jean-Paul Sartres Tod am 15. April 1980 ging eine Epoche zu Ende. Eine große Menschenmenge gab ihm das letzte Geleit – sie ahnte, sie wußte: Mit Sartre ist der letzte große Intellektuelle in der Linie der Voltaire und Victor Hugo gestorben.

Eine verwaiste Generation zog anschließend Bilanz. In der Zeitschrift *Esprit* (Nr. 7/8, 1980) schrieb Paul Thibaud: »Das Konzert der postumen Ehrungen war voraussehbar: Sartre hatte aufgehört, ein Diskussionsthema zu sein, um ein Symbol für Unglück, Verdienst und Hoffnung der Linksintellektuellen zu werden.« Die politischen und kulturellen Veränderungen der letzten Jahre hatten sich seinem Einfluß entzogen – »seine Interviews waren vielmehr Anhaltspunkte, an denen man den Niedergang der politischen Mythen, denen er sein Talent geliehen hatte, messen konnte«. Sartre selbst hatte diese Entwicklung mit zunehmender, nicht nur durch seinen Gesundheitszustand erzwungener Distanz und mit einer für ihn »neuen Art von Bescheidenheit« (Thibaud) verfolgt.

»Ich fühle mich durch nichts, was ich geschrieben habe, gebunden, ich verneine jedoch auch kein Wort davon.« Mit diesem Zitat illustriert Thibaud Sartres widersprüchliches Geschichts- und Selbstverständnis. Sein Verhältnis zur Geschichte betrachtet er als ausgesprochen ichbezogen: Sartres Positionen ergeben sich aus seiner privaten Biographie. So geht es für Thibaud in der Schrift *Die Kommunisten und der Frieden* letztlich um den endgültigen Bruch mit dem »bürgerlichen Kindertraum« von der literarischen Unsterblichkeit (als sie bereits feststand). Und Sartres Ausspruch: »Für die Autokritik bin ich begabt unter der Bedingung, daß man sie mir nicht aufzwingt« (aus *Die Wörter*), ist für Thibaud Anlaß, auch noch das Bild des sich selber schonungslos offenbarenden Schriftstellers, das die Öffentlichkeit von seinen vielen Gesprächen der letzten Lebensjahre zurückbehalten hat, zu trüben: »Aber was ist eine Selbstkritik, bei der man hartnäckig die Kontrolle über das Spiel behält.« Die in den gleichen Interviews entwickelte Konzeption von seinem ureigenen Prozeß des Schreibens, der ihm einzig auf diesem Wege Wahrheiten zu erschließen vermöge, beeinflußte spürbar Thibauds Lektüre von Sartres literarischen Arbeiten: »Schade, daß Sartre erst so spät darauf kam und daß er im größten Teil seines Werks, insbesonders in ›Die Wörter‹, seine Ausführungen derart komplett unter Kontrolle hielt, seine Intention durchsetzt und mehr ein Werk der Eloquenz denn ein schriftstellerisches Œuvre schuf, nur sagte, was er sagen wollte, ohne daß das Überraschende, Nichtbeherrschte aufsteigen konnte, um die Ideen des Autors zu stören und ihnen gleichzeitig jenen notwendig rätselhaften Charakter zu geben, der uns auf jeder Seite von Proust ergreift.«

Etwas anders fällt – im gleichen Heft – der Befund von Jeanyves Guérin aus, der ihn einen »Dissidenten der elften Stunde« nennt. Guérin stellt die Frage nach dem, was von Sartres Werk überleben könnte, nicht nur rhetorisch: *L'Enfance d'un chef* (Die Kindheit eines Chefs), *L'Etre et le Néant* (Das Sein und das Nichts), *Huis clos* (Bei geschlossenen Türen), *Situations I*, *Le Diable et le bon Dieu* (Der Teufel und der liebe Gott), der Band über *Saint Genet, comédien et martyr* (Saint Genet, Komödiant und Märtyrer) sowie *Les mots* – es sind, global gesehen, jene Texte, die im nichtfrankophonen Ausland Sartres Ruf begründet haben. Wird tatsächlich der Schriftsteller (und mit ihm besonders der Dramatiker) den engagierten politischen Philosophen überleben? In diesem Zustand – mit diesen Richtlinien, die zunächst einmal eine Momentaufnahme der kulturellen Konjunktur der frühen achtziger Jahre darstellen, wurde Sartre von seinen letzten Zeitgenossen der Nachwelt übergeben.

Erst postum – und zum Teil völlig überraschend – tauchten vergessene und verlorene – verdrängte? – Texte auf. Neben dem Szenario für den Film *Freud* und den *Cahiers pour une morale,* bei denen es sich um die Notizen zu jenem großen Werk handelt, das Sartre am Ende von *Das Sein und das Nichts* ankündigt, sind es aufschlußreiche Zeugnisse aus der Zeit seiner Gefangenschaft. Die *Tagebücher November 1939 bis März 1940* machen nochmals die Wurzeln seines späteren Denkens sichtbar und sind von hoher literarischer Qualität.

In den *Ersten Briefen aus dem Krieg an Simone de Beauvoir*, die die Zeitschrift *Temps modernes* abgedruckt hat, schildert Sartre den Alltag mit allen seinen militärischen Details. Daneben erzählt er von seinen literarischen Projekten – er schreibt an *Zeit der Reife* – und äußert sich über Malraux, den er schnöde beschimpft, wie über Heidegger, um den sich in der Gefangenschaft ausgedehnte Gespräche drehen. Noch erstaunlicher ist *Mathieus Tagebuch,* das ebenfalls in der Gefangenschaft entstand und Fragment geblieben ist – schon der erste Satz spricht Bände: »Ich weiß: um ein Tagebuch führen zu können, darf man nichts zu tun, also nichts zu sagen haben; und ich bin in die Jahre gekommen, ohne je von mir zu schreiben. Aber dieser Fall ist ein bißchen anders: wir tun zwar nichts, aber wir sind die passiven Subjekte einer Metamorphose.«

Die Schriften aus dem Nachlaß enthüllen keine radikal neuen Aspekte Sartres, aber sie präzisieren das Profil seines Schreibens. Sie könnten – müßten – für die französischen Intellektuellen Anlaß sein, im Zuge der Beschäftigung mit der Vergangenheit Frankreichs ihr Verhältnis zu Sartre unter Einbeziehung eines kollektiven, historischen Prozesses, den er stellvertretend verkörpert, zu durchdenken. Dafür ist es offenbar ebenso zu früh wie für eine »definitive« Deutung und Einschätzung; noch stecken die Nachfahren, von denen einige den Vatermord mit ödipaler Besessenheit vollziehen, in der Phase der individuellen Abrechnung und zum Teil sehr heftigen Abkehr. »Ich gestehe«, bekennt der Philosoph Jean-François Lyotard in *Critique* (März 1983), »er war nicht mein liebster Romancier, weder mein bevorzugter Philosoph, Dramaturg noch Politiker. Rund heraus gesagt: mir mißfiel der Anschein der Fähigkeit, der aus seinen Schriften sprach.« Lyotard hält Sartres Talent für vorwiegend polemisch: »Es geht nicht darum, wahr, überzeugend zu sein, oder darum, zu überreden, sondern darum, beispielhaft zu sein im Überschreiten der Situation. Nicht diskutierend wird die Freiheit verteidigt und ihr Ausdruck verliehen, sondern mit dem Säbel ...« Er bezeichnet Sartres »Erfolg« als einen »Erfolg der Sprache gegen jenen, der sich ihrer bedienen wollte«.

Angesichts der massiven, ja vernichtenden Kritik, die bedeutende Leute heute an Sartre üben, drängt sich die Frage auf: wie es möglich war, daß er seine Generation, Gegner wie Freunde, eine ganze Epoche dermaßen »dominieren« konnte und warum er keinen Nachfolger hat? Man wird sie auch einmal ideologisch beantworten müssen – man machte es sich zu einfach, wollte man sich damit begnügen, aus retrospektiver Sicht die Irrtümer anzuprangern, ohne zu prüfen, warum sie derart überzeugend wirkten. Schließlich gehörte es für eine ganze Generation linker Intellektueller zum guten Ton, sich lieber mit Sartre zu irren als mit Raymond Aron recht behalten zu wollen.

Zumindest mit dem *fait social* von Sartres Stellung – und intellektueller Machtausübung – hat sich der Soziologe Pierre Bourdieu befaßt – in einem Essay, den er für die *London Review of Books* schrieb und den die von Sartre in den Wehen des Nach-Mai mitbegründete Zeitung *»Libération«* nachdruckte. Bourdieu nennt Sartre den »totalen Intellektuellen«, der die Hand nach einem ganzen Bündel zuvor strikt getrennter Traditionen ausstreckte und in seinem Werk zusammenfließen ließ: Die Philosophie ging mit Sartre auf den Boulevard und gleichzeitig ins »Café littéraire«, an dessen Tischen vor ihm ausschließlich die Dichter schrieben. Doch die *opération de concentration de capital* (Bourdieu) führte noch weiter, und Sartre weitete nicht nur den Philosophiebegriff aus – er vereinigte in seinem Schreiben die traditionell auseinandergehaltenen Tätigkeiten (und Funktionen) des Schriftstellers, Philosophen, Kritikers, Dramaturgen. Diese Konzentration erlaubte es ihm, wie Pierre Bourdieu vermerkt, die intellektuelle Welt »von oben« zu beherrschen. An den Grenzmarken wird Sartres totalisierende Systematik am deutlichsten sichtbar. Wenn er in seinem Essay über Faulkner schreibt, daß eine Romantechnik eine Metaphysik voraussetze, so interpretiert das Bourdieu als Anspruch auf ein Monopol in Sachen Roman, womit er sich gegenüber Gide, Mauriac, Malraux und allen anderen Dichtern abgrenzt: denn allein der Philosoph Sartre ist »Inhaber eines Diploms als Metaphysiker«. So unterscheide sich der »totale Intellektuelle« von allen, die seine Rivalen sind: Merleau-Ponty ist trotz einiger Ausflüge in den Bereich der Kritik nur Philosoph, Camus hat gerade mit dem *Homme révolté* (Der Mensch in der Revolte) bewiesen, daß er vom Philosophieren nichts versteht, Blanchot wiederum ist eben »nur« Kritiker, wie Bataille auf den Essayisten reduziert wird – ganz zu schweigen von Raymond Aron: dem auf den Rang des Soziologen und Politologen Relegierten fehlt mit dem »linken Engagement« auch noch die zweite wesentliche Komponente des »totalen Intellektuellen«.

Pierre Bourdieu sieht in Sartres kritischen Essays und philosophischen Manifesten die »meisterhafte Vereinigung« von Literatur und Philosophie, die Konzentration aller Gattungen des intellektuellen Kapitals, die in der Gründung der *Temps modernes* gipfelte: »Als spezifische Institution der Konzentration und der eigentlichen Ausübung intellektueller Macht vereinigt die ›revue intellectuelle‹, wie aus der Zusammensetzung des Redaktionskomitees hervorgeht [dem zu Beginn unter Sartres Leitung Raymond Aron, Michel Leiris, Simone de Beauvoir, Maurice Merleau-Ponty, Albert Olivier und Jean Paulhan angehörten; J. A.], unter der Flagge Sartres alle in der Person und im Werk des Gründers versöhnten intellektuellen Traditionen und erlaubt, das Sartresche geistige Konzept zum kollektiven Programm zu erheben.«

In ihm gehen Marx und Heidegger in Frankreich eine merkwürdige Symbiose ein.

Heide*guerre* in Frankreich: die Philosophie als Ironie der Geschichte

Wenn zum Beispiel Sartre perfekt Deutsch lesen, wenn er Husserl und Heidegger im Original hätte entziffern können, so wäre erstens sein Leben dafür zu kurz gewesen und er hätte vor allem nie den ›Existentialismus‹ erfunden. (...) Die Originalität in der Philosophie ist, um nicht anderswo zu suchen, auf den Gegensinn gegründet, auf einer eiligen Lektüre, von der man nur das, was einem nützlich ist, zurückbehält, im Grenzfall das, was man schon weiß, was einem auf der Zunge lag. Die Originalität besteht darin, zu sagen, was man zu sagen hatte, ohne sich um die andern zu kümmern, die zufrieden sein dürfen, wenn sie uns geholfen haben, daß wir wir selber sein können. Bernard Frank, Februar 1984

»In den zwei oder drei Minuten, die die Vorstellung dauerte, schien Sartre woanders zu sein, als handelte es sich um einen anderen, den er nicht mochte. Er zog eine Stummelpfeife aus der Tasche, die ursprünglich ein Luxusexemplar gewesen sein mußte. Er stopfte sie. Sie mußte einen Belag bis zum Pfeifenrand haben, denn ich glaubte zu sehen, daß er sehr wenig Tabak brauchte. Er beendete die Beschäftigung, als der Pater zu sprechen aufhörte. Jetzt war er an der Reihe. Ohne sich im geringsten zu beeilen, ohne den mindesten Anschein von Lampenfieber zündete er die Pfeife an, tat ein paar Züge und setzte sich mit baumelnden Beinen auf den Rand des für ihn reservierten Tisches. Mit einem netten Wort dankte er Boisselot, der ihm eben angenehme Erinnerungen ins Gedächtnis gerufen habe. Er werde zu uns über drei Autoren sprechen: einen toten, Rilke, und zwei lebende, Malraux und Heidegger. Genauer, über die Vorstellung, die jeder von ihnen vom Tod hatte.«

Diese Szene spielte sich 1940 im Stalag 12 D bei Trier ab. Das Auditorium, vor dem Sartre seinen Vortrag über Heidegger hielt, bildeten seine Mitgefangenen. Zu ihnen gehörte Marius Perrin, ein Priester, der seine Aufzeichnungen aus dieser Zeit *(Mit Sartre im deutschen Kriegsgefangenenlager)* erst 1980 veröffentlichte, nachdem ihn die vom *Times Literary Supplement* kolportierte Meldung, Sartre habe sein Entkommen in die Freiheit »höchstwahrscheinlich den guten Diensten Drieus la Rochelle« zu verdanken, aufgeschreckt hatte. Perrin – der dieses hartnäckige Gerücht mit seiner Darstellung von Sartres Entlassung aus dem Lager mit gefälschten Papieren, die er für ihn angefertigt hatte, wohl endgültig aus der Welt schaffte – faßt in seinem Bericht auch den damaligen Vortrag des Philosophen zusammen:

»Der Übergang zu Heidegger war fast bruchlos. Sartre war jedoch darauf bedacht, ihn etwas länger als die beiden anderen vorzustellen. Er steht für ihn nicht gerade im Geruch der Heiligkeit. Er soll ja einen Moment lang bereit gewesen sein, den Philosophen der Nazis zu spielen. Als Schüler von Husserl, dem Begründer der ›Phänomenologie‹, hat er ein Buch geschrieben, das nur der erste Teil einer längeren Studie ist und in dem er in origineller Weise die Methode seines Lehrmeisters auf eine Reflexion über die Existenz anwendet. Der Titel dieses Buchs ist ›Sein und Zeit‹. Wie für Rilke und Malraux ist auch in seinen Augen der Tod integrierender Bestandteil des täglichen Lebens, insofern der Mensch nicht ›eigentlich‹, das heißt ›wahr‹, ›authentisch‹ sein kann, wenn er es versäumt, ihn darin zu integrieren.

›Eigentlich‹ sein heißt sein Leben selbst leben, sich gehören, von nichts und niemandem abhängig sein. Das ist nicht von vornherein gegeben, sondern wird im Laufe eines langen Kampfes errungen. Das Subjekt des banalen Redens und Handelns nämlich ist nicht ein ›Ich‹, sondern das anonyme ›Man‹, das uns erlaubt zu leben, ohne uns schmutzig zu machen. Das uns erlaubt, der Angst vor dem Wählen zu entgehen. ›Man‹ wählt nicht, man irrt sich nicht, man wird vom Strom erfaßt und getragen. Man ist nicht Mann: Es hat nur den Anschein. Uneigentlich. Um aber diesem Larvenstadium zu entkommen, um den Schmetterling aus seiner Verpuppung zu befreien, muß man sich nach Heidegger entschieden als ein ›Sein zum Tode‹ akzeptieren. Der ›eigentliche‹ Mensch – Sartre scheint diese Philosophie zu der seinen zu machen, aber er zieht es vor, vom ›freien‹ Menschen zu sprechen – ist der Mensch, der eher bereit ist zu sterben, als Sklave zu sein. Er lehnt es ab, sich von seiner Angst beherrschen zu lassen. Malraux sagte in anderem Zusammenhang und in verständlicheren

Worten dasselbe. Auch der alte Juvenal hatte von jenen Leuten gesprochen, die ein Leben ohne Ehre der Ehre ohne Leben vorziehen. Das Auditorium war gebannt. Ich hatte den Eindruck, daß jeder sich selbst prüfte. Sartre, der das zweifellos sah, äußerte einen Gedanken, der ihn verfolgen mußte: Und wenn die französischen Frauen uns jetzt die jungen deutschen Soldaten vorziehen würden, die mehr Mut oder weniger Feigheit bewiesen haben? Ich habe mich nicht umgedreht, um mir die Wirkung anzusehen, aber ich spürte eine gewisse Kälte in der Luft. Der Schluß jedoch war optimistisch und beruhigend: Wir hatten einen Schlüssel. Es kam nur auf uns an.«

Dem Vortrag Sartres folgten Kommentare und Diskussionen – sowie die monatelange Lektüre von *Sein und Zeit,* für die es im Lager genügend Muße gab.

Nicht nur in der Gefangenschaft – auch im Widerstand lasen die Franzosen eifrigst Heidegger. Es war ausgerechnet Joseph Rovan – der Jude, der in der Résistance gekämpft hatte und deportiert worden war und seit vierzig Jahren einer der aktivsten Partner im deutsch-französischen Dialog ist –, der Heidegger in einer kleinen Zeitschrift übersetzte und Jean Beaufret, mit dem er der von Henri Frenay geleiteten Widerstandsgruppe angehörte, ein Exemplar von *Sein und Zeit* schenkte. In seiner Chronik *Les Modernes* (1984) beschreibt Jean-Paul Aron den Schock der Bekehrung des führenden französischen Heidegger-Spezialisten als Badeszene: »Epigone von Heidegger, sein Orakel in der exakten klassischen Auslegung: Entzifferer eines originären und radikalen Diskurses. 1942 badet Beaufret in der Nähe von Guéret in der Creuse, er hat soeben Edmund Husserls ›Ideen‹ gelesen und läßt sich unvermittelt von der Konsistenz der materiellen Realitäten durchdringen. Bisher lebte er unter der Schutzherrschaft des Gottes Descartes, der sie mit seiner exorbitanten Autorität garantiert. Die Umkehr im Wasser vermittelt ihm einen sehr speziellen Genuß (...) Beaufret überzeugt sich intensiv, daß es keinen – nicht einmal einen methodischen – Grund gibt, an diesem frischen Wasser, dessen Existenz von seinen Armen, Beinen, seiner Haut, seinen Muskeln und seinem zuverlässigen Gefühl derart überzeugend belegt wird, zu zweifeln. – Im folgenden Herbst liest er ›Sein und Zeit‹.«

Mit Jean Beaufrets Entdeckung und Lektüre Heideggers begann eines der wichtigsten – auch unergründlichsten – Kapitel der Geistesgeschichte im Frankreich der Nachkriegszeit. In den Monaten Mai und Juni 1981 hatte Frédéric de Towarnicki im Auftrag des Rundfunks mit dem Philosophen Gespräche geführt, die aber erst 1983, ein Jahr nach Beaufrets Tod, gesendet wurden und inzwischen auch gedruckt vorliegen *(Entretiens)*. Darin hat der Betroffene selber eine recht mythische Version des Beginns gegeben. Er bestätigte, daß die Jahre 1942 bis 1944 hauptsächlich dem Studium Heideggers gewidmet waren, von dem er aber noch nicht sehr viel begriffen habe: »Ja und ich hatte das Gefühl, etwas zu verstehen, erstmals im Verlaufe eines historischen Vormittags – jenes Morgens, an dem die Landung in der Normandie gemeldet wurde, das heißt ganz genau am 6. Juni 1944! Die Türe meines Klassenzimmers – ich war im Begriff, die schriftliche Abiturprüfung zu überwachen – ging plötzlich auf und ein Inspektor trat ein; er schrie: ›Sie sind gelandet!‹ Ich hatte etwas von Heidegger vor mir liegen, geöffnet, es muß wohl ›Sein und Zeit‹ gewesen sein. Und ich habe mir selbst vorgeworfen, den Enthusiasmus nicht mit der Intensität empfunden zu haben, die ich bei der Ankündigung der Landung hätte empfinden müssen, weil ich an diesem 6. Juni 1944 erstmals das Gefühl hatte, mit dem Verstehen dessen, was Heidegger schrieb, zu beginnen.«

Der deutsche Philosoph war im besetzten Frankreich bei ein paar Privilegierten, die überhaupt Zugang zu ihm finden konnten, zu einer Kultfigur geworden. Als 1945 General de Lattre de Tassigny nach Deutschland vorstieß, verließen zwei Soldaten die Truppe, um den Meister zu besuchen: Frédéric de Towarnicki, der *animateur culturel* der Ersten Französischen Armee, der Heidegger einige Nummern von *Confluences* (mit Aufsätzen Beaufrets) überbrachte, und Alain Resnais, der fotografierte. Beaufret selber konnte Heidegger – noch waren die Postverbindungen nicht wiederhergestellt – über den elsässischen Fliegersoldaten Palmer einen Brief zukommen lassen; er kehrte zehn Tage später mit einer Antwort und einem neuen Buch zurück. Im September 1946 fand auf dem Todtnauberg ihre erste Begegnung statt.

Jean Beaufrets Wirken blieb fortan ganz auf Heidegger ausgerichtet. Er begann eine ausgedehnte Korrespondenz mit dem deutschen Denker, dem die Besatzungsmächte die Lehrerlaubnis entzogen hatten, und besuchte ihn regelmäßig. Heidegger interessierte sich stark für die Verbreitung seiner Gedanken in Frankreich und widmete Beaufret seinen *Brief über den Humanismus,* in dem er auch die

Mißverständnisse des französischen Existentialismus klärte. Beaufrets Hauptwerk seiner Auseinandersetzung mit dem Philosophen – *Dialogue avec Heidegger* – erschien rund dreißig Jahre später in mehreren Bänden (1973/74) und stellt Heidegger ins Zentrum der philosophischen Modernität.

Fast gleichzeitig veröffentlichten Eryck de Rubercy und Dominique Le Buhan in Maurice Nadeaus Zeitschrift *Les Lettres nouvelles* »Douze Questions posées à Jean Beaufret«. Die Antworten gelten als eine der besten Einführungen in Heideggers Denken. 1983 wurden sie – diesmal als schmales Bändchen – von Aubier neu aufgelegt, versehen mit einer Kurzbiographie Heideggers und ergänzt durch dessen in Briefform übermittelten Kommentar, der zeigt, wie hoch er Jean Beaufret schätzte: »Sie selber aber müssen bei der Niederschrift Ihrer Antworten mit einer besonders günstigen Sammlung und Wachheit des Denkens beschenkt gewesen sein. Ihr Gesagtes ist so frei und frisch, so entschieden wie geistreich, so einfach und stets am Wesentlichen bleibend, daß jeder Leser Ihnen für diese Hilfe zum Nachdenken danken wird. (...) Eine Gefahr allerdings bleibt bei solchen Antworten bestehen: daß der flüchtige Leser zu der Meinung kommt, nun wisse er endgültig über die ›Philosophie‹ Heideggers Bescheid, während im Gegenteil jetzt erst das rechte Fragen beginnen muß: zum Beispiel die Frage nach dem Verhältnis von Technik, Sprache, Dichten und Denken.«

Zu Heideggers Exegeten in Frankreich gehört ebenfalls Henri Birault, der ab 1951 in verschiedenen Aufsätzen die existentialistische Deutung verwarf. Birault kritisierte die Sartresche Auslegung als neue anthropologische Version der Freiheit, die Heideggers revolutionärer Theorie der Wahrheit keineswegs gerecht würde. In *Heidegger et l'expérience de la pensée* (1978) rückt ihn Birault ins Dreieck Kant, Hegel, Nietzsche; auch hinsichtlich seiner Bedeutung. Zwischen ihnen arbeitet er erstaunliche Zusammenhänge heraus – bis zur modernen Technik als Ausdruck des Willens zur Macht, »die immer stärker das nihilistische Schicksal einer Welt regieren wird, die Heidegger nicht verändern, sondern nur denken will«.

Martin Heidegger besuchte mehrmals Frankreich. 1955 reiste er zum legendären Kolloquium von Cerisy, das ihm gewidmet war. Bei Jean Beaufret in Paris traf er erstmals mit dem Poeten René Char zusammen; auf dem Heimweg besuchte er in Mantes-la-Jolie Jacques

Lacan, der ihm im Jahr zuvor seine Aufwartung in Freiburg gemacht hatte. Später fuhr er einigemal in die Provence; 1966, 1968 und 1969 hielt er im Hause von René Char das »Seminar von Le Thor« ab, an dem sich ebenfalls Beaufret und seine Schüler beteiligten. Erst 1977, ein Jahr nach Heideggers Tod, publizierte sein französischer Prophet seinen Bericht von der Ankunft des Philosophen. »Ich bin doch in Paris«, sollen seine Worte beim Verlassen der Gare de l'Est gewesen sein. Und auf die Frage seiner Frau nach den ersten Eindrücken antwortete er: »Ich bin erstaunt – über mich.«

Dazu hatte er allen Grund. Erstaunt sein konnte Martin Heidegger zumindest über seinen Einfluß in Frankreich. Sartre hatte sich Heideggers Philosophie in *Das Sein und das Nichts* dienstbar gemacht und aufgrund ihrer Terminologie sein existentialistisches Grundprinzip formuliert: *l'existence précède l'essence* – die Existenz geht der Essenz voran. In seiner Schrift *»Phänomenologie in Frankreich«* beschreibt Bernhard Waldenfels Heideggers Einwirkung auf Sartre, Merleau-Ponty, Paul Ricoeur und Emmanuel Lévinas als »Skala von Reaktionen wie Ausweichen, zögernde Ablehnung, behutsame Annäherung oder differenzierte Aneignung – von kühlem Ignorieren, aber auch von Enthusiasmus kaum eine Spur«. Der Einfluß ist später über die verstärkte Hinwendung der Philosophie zur Literatur, schließlich zur Sprache noch intensiver und grundlegender geworden. Die »Dekonstruktion« des Strukturalismus wie die Semiotik als Wissenschaft, ja Weltanschauung der Zeichen, stehen stärker im Banne Heideggers, als man zu vermuten geneigt wäre. Bei Jacques Lacan, dem auf die Sprache ausgerichteten Psychoanalytiker, wie bei dem Philosophen Jacques Derrida sind die Spuren sehr direkt nachweisbar; auch bei Michel Foucault kann die Wirkung nachgezeichnet werden. Von den Dichtern hat einer der größten – René Char – bei Heidegger die Funktion des Poetischen gefunden. »Vieles«, präzisiert Waldenfels Heideggers Einfluß in Frankreich, »ist auf Umwegen über die Literatur in die Philosophie zurückgeströmt, vermittelt durch Autoren wie Blanchot und Klossowski, aufgeladen mit der Sprengkraft Nietzscheanischer Ideen, aber auch belastet mit neuen und alten Mythologien und Ideologien. Schließlich hat Heideggers Destruktion der Metaphysik auch vor den klassischen phänomenologischen Texten nicht haltgemacht; die Interpretation Husserls verwandelt sich bei J. Derrida, G. Granel und ihren Nachfolgern in Destruktion und

Diagnose. Was hier an exegetischer Akribie und verbaler Fertigkeit gewonnen wird, ist die Kehrseite einer Bewegung, die das Motto ›Zurück zu den Sachen‹ durch die Parole ›Zurück zu den Texten‹ ersetzt – natürlich mit der Maßgabe, in den Texten die ›Sachen selbst‹ wiederzufinden.« Die Substitution der Realitäten durch den Diskurs steht geradezu als Programm für die französische Nachkriegskultur.

Auch der Dialog mit Marx wurde in die Wege geleitet – von Kostas Axelos und Lucien Goldmann. Die bunte Palette von Heideggers Einfluß in Frankreich reicht von den nicht orthodoxen Marxisten über die Spitze des progressiven Denkens in den sechziger Jahren des Vor-Mai bis zu den intellektuellen Propagandisten der konservativen Revolution im Umfeld der »Nouvelle Droite«. Heidegger wird auch in der antitotalitären Neuen Philosophie präsent sein. Bei René Schérer erscheint er als Prophet der Ökologie.

Die Frage nach seiner politischen Vergangenheit wie der ideologischen Essenz seines Denkens blieb natürlich keineswegs ausgespart. Die *Temps modernes* lösten die Debatte 1946 aus – an ihr beteiligten sich damals auch deutsche Publizisten. 1961 übersetzte Jean-Pierre Faye Texte aus den Jahren 1933 und 1934, in denen Heidegger den Rückzug aus dem Völkerbund befürwortet. Für Faye ist der Philosoph, dem auch der Elsässer Germanist Robert Minder eine entsprechende Studie – *Heidegger und Hebel oder die Sprache von Meßkirch* – widmete, ein Paradebeispiel des *langage totalitaire.* 1975 veröffentlichte schließlich Pierre Bourdieu einen ideologiekritischen Essay, der die nichtssagende, gekünstelte Sprache des »ordentlichen Professors« als Ausdruck der deutschen Romantik entlarvt – als Idiom des Blut-und-Boden-Jargons.

Doch diese Sicht wurde für das französische Heidegger-Verständnis nicht bestimmend – sie schien nur immer wieder das Bemühen um »Differenzierung«, aber auch um politisches Reinwaschen zu beflügeln. Im voluminösen Heft, das die *Cahiers de l'Herne* im Herbst 1983 über Heidegger vorlegten, versucht Dominique Janicaud, ihn als Kritiker der Herrschaft und der Unterdrückung schlechthin zu zeichnen. Diese Kritik sei von seiner Ideologiekritik nicht zu trennen – der aus seiner Haltung gegenüber der Nazi-Ideologie resultierende Schock nur um so gewaltiger. Doch die Größe seiner Philosophie bestehe in ihrer Fähigkeit der radikalen Befragung. Für Jean-Michel Palmier hat Heideggers Verhalten mehr mit dem sozialen Selbstverständnis sowie der gesellschaftlichen Struktur der deutschen Intellektuellen denn mit der Philosophiegeschichte zu tun: »Diese Analyse setzt ebenso das Studium der von der Nazi-Ideologie transportierten, pervertierten, entstellten Themen wie der apolitischen Ausrichtung der Intellektuellen und des reaktionären Charakters der Universität voraus.« Aber darf man mit der »Höhe« seiner Philosophie, von der keine Moral und Ethik ausgeht und aus deren Perspektive Auschwitz als kleiner Betriebsunfall, Rubrik Unglücksfälle und Verbrechen, erscheinen muß, entschuldigen oder auch nur Verständnis hegen dafür, daß Heidegger in allen Debatten, die um ihn tobten, sich nie bemüßigt fühlte, auf die Jahre 1933 bis 1945 zurückzukommen? »Man kann«, schreibt Palmier im *Cahier de l'Herne,* »dieses Schweigen respektieren oder beklagen. Es gibt es. Man muß damit fertig werden. Denn keine Anklage, kein Plädoyer wird es jemals aufheben können.«

Die Tatsache dieses »berechnenden Schweigens allerdings« hält der in Frankreich geborene Kulturkritiker und -philosoph George Steiner für viel gravierender als die Stellungnahmen nach der Machtergreifung: erst damit habe der eigentliche Verrat Heideggers begonnen – der wirkliche Skandal sei sein Schweigen »danach«. Steiner vertritt diese Anklage in seinem aus dem Jahr 1978 stammenden Buch *Martin Heidegger,* das in verschiedenen Sprachen, aber noch immer nicht in deutscher Übersetzung vorliegt. Der Autor, der schon T. S. Eliots 1948 formulierte Forderung nach einer Neudefinition der Kultur, die mit keinem Wort Hitlers Endlösung erwähnte, heftig attackiert hatte, befaßt sich in dieser Einführung, die Heideggers Stellung im europäischen Geistesleben nachgeht, mit der intellektuellen Verantwortung. Steiner geißelt Heideggers »Prozeß der Abstraktion und Künstlichkeit«: »Eine Philosophie, die abstrahiert, die danach strebt, sich über das Alltägliche und den Alltag zu erheben, ist leer.« Er unterstreicht auch – unter Berufung auf Lucien Goldmann – Heideggers Kenntnis der marxistischen Theorie und Debatten. Wäre eine andere, weniger fatale Richtung seiner Entwicklung denkbar gewesen? Steiner deutet es an. Eindeutig fällt sein Urteil über Heideggers Beziehung zum Nationalsozialismus aus – er bleibt nicht auf einer Ebene der oberflächlichen Affinitäten oder gar der politischen Opportunität: Steiner spricht von einer Seinsverwandtschaft, die er mit Sprachbeispielen belegt. Das »Idiom von ›Sein und Zeit‹ und der nationalsozialistische Jargon« zehren auf der ihnen gemäßen Stufe vom »Genius des Deutschen für die suggestive Obskurität« – von der »Fähigkeit, den (oftmals leeren oder halbwegs inkohärenten) Abstraktionen eine Intensität und physische Präsenz zu vermitteln«.

Nach diesem Befund vollzieht George Steiner eine überraschende Kehrtwendung: Die Arroganz des Positivismus und die »Illusion des Verifizierbaren/Falsifizierbaren haben den westlichen Menschen zur persönlichen Entfremdung und kollektiven Barbarei geführt«. Er übernimmt Heideggers Tautologie »als einzige Möglichkeit, das zu denken, was die Dialektik nur verheimlichen kann«: »Sein ist sein.« Schließlich deutet er an, wie Heideggers »Überschreiten der Metaphysik« in seiner Quintessenz das Heil zur »Rettung der Erde« aufzeige – Heideggers Philosophie als Denken des Widerstands gegen die technisierte Zerstörung gedeutet werden könne.

Den erstaunlichsten Versuch der politischen Rehabilitierung unternimmt Reiner Schürmann in seinem Buch *Le Principe d'Anarchie*. Schürmann leugnet die kompromittierenden Texte nicht – und er tut auch gar nicht so, als handle es sich dabei um jene Irrtümer, die entstehen, wenn sich Intellektuelle in die Politik verirren: Der Verfasser erklärt sie schlicht zum provisorischen Stadium in der Entstehung eines großen Denkens, das sich in der Folge völlig von der Politik zurückzog – womit gleich beide Vorwürfe vom Tisch sind. Schürman belegt seine Hypothese mit einer umgekehrten Lesart: Er beginnt mit den späten Arbeiten, die die frühen Schriften in einem neuen Licht erscheinen ließen. Nur so könne man dieses Denken verstehen, das von allem Anfang an darauf angelegt gewesen wäre, die klassische Opposition von Theorie und Praxis aufzuheben – und, ausgerichtet auf die Transgression, die Subversion, das Überwinden und Überholen, eben ein dem »Prinzip der Anarchie« verpflichtetes Denken sei.

Seit dem Ende des Krieges plädierte Jean Beaufret gegen alle Anfechtungen für einen Heidegger, der weder faschistisch noch antifaschistisch sei, nicht »engagiert« und auch nicht »militant« – jedenfalls nicht in einem politischen Sinne. In seiner Rezension des *Cahier de l'Herne* warf der exkommunistische Publizist Pierre Daix nochmals die Frage auf, ob Heideggers Philosophie von seinen Positionen der Jahre 1933 und 1934 gezeichnet sei: »Von nun an ist die Antwort eine negative. Als im November 1983 der *Débat* die wiederaufgelegte Rektoratsrede erstmals in französischer Sprache mitsamt dem späten

Kommentar Heideggers – »Wer groß denkt, muß groß irren« – publizierte, wurde sie nicht nur von den Beaufret-Schülern sehr viel »verständnisvoller« kommentiert als in Deutschland, wo Dolf Sternberger (in der *Frankfurter Allgemeinen Zeitung*) an ihrem Beispiel Heideggers unerträgliches sprachlich hohles Argumentieren sezierte: »Das klingt wie ein Fazit, Selbstbezweiflung wird von Selbstbestätigung, ja Überhebung aufgefangen. Wer groß denkt, muß groß irren. Das mag wohl sein. Aber muß er auch große Worte machen?«

Vor Dolf Sternbergers scharfsichtiger, im Detail extrem textbezogener Untersuchung kann Reiner Schürmanns Spekulation nicht bestehen – da hilft auch keine Umkehrung der Genesis aus dem Dilemma. Schürmanns originelle Perspektive mag allenfalls im Zusammenhang mit dem sehr freien Gebrauch dieses Denkens in Frankreich eine gewisse Berechtigung haben, wo Heidegger in einem anderen historischen wie politischen Kontext, in einer anderen Sprache, in einer anderen philosophischen Tradition, die er radikal zu prägen begonnen hat, tatsächlich zum subversiven, linken und anarchistischen Denker wurde, zumindest als solcher wirkte: Heide*guerre* en France ... Es paßt jedenfalls durchaus zu Martin Heideggers französischem Schicksal, das ihm ironischerweise so etwas wie eine neue politische Jungfräulichkeit bescherte, daß eine vollständige Übersetzung von *Sein und Zeit* erst im Sommer 1985 und als Raubdruck erschien.

Marx bei Marianne: der »unüberschreitbare Horizont«

Ich habe schon Bekehrungen zum Materialismus gesehen: man bekennt sich zu ihm wie zu einer Religion.
Jean-Paul Sartre

»Nach der Befreiung nahm das dialektische Denken ..., das vorher buchstäblich verdrängt wurde, Rache ... Die Dialektik verbreitete sich so sehr, daß sie eine Mode wurde: der ›Sahnekuchen‹ der Philosophen, ob Lehrling oder Meister ... Die solcherart subjektiv ... gefaßte Dialektik unterscheidet sich nicht immer von Sophistik. Sie kompromittiert sich, indem sie seltsamen Ekklektizismen Autorität verleiht, bei denen die ›dialektisch‹ zusammengebrachten Termini (Worte) ihrer Verknüpfung spotten. Die Abenteuer der Dialektik sind nicht mehr zu zählen.« Mit diesen Sätzen beschrieb Henri Lefebvre den Einzug der neuen Philosophie in Frankreich, die einen Bezug zur Praxis versprach. Ihn formulierte der zweite prominente marxistische Theoretiker, Louis Althusser, Jahrzehnte später im Vorwort seiner Schrift *Pour Marx* (Für Marx) nicht weniger drastisch: »Die Intellektuellen kleinbürgerlicher Herkunft, die damals in die Partei eintraten, fühlten sich angehalten, sich in reiner Aktivität, wenn nicht gar in politischem Aktivismus, von der imaginären Schuld zu entlasten, die sie glaubten sich dadurch zugezogen zu haben, daß sie nicht proletarischer Abstammung waren.«

Die Kommunistische Partei Frankreichs (KPF), die im Jahre 1934 lediglich etwa 40 000 Mitglieder aufgewiesen hatte, konnte ihre Zahl zwischen 1945 und 1946 von 400 000 auf annähernd eine Million verdoppeln: um sie entstand nach dem Krieg eine Massenbewegung, die sich höchst opportunistisch mit dem nationalen Widerstand – der Résistance – identifizierte und die, wie Bruno Schoch in seiner minutiösen Darstellung *Marxismus in Frankreich seit 1945* ausführt, »den Übergang vom Faschismus zur ›Normalität‹ des geregelten kapitalistischen Geschäftsgangs und der repräsentativen Demokratie« in Frage stellte – zumindest verzögerte, schließlich aber auch ermöglichte und letztlich ideologisch vollzog, indem sie die Illusion struktureller Veränderungen, die sich dann auf ausgedehnte Verstaatlichungen und eine neue Rhetorik beschränkten, zu nähren verstand: »Ihre Hoffnungen drängten über die bloße Restauration vorfaschistischer Verhältnisse hinaus auf soziale Veränderungen. Hinzu kam de Gaulles flexible Außenpolitik gegenüber der Sowjetunion, die ihm ermöglichen sollte, im Konzert der siegreichen Großmächte mitzuspielen. Und schließlich genoß die KPF aufgrund ihres opferreichen Widerstandes – ›le parti des fusillés‹ nannte sie sich stolz – hohes Ansehen und spielte nach der Befreiung als stärkste politische Organisation eine zentrale Rolle. Die kommunistischen Parteiführer, wenige Jahre zuvor noch wegen Landesverrats angeklagt, verurteilt und verfolgt, kehrten jetzt triumphierend an die Spitze der neuen Republik zurück. Nachdem sowohl in der ersten als auch in der zweiten Provisorischen Regierung de Gaulle zwei Kommunisten vertreten waren und die KPF aus den Wahlen vom Oktober 1945 mit 26 Prozent der Stimmen als stärkste Partei hervorging, beteiligte sie sich mit fünf Ministern an der Regierung. Danach stellte die KPF in fast allen Regierungen der beiden Nachkriegsjahre Minister. Man spricht deshalb von den Jahren des ›tripartisme‹, d. h. der Koalitionen von Kommunisten, Sozialisten und Volksrepublikanern. Im November 1946 konnte die KPF ihre Wählerstimmen gar auf über 28 Prozent erhöhen. Der antifaschistische Impetus von Résistance und Befreiung sowie der damit verbundene Aufschwung der KPF, die beide im Bewußtsein der Massen und der Theoretiker eine länger anhaltende Wirkung zeitigten als in der politischen Machtbeteiligung, ließen breite Kreise hoffen, der Marxismus finde zum revolutionären Marxschen Denken zurück und könne sich vom politischen Erstarren im Sektierertum und vom Weltanschauungsgebäude des Marxismus-Leninismus befreien. So schrieb Maurice Merleau-Ponty im Vorwort zu dem 1948 veröffentlichten Essayband ›Sens et non-sens‹ rückblickend: ›Für Generationen von Intellektuellen verkörperte die marxistische Politik die Hoffnung ... Nach diesem Krieg konnte man hoffen, daß der Geist des Marxismus wieder zutage treten würde.‹«

Picasso, Léger, Eluard, Aragon, Joliot-Curie: die Liste der »kommunistischen Intellektuellen« ist imponierend. Einige der weltweit bekanntesten Vertreter von Kunst, Wissenschaft und Literatur, den traditionellen Pfeilern der französischen Kultur, waren Kommunisten, Mitglieder der Partei, zu der allerdings die meisten ein gespanntes, problematisches Verhältnis unterhielten – eine Beziehung des *malgré tout;* daneben gab es jedoch auch den ideologischen Kadavergehorsam. Der marxistische Philosoph Jean-Toussaint Desanti, der sich am Ende der stalinistischen Ära in einem langsamen, dafür um so schmerzvolleren Prozeß von »der Partei« löste, hat die Faszination, die die KPF auf die Intellektuellen – auch auf die Nichtmitglieder – ausübte, auf den Begriff des *simulacre du pouvoir* gebracht, als »Trugbild der Macht« bezeichnet. Die innenpolitische Rolle der Partei und ihr Machtanspruch konnten die Volksfront- und Résistance-Generation über das parteiinterne Schattendasein hinwegtäuschen: Außer Aragon und Roger Garaudy hat keiner der prominenten KP-Intellektuellen im streng hierarchisch strukturierten Parteiapparat eine bedeutende Position einnehmen können – sie dienten als Aushängeschild und wurden als Instrumente der Propaganda eingesetzt.

In diesem Spannungsfeld rekapituliert Bruno Schoch im erwähnten Buch die wesentlichen Debatten, die sich stets in irgendeiner Form um philosophische Aspekte und politische Praxis drehen. Welche herausragende Stellung der Marxismus im französischen Geistesleben nach 1945 als neues Element – als unverbrauchte Philosophie – einnehmen konnte, läßt sich auch am Beispiel Sartres zeigen. »Noch 1935«, schreibt er in *Marxisme et existentialisme* (Marxismus und Existentialismus), »als ich 25 Jahre alt war, gab es an der Universität keinen Lehrstuhl für Marxismus, und die kommunistischen Studenten hüteten sich sehr, sich auf den Marxismus zu berufen oder ihn gar in Seminararbeiten zu erwähnen; sie wären bei allen Prüfungen durchgefallen; der Horror vor der Dialektik war derart groß, daß uns selbst Hegel unbekannt blieb.« Der große Philosoph galt nach dem Deutsch-Französischen Krieg von 1870/71 als Inkarnation des preußischen Militarismus; Marx – den man zudem direkt mit dem Aufstand der Kommunarden, der die junge Republik in ihren Grundfesten erschütterte, in Verbindung brachte – war ebenfalls aus historischen Gründen nicht rezipiert worden. Erst das legendäre Seminar des russischen Emigranten Alexandre Kojève, dem in den dreißiger Jahren Bataille, Aron, Sartre, Lacan, Merleau-Ponty zuhörten, öffnete Hegel die Türe zu Frankreich.

Schoch verweist darauf, daß im Anschluß an den Zweiten Weltkrieg trotz des vermeintlichen Neubeginns die Schwierigkeiten mit Hegel und der Dialektik bestimmend blieben: »Die gesamte klassische deutsche Philosophie wurde auf die Funktion reduziert, den Herrschenden als bewußt die Köpfe vernebelnde Waffe, als Klassenlüge gedient zu haben.« Die affektive Ablehnung erinnert bei aller Umkehrung der Vorzeichen an Hegels Schicksal in der Dritten Republik – sie wurde noch verstärkt durch die Tatsache, daß man im Rückblick die Hegel-Renaissance zu Beginn des Jahrhunderts in Deutschland wie in Italien mit dem Aufkommen des Faschismus in Verbindung brachte. Schoch: »Daß der Marxismus in Frankreich theoretisch und politisch oft rationalistische Gestalt annimmt, hängt auch mit der Tabuisierung Hegels zusammen.«

Hinter der marxistischen Rhetorik der Epoche legt Bruno Schoch einen – auch auf Sartre zutreffenden – »Humanismusbegriff« frei, den er trotz seines emanzipatorischen Gehalts »verblasen« nennt: »Die kritisch-revolutionäre Lehre von Marx und Engels wurde unter dem Vorwand der Rückkehr zu den Quellen auf den Kopf gestellt und die Frühschriften als die eigentliche Tiefe, weit über der Kritik der politischen Ökonomie stehend, ausgegeben, kurz: in die bürgerliche Ideologie zurückgeholt.« Ergänzt wird diese Einschätzung durch Schochs Befund, daß »das philosophisch-marxistische Denken in der Partei ausgetrocknet wurde«.

Die fruchtbarsten Werke der französischen Nachkriegsphilosophie verlassen schon in den fünfziger Jahren den Boden des orthodoxen Materialismus, auf den sich das parteigebundene Denken berief: Sartre, Camus, Merleau-Ponty, aber auch Castoriadis und Lefort stehen für Ausgangspositionen, die zwar – in sehr unterschiedlichem Maß – marxismusgeprägt wie marxismusbezogen sind, aber trotz aller ideologischer Bekenntnisse über den Marxismus – den Sartre den »unüberschreitbaren Horizont« der Epoche genannt hat – hinausweisen. Man wird diese zum Teil heftigen Debatten um den Marxismus, die KPF und die Sowjetunion – zumindest als Nichtmarxist – gefühlsmäßig höher einschätzen als die Theorien von Roger Garaudy und Henri Lefebvre oder auch Louis Althussers, dessen 1965 fast gleichzeitig mit dem Sammelband *Lire le Capital* erschienene puristische Schrift *Für Marx* als ein »Erwachen des marxistischen Denkens in der kommunistischen Philosophie« nach langer dogmatischer

Nacht gefeiert wurde. Im Vorwort stellt der Autor die ideologischen Positionen der KPF in Frage. Althussers Kritik richtete sich allerdings weniger gegen den Stalinismus als gegen die theoretischen Schwächen der Partei.

Viel ist von Louis Althussers tragischer Existenz nie bekannt geworden. Während der Studienzeit hatte der »militante Katholik«, der er ursprünglich war, eine christliche Studentengruppe gegründet. Nach fünf Jahren deutscher Kriegsgefangenschaft setzte er 1945 sein Studium an der »Ecole Normale Supérieure« fort. Er schloß es 1948 ab und trat noch im gleichen Jahr der Kommunistischen Partei bei. Seine Hinwendung zum Marxismus und seiner politischen Organisation war nicht mehr wie noch bei Sartre und Merleau-Ponty in den historischen und existentiellen Erfahrungen begründet. Sie erfolgte zu einem Zeitpunkt, da das Résistance-Prestige und die antifaschistische Faszination nicht mehr die ausschließliche Motivation sein konnten. Die Fronten hatten sich verhärtet, der Kalte Krieg war ausgebrochen, und die ersten Auseinandersetzungen über die sowjetischen Lager hatten die Gemüter erregt. Althussers politische Entscheidung spiegelte die orthodoxen Positionen des Intellektuellen Althusser wider, der jahrzehntelang in die Gewässer der platten marxistischen Philosopie ein- und untertauchte.

Für Marx – Althussers spärliche Aufsätze (ein Essay über Montesquieu, einige Zeitschriftenbeiträge, eine Auswahl von Feuerbachs Arbeiten) hatten bis dahin nur einen kleinen Kreis von Lesern erreicht – schlug umgehend hohe Wellen. Die marxistische Philosophie, argumentiert Althusser in diesem Essay, sei überhaupt erst noch zu begründen – Marx habe mit dem historischen Materialismus das Gerüst geschaffen, doch fehlten wesentliche Elemente. Marx – und *Das Kapital* – lesen heißt bei Althusser, das Ideologische von der Wissenschaft trennen. Er verwirft die Auffassung vom Marxismus als Philosophie der Geschichte, um ihn ganz auf die Theorie der Arbeiterklasse zu konzentrieren. Die »bourgeoise Logik« (einerlei, ob diese nun offen reaktionär oder reformistisch sei) lehnt er kategorisch ab.

In einer Artikelserie, die 1978 in *Le Monde* erschien, kritisierte Althusser die dogmatische Verwässerung der KPF und ihren Verzicht auf die »Diktatur des Proletariats«. »Erstmals«, kommentiert Schoch diese Äußerungen, »gelang Althusser damit eine wahrhaft konkrete Analyse der konkreten Situation – allerdings nicht der gesellschaftlichen Realität, sondern des Funktionierens der KPF«, die ihn quasi-exkommunizierte, aber nicht ausschloß. Den Stalinismus, den er nicht mehr länger ignorieren konnte, erklärte er schlicht zum »Trugbild« und verglich ihn mit der bürgerlichen Wahldemokratie als Betrug am Volke. Zwischen diesen unhaltbaren Positionen suchte er nach einem »revolutionären Weg« zur Veränderung der Machtstrukturen. Mit diesem Thema, einer Analyse der – auch in ihren imaginären Dimensionen begriffenen – Machtausübung, das damals unter der Flagge der Neuen Philosophen ins französische politische Denken und Handeln einbrach, hat Althusser am stärksten gewirkt – gerade auf jene, die sich später radikal von seinen wissenschaftstheoretischen sozialphilosophischen Konzepten abwenden sollten.

Genau zu diesem Zeitpunkt eröffnete sich für das linke Lager in Frankreich die Perspektive einer demokratischen Machtübernahme wie nie zuvor seit den unmittelbaren Nachkriegsjahren. Die Aussicht auf eine Mehrheit im Parlament, die im März 1978 mehr als gewiß schien, beflügelte die Linksintellektuellen; Kommunisten und Sozialisten, seit 1972 zusammen mit den Links-Radikalen – »Radicaux de Gauche« (MRG) – im Wahlbündnis, traten mit einem »Gemeinschaftsprogramm« an, dem *Programme commun de gouvernement*, dem alle Meinungsumfragen den Sieg prophezeiten. Für die KPF kandidierte im sechsten Pariser Arrondissement, dem Quartier latin, der kurz darauf in die Opposition getriebene Historiker Jean Elleinstein, der auf den Wahlveranstaltungen von den prominenten Parteiführern unterstützt wurde. Schauspieler wie Gérard Dépardieu und Mitglieder der »Comédie Française«, zahlreiche Chansonniers – von Jean Ferrat bis Juliette Gréco –, die Theaterschaffenden Bernard Sobel und Serge Ganzl, viele Schrifsteller und Journalisten unterschrieben den Wahlaufruf für die Kommunisten, die viel mehr intellektuelle Prominenz zu mobilisieren vermochten als die mit ihnen verbündeten Sozialisten.

Dennoch gingen die Wahlen für die Linksunion verloren. Das merkwürdige Verhalten des sowjetischen Botschafters, der sich zwischen den beiden Wahlgängen, als noch alles offen war, auf ziemlich ostentative Weise ins Elysée zu Giscard begeben hatte, ließ bei den intellektuellen kommunistischen Wahlhelfern und Sympathisanten den Eindruck entstehen, sie seien geprellt worden. Die erste Debatte, die die Partei abwürgte, war jene über die möglichen Ursachen der unerwarteten Niederlage. Die Zeitschrift *La Nouvelle Critique*, die als einziges der vielen Parteiorgane das Thema zaghaft zur Diskussion stellte und die Schuld nicht von vornherein beim Bündnispartner suchte, mußte kurz darauf ihr Erscheinen einstellen. In mehreren Schüben verließen praktisch alle bedeutenden Intellektuellen die Partei – das »Trugbild der Macht« war endgültig zusammengebrochen.

Als Louis Althusser am 16. November 1980 in einem Anfall geistiger Umnachtung seine Frau erwürgte, war dies vor dem Hintergrund seines Denkens sowie des sich inzwischen abzeichnenden marxistischen Niedergangs für viele Publizisten Anlaß zu zynischen Kommentaren. Das amerikanische Nachrichtenmagazin *Time* brachte Althussers Drama auf die griffige Formel von »Marx & Murder«, und auch der *Express* sprach von »Mörder-Philosophie«. Ebenfalls aus Anlaß des tragischen *fait divers*, das Althusser in die Spalten der Boulevardpresse brachte und ihn bekannter machte als seine Bücher, beschrieb Maria Antonietta Macciocchi, die ihn seit Jahren kennt, das existentielle Dilemma des intellektuellen Dialektikers, der die Tragweite seiner Tat nie begriffen haben soll, juristisch für unzurechnungsfähig erklärt und in einer psychiatrischen Klinik interniert wurde: »Der prinzipielle – bis zur Neurose vorangetriebene – Widerspruch des Philosophen lag darin, zu den Kommunisten zu stehen und gegen sie zu sein: gleichzeitig innerhalb und außerhalb der Partei, ohne je eine Lösung zu finden. Dieses politische Drama lebte er in wechselnden Phasen, von einem Extrem ins andere fallend.«

In einem ganz anderen Sinne exemplarisch verlief die Karriere des langjährigen KPF-Starintellektuellen Roger Garaudy, dessen akademischer Aufstieg in Moskau begann, wo er 1954 mit einer Arbeit über »Die Freiheit als philosophische und historische Kategorie« zum Doktor der Philosophie promovierte. Zur Buchausgabe von Garaudys Dissertation schrieb der damalige KPF-Zentralsekretär Maurice Thorez ein Vorwort: »Die Freiheit ist also nur eine Maske, hinter der sich die schlimmsten Feinde verbergen. Es ist das Verdienst von Roger Garaudy, in seinem Buch alle diese Lügen über die Freiheit entlarvt zu haben. Er hat damit einen wertvollen Beitrag zum Kampf gegen den Imperialismus geleistet, einen Beitrag zum Friedenskampf... Ein französischer Journalist des ›Figaro‹ drückte sein Erstaunen darüber aus, daß Garaudy nach Moskau ging, um eine

Dissertation über die Freiheit zu verteidigen. Vor dem sowjetischen Prüfungsausschuß hat Roger Garaudy auf diese Unverschämtheit die gebührende Antwort gegeben: ›Der dialektische Materialismus lehrt uns‹, sagte er, ›jedes Phänomen dort zu untersuchen, wo es vorhanden ist und sich entwickelt. Um zum Beispiel die Jugendkriminalität zu erforschen, müßte man die Vereinigten Staaten aufsuchen. Das Studium der Probleme der Freiheit konnte nirgends besser vorgenommen werden als in dem Lande, in dem sich die wirkliche Freiheit zum ersten Male in der Weltgeschichte entfaltet.‹«

In diesen Jahren des kältesten Krieges war Garaudy Moskauer Korrespondent der KPF-Tageszeitung *Humanité;* nach seiner Rückkehr wurde er ins Zentralkomitee gewählt. Insgesamt 37 Jahre gehörte er der Partei an, deren Kurs er nicht nur billigte, sondern an vorderster Front mitbestimmte. Erst die Ereignisse von 1968 brachten ihn in Konflikt mit ihr, und 1970, auf dem KPF-Kongreß, rechnete er von der Rednertribüne aus mit ihr ab. In seiner Ansprache, die vom eisigen Schweigen der zweitausend Delegierten begleitet war, machte das prominente ZK- und Politbüro-Mitglied verschiedene Gründe für seine (späte) Opposition geltend: »Unsere wichtigste Aufgabe schien mir damals, einen gemeinsamen Nenner für die Forderungen der Arbeiterschaft und für die Vorstellungen der Studenten zu finden. Doch das wurde von der Parteihierarchie untersagt. Der zweite Grund war dann wieder meine persönliche Haltung bei der Besetzung der Tschechoslowakei. Ich gab klar und eindeutig zu verstehen, daß es gut sei, gegen diese militärische Intervention zu protestieren, griff aber auch innerhalb dieser Erklärung das kommunistische Regime der UdSSR an. Der dritte Grund war, daß ich das westliche Wirtschaftswachstumsmodell meines Landes außer von allen anderen Parteien auch von der KPF unterschrieben und unterstützt sah und innerhalb meiner Partei dagegen protestierte.« Und exakt seit diesem Zeitpunkt ist sie für Garaudy auf dem Holzweg. Von seinen früheren Positionen hat er keine je revidiert, und nach wie vor glaubt er fest, daß 1956 in Ungarn die »Gefahr der Faschisierung« bestanden habe.

Nach seinem Ausschluß profilierte sich der Philosoph mit einigem Geschick als politische Inkarnation einer neuen Durchlässigkeit. Er profitierte vom Dialog zwischen Marxismus und Christentum, um den er sich bemüht und der entscheidend zu seiner Glaubwürdigkeit beigetragen hatte. Verpackt in eine attraktive ganzheitliche Theorie, die sich außerhalb des Links-Rechts-Schemas wähnte, weitete er ihn auf die Zivilisationen dieser Welt aus. Seine Forderung nach »Spiritualisierung der Politik« bescherte Garaudy einigen Zulauf. »Ich stehe«, sagte er zu Beginn der achtziger Jahre, »auf der Seite des Lebens.«

1981 wollte er französischer Präsident werden – ein Staatspräsident der Frauen und der Grünen: Ihnen hatte er in seinem *Appell aux vivants* (Aufruf an die Lebenden) – Auflage weit über 300 000; die deutsche Ausgabe erschien mit einem Geleitwort von Robert Jungk – die Zukunft prophezeit. Es war das letzte innenpolitische Scharmützel, das er inszenierte, die letzte – flüchtige – intellektuelle Mode, der er aufsaß – doch er brachte es nicht einmal zur Kandidatur für das hohe Amt.

An seiner Stelle wurde François Mitterrand Präsident. Das Ereignis machte die Abkehr der Linksintellektuellen – zu deren prominentesten Vertretern er gehört hatte – vom Sozialismus und die Überwindung des Marxismus in der Kultur auch politisch endgültig bewußt. In dieser Situation der allgemeinen Ungewißheit, der Neubesinnung und Umorientierung gelang Garaudy ein politisch-philosophisch-religiöses Kabinettstück: Er nahm – schon immer ein bißchen eifriger als die anderen – gleich eine doppelte Konversion vor und blieb sich dennoch selber treu. Der Philosoph verabschiedete sich auf einen Schlag von Christentum und Marxismus, die er im Dialog zu versöhnen getrachtet hatte, und bekehrte sich zum Islam. Seither nennt er sich Ragaa, was im Arabischen »Auferstehung« bedeuten soll.

Mit diesem kühnen Schritt ist er auch als Autor und Vortragsreisender in neue Territorien vorgedrungen: im Morgenland läßt sich Ragaa Garodi als der größte Philosoph des Okzidents feiern – von Rabat bis Kairo und Teheran, von Saudi-Arabien bis Syrien. In Marokko wurde er in die Königliche Akademie berufen, und im Anschluß an seine Pilgerfahrt nach Mekka haben ihm die saudischen Prinzen einen Empfang wie in Tausendundeiner Nacht bereitet.

Mit intellektuellem Flair versteht es der Wandel- und Wanderphilosoph des islamischen Wirtschaftswunders, seinen sensiblen Gastgebern jeweils genau das zu sagen, was sie am liebsten hören. Eine bevorzugte Zielscheibe ist Camus, dessen verhaßten »weichen Humanismus« Garaudy immer wieder geißelt. In Kairo klagte er den »korrupten Okzident« an, dessen Kultur längst das Stadium der

»Agonie« erreicht habe: »Nicht weil ihr die Mittel fehlten, sondern weil sie den Menschen dem Profit der Technologie um der Technologie willen opfert.«

Es regnet Petrodollars auf den frommen und zivilisationsmüden Philosophen in der Wüste, und über mangelnde Verbreitung im Volk braucht sich der fixe Wander- und Gesinnungsprediger auch nicht zu beklagen. Für die arabischen Länder verfilmte das Fernsehen von Saudi-Arabien seine Biographie: 15 Episoden von 35 Minuten Dauer, Kostenaufwand 10 Millionen Dollar. Und dies, obwohl ganze Epochen einer Existenz verdrängt werden mußten: denn der Marxismus ist seit der Aufarbeitung der französischen Vergangenheit, in deren Vakuum er keimte, nicht nur bei Marianne (und Mitterrand) – Marx ist bekanntlich auch bei Mohammed tabu.

Aus den Trümmern des Mai: die rechtsintellektuelle Renaissance

Im März des Jahres 1978 sahen sich die Intellektuellen fast am Ziel ihrer politischen Wünsche: einer Regierungsmehrheit für ein demokratisch-sozialistisches Frankreich. Für die anstehenden Parlamentswahlen wurde ein Sieg der vereinigten Kommunisten und Sozialisten, die mit dem *Programme commun* eine gemeinsame Regierungsplattform entworfen hatten, kaum noch angezweifelt: soziologisch gesehen stand Frankreich links – nun sollte es auch politisch links werden.

Doch in dem Moment, da der Sieg der Linksunion zum Greifen nahe war – und die tiefgreifendsten Veränderungen seit der *libération* zu bringen versprach –, fehlte links von der Mitte plötzlich die geistige Überzeugung. Mehr noch: die jahrelang praktisch inexistenten Rechtsintellektuellen machten mobil – erstaunt nahm die Öffentlichkeit zur Kenntnis, daß es sie überhaupt gab. Das bürgerliche Lager, das sich traditionsgemäß auf die Wahlkampfunterstützung aus weiten Kreisen des Sports und des Showbusiness' beschränken mußte, konnte unvermittelt namhafte Intellektuelle vorzeigen. Der Schriftsteller François Nourissier (von der »Académie Goncourt«) stellte seine Feder in den Dienst des Gaullistenführers Jacques Chirac. Maurice Druon, Mitglied der »Académie Française« und ehemaliger Kulturminister, gegen den die Künstler, Schauspieler und Intellektuellen noch kurz zuvor auf die Straße gegangen waren, kandidierte erstmals für die Nationalversammlung. »Ich bin«, sagte er, »so beunruhigt wie man es zwischen 1936 und 1939 sein mußte. Auf dem Planeten kann Feuer ausbrechen, Europa ist bedroht.«

Überhaupt warf die »Académie« ihr ganzes Gewicht in die Waagschale. Die »Unsterblichen« Maurice Schumann, Alain Peyrefitte und Jean d'Ormesson engagierten sich aktiv auf seiten der bürgerlichen *majorité* – Claude Lévi-Strauss passiv. Spektakulärer war die Gründung eines »Komitees der Intellektuellen für ein Europa der Freiheiten«, (die französische Abkürzung lautet C. I. E. L. und bedeutet dem Wortsinne nach »Himmel«), in dem Eugène Ionesco den Vorsitz hatte. Ihm gehörten neben Raymond Aron von Arrabal über Jean-Louis Barrault und Joseph Breitbach bis zu Philippe Sollers weit über hundert prominente Persönlichkeiten der Pariser Intelligenz an. Wie zahlreiche C. I. E. L.-Mitglieder hatte auch die »Tel Quel«-Gruppe um Sollers und Julia Kristeva nach orthodox marxistischen, dann maoistischen Jahren – und weiteren Stationen, die die Irrungen der Nachkriegs-»Avantgarden« widerspiegeln – die Giscard-Parole ausgegeben: Die individuellen Freiheiten seien beim Staatspräsidenten am besten aufgehoben.

Ein liberaler Intellektueller trat sogar zum ideologischen Schauwahlkampf gegen den Kommunisten-Führer Georges Marchais in die Arena: Jean-Marie Benoist, Philosoph und Theoretiker des Strukturalismus, Assistent von Lévi-Strauss und Verfasser des – prophetischen – Buchs *Marx est mort* (Marx ist tot) aus dem Jahre 1970. Er präsentierte sich im »roten Gürtel« von Paris als Kandidat von Giscards Republikanischer Partei gegen den KPF-Zentralsekretär. Sein Wahlkreis im Val-de-Marne umfaßte die Orte Cachan, Arcueil, Villejuif, Kremlin-Bicêtre, deren Verwaltungen fest in kommunistischer Hand, die Straßen nach den Helden des Sowjetkommunismus benannt sind und deren Partnerstädte in der DDR liegen. Auf diesem Terrain konnte sich Benoist fast schon als Opfer eines französischen Gulag aufspielen. In den proletarischen Vorstädten mißbrauchten die Kommunisten ihre Vormachtstellung auf skandalöse undemokratische Art und Weise. Für die Berufung in kommunale Ämter kamen nur Genossen in Frage. Ungeniert wurde der Verwaltungsapparat als Instrument der Partei benutzt. So überklebten Angestellte der lokalen Behörden während der Arbeitszeit – unter Verwendung von Dienstfahrzeugen – regelmäßig alle nichtkommunistischen Wahlplakate mit dem Konterfei ihres Parteiführers: Marchais, Marchais allüberall – der Wahlkampf mit Jean-Marie Benoist hinterließ einen merkwürdig beklemmenden Eindruck. Vor einer von Ionesco und anderen Intellektuellen angesetzten Wahlveranstaltung für den Kandidaten gegen Marchais wurden Hunderte von Wegweisern niedergerissen, die Leute fehlgeleitet. KP-Funktionäre beschimpften und bedrohten die tausend vorwiegend auswärtigen Besucher.

Jean-Marie Benoists – aussichtsloser – Wahlkampf hatte mehr als nur anekdotische Bedeutung. Er war – und markierte damit ein historisches Datum – das Symptom eines politischen Erdbebens, das die intellektuelle Szene erschütterte und Frankreich verändern sollte. Das kulturelle Phänomen, das den historischen Umschwung auslöste, wird mit dem Schlagwort »Neue Philosophie« nur ungenügend erfaßt, doch ist der Begriff als Chiffre einer Entwicklung, die die Konjunktur des Wahljahres 1978 prägte, aber auch die Weichen für die Zukunft stellte, durchaus brauchbar.

Hervorgegangen ist *la nouvelle philosophie* aus den Trümmern des Mai 68. Damals standen die Neuen Philosophen mit Ausnahme von Jean-Marie Benoist, der sich als Kulturattaché seines Landes in London aufhielt, auf den Pariser Barrikaden und warfen Molotow-Cocktails. Woher der späte Zorn auf die früheren Ideen und Idole? Zum einen darf nicht vergessen werden, daß es die französischen Parteikommunisten waren, die für das Scheitern der Mai-Revolte mitverantwortlich zeichneten. In einem weiteren Rahmen ist das Entstehen der Neuen Philosophie in einem allgemeinen Prozeß der Entstalinisierung zu verstehen. Was den Strukturalismus und seine Modelle und Methoden der Systemkritik betrifft, so muß die Neue Philosophie in mancherlei Hinsicht als seine Fortsetzung und Ausformung betrachtet werden: sie überträgt die Erkenntnisse der Strukturalisten in pauschaler Weise auf die Wirklichkeit – mit einem wachen Blick für historische Prozesse. Damit überwindet sie gleichzeitig den Strukturalismus, dessen Fortschrittsungläubigkeit und undogmatisches, auch ahistorisches Denken, das sich in einer systematischen Ideologiekritik äußert, die die *nouvelle philosophie* in politische Dimensionen überführt.

Von den direkten Einflüssen kann – neben Solschenizyn, der der Marxismuskritik das beste Material lieferte und den Kommunistenhaß schürte – derjenige Jacques Lacans nicht hoch genug veranschlagt werden; auf ihn berufen sich alle in irgendeiner Form. An Lacan orientiert sich die neuphilosophische Ablehnung aller Trugbilder. Politische Utopien im weitesten Sinne, die ihre Hoffnung auf eine bessere Welt setzen, werden direkt – und ohne überzeugenden Übergang – von Lacans sexuellen Trugbildern abgeleitet, die der Psychoanalytiker in seiner *leurre*(Köder)-Theorie darstellt: das begehrte Objekt erweist sich stets als Täuschung.

Der Werdegang der Neuen Philosophen: nach der Mai-Dämmerung die Rückkehr in die Eliteschulen und Universitäten, Abschluß des Studiums, Habilitation für die einen, Verlagslaufbahn, Journalismus, Lehrtätigkeit für die andern. In den wichtigen Redaktionsstuben stießen sie beim Erscheinen ihrer ersten Bücher auf großes Interesse. Die linken und liberalen Feuilletons gaben den Startschuß, worauf Funk und Fernsehen, der *Playboy* und sogar Boulevardblätter wie *France-Soir* die Neue Philosophie vollends als intellektuelle Show, an der sich auch Frauenzeitschriften beteiligten, aufzogen.

Inszeniert und orchestriert wurde dieser Philosophiezirkus von Bernard-Henri Lévy, einem genialen Verkäufer von Büchern und Ideen. Bei den Editions Grasset lancierte er in Blitzesschnelle drei Reihen, zu denen seine Freunde die Texte lieferten. So entstand das neuphilosophische Konzentrat – zum Teil aus Manuskripten, die andere Verleger abgelehnt hatten und die nun bei Grasset zu Bestsellern wurden. Lévy selber hat mehrere dieser Erfolgsessays, die im einzelnen stark umstritten sind, verfaßt. Sein Erstling *La Barbarie à visage humain* (Die Barbarei mit menschlichem Antlitz) rückte dank seinem plakativen Stil und dem messianischen Anspruch sowie seinem relativ unkomplizierten, aber offensichtlich brisanten Inhalt schnell in den Mittelpunkt des Interesses.

»Ich bin das uneheliche Kind eines teuflischen Paares, des Faschismus und des Stalinismus.« Der erste Satz seines Pamphlets gibt den bei allem Pessimismus durchaus selbstherrlich-arroganten Ton an, nennt aber schon den historischen Kontext, um den es unter der Oberfläche der Totalitarismuskritik geht: Hitler ist nicht in Berlin gestorben, Stalin auf dem XX. Kongreß der KPdSU nicht begraben worden – Faschismus wie Stalinismus sind omnipräsent und regieren die Welt. Zwischen diesen Polen, die letztlich zu einem Fixpunkt verschmelzen, analysiert Lévy die Macht in ihrem innersten Wesen, die Beherrschung und Unterwerfung von Menschen durch Menschen. Stalinismus und Faschismus sind keine Unglücksfälle – Betriebsunfälle – der Geschichte, keine Perversionen einer unschuldigen Norm, sondern konsequente Folge ihrer ureigenen Systeme. Ausführlich befaßt sich Lévy zunächst einmal mit dem Sozialismus als Wegbereiter des Stalinismus. Er kommt zu dem Schluß, daß die Macht »in ihrem Wesen nichts Materielles ist, daß sie keine Substanz im philosophischen Sinne besitzt, daß sie ein Sein von scheinbar unsagbarem Wesen ist«.

Nichts, so Lévy, entgeht ihr – nicht die Revolution und nicht die Geschichte, werde sie nun im Namen des Volkes oder der Herrschenden geschrieben. Die Macht hat sich in den Strukturen eingenistet, in der Sprache, in der Sexualität – sie ist das Grundübel schlechthin. Aus dieser Perspektive gibt es kein Entrinnen; jeder Versuch, eine Veränderung herbeizuführen, ist im voraus zum Scheitern verurteilt – schlimmer: eine Illusion, eine Schimäre, ein Hirngespinst. Eine »revolutionäre« Sprache, eine »alternative« Politik, einen Bruch mit dem System kann es nicht geben. Die Vorstellung von Glück und Freiheit ist eine Täuschung – Utopia eine Lüge. Wer diese Gedanken in die Geschichte trägt, der täuscht sich und manipuliert die Menschheit. Die Linke ist nicht die Totengräberin des Kapitals, sondern vielmehr ihre Historiographin, nicht zuletzt indem sie Ordnung in sein chaotisches Produktionswesen bringt. Die Sozialisten »verbalisieren« die Geschichte – gemacht wird sie von den anderen. Mithin betrachtet Lévy die Funktion des Sozialismus als einen »Ersatz« (deutsch im französischen Text). Mit seinem moralischen Zutun vermittelt sie den Herrschenden erst eine Ontologie sowie ein Bewußtsein. Darüber hinaus ist der Sozialismus nicht nur das – schlechte und unglückliche – Gewissen einer Gesellschaft, die sich unschuldig und amoralisch gibt, sondern geradezu deren Justiz und Schiedsgericht, ihre höhere Instanz. »Ich habe«, schreibt Lévy, »in diesem Buch nichts anderes getan, als den Pessimismus der Geschichte bis zum Ende zu denken.«

Laut Lévy kennzeichnet der Kapitalismus die Endzeit der Geschichte, und dieses Ende könne nur eine Apokalypse in Blut und Barbarei sein. Barbarei und Kapital sind für ihn identisch. Ihre Ideologie ist jene der Lust – und die Bibel dazu der *Anti-Ödipus* von Gilles Deleuze und Félix Guattari: Im systematischen Verwerfen der Norm zugunsten der Perversion, wie sie die beiden »Sexualpropheten« predigen, erkennt er eine Parallele zur Ideologie der Technokraten, die nicht mehr an Gott, statt dessen aber an die Maschine glauben.

Wie so oft bei den von Lévy aufgegriffenen Erscheinungen ist es die Bourgeoisie, die die entsprechenden Eigenschaften verkörpert. Doch sie schreckt vor dem Anblick ihrer eigenen Wahrheit zurück und überläßt es den sozialen Außenseitern, diese ihre Realität und ihr Wesen herauszuarbeiten, mit Worten und in der Kunst. Die Bourgeoisie ist letztlich »marxistischer«, das heißt materialistischer, als Marx und die Materialisten: sie glaubt einzig an das Gesetz der Ware, das sie auf alles anwendet – wiederum ohne es wahrhaben zu wollen. In unübertroffener Perfektion praktiziert sie den dialektischen Widerspruch...

Damit erklärt Lévy – der die Politik als »Figur des Religiösen« bezeichnet – schließlich auch den totalitären Sündenfall. Der Totalitarismus mitsamt seinem Schatten, dem Terrorismus, sei deshalb eine typische Erscheinung des 20. Jahrhunderts, weil sich die zeitgenössischen Nationen in ihrer staatsideologischen Praxis erstmals in der Geschichte nicht auf einen noch so diffusen Theismus, kurz, auf ein Jenseits, berufen. Der Totalitarismus begann mit der Verweltlichung dessen, was einst heilig war. Der atheistische Staat hat mit dem religiösen Bezug, ohne den die Gesellschaften nie funktioniert haben, gebrochen. Die durch das Verschwinden des Glaubens hervorgerufene Leere wiegt schwer und wird besonders gefährlich, wenn sie mit einem »profanen Glauben« zu füllen versucht wird. Die Götterdämmerung läutet die Menschendämmerung ein.

Gerade in dieser Hinsicht unterscheiden sich die dominierenden Blöcke, die beide den Materialismus praktizieren, für Lévy nur in Nuancen. Der Gulag? Das ist die Aufklärung ohne die Toleranz. Der Fünfjahresplan? Die bürgerliche Wirtschaftsordnung plus Terror und Zwang. Das sozialistische und das kapitalistische System sind infiziert von der Barbarei, deren menschliches Antlitz von Technik, Sexualität, Sozialismus geprägt ist – jenen »Errungenschaften«, die man (laut Lévy) seit der Aufklärung als Fortschritt verherrlicht.

Gefährlich wird der bürgerliche Staat, wo er mehr als der Verwalter einer Gesellschaft sein will. Die Tatsache, daß es keine Macht gibt, die nicht nach absoluter Macht strebt, kann vor allem in seinem Bereich die bekannten katastrophalen Folgen zeitigen: das alles zerstörende Krebsgeschwür. Totalitarismus und Bürokratie bedrohen jeden Staat, und am wirkungsvollsten ist ihnen noch mit strenger Gewaltentrennung zu begegnen. Ein liberaler Staat ist ein Staat, der sich selbst beschränkt – der seinen systemimmanenten Versuchungen Grenzen setzt. Und der totalitäre Staat ist jener, der sich selber zum Kultgegenstand einer (Staats)Religion macht.

Um den Staat und die intellektuellen Einflüsse, die ihn begründen und prägen, geht es auch bei André Glucksmann, dem neben Lévy populärsten Vertreter der Neuen Philosophie. Glucksmann, der einer nach Frankreich emigrierten jüdischen Familie entstammt – sein Vater wurde von den Nazis ermordet, die Mutter war in der Résistance aktiv –, wurde im Milieu des proletarischen Antifaschismus Kommunist: »1945 habe ich mit dem KPF-Organ ›Humanité‹ lesen gelernt. Ich wollte den Stimmenanteil der Partei kennen.« In den fünfziger Jahren, fast noch als Halbwüchsiger, kam er mit ihr in Konflikt. Er kritisierte ihre Haltung im Algerienkrieg und schluckte auch den Einmarsch in Ungarn nicht; 1957 wurde der Zwanzigjährige aus der Partei ausgeschlossen. Nach dem Abschluß des Philosophiestudiums gab ihm Raymond Aron eine Assistentenstelle. Politisch verband die wohl einzigen französischen Clausewitz-Leser neben dem intellektuellen Interesse an Krieg und Strategie damals überhaupt nichts. Glucksmann schrieb sein erstes Buch *(Le Discours de la guerre)* »um zu zeigen, daß die Amerikaner in Vietnam in einem Volkskrieg – von einer Guerilla besiegt werden könnten«. Das plötzliche Interesse von Jacques Lacan und der Philosophen François Chatelet sowie Louis Althusser für Glucksmann, den auch Michel Foucault sehr schätzte, machten ihn am Vorabend des Mai 68 zu einem der jungen rebellischen Intellektuellen, auf die man hörte. Nach dem Aufstand, an dem er sich beteiligte, war er im Umfeld der zeitweise verbotenen maoistischen »Gauche prolétarienne« auszumachen.

André Glucksmann hat als einer der ersten die historische Bedeutung des Phänomens Solschenizyn erkannt. Als er seinen Essay *La Cuisinière et le mangeur d'hommes* (Die Köchin und der Menschenfresser) veröffentlichte, existierte das Schlagwort »Neue Philosophie« noch nicht, doch sind zahlreiche ihrer Elemente in dieser Schrift vorhanden. Bei der Erforschung der Ursprünge des Totalitarismus entdeckt der Autor Analogien zwischen Platons »Republik« und der Sowjetunion und kommt auch auf die »Große Einschließung« der Armen, Kranken, Außenseiter, mit der die bürgerliche Ordnung Europas begann – im Spiegel der Greuel, den uns Glucksmann mit gleichbleibender Empörung entgegenhält, finden sich stets die Schatten der Ideen, die in der Geschichte ihre Spuren hinterlassen.

In diesem Sinne führt er die Wurzeln des sowjetischen »Systems der institutionalisierten Unwahrheit« – führt er Stalin auf die wissenschaftliche Methode von Marx zurück: »In Rußland ist der Marxismus die Wissenschaft des Staates geworden, die Kunst, die Völker zu dressieren.« Stalin erscheint bei Glucksmann nicht mehr als Nachfahre der despotischen Zaren, sondern als ein »Vorposten der abendländischen Zivilisation«, die er bis zu Platons Kult des Staats zurückverfolgt. Die sowjetische Diktatur ist die Folge des Totalitätsanspruchs der Vernunft.

Der Text, um dessen Lektüre, Deutung, Auslegung es bei Glucksmann immer wieder geht, hat in seiner politischen Philosophie ein besonderes Gewicht. Die Beeinflussung durch Denker wie Lacan, Barthes oder Lévi-Strauss, natürlich auch Foucault, die den Strukturen und Mechanismen nicht nur der Macht in der Sprache, in den »primitiven« Gesellschaften – oder in unseren Gefängnissen –, sondern vor allem im Text nachspüren, in den sich die Realität verzogen zu haben scheint, ist unverkennbar. »Was brauchen jene, die heute zur Macht aufsteigen, außer einer guten Truppe, Schnaps und Wurst? Sie brauchen Text« – den Text, der ihre Machtausübung legitimiert und kaschiert, schreibt Glucksmann in *Les maîtres-penseurs* (Die Meisterdenker), einem Buch, das den Bruch mit der Tradition der Vernunft – die immer nur die Vernunft der Starken über die Schwachen, der »Normalen« über die »Geisteskranken« gewesen sei – vollzieht. Das Werk, das mit einer seitenlangen beißenden Kritik an Rabelais' egalitär-paradiesischer Abtei Thélème beginnt, ist vor allem eine Auseinandersetzung mit den großen deutschen Philosophen bis Nietzsche: »Hegel, der Sohn Fichtes, Marx, der Sohn Hegels usw. Diese gleiche lineare und biblische Bewegung entfaltet sich in dem abgeschlossenen Universum ihres gemeinsamen Programms; wenn es linear ist, so dreht es sich trotzdem in einem Zirkel, wenn es biblisch ist, so deswegen, weil es vermutlich über dasselbe Relais der wissenschaftlichen Verheißung läuft.« Nach der in diesen beiden Schriften formulierten Kritik sucht Glucksmann in *Cynisme et Passion* wiederum am Beispiel von zumeist literarischen und philosophischen Texten, die er auf ihre politische Substanz hin liest, nach jenen Werten, auf die sich eine antitotalitäre, freiheitliche Gesellschaft mit ihrer Kultur der Menschenrechte stützen könnte: Montaignes Skepsis, Aischylos, Diogenes ...

Auf dem Höhepunkt der neuphilosophischen Welle versuchten weitere Bücher noch die Thematik auf die Spitze zu treiben, indem sie sich in ebenso absurde wie verabsolutierende Schlußfolgerungen verstiegen. Auch Christian Jambet und Guy Lardreau, die ebenfalls am Studentenaufstand beteiligt waren und ihren Kommilitonen auf den Barrikaden wie in den Hörsälen mit halluzinatorischen Reden über

Lacan und Artaud in Erinnerung geblieben sind, stellen in *L'Ange* (Der Engel) den Staat als die Wurzel allen Übels dar – als Moloch, Hobbes' Leviathan. Er handhabt Gesetze, Wissen, Sprache und bestimmt das Denken der Unterworfenen. Lardreau und Jambet, die sich auf geradezu metaphysische Weise mit dem Thema Revolution, deren »Ontologie« der Essay darstellen soll, beschäftigen, glauben an eine Möglichkeit, dieser Machtstruktur mit ihren Zwängen zu entgehen: als Künstler und Rebellen, die sich außerhalb der herrschenden Systeme und Normen eigene Kommunikationsformen erschaffen.

Michel Guérin präsentiert die Neue Philosophie als Nietzscheaner, Jean-Paul Dollé (in *La Haine de la Pensée*) unter Berufung auf Heidegger. Er anerkennt Marxens Aufrichtigkeit, die Unterdrückten von ihrem Elend befreien zu wollen. Der fatale Fehler seiner Nachfahren sei die Verherrlichung der Wissenschaft gewesen, die sie zu einem mächtigen pädagogischen Instrument (der Unterdrückung) gemacht hätten. »Die Wahrheit des totalitären Ziels der Wissenschaft« hat logisch den Stalinismus hervorgebracht – den Terror des Wissens. Die Vernunft, das rationale Wissen, habe der Wirklichkeit ihre totalitäre Ordnung aufgezwungen. Der Staat verkörpere diese »Logik der Ordnung«. Philippe Nemo, Verfasser des *Homme structural,* einer Studie über »Volk und Macht«, beteiligt sich als bedingungsloser Lacanist mit psychoanalytischem Geschütz am philosophischen Widerstand gegen Marx. Er verkündet nach dem strukturalistischen »Tod des Menschen« dessen Auferstehung: »Die revolutionäre Idee, alles zu reorganisieren, ist phantastisch und irrig.« Im Gegensatz zur allgemeinen Tendenz der Neuen Philosophie vertritt Nemo die Überzeugung, daß in der Sowjetunion keineswegs Marx herrsche: denn die Linke sei »unfähig zur Machtausübung« und werde, sobald sie an die Macht komme, reaktionär.

Im März 1978 wurden solche Töne, die seit ein, zwei Jahren das politische Konzert störten und von den Medien fast täglich verstärkt wurden, auf die konkrete Situation des eigenen Landes bezogen: Hinter Marchais und Mitterrand malte man bereits das Gespenst eines französischen Gulag an die Wand. Im laufenden Wahlkampf erwies sich die *nouvelle philosophie* in ihrer verkürzten Form als temporäre Ideologie des Liberalismus. Neben Jean-Marie Benoist, der sich aktiv engagierte, sprachen sich Glucksmann, Dollé, Jambet und Lardreau in mehr oder weniger verschlüsselter Form für Chirac oder vor allem

Giscard aus, deren Parteien im Parlament denn auch in der Tat überraschend die Mehrheit zu halten vermochten, während Lévy ein gewisses Faible für Mitterrand nicht leugnen konnte. Doch unter dem Eindruck der katastrophalen Niederlage, die im linken Lager nach der kulturellen Erschütterung die letzten Illusionen zerstörte, und nach dem epochalen Scheitern der »Union de la Gauche«, der Kommunisten und Sozialisten, hätte in Frankreich in diesem Jahr 1978 kein Mensch mit einem Minimum an politischem Verstand auch nur einen *sous* auf die politische Zukunft des späteren Staatspräsidenten gesetzt.

Im linken Lager saß der Schock tief – kulturell, politisch, emotional. Das Schlagwort von der Tendenzwende, das durch die Köpfe und die Gazetten geisterte, wurde ihm nur ungenügend gerecht. Es wäre auch verfehlt gewesen, die – sehr unterschiedliche – philosophische Substanz, vor allem die kulturelle Bedeutung der mehr als nur intellektuellen Mode auf ihre politische Stoßrichtung in einem bestimmten historischen Moment zu reduzieren. Tatsache war: Die Neue Philosophie hinterließ eine heillose Verwirrung – doch vor allem hatte sie, wie sich umgehend zeigen sollte, die Rechte, mit der sie geistig überhaupt nicht und politisch nicht ohne große Einschränkungen identifiziert werden darf, von ihrem Komplex der Kulturlosigkeit befreit – und damit aus einer gewissen Zurückhaltung. Nur wenige Monate nach dem Sieg in extremis startete Robert Hersant die neue Vierfarbenbeilage des traditionsreichen *Figaro,* den er kurz zuvor gekauft hatte. Umgehend spielte sich das samstägliche *Figaro-Magazine* als Sammelbecken sowie Sprachrohr eines »Neuen Denkens«, einer »Neuen Intelligenz« auf – Grundtenor: Die politische Macht ist gesichert, jetzt gilt es, die kulturelle Hegemonie zu erkämpfen. Es popularisierte Begriffe wie die »konservative Revolution« und predigte die »aristokratische Subversion«.

Mit dem politischen wie mit dem publizistischen Geschäft hatte Robert Hersant, der neue Besitzer des *Figaro,* unter der deutschen Besatzung begonnen. Damals gab er mit Erlaubnis der »Propagandastaffel« die *Junge Front* heraus. Nach der *libération* verlegte sich Hersant, der wegen seiner Aktivitäten mit den Nazis kurze Zeit im Gefängnis gesessen hatte und vor allem keine politischen Zeitungen gründen durfte, auf Erzeugnisse wie *Die gute Küche, Der Kurzwarenhändler, Ihr Strickzeug;* mit seinem *Auto-Journal* verdiente er ein Vermögen. Während die traditionsreichen Résistance-Blätter wie

Combat, dessen Leitartikler Albert Camus war und die politischen und kulturellen Idealen verpflichtet blieben, langsam dahinwelkten, pflegte Hersant systematisch die neue Gattung der apolitischen Massenpresse. Doch in der seriösen Publizistik nahm niemand den verfemten Emporkömmling ernst. Alle Versuche Hersants, bei renommierten Tageszeitungen einzusteigen, scheiterten – bis zu jenem Tage, an dem es ihm dank heimlichen Aktienkäufen gelang, das Blatt *Paris-Normandie* zu erwerben: eine Zeitung, die einst im Widerstand gegen Hitler und Vichy gegründet worden war. So und ähnlich ging es weiter, bis sich der Pariser Pressezar auch ein Imperium politischer Gazetten zusammengekauft hatte – illegalerweise, denn ein französisches Gesetz aus der unmittelbaren Nachkriegszeit verbot den Besitz von mehr als einer Zeitung. Schließlich konnte sich Hersant sogar die Prestigeobjekte *France-Soir, L'Aurore* – der während der Dreyfus-Affäre Zolas Pamphlet und Plädoyer »J'accuse« veröffentlicht hatte – und den *Figaro* leisten. In dessen neuer Samstagsbeilage ließ er nun wenig bekannte Journalisten zu Worte kommen – praktisch über Nacht offerierte Robert Hersant, der Revanche geschworen hatte, einer Schar unverbesserlicher Neofaschisten, die bisher in Publikationsorganen mit vertraulicher Auflage agiert hatten, ein Forum mit zwei Millionen Lesern. Wenig später konnte das Land mit neuerlicher Verblüffung von der Existenz einer »Nouvelle Droite« Kenntnis nehmen: Die französische Rechte, die man die dümmste der Welt nannte und die seit 1945 in der Kultur abgemeldet war, richtete ihr Haupt auf.

Man muß in der Geschichte dieser »Neuen Rechten« verschiedene Etappen unterscheiden. In den sechziger Jahren gab es unter anderen die neofaschistische Gruppe »Europe-Action«, bei deren gleichnamigem Blättchen Alain de Benoist – der 1978 Chef der Rubrik »Ideen« beim *Figaro-Magazine* wird – Redakteur war. Damals zeichnete er seine scheußlichsten Artikel mit dem Pseudonym Fabrice Laroche. Sein Heft redete einem Faschismus das Wort, wie er sich primitiver kaum denken läßt, und pflegte Kontakte zu den Neo-Nazis in der Bundesrepublik, über deren Aktivitäten das Blatt ausführlich und in hymnischen Tönen berichtete. Schon früh hatte man in *Europe-Action* lesen können, die Wahrheit über die deutschen Konzentrationslager sei verfälscht worden. Dem Nationalsozialismus bescheinigte der Verfasser eines Artikels »geniale Intuition«, warf ihm aber vor, den Rassismus auf eine allzu romantische, das heißt zu wenig wissenschaftliche, Art betrieben zu haben. Fabrice Laroche alias Alain de Benoist schrieb bereits 1964, die Schuldgefühle der Deutschen seien künstlich erzeugt worden. Auf der hinteren Umschlagseite der gleichen Ausgabe wurde der historische Rassismus aktualisiert und auf die französischen Verhältnisse übertragen. Unter der Überschrift »Gesucht« und einem entstellten Araber-Gesicht war zu lesen: »Mohamed Ben Zobi, in Algerien geboren, wohnhaft in Frankreich. Dieser Mann ist gefährlich! Er neigt zum Töten, Vergewaltigen, Stehlen, Plündern usw. usw. Man muß nicht weit gehen, um ihn zu finden ... in Ihrer Umgebung gibt es 700 000 seinesgleichen.« Kaum ein Jahrzehnt danach wurde Jean-Claude Valla, unter dessen publizistischer Verantwortung dieser Dreck veröffentlicht worden war, Chefredakteur des *Figaro-Magazine*.

Die Wahlen von 1967 und der Mai 68 waren für die Rechtsextremisten besonders demütigend verlaufen. »Europe-Action« hatte politisch wie finanziell Bankrott gemacht. In dieser Situation wurde die Organisation G.R.E.C.E. gegründet, das »Groupement de Recherche pour une Civilisation européenne«, dessen Abkürzung dem französischen Wort für Griechenland entspricht. Umgehend kam die obligate Zeitschrift hinzu, *Nouvelle Ecole* (Neue Schule) sowie ein Bulletin namens *Eléments,* das heute als Publikumszeitschrift über die Kioske Frankreichs vertrieben wird. G.R.E.C.E. verstand sich als Sammelbewegung der heimatlosen rechten Splittergrüppchen. In ihrer Ideologie waren umgehend die großen faschistischen Themen und Thesen auszumachen: Verherrlichung der Kraft, Rassismus, Judenhaß im besonderen, Verunglimpfung der als dekadent bezeichneten Demokratie, nostalgische Schwärmerei für die vorchristliche germanische Zivilisation, Kult des Übermenschen und die Forderung nach einer neuen Elite – durchaus im biologischen Sinne. Der Rassismus wurde auf eine Weise propagiert, die an die schlimmste Nazi-Literatur erinnerte (die offensichtlich als Quelle benutzt worden ist). Und obwohl sich die G.R.E.C.E.-Mannschaft bei der Formulierung eigener Meinungen sehr zurückhaltend zeigte – »Wir müssen stets darauf bedacht sein, unsere Standpunkte vorsichtig vorzutragen und der Suggestion vor der Affirmation Priorität einzuräumen«, heißt es in einer internen Weisung –, mußte sich Alain de Benoist, der gegen *Die Zeit* einen Prozeß anstrengte, vom Münchner Oberlandesgericht bestätigen lassen, daß seine Zeitschrift *Nouvelle Ecole* die »Sterilisierung der Blinden, Tauben und Epileptiker« fordere.

Die G.R.E.C.E.-Vereinigung, die die Lehren aus dem Mai 68 ziehen sollte, hatte sich der Strategie des langen Marsches verschrieben mit dem Ziel, die kulturelle Macht zu übernehmen, um auf diese Weise politischen Einfluß geltend zu machen. Dabei beriefen sich die neurechten Ideologen ausdrücklich auf den italienischen Linkstheoretiker Antonio Gramsci – auch sonst haben sie überall, wo es ihnen nützlich erschien, Anleihen bei den revolutionären Techniken der Linken gemacht.

Beim Start des *Figaro-Magazine* waren mindestens zehn G.R.E.C.E.-Aktivisten an prominenter Stelle dabei. Wenngleich die neurechte Intelligenz sich in ihrem exponierten Forum ein bißchen diskreter, indirekter – und auch ein bißchen weniger naiv – gibt, ist doch die Soziobiologie ein Dauerbrenner des Hochglanzmagazins, das seinen Lesern die Notwendigkeit einer hierarchischen Organisation unter anderem mit Konrad Lorenz' Ethologie – von der Meute zur menschlichen Gesellschaft – zu beweisen sucht. »Unsere Positionen«, gab Louis Pauwels, der Direktor des *Figaro-Magazine*, freimütig zu Protokoll, »sind jene, die man mit dem Begriff der ›Nouvelle Droite‹ zusammenfassen kann und die mit der bürgerlichen, konservativen und reaktionären Rechten nichts zu tun haben. Es geht darum, nicht mehr so zu denken wie im Jahre 1848, sondern so zu denken wie vor 1789 und gleichzeitig wie im Jahre 2100.« Mit 1848 werden Republik und Demokratie abgelehnt, und die Rückkehr zu Zuständen gefordert, wie sie vor der Französischen Revolution herrschten – realisiert werden sollen sie mit den wissenschaftlichen Methoden und technischen Mitteln des 21. Jahrhunderts.

Während sich noch die Erkenntnis ausbreitete, daß sich in Frankreich wieder der Geist einer totalitären und rassistischen Rechten regte und seine Vertreter auf dem langen Marsch durch die Institutionen bereits in den Vor- wie Nebenzimmern der Macht angelangt waren, sah sich das Land mit Anschlägen auf jüdische Institutionen, mit antisemitischen Schmierereien und Friedhofsschändungen konfrontiert. Nach den Büchern flogen – schon vor den Attentaten von Bologna, München, Paris – die Bomben von rechts. Angehörige einer neonazistischen Organisation erklärten in den polizeilichen Verhören: »Wir erkennen uns in den Schriften von Alain de Benoist und den Arbeiten des G.R.E.C.E. Louis Pauwels steht unseren Ideen nahe.« Aufschlußreicher als diese allzu ideale Text-Tat-Konstruktion ist die Tatsache, daß Alain de Benoist und seine Gesinnungsfreunde nicht einmal den Zynismus aufbrachten, sich von den Attentaten zu distanzieren. Auf einer Pressekonferenz erklärte der neurechte Chefideologe unverblümt: »Es versteht sich von selbst, daß man nicht in ›angélisme‹ machen darf. Es ist klar, daß geistige Strömungen innerhalb einer Gesellschaft früher oder später den politischen Bereich berühren.«

Nach dem linken Wahlsieg von 1981 fanden die Theoretiker der »Nouvelle Droite« als erste zu klaren Worten zurück. In seiner Analyse bezeichnete Alain de Benoist das Ereignis als normale Erscheinung, ja sogar als »gerecht«. Denn der kulturellen Vorarbeit hätte die ehemalige Mehrheit, die sich nun eines Besseren besinnen müsse, nur »das gute Gewissen einer ideologischen Nichtopposition« entgegengesetzt. Mit der Tätigkeit auf dem Feld der Wirtschafts- und Tagespolitik allein sei es eben nicht getan. Und im *Figaro-Magazine* schrieb Pauwels: »Die Linke dominierte auf eine religiöse Art. Die Rechtsregierung war in der Tat nur noch eine Gegenmacht mit schwacher Verteidigung, die oftmals der kulturellen Macht offen nachgab« – eine Argumentation, die der Logik der Neuen Rechten entsprach. Die Tatsache, daß die Tendenz schon drei und mehr Jahre zuvor umgeschlagen hatte, wurde in dieser Perspektive allenfalls mit der Verspätung der Politik auf die Kultur erklärt (ganz abgesehen davon, daß die neurechten Ideologen mit der »weichen« Neuen Philosophie als Ausdruck des verhaßten Liberalismus in der Politik nichts zu tun haben wollten).

Die neurechte Analyse des Machtwechsels implizierte jedenfalls bereits die ideologische Gegenoffensive: »Rückkehr an die Macht mit einem kulturellen Projekt« hieß nach den Ereignissen des Mai und Juni 1981 die Devise. Im Dezember veranstaltete die Neue Rechte ein großes Forum – ohne sich als Organisatorin explizit erkennen zu geben –, zu dem zahlreiche prominente Intellektuelle, auch aus den Vereinigten Staaten, angesagt waren: »Für eine Alternative zum Sozialismus« lautete das Thema des Kolloquiums, das der Opposition ein erstes Programm erarbeiten sollte. Als ruchbar wurde, daß die Neue Rechte hinter den Organisatoren steckte, kam es zum Skandal. Der liberale Raymond Aron verweigerte seine versprochene Teilnahme, und viele taten es ihm gleich. Zwar scheiterte das Kolloquium, doch verhalf es der Strategie, die es vertreten und einleiten sollte, zum Durchbruch: trotz der Abgrenzung zum totalitären Gedankengut der »Nouvelle Droite« fand die Methode der politischen Machteroberung auf kultureller Basis Anklang.

Nach dem Vorbild der linken »Clubs«, die in den sechziger Jahren das linke Denken erneuert und den Sozialismus modernisiert hatten, wurden haufenweise rechte Debattierzirkel ins Leben gerufen. Sie sollten als Ideenlaboratorien funktionieren und die Elite – Ärzte, Professoren, Anwälte, Wirtschaftsmanager, Politiker wie Industrielle – auf ihre ideologische Verantwortung aufmerksam machen. So verbreitete sich das Gedankengut der Neuen Rechten in mehr oder weniger verdünnter Form über Bücher, Zeitschriften, Klubs wie Konferenzen und erreichte zunehmend liberale Schichten, die sich keineswegs mit den totalitären Gesellschaftsvisionen identifizierten, aber zunehmend dem Charme der kulturellen Verführungsstrategie erlagen.

Das wachsende Einwirken extremer Ideologien auf die bürgerlichen Parteien und Politiker, denen wieder einmal jedes Mittel recht zu sein schien, um mit den verhaßten Sozialisten und Kommunisten aufzuräumen, ließ auch die personellen Abgrenzungen immer verschwommener werden. Anläßlich der Kommunalwahlen im Frühling 1983 ging Jacques Chiracs RPR-Partei (Gaullisten) in verschiedenen Städten Listenverbindungen mit dem rechtsextremen »Front National« von Jean-Marie Le Pen ein und offerierte ihm damit einige Sitze, die er allein nie hätte erringen können. In Antony standen auf der gemeinsamen Oppositionsliste drei Extremisten mit rechtsradikaler Vergangenheit, die sogar die Menschenrechtsliga, die sich aus allen parteipolitischen Zwistigkeiten herauszuhalten pflegt, auf den Plan riefen. Mit bisher unbekannter Schärfe und Skrupellosigkeit wurden im Wahlkampf rassistische Töne angeschlagen und die Themen Sicherheit, Arbeitslosigkeit wegen ausländischer Konkurrenz, Ordnung und sozialistische Unordnung zur Mobilisierung der Massen ausgeschlachtet. Vor allem in den Städten, die die Rechte zurückerobern konnte, blies sie umgehend zum Kulturkampf. Bei den »Maisons de la Culture« und ihrem »Egalitarismus«, dem »kulturellen Dogmatismus« und ihrer »Marxisierung der Kultur« setzte die Kulturrevanche und -reaktion mit besonderer Brutalität ein. In Dreux, wo ein Adjutant Le Pens das Kulturreferat übernahm, wurde die städtische Bibliothek radikal »gesäubert«.

Doch insgesamt hielten sich die Verluste der Linken im Rahmen. So war es denn nicht einmal verwunderlich, daß es wenige Wochen nach dem bisher letzten Urnengang von nationaler Bedeutung zu schwerwiegenden Ausschreitungen kam – den für die Machthaber bedrohlichsten seit dem Studentenaufstand. Man sprach umgehend von einem *mai à l'envers*, von einem Mai mit umgekehrten Vorzeichen. In dieser Analogie ersetzten die radikalen Medizinstudenten, die auf die Straße gingen, mit ihren Demonstrationen gewissermaßen die Soziologen von Nanterre. Während jedoch die Studenten von 1968 selber gar nicht so recht gewußt hatten, warum sie eigentlich auf die Barrikaden stiegen und Autos in Brand steckten, wußten ihre Kommilitonen 15 Jahre danach sehr genau, was sie wollten und wogegen sie rebellierten: unter dem Banner der Freiheit verteidigten sie ihre durch und durch materiellen und ganz und gar partikularistischen Interessen. Zudem erfolgte ihr Aufstand keinesfalls spontan wie jener von 1968 – er war seit Mitterrands Wahlsieg angekündigt und zeichnete sich nicht durch utopisch-idealistische, sondern extrem korporative Züge aus. Das allzu sichtbare Bemühen, die bürgerlichen Ausschreitungen des Mai 83 in Analogie zum linken Triumph, der in der neurechten Perspektive vom Mai 68 bis 1981 einer ebenso exemplarischen wie unfehlbaren – damit imitierbaren – Logik folgte, zur mythischen Revolte der Gegenstrategie zu verklären, mußte scheitern – denn Legenden, erst recht historische, lassen sich nicht inszenieren.

Diesmal waren es ironischerweise die Kommunisten, die die »Politisierung eines Streiks« kritisierten. Der *Figaro* aus jenen Tagen liest sich zeitweise wie die illegale Zeitung *La Cause du peuple* der 68er Maoisten, die Sartre 15 Jahre zuvor vor den Fabriktoren verteilt hatte. Er heizte den Aufstand an: ruft mit fetten Schlagzeilen zur Revolte auf, die er sichtlich begrüßt – nachdem er bereits die Legitimität der demokratisch gewählten Regierung systematisch ausgehöhlt hat. Er vergleicht die Tätigkeit der Sozialisten mit einer »militärischen Besetzung der Schlüsselstellen unserer Gesellschaft durch Partei und Gewerkschaften«. Schon zuvor schrieb Chefredakteur Max Clos: »Wir sind im Krieg gegen diese Regierung.« Erst als gemäßigte Oppositionspolitiker mahnten, man müsse die Linke ihre Experimente machen lassen, damit sie sich später nicht als »Märtyrerin« eines »Komplotts der Rechten« mit einer entsprechenden Legende drapieren könne, wurde der gehässige Ton etwas zurückgenommen. Doch das Vokabular der Auseinandersetzung ist geblieben – und geblieben ist die ideologische Mobilmachung, die mit kaum verminderter Schärfe weitergeht.

Es waren die Neuen Philosophen, die für die rechtsintellektuelle Renaissance die Bresche schlugen – und es war die Neue Rechte, die

die Schleusen für die Rückkehr der verdrängten Schimären, wie den Rassismus, in die Kultur, schließlich in die Politik öffnete. Sie lieferte in den ersten Jahren des französischen Sozialismus der Opposition die Themen und die Strategie für eine Rückeroberung der Macht. Sie hatte als erste den Aspekt der Gleichmacherei, mit dem die Bürgerlichen gegen die Sozialisten mobilisierten, in die intellektuelle Diskussion geworfen. Bei ihrem – vorübergehenden? – Verschwinden von der Oberfläche hinterließ sie die Hoffähigkeit des Rassismus sowie die Bereitschaft der Bürgerlichen, mit Le Pen zu paktieren.

Sartre in Stammheim: vom Text zur Tat?

Am 2. Juni 1967 wurde anläßlich einer Demonstration gegen den Berlin-Besuch des Schahs von Persien der Student Benno Ohnesorg erschossen; damals sprach Günter Grass vom »ersten politischen Mord« in der Geschichte der Bundesrepublik. Im April des Jahres danach trafen die Kugeln Rudi Dutschke – hatte hinter dem Attentäter Bachmann Springers *Bild* den Finger am Abzug? Bis zu den Morden an Buback, Ponto, Schleyer, der Entführung der Lufthansa-Maschine *Landshut*, der Befreiung der Geiseln in Mogadischu sowie den konzertierten Suiziden von Stammheim in der Nacht zum 18. Oktober 1977 ist die Geschichte des gescheiterten Studentenprotests und des RAF-Terrors, der aus ihm hervorging, mit verständlichen Emotionen als ein Kapitel deutscher Kultur und Kriminalität diskutiert worden: Woher bezogen einige zu allem entschlossene Jungakademiker, die die etwa gleichaltrige Demokratie in dem einen Teil ihrer territorial zerstümmelten Heimat der Dichter und Denker in den Grundfesten erschütterten, die Ideen, die sie in blutige Taten umsetzten?

Aus Frankreich – von Sartre. Das ist die Antwort, die Hans Egon Holthusen in seinem Essay *Sartre in Stammheim* zwischen einem längeren Exkurs über den Lyriker Hans Magnus Enzensberger und einem Epilog über Max Frischs *Graf Öderland* zu begründen versucht – unter einem Titel, der wohl das Zusammentreffen von anstiftendem Geist und ausführender Hand gleichsam lokal und personell festmachen soll. Tatsächlich setzt sich Holthusen intensiv mit dem Besuch des Philosophen beim gefangenen Baader auseinander. Ihn hatte Sartre im Winter 1974 – auf Betreiben von Klaus Croissant, mit Daniel Cohn-Bendit als Übersetzer und chauffiert vom ausgestiegenen Klein, der damals noch als Bommi Baumann auftrat – in Stammheim aufgesucht.

In ihrer *La Cérémonie des adieux* (Zeremonie des Abschieds) berichtet Simone de Beauvoir, Sartre habe den provokativen Gang ins Gefängnis im nachhinein als Mißerfolg empfunden – daß er aber in der gleichen Situation nochmals so handeln würde: ihn interessierten, wie seine Lebensgefährtin schreibt, »die Motive der Gruppenhandlung, ihre Hoffnungen, Aktionen und – allgemein – ihre politische Idee«. Es ging Sartre keineswegs darum, von Baader hören zu wollen, er sei ein eifriger Leser seiner Werke, die sein terroristisches Tun inspiriert hätten. Die beiden ganz und gar unterschiedlichen Männer blieben sich jedenfalls so fremd, wie das zu erwarten war, und alles, was sie sich in der halben Stunde ihres flüchtigen Zusammenkommens persönlich nicht zu sagen hatten, das Ereignis – und Ärgernis – aber offenbar doch implizierte, suggeriert Holthusen in seiner Schrift, die mit ihrer griffigen Titel-Alliteration die ungewöhnliche Begegnung im Hochsicherheitstrakt beim Symbolwert nimmt.

Thematisch bringt der Autor Sartre auf verschiedenen Wegen in die Diskussion. Im ersten Teil befaßt er sich mit den Flugblättern, die 1967 in Berlin zum Anzünden von Kaufhäusern aufforderten. Fritz Teufel und Rainer Langhans, Mitglieder der Kommune I und mutmaßliche Verfasser, wurden angeklagt, durch »Verbreitung von Schriften« zur »Begehung strafbarer Handlungen« aufgerufen zu haben. Zur Beurteilung der juristischen Verantwortung bestellte das Gericht ein literarisches Gutachten, für das die Professoren Eberhard, Szondi, Taubes und Wapnewski hinzugezogen wurden. Sie beziehen sich in ihrer Erörterung vorwiegend auf französische Dokumente und Autoren des Surrealismus (auf Breton, Queneau, den Experten Maurice Nadeau) – sowie auf den Literaturtheoretiker Sartre, den sie, wie Holthusen nachweist, ohne Quellenangabe stellenweise wörtlich zitieren. Es spricht für die Koryphäen, daß sie die Angeklagten zu entlasten versuchten, doch fällt es Holthusen leicht, sich über einige ihrer Ausführungen ironisch zu äußern – es genügt, sie zu zitieren: »Die Kommune I radikalisiert die sachliche Forderung des ASTA und des SDS (des Sozialistischen Deutschen Studentenbundes), um durch ihre Übersteigerung ins Groteske eine Ablehnung der Aktion zu erzwingen.« Das war natürlich auch nicht der Zweck der Flugblätter, und die Literaturprofessoren hätten wohl besser daran getan, diese stilistische Absichtserklärung allenfalls als »ästhetischen Effekt« zu formulieren. Nach ihrer »Logik« aber ist, wie Holthusen zutreffend bemerkt, »das Defizit von Engagement, das Sartre den Surrealisten ankreidet, der Beweis dafür, daß es sich bei den Flugblättern nicht um kriminelle Hetzschriften handelt, sondern um ›Literatur‹.«

Über diese Auslegung spottete später Reinhart Baumgart – »seitdem war Fritz Teufel gerichtsnotorisch definiert als unser aller Kollege« –, doch wenn Holthusen dann selber daran erinnert, wie zum Beispiel Filbinger 1977 Adorno zum »Erzeuger« des deutschen Terrorismus machte, sieht man trotz gewisser Vorbehalte und gewissem Unbehagen keine Alternative zu den Schlußfolgerungen der Gerichtsgutachter: »Die Kommune I ist ein Objekt für die Religionsgeschichte und die Literaturwissenschaft, aber nicht für Staatsanwalt und Gericht« – zumal dann, wenn man davon ausgeht, daß Literaturwissenschaft wie Religionsgeschichte ebenfalls zum Funktionieren einer Gesellschaft beitragen und zumindest als moralische Instanz der Justiz an Wirksamkeit überlegen sind. Den Anfängen des deutschen Terrorismus hätte eine Verurteilung von Langhans und Teufel, die bekanntlich freigesprochen wurden, gewiß nicht wehren können.

Schließlich rückt der Autor Sartre und sein »Reich der Zwecke« ins Zentrum der Argumentation. Wiederum liest Holthusen die Texte gegen den Strich der Konformismen einer Zeit, die er beim Wort nimmt: »Sollte man nicht meinen, daß es *noch* unverantwortlicher ist, etwas ausdrücklich für falsch Gehaltenes öffentlich zu vertreten, als sich irrtümlicherweise in etwas einzumischen, das man verstanden zu haben glaubt, in Wahrheit aber ›nicht durchschaut‹ hat?« Das sind berechtigte Fragen, die eine Debatte in Gang bringen könnten. Allerdings verkennt der Autor trotz seiner Auseinandersetzung mit der Okkupationszeit, daß Sartres literarischer Imperativ sich auf eine geradezu obsessionelle Weise auf die historische Situation zwischen Kollaboration und Résistance im Vichy-Frankreich bezieht. Es ist wohl diese Konstellation, die ihn nach Stammheim lockte: An Baader faszinierte Sartre der bewaffnete »Widerstand« gegen eine Gesellschaft, mit der er – zumindest unbewußt – noch immer in einer karikaturistischen Weise die Besatzungsmacht seiner politisch entscheidenden Pariser Jahre der Okkupationszeit identifizierte – wie sehr viele französische Intellektuelle seiner Generation. Es sei hier nur an das hymnische RAF-Plädoyer von Jean Genet in *Le Monde* erinnert, das ebenfalls einen immensen Wirbel verursachte.

Diese Vermutung kann sich letztlich sogar auf wesentliche Teile von Holthusens literarischer Argumentation berufen. Ausgehend von der

Debatte über das Stück *Die Fliegen* (Orest = Baader?), das mit Bewilligung der deutschen Zensur uraufgeführt worden war, konstruiert der Autor eine Kausalbeziehung, die sich ziemlich einseitig auf das Vorwort von Sartre zu Frantz Fanons Buch *Die Verdammten dieser Erde* – »was 1943 die französische Okkupation, das ist 1961 die Kolonialherrschaft« – stützt: »Der neue Orest aber, dem dieser dramatisch bewegte Essay gewidmet ist, heißt ›der Eingeborene‹, und wieder ist ›Menschwerdung‹ die Quintessenz der blutigen Fabel.« Wenn dies stichhaltig sein sollte, so hätte Sartre in Baader tatsächlich einen komplementären Doppelgänger seines Orests – einer fiktiven Figur, die er nach der *libération* immer wieder zum Résistance-Helden emporzustilisieren versuchte – gesucht.

Vor dem Hintergrund dieser existentiellen Projektion – Übertragung? – und der vergangenheitsbezogenen Diskussion erweist sich der Hinweis auf den Einfluß von Sartres Vorwort zu Fanon – der »revolutionäre Zündstoff«, der die »Phantasie der Achtundsechziger in Gang setzen sollte« – erst recht als allzu schwächliches Gerüst für die tollkühne Schlußfolgerung, zu der Holthusen mit fahrlässiger Kaltschnäuzigkeit ansetzt: »Wenn es wahr ist, was Jean Améry über die Bedeutung von Sartres Fanon-Essay für die einschlägige ›Diskussion‹ behauptet hat, dann haben wir hier, in den frühen Manifesten der RAF, einen eklatanten Beweis für die Wirksamkeit seiner Gewaltpropaganda. Dann aber kann auch der Besuch in Stammheim kaum anders gemeint gewesen sein denn als demonstrative Bestätigung einer Lehrer-Schüler-Beziehung, als ein Bekenntnis des Meisters zum Adepten zwecks öffentlicher Schützenhilfe und persönlicher Rückenstärkung.«

Es gibt vom »früheren französischen Philosophen«, wie Sartre in der Heimat der »Ratten und Schmeißfliegen« auch von ansonsten besonnenen Leuten betitelt wurde, bedenkliche Aussagen zum Thema Gewalt und Gegengewalt; auch den Selbsthaß der westlichen Zivilisation hat er auf eine Spitze getrieben – aber »Gewaltpropaganda«? Zu Baader begab er sich jedenfalls nicht in der Pose des lobenden Lehrmeisters – sie hat er nie eingenommen. Die kausale Von-Sartre-zu-Stammheim-Logik, die Holthusen mehr als suggeriert, ist nicht einmal nur ihrer fehlenden Begründung wegen rein spekulativ – jedenfalls politisch gesehen. Tiefenpsychologisch scheint der Zusammenhang evidenter, motivierter. Gleichwohl taugt Sartre zur geistigen Patenschaft des Terrorismus noch viel weniger als Genet, der sich auch mit den Palästinensern solidarisierte, doch bezeichnenderweise ohne daß ihn deswegen jemand für ihre Attentate verantwortlich machte. Vielleicht sogar hätte die Existenz eines »deutschen Sartre« die Generation der Nachgeborenen vor dem Schritt ins Abseits der Absurdität bewahren können.

Wenn es schon darum gehen muß, im deutschen Terrorismus einen auslösenden, zumindest prägenden Einfluß von (französischen) Ideen auszumachen, so findet man ihn nicht in der Literatur oder Philosophie, sondern viel eher bei den »Situationisten«, deren Internationale die Kommunarden Kunzelmann, Teufel und andere seit den fünfziger und frühen sechziger Jahren angehörten (von ihrer allfälligen Sartre-Lektüre ist hingegen nichts bekannt, auch nicht im Falle Baaders!). In einer Zeit, da die Theorie in Mode war und sich Soziologie, Psychologie, Ökonomie, auch Literaturwissenschaft und Religionsgeschichte »engagiert« mit Teilaspekten und -strukturen der Gesellschaftskritik auseinandersetzten, zielten die Situationisten über die vielfachen Repräsentationen der Wirklichkeit auf die Totalität: Ihr Gegenstand war die Show- und Warenwelt, in der alles »Spektakel« geworden ist. 1967 – am Vorabend des Mai – faßte Guy Debord die Resultate zehnjähriger Arbeit über die Kulturrevolution der Medien in 221 Thesen zusammen, die unter dem Titel *La Société du spectacle* erschienen – in einem prophetischen Buch, dem laut Debord »nichts fehlt als eine oder mehrere Revolutionen«.

In den gerichtlich analysierten Flugblättern der Kommune I ebenso wie in der Zeitschrift *Der Anschlag*, die die »Spur-Gruppe« herausgab, ist der situationistische Einfluß deutlich spürbar. Die »Umfunktionierung« des Kaufhausbrandes von Brüssel, der am 22. Mai 1967 251 Menschenleben forderte, trägt in den zwei Tage später auftauchenden Pamphleten der K I (»Neue Demonstrationsformen in Brüssel erprobt!«, »Wann brennen die Berliner Kaufhäuser?«) ebenso die unverkennbare Handschrift der Situationisten wie im Jahr darauf die Flugblattaktion anläßlich der »politischen« Brandstiftungen in Frankfurt. Die Situationisten hatten in der Theorie eine wirkungsvolle Technik der audiovisuellen Subversion mit der unfreiwilligen Komplizenschaft der »Information« und der Erpreßbarkeit der Öffentlichkeit durch die Medien entwickelt. Diese machten sich die

Brandstifter und Terroristen nachweisbar zunutze – und dennoch wäre es falsch, Debord und Genossen einer Mitschuld oder gar der Anstiftung zu beschuldigen.

1945–1981: von Marx zu Mitterrand

Oder: Jalta, ein französischer Mythos? Das wäre möglicherweise die bessere Überschrift für ein Kapitel, das die Weichenstellung in der Nachkriegszeit betrachten will.

Politisch tat Charles de Gaulle so, als hätte es Vichy nie gegeben: Am 25. August 1944 – nach seinem triumphalen Einzug in Paris durch die gleichen Menschenmassen, die noch kurz zuvor Pétain ähnlich stürmisch bejubelt hatten – weigerte er sich, die Republik auszurufen. Denn sie habe nie zu existieren aufgehört und sei zwischen 1940 und 1944 von »La France libre«, schließlich von »La France combattante« verkörpert worden – außer Landes. »Seit Juni 1940«, berichtet Raymond Aron, der mit ihm im Londoner Exil war, in seinen Memoiren, »hielt er sich für den Träger der Legitimität. Dadurch veränderte sich in seinen Augen auch seine Mission. Was er dem äußeren Anschein nach für sich forderte, forderte er für Frankreich. Weil er Frankreich verkörperte, betrachtete er die Franzosen, die in den englischen Streitkräften kämpften, als Überläufer, und darum waren für ihn die diplomatischen Schlachten gegen die Alliierten ebenso wichtig wie der Krieg gegen den Feind. Die Anerkennung, die er allen Widerständen zum Trotz errang, war ein Gewinn für Frankreich, das dank ihm und durch ihn das Lager der Freiheit und des Sieges nie verlassen hatte – eine epische, mythische Vision der Geschichte, die man allerdings auch ablehnen konnte.«

Aus dieser Vision hatte Charles de Gaulle, der sich von Frankreich vor allem *une certaine idée* machte, die Überzeugung für sein politisches Handeln im Exil bezogen – nach dem Sieg, seinem Sieg und dem Triumph seiner Idee, versperrte sie ihm den Zugang zu der Einsicht, daß es zwischen 1940 und 1944 nicht nur das »Freie Frankreich« in London gegeben hatte und die Vorstellung, die de Gaulle von ihm in sich trug. Halsstarrig oder genial, undankbar oder prophetisch? In de Gaulles Vision – wie Fiktion – der Geschichte und der Politik, auch der Diplomatie, die er betrieb, kam »Jalta«, an dessen Verklärung zum Mythos er – der an der Konferenz nicht teilgenommen hatte! – eifrigst mitwirkte, eine zentrale Rolle zu: »die Aufteilung der Welt in Einflußzonen, die die Weltkriegssieger entzweite, Europa und Deutschland auseinanderriß, die Länder der Logik der Blöcke auslieferte ...« (als ob die Amerikaner das westliche Europa besetzt hätten – und hielten – wie die Sowjetunion das östliche!). Jalta, ein französischer Mythos? Hervorgebracht im schnellen Übergang vom geteilten, teilweise besetzten Land, das am aktivsten – auf Regierungsebene – kollaboriert hatte und dennoch in extremis als vierte Siegernation auftreten konnte, zur neuen Normalität? Der innere Widerspruch wurde nach außen projiziert, auf de Gaulles mythisches »Europa vom Atlantik bis zum Ural«, und die Überwindung der neuen Realität, der »Politik der Sieger«, in einem dritten Weg prophezeit. Im wirksamen Prozeß des Verdrängens wurde aus der – nicht akzeptierten – Realität des Sowohl-als-auch der schwarzen Jahre das kategorische Weder-noch der gaullistischen Ideologie, die nicht erst in der Fünften Republik die herrschende wurde. »Jalta« half den Bruch – die immerhin vierjährige Teilung des Landes – kitten, und der Mythos war um so wirkungsvoller, als er in seiner negativen Analogie die widersprüchlichsten Bedürfnisse zu befriedigen vermochte.

Sehr schnell begannen Frankreichs Uhren anders zu laufen. Am 8. Mai 1945, als die Welt das Ende des Zweiten Weltkriegs feierte, kam es im algerischen Sétif zu antifranzösischen Anschlägen, für die »Hitleranhänger« verantwortlich gemacht und die von den Franzosen mit brutalster Härte gerächt wurden. Mehrere Tausend Araber fielen den Massakern zum Opfer: eine Repression, die auch von den Kommunisten gefordert und gedeckt wurde. Der 8. Mai 1945 datiert für Frankreich den Beginn des Kolonialkriegs, der die letzten verbleibenden Großmachtsillusionen nähren mußte.

Im französischen Jalta-Mythos konnten sich ganz besonders die innenpolitischen Weltkriegssieger (Kommunisten, Gaullisten), die zwar triumphierten, aber keinerlei Grund hatten, der Vergangenheit ins Gesicht zu schauen, erkennen. Nach der Entlassung der kommunistischen Minister aus der Regierung (am 5. Mai 1947) als französischer Auftakt zum Kalten Krieg und der Gründung von de Gaulles Sammlungsbewegung RPF (Rassemblement du Peuple français) beschränkte sich ihre merkwürdige – und heimliche – Allianz auf die Opposition gegen die Republik, die sie gerettet hatten, aus deren Schlüsselstellen sie aber entfernt worden waren. Ihre Ausschließung – die Hoffnungen der *libération* und auf einen »dritten Weg« hatten sich endgültig zerschlagen, die Résistance hatte nicht zur Revolution geführt – fiel mit dem Beginn einer Phase politischer Instabilität und gleichzeitiger ideologischer Verhärtung zusammen. Im linken Lager, Synonym auch für die Kultur der Nachkriegszeit schlechthin, dominierten nun die Kommunisten, auf die sich die gesamte geistige Aktivität praktisch ausnahmslos bezog, und sei es in den Graden der Distanzierung, Kritik oder Ablösung; über dem rechten schwebte der Geist des Generals, der mehr oder weniger starke Schatten warf und zwanzig Jahre später, als er mit der Gründung der Fünften Republik an die Macht zurückkehrte, den Ausschluß aus dem westlichen Verteidigungsbündnis vollzog.

In dieser Zeit blieb die Vergangenheit zwar tabu, damit aber auch explosiv. Den linken Autoren um Sartre fiel es schwer, Malraux' Engagement für de Gaulle zu akzeptieren. Einer in der *New York Times* entfachten Polemik gegen André Malraux und sein Verhältnis zum Trotzkismus, in deren Rahmen der Dichter als »notorischer Stalinist« bezeichnet wurde, widmeten *Les Temps modernes* mit offensichtlichem Vergnügen breiten Raum. Merleau-Ponty schrieb einen Kommentar, der Malraux in Rage brachte. Er stellte Gaston Gallimard, der selber nicht über alle Zweifel erhaben war und Sartre sehr viel verdankte, vor die Alternative: sie oder ich, die er mit der Drohung garnierte, unverdaute Affären der Besatzungszeit auffliegen zu lassen. Der Verleger, im Dilemma, vertraute seine Sorgen Sartre an – der auszog und mitsamt seiner Zeitschrift im Haus des Konkurrenzverlags von René Julliard Aufnahme fand. Malraux' Erpressung war von Erfolg gekrönt – »ein wirklicher Demokrat«, soll Gallimard voller Erleichterung von Sartre gesagt haben.

Seit der *libération* profitierte die Kommunistische Partei von der Repression, deren Opfer sie 1939, als sie schließlich verboten wurde, gewesen war. Diese etwas scheinheilige Märtyrerrolle ließ auch das wenig patriotische Verhalten der KPF, die sich strikt an die Gebote der stalinistischen Politik gehalten und die französischen Kriegsvorbereitungen sabotiert hatte, vergessen. (Der von den Kulturideologen der KPF auf absurde Weise als »Verräter« verfemte, von Aragon literarisch verunglimpfte Paul Nizan hatte aus Protest gegen den Hitler-Stalin-Pakt seine Mitgliedschaft bei den Kommunisten aufgekündigt und war als Freiwilliger in den Krieg gegen den Faschismus gezogen; er fiel als einer der wenigen französischen Schriftsteller an der Front.) Die Zahl der Intellektuellen, die um 1945 den verschiedenen kulturellen und politischen KPF-Organisationen als Mitglieder angehörten, wird vom Historiker Jacques Fauvet auf 100 000 geschätzt.

Zu Beginn des Kalten Kriegs stellten zwei Ereignisse, die die Öffentlichkeit beschäftigten, die Weichen für die Entwicklung der folgenden Jahrzehnte. In der von Aragon geleiteten, von der KPF finanzierten Kulturzeitschrift *Les Lettres françaises,* die in der Illegalität der Résistance zu Ruhm und Bedeutung gekommen war, »enthüllte« ein Journalist namens Sim Thomas, das unter dem Titel *Ich wählte die Freiheit* erschienene Buch des Russen Kravchenko, der sich in die USA abgesetzt hatte, als Machwerk der amerikanischen Spionage. Kravchenko klagte und bot im Prozeß zahlreiche Zeugen auf, die die Existenz des Gulag bestätigten (unter ihnen Margarete Buber-Neumann). Auf der Gegenseite trat ein prominenter Teil der Résistance-Intelligenz in den Zeugenstand, Vercors, Emmanuel d'Astier, Pierre Cot, Joliot-Curie, André Wurmser ... Sie warfen ihr antifaschistisches Prestige in die Waagschale und bezeichneten Kravchenko als Lügner, Agenten des Imperialismus und Verräter. Der amerikanische Journalist blieb indes unauffindbar, die *Lettres françaises* standen als Fälscher da. Kravchenko gewann seinen Prozeß und erhielt 150 000 Francs Schadenersatz zugesprochen.

Mit diesem »Moskauer Prozeß in Paris«, der sehr viel zur folgenreichen Tabuisierung des Gulag beitrug (woran auch die Debatten zwischen Sartre, Merleau-Ponty, Camus und David Rousset nichts änderten), verhärteten sich die Fronten vollends. Die KPF wurde immer mehr zu einer eigentlichen Gegengesellschaft. Die Unterstützung für die Petition, die der Weltfriedenskongreß um Joliot-Curie lanciert hatte, um gegen die amerikanische Wasserstoffbombe zu protestieren (und zu der Stalin 120 Millionen Unterschriften seiner Bürger beigesteuert hatte), war enorm – die KPF bedingungsloser als alle westlichen Bruderparteien auf Moskau eingeschworen. Als eine jugoslawische Fußballmannschaft – Tito war in Ungnade gefallen – in Paris gastierte, brachte das Parteiorgan *L'Humanité* das Kunststück fertig, im Spielbericht Name wie Herkunft des Gastklubs zu unterschlagen. Die Kolonialkriege, die bis in die sechziger Jahre dauerten, verlängerten das Schwarzweißschema nochmals.

Diese lähmende Konstellation fand ihre karikaturistischste Entsprechung – und kulturelle Ausformung – in der »Zwei-Lager-Theorie« der Kommunistischen Partei. Deren ausschließlicher Manichäismus verstärkte und verhärtete den Dualismus der Epoche – man ist versucht, von einem »Jalta in den Köpfen« zu sprechen –, er nahm, wie Henri Lefebvre später schrieb, »eine derart absurde Form an, daß man sich im Rückblick schämt, darüber zu sprechen und nur mit hartnäckigem Schweigen protestiert zu haben in dem Moment, als jene Absurdität lanciert wurde«: »Die Aufgabe des Historikers war es, diesen Konflikt (zwischen Materialismus und Individualismus) immer klar und deutlich, im engen Zusammenhang mit den – nur als bewußte begriffenen – Klassenkämpfen als zwei Lager in der Philosophie darzustellen. Die Philosophiegeschichte hatte wie der Bericht über ein Fußballspiel auszusehen: die Mannschaften, die guten Spieler, die geschossenen Tore (mit einem absoluten Endspiel-Sieg des Materialismus von -zig Toren zu Null).« Bruno Schoch kommt in seinem bereits erwähnten Buch über den *Marxismus in Frankreich* mit Louis Althusser zu dem Schluß: »Das heißt, das philosophische marxistische Denken in der Partei wurde ausgetrocknet oder gab sich damit zufrieden, die Philosophie herabzusetzen ›zur praktischen Ideologie, die die politische Ideologie der Partei verdoppelt‹.«

Erst in den späten fünfziger Jahren brachte die Zeitschrift *Arguments* den »ewigen Schnee der Doktrinen« langsam zum Schmelzen. Jean Duvignaud, Kostas Axelos, Roland Barthes, Fougeyrollas und Fetjö veröffentlichten in der militanten linken Zeitschrift, die den Stalinismus kritisierte, einige ihrer brillantesten Essays. Der führende Kopf des publizistischen Unternehmens war sein Initiator und *directeur* Edgar Morin. Im Vorwort zum 1983 erschienenen Reprint aller Ausgaben sieht Axelos, der als Chefredakteur zeichnete, die Bedeutung von *Arguments* rückblickend im Aufbrechen der Zwei-Blöcke-Theorie, das mit der *critique productive du marxisme* einsetzte: »Es war indes unvermeidbar, daß die anthropologischen und soziologischen Obsessionen des Jahrhunderts auf sie abfärbten und damit einen offeneren Horizont verengten.« 1959 hatte Jean Duvignaud geschrieben: »Wir pflegen bei ›Arguments‹ manchmal die Art der ›anciens combattans‹. Wir sprechen über den Bruch mit dem Stalinismus so, wie unsere Väter von Verdun erzählten. Wenn das so weitergeht, werden wir bald alte Deppen sein.«

Die Zeitschrift, deren erste Nummer 1956 erschienen war, kann in ihrer Bedeutung mit *Esprit* – in den dreißiger Jahren – und *Les Temps modernes* verglichen werden, doch schied *Arguments* nach dieser kurzen Tauwetterperiode und Blütezeit freiwillig aus dem Leben. Edgar Morin, in dessen Arbeiten der letzten Jahre die »anthropologischen und soziologischen Obsessionen« auf äußerst fruchtbare Weise präsent sind, verspürte 1962 einen *regel historique* – sah eine neue ideologische Eiszeit anbrechen. Er begründete sie mit dem manichäischen Konflikt-Klima des Kalten Kriegs, das der Algerienkrieg in Frankreich erneut geschaffen hatte. Morin nahm diese Verhärtung der Fronten zum Anlaß, um das Erscheinen der Zeitschrift einzustellen. Fast gleichzeitig jedoch ging der Kolonialkrieg zu Ende, und erst kürzlich hat der Soziologe Alain Touraine daran erinnert, wie er beim Abschluß der Friedensverträge von Evian den Eindruck hatte, daß die Sartresche Sonne im Untergehen begriffen sei und der Aufstieg der Lévi-Strauss-Galaxie begonnen habe. Doch nicht ganz ohne Spürsinn überschrieb Edgar Morin seinen letzten Leitartikel »Das Ende des Anfangs«, das auch wirklich nur ein vorläufiges war – denn mit dem Mai 68 ging sechs Jahre später das, was *Arguments* und andere in den Köpfen angezettelt hatten, in größerem Rahmen weiter.

Die irrationalen Ereignisse des Mai 68 hatten in Frankreich zum Teil andere Ursachen als die Studentenrevolten in Deutschland und den USA. War der unkontrollierte Ausbruch eine erste kollektive Reaktion auf Vichy – hatte die Vergangenheit, die nie bewältigt worden war, plötzlich und unerwartet zurückgeschlagen? Waren die fiebrigen Unruhen, die das Land in seinen Grundfesten erschütterten, ein Symptom? Es gibt Indizien, die diese Hypothese zu stützen scheinen: Auf der Seite von Ruhe und Ordnung stellte der Mai 68 unvermittelt – und trotz der Beteiligung der Arbeiter, die sich in schöner Entsprechung zur Theorie dem Streik der Studenten angeschlossen hatten; damals lag die Macht buchstäblich auf der Straße! – die Allianz der Gaullisten und Kommunisten her. Damit wäre auch angedeutet, warum die aufständischen Studenten ihre Eltern in Staat und Familie mit dem historisch scheinbar sinn- und bezugslosen Modewort jener Monate allen Ernstes als »Faschisten« beschimpften. Kurz darauf weigerte sich de Gaulle, der Brasillach nicht begnadigt hatte, Jean-Paul Sartre festnehmen zu lassen, der eine verbotene Zeitschrift verteilte und sich bewußt in die Illegalität begab. *On n'arrête pas Voltaire*, soll er gesagt haben – allein mit der unterschiedlichen geistigen Größe von Brasillach und Sartre kann man die ungleiche Behandlung wohl kaum begründen.

Aus dieser Sicht steht die Mai-Bewegung auch nicht folgenlos in der politischen Landschaft. Als de Gaulle, der während des Aufstands für kurze Zeit nach Baden-Baden verschwunden war, im Frühjahr 1969 die Vertrauensfrage – in Form eines Referendums – stellte, wurde er vom Volk, das unmittelbar auf die Revolte mit einem massiven Votum für die Ruhe-und-Ordnungsparteien der Rechten reagiert hatte, in die Wüste geschickt. Daß in diesen Jahren ein vergangenheitsbezogener Prozeß der Bewußtseinsbildung in Gang gekommen war, kann mit vielen Beispielen belegt werden. Bezeichnenderweise waren es »unpolitische« Schriftsteller, die an das alte Tabu der Kollaboration rührten. Den künstlerischen Bearbeitungen in Wort und Bild, die das Eis aufschmolzen, folgten kleine, dann immer handfestere Wahrheiten, die die Résistance-Legende der Kommunisten – vorerst zaghaft – demontierten.

1968 drehte Marcel Ophuls, der im Vorjahr für das französische Fernsehen eine Dokumentation über »München« zusammengestellt hatte, seinen Film *Le Chagrin et la Pitié* – mit deutschem und Schweizer Geld, denn Ophuls' Vertragspartner bei der staatlichen Rundfunk- und Fernsehgesellschaft ORTF waren den »Säuberungen« im Anschluß an die Studentenrevolte zum Opfer gefallen. *Le Chagrin et la Pitié* ist die Chronik einer französischen Provinzstadt unter deutscher Besatzung. Ophuls wählte Clermont-Ferrand – einen Ort zwischen Vichy und den Maquis-Zentren in der Auvergne. Der Regisseur, Sohn des berühmten Max Ophuls, der 1933 Deutschland hatte verlassen müssen, brachte die Überlebenden zum Sprechen, wertete Archive aus und verfügte am Ende über 65 Stunden Bildmaterial und 55 Stunden Zeugenaussagen. Die Zusammenstellung des Materials nahm neun Monate in Anspruch. Nach seiner Fertigstellung wurde der Film in Deutschland und in der Schweiz ausgestrahlt, weitere Länder kauften ihn ebenfalls. In Frankreich war er nur in einem kleinen Kino im Pariser Quartier latin zu sehen – das Fernsehen lehnte eine Übernahme ab. Der ehemalige ORTF-Direktor Jean-Jacques de Bresson gab wohl die zutreffende Erklärung: »Der Film«, sagte er, »zerstört jene Mythen, die die Franzosen noch nötig haben.« Unter Giscard kam er wahrscheinlich deshalb nicht ins Programm, weil ein enges Mitglied seiner Familie in Zusammenhang mit Marschall Pétain genannt wird. Die extreme Komplexität des französischen Résistance-Mythos bestätigte vollends Simone Veil mit ihrem Nein zu diesem Film: Die ehemalige Ministerin und Präsidentin des Europa-Parlaments war als Jüdin selber in einem KZ interniert, verlor im Krieg ihre Eltern – und wollte vielleicht gerade deshalb nicht wahrhaben, daß es in Frankreich nicht nur Widerstand, sondern eine sehr breite Kollaboration und intensive Judenverfolgung gegeben hatte.

Nach dem Verebben der Mai-Wellen waren die führenden Köpfe des Aufstands in den unterschiedlichsten politischen Bewegungen zu finden, und sie huldigten sehr schnell wechselnden revolutionären Horizonten. André Glucksmann schloß sich der maoistischen »Gauche prolétarienne« an, mit der auch Sartre sympathisierte: »Es gab selbstverständlich auch für uns die Versuchung des Terrorismus. Man erinnere sich nur an die Erschießung des Arbeiters Pierre Overney vor den Fabriktoren von Renault. Wir entführten daraufhin den Personalchef der Firma und ließen die Arbeiter abstimmen, ob er hingerichtet werden solle oder nicht? Es war nicht gerade eine demokratische Abstimmung – die Antworten aber hielten sich die Waage: fünfzig zu fünfzig. Und dann haben wir ihn freigelassen. Nicht wegen des Wahlausgangs. Aber an der Beerdigung von Overney hatten inzwischen 200 000 Menschen teilgenommen, und es schien uns, daß diese enge Beziehung *[intimité]* mit der Bevölkerung, die während des Mai und später bestand, durch einen Mord zerstört würde. Der grundlegende Unterschied zwischen Deutschland und Frankreich bestand ganz eindeutig in der unterschiedlichen Haltung der Bevölkerung, die bei uns sehr generös war. Für die gleichen Taten, für die Baader zum Volksfeind Nummer eins gestempelt wurde – nämlich für das Anzünden von Möbeln in einem Kaufhaus und das Plündern von Fressalien-Geschäften, deren Luxusprodukte man in den Bidonvilles verteilte –, erkannte in Frankreich das Gericht auf Freispruch für eine der Rädelsführerinnen. Außerdem blieb die Presse überaus gelassen und empfand dieses Tun eher als Schabernack. Es gab stets ein gewisses Einvernehmen zwischen der Bevölkerung und den Protestierenden, was diese vor dem Abgleiten in den Terrorismus bewahrte. Die Spannung, wie sie in Deutschland vorherrschte, haben wir nie empfunden. Deshalb wurden wir nicht zu Terroristen.«

Mit seiner Darstellung der weiteren Entwicklung bis zum Auftreten der *nouvelle philosophie* als Brennspiegel einer Epoche bestätigt Glucksmann die Lesart der Mai-Ereignisse, ihrer Ursachen und Folgen als kulturell-politische Kettenreaktion auf die Verdrängung der Vergangenheit: »Es kam zur Entdeckung Solschenizyns, und später wurden jene, die ihn entdeckten, sich auf ihn beriefen, mit dem Etikett der Neuen Philosophie behaftet. Solschenizyn wurde in dieser Bewegung, die vom Mai ausgegangen war, rezipiert. Als er ausgewiesen wurde, war ich gerade bei den streikenden Arbeitern von Lip, die sagten: Solschenizyn wäre hier in Frankreich von der kommunistischen Gewerkschaft CGT nicht viel besser behandelt worden. Ihre Anteilnahme und Sympathie bestätigte mich in meinem Engagement für Solschenizyn, den die Linksintellektuellen geradezu boykottierten, der aber unsere minoritäre Erfahrung des Widerstands – wie auch die Ablehnung des Terrorismus – in einer gewissen Weise bestätigte. Er zeigte, wohin revolutionäre Gewalt führt, und bestärkte damit unsere Haltung – er hat unserer Weigerung Sinn gegeben.«

Widerstand, Weigerung – diese Themen wurden in der Neuen Philosophie ausformuliert und verankert. Glucksmann: »Man hat sie [die Neue Philosophie] auf die Entdeckung des Gulag reduziert. Der aber war längst bekannt. Am dritten Tag des Mai hatte man Aragon an einem Sit-in aufgefordert, sich über seine Beziehung zur UdSSR zu äußern: Die Frage nach dem Gulag wurde ganz klar gestellt. Und Daniel Cohn-Bendit, der zu einem meiner Bücher ein Nachwort beisteuerte, forderte Aragon auf wegzugehen: ›Du hast Blut an deinen weißen Haaren.‹ Solschenizyn – das war nicht die Entdeckung des Gulag, sondern die Entdeckung des Widerstands, der nicht über die Wege der Revolution führt. Der Mai 68, der von Anfang an antikommunistisch war, hat uns von der Revolution weggeführt – und Solschenizyn hat uns schließlich gezeigt, daß es andere Möglichkeiten des Widerstands gegen die Tyrannei gibt. Unter anderem das Kunstwerk. Aber auch das Zeugnis einer einfachen Bäuerin. Diese Idee der Résistance, die von einem ganz anderen Horizont kam, erlaubte uns, nicht die Revolution in Frage zu stellen – das war geleistet –, sondern die Ideologie der Revolution, den Marxismus also. Und der große Moment, den man ›nouvelle philosophie‹ genannt hat, war der Moment der Marxismuskritik.«

Das war kurz vor 1978. Zumindest zu diesem Zeitpunkt, als sich die in der Linksunion vereinigten Parteien anschickten, nach drei Jahrzehnten kultureller Hegemonie auch die politische Macht im Land zu übernehmen, wurde die Neue Philosophie als Argument des Liberalismus von Giscards Medien wie ein antikommunistisches Waschmittel hochgespielt – mit dem wahlarithmetisch aussichtslosen ideologischen Schauwahlkampf Jean-Marie Benoists gegen das »Monstrum Marchais« als Höhepunkt. Die Vision eines französischen Gulag vermochte den antikommunistischen Reflex ein letztes Mal zu mobilisieren – doch der Niedergang des Marxismus war damals bereits besiegelt. Das kulturell-politische Erdbeben, das Frankreich radikal veränderte, kann jedenfalls nicht mit dem Medien-Zirkus um die Neue Philosophie begründet werden.

Sie hat nicht nur die damalige bürgerliche Mehrheit zu retten vermocht, sondern über den Wahltag hinaus einen tiefen Prozeß der Läuterung und der Bewußtseinsbildung in Gang gebracht. Sie steht am Ausgangspunkt einer Entwicklung, die mit der Machtübernahme Mitterrands ihren politischen Höhepunkt erreichte: 1978 hatte erstmals die Sozialistische Partei, die vom nachmaligen Staatspräsidenten wenige Monate nach de Gaulles Tod (1970) in den Nachwehen des Mai gegründet worden war, die KPF, die in ihren besten Zeiten auf mehr als 28 Prozent der Wählerstimmen zählen konnte, zu überholen vermocht und seither die führende Stellung im linken Lager nicht mehr abgegeben.

Drei unterschiedliche Ereignisse lösten in der Zeit vor den Wahlen ein beträchtliches Echo aus: die isolierte Teilnahme der Franzosen an der Moskauer Olympiade (deren Boykott noch Sartre forderte und von der als nachhaltigste Erinnerung ein halbstündiger Fernseh-Live-Auftritt von Georges Marchais aus der sowjetischen Hauptstadt blieb), die Reise Giscards nach Warschau, wo er im Anschluß an den Einmarsch in Afghanistan mit Breschnew zusammentraf, und vor allem die Umstände der Ausstellung »Paris – Moskau«, die eine Stimmung erzeugten – oder reflektierten –, in der immer wieder vom »Geist von München« menetekelt wurde.

Der Skandal der Städteausstellung begann nicht erst in der kommunistischen Metropole. Anders als die früheren Partner Berlin und New York beteiligte sich Moskau nicht an den Kosten. Der historische Kontext blieb weitgehend ausgeklammert (die Unterdrückung der modernen Malerei durch die Nazis und deren Kunstverständnis war anläßlich von »Paris–Berlin« ausgiebig dokumentiert worden), die Schwierigkeiten der Avantgarden wurden verschwiegen, der Katalog zensiert: die Schau war ein peinlicher Triumph der Staatsräson. Die Beaubourg-Direktion verweigerte einem Kolloquium »Kommunistische Macht und Kultur« mit prominenten Teilnehmern das Gastrecht im Hause, KGB-Agenten patrouillierten durch die Hallen und die Gefangenenhilfsorganisation Amnesty International mußte vorübergehend ihren Stand schließen. Die Verantwortlichen rechtfertigten diese »Kompromisse« mit dem sowjetischen Entgegenkommen – das darin bestand, auf die riesigen Porträts von Breschnew und Giscard, die am Eingang die Ausstellung schmücken sollten, zu verzichten. Die wenigen Eingeweihten sprachen von einem »sowjetischen Diktat« und den »neuen Kollaborateuren der Kultur«.

Derartige Vorfälle begleiteten – nährten und illustrierten – den neuphilosophischen Prozeß der antitotalitären Aufklärung, der nach 1978 auch auf die kommunistische Intelligenz in Frankreich einzuwirken begann, die im Wahlkampf noch relativ geschlossen hinter der Partei gestanden hatte. Als im Frühjahr und Sommer 1980 die Kulturpolitik der KPF angesichts dieser Entwicklung und des Bruchs mit den Sozialisten wieder zunehmend dogmatisch wurde und sich die Partei weigerte, die Umstände ihres späten Eintritts in die Résistance – das Thema war in der generellen Vergangenheitsdiskussion aktuell und brisant geworden – zu diskutieren, machte sich ein kollektiver Widerstand bemerkbar; viele Intellektuelle verließen die Partei und ihre publizistischen Institutionen. Aus dieser Sicht vollzog der Urnengang von 1981 nur noch, was sich als geistige Tendenz seit einiger Zeit abzeichnete.

Zu Beginn des Wahljahres weitete Bernard-Henri Lévy in seinem Buch *Idéologie française* die neuphilosophische Totalitarismuskritik auf die französische Kultur und Geistesgeschichte als Wegbereiter des Pétain-Faschismus und Repräsentanten eines chauvinistisch-kleinbürgerlichen Nationalismus, der auch die KPF kennzeichne, aus. Damit waren die Okkupationszeit und die tragende Rolle, die Künstler, Literaten und Philosophen im Vichy-Frankreich gespielt hatten, ins Zentrum der intellektuellen Auseinandersetzung gerückt – nachdem seit ungefähr 1968 zahlreiche gesellschaftliche Ereignisse und künstlerische Manifestationen den Résistance-Mythos angekratzt, schließlich immer stärker abgebaut hatten und die verdrängte Vergangenheit via Literatur, Film, Chanson, auch Comic-Strips ins Bewußtsein der geschockten Öffentlichkeit zurückgekehrt war.

Es fällt schwer, hier nur einen zeitlichen Zusammenhang zu sehen – das Lévy-Pamphlet beschäftigte das Land in den Monaten und Wochen vor jenem Urnengang, dessen überraschender Ausgang die aus dem Zweiten Weltkrieg hervorgegangene politische Konstellation einschneidend veränderte und der gleichzeitig von Analogien aller Art geprägt war: Mitterrand reduzierte im Mai und Juni 1981 die Kommunisten auf einen Stimmenanteil, der seit der Volksfront keinen solchen Tiefstand mehr aufgewiesen hatte, und verdrängte gleichzeitig die Gaullisten, die seit Giscards Wahlsieg von 1974 innerhalb des Regierungslagers in der Defensive waren, von der Macht im Staat.

Daß bei dieser Entwicklung ideologischen Komponenten eine wichtige, vielleicht ausschlaggebende Bedeutung zukam, läßt sich aus den Meinungsumfragen ableiten, die ja ausschließlich von materiellen und gesellschaftlichen Gegebenheiten ausgehen und deren auf Hochrechnungen beruhende Ergebnisse Schwankungen und individuelle Abweichungen im »Überbau« nicht wahrnehmen: Sie prophezeiten bereits 1978 einstimmig einen deutlichen Wahlsieg der Linken (den wohl die Schockwirkung der Neuen Philosophie im letzten Moment verhinderte – wie man jetzt weiß: verzögerte, aber auch veränderte) und stellten in der Endphase des Wahlkampfes 1981 sehr viel exaktere, praktisch fehlerfreie Prognosen.

Historische Reminiszenzen hatten auf geradezu anachronistisch anmutende Weise in den Wahlkampf Einzug gehalten. In Begleitung von Willy Brandt wiederholte Mitterrand seinen Fluchtweg aus deutscher Gefangenschaft. Giscard bezeichnete die Abschaffung des 8. Mai als Feiertag – den 11. November, an dem der Sieg des Ersten Weltkriegs begangen wird, behielt er bei; der 25. August (Tag der *libération*) war gar nie zum nationalen Feiertag erklärt worden – als den einzigen Fehler, den er begangen habe, und versprach wie Mitterrand dessen Wiedereinführung, was dann auch geschah. Es waren nicht zuletzt die Linksgaullisten, die ihr Erbe beim historischen Gegenspieler des Generals plötzlich besser aufgehoben wähnten und mit ihren Stimmen, die zuvor Pompidou und Giscard zugekommen waren, den Machtwechsel ermöglichten.

Selbst der Mythos von Jalta wurde von verschiedener Seite wieder bemüht, und Anlaß dazu waren nicht allein die Ereignisse in Polen. Auf seiner ersten Pressekonferenz als Staatschef führte François Mitterrand Ende September 1981 wörtlich aus: »(Die Freiheit) jene, die sie erhoffen, wissen, daß Frankreich sich seiner Aufgabe und der Lektionen seiner Geschichte bewußt ist. Jedes Land hat das legitime Recht, den eigenen Weg zu bestimmen; in Lateinamerika, in Afrika und anderswo entstehen die Revolten und revolutionären Bewegungen primär aus dem Elend, der Ausbeutung und dem Totalitarismus und werden dann unglücklicherweise zum Spielball im Ost-West-Konflikt. Die legitimen Aspirationen brechen sich schließlich nur um so gewaltsamer Bahn, als sie lange unter Verschluß gehalten wurden. Den Freiheitskämpfern, die gegen die immer unerträglichere Unterdrückung aufstehen, entbiete ich überall in der Welt meinen Gruß und meine Botschaft der Hoffnung.« In seinen Ausführungen über die Beziehungen des sozialistischen Frankreich zur Sowjetunion und den übrigen Ostblockstaaten erwähnte er ausdrücklich die Notwendigkeit eines beiderseitigen Nutzens sowie ihrer »Übereinstimmung mit der Geschichte und der Geographie«. In seiner Neujahrsansprache plädierte er erstmals ganz direkt für die »Überwindung Jaltas« – was ihn jedoch nicht hinderte, eine sehr viel »atlantischer« ausgerichtete Politik als alle seine Vorgänger der Fünften Republik zu betreiben.

Wirklich erklären aber konnte sich den Sieg Mitterrands, der bei Präsidentschaftswahlen schon zweimal gescheitert war, niemand. Zwei Jahre danach – als der Niedergang des linken Denkens und des sozialistischen Gedankens offenkundig geworden war – schrieb Jean Baudrillard über das *interdit du pouvoir*, das im Mai 81 aufgebrochen worden sei: vom »Verbot der Macht«, das tatsächlich wie ein Fluch auf der Linken lastete und das der »ewige Verlierer« Mitterrand personifizierte. Ein Knoten war geplatzt – im psychoanalytischen Sinne, im Anschluß an die neuphilosophische Analyse der Macht: »Das Unbewußte regierte während der Zeit der Verdrängung der Linken in die Opposition«, schreibt Baudrillard – und in die

Kultur, ist man beizufügen versucht: »Man sehe nur, wie die Psychoanalyse von unseren Bildschirmen verschwunden ist – allgemein: die Neurose (man denke nur an ihre Bedeutung bei Sartre, der sie öffentlich kultivierte; J. A.) wie die Revolution werden ihre Blütezeit mit dem Sozialismus abschließen, denn die realisierte Utopie kann keine ›pathologie litigieuse‹ dulden.« Der »Gnadenzustand« – *l'état de grâce* von 1981 – konnte nur vorübergehend kaschieren, für die Dauer der mehrmonatigen Euphorie hinauszögern, was Baudrillard als einer der ersten erahnte: nämlich den tragischen Endspielcharakter des französischen Sozialismus, der nicht dank der Zugkraft seiner Ideologie an die Macht kam (in diesem Sinne hätte man seinen Sieg im Jahre 1978 interpretieren müssen), sondern auf negative Weise – über den Abbau der eigenen Ideologie, die jene der Verdrängung geworden war, und die Rückkehr der Geschichte, die Mitterrand in einem viel stärkeren Maße spürt und verkörpert als Giscard.

Der turbulente Machtwechsel, der nicht Ausdruck einer ideologischen Überzeugung war, sondern das – ironische – Resultat eines epochalen Umschlags, reaktivierte in den ersten Phasen des Mitterrand-Regimes die Anachronismen der zu Ende gehenden Epoche. Auf dem ersten Parteitag der siegreichen Sozialisten wurde in Valence eine antiquierte Revolutionsrhetorik bemüht. Die Linke sprach von den Köpfen, die rollen müßten – die Rechte, nicht nur die Neue, rief zur Résistance auf. Zwei, drei Jahre lang wurde die Ära Giscard als *Ancien Régime* bezeichnet – Revanche und Reaktion beherrschten das Vokabular. Die Links-Rechts-Spaltung wurde hervorgehoben und gleichzeitig zunehmend als Zerrbild der wirklichen Verhältnisse empfunden – vor allem nach dem schnellen Kurswechsel in der Wirtschafts- wie Sozialpolitik. Aber auch das Gespenst eines Pariser Gulag erwies sich schlicht als Phantasma der herrschenden Konjunktur. »In der Realität« ging der Machtwechsel viel demokratischer über die Bühne, als die verbalen Exzesse vermuten lassen.

In seinen Wirren und Wogen manifestierte sich unvermittelt ein offenbar konjunkturbedingtes Bedürfnis, die veränderte Aktualität von neuphilosophischen Stimmen kommentieren zu lassen: Bernard-Henri Lévy wurde von der linken Tageszeitung *Le Matin*, André Glucksmann von der von Sartre mitbegründeten *Libération* und Jean-Marie Benoist vom radikal oppositionellen *Quotidien de Paris* als Kolumnist angestellt. Sehr bald stellte sich heraus, daß das neuphilosophisch-antitotalitäre Klima die Orientierung viel stärker prägte als die linken oder rechten Ideologien, die in beiden Lagern kaum mehr zu mobilisieren vermochten – und daß vor allem die historischen Bezüge bestimmend wurden, bei den Intellektuellen wie in der Öffentlichkeit: das Gewicht der Geschichte nahm nochmals zu.

Das linke Frankreich überraschte alle Beobachter durch seine ebenso atlantischen wie antisowjetischen Töne und die resolute Absage an den europäischen Pazifismus (als Kapitulationserscheinung). Anläßlich der UNESCO-»Konferenz der Weltkulturen« in Mexiko schien es jedoch zunächst zu einem Konflikt mit den Vereinigten Staaten zu kommen, die bereits über Mitterrands zumindest rhetorische Unterstützung der lateinamerikanischen Befreiungsbewegungen bestürzt waren. Damals rief der französische Kulturminister Jack Lang zum Kreuzzug und Widerstand gegen den »intellektuellen und finanziellen Imperialismus« (der USA, die er jedoch nicht nannte) auf. Mit der kulturellen »Kolonialisierung der Köpfe« griff Lang ein dramatisches, akutes Problem auf, das international heftig diskutiert wurde und den Franzosen auch viel Zustimmung brachte. In Langs Rede waren gaullistische Akzente nicht zu überhören. Die nationale Debatte, die sie auslöste und die sich bezeichnenderweise überhaupt nicht mit der Aktualität der Kultur- als Gesellschaftspolitik sowie ihren wirtschaftlichen Auswirkungen befaßte, war vor allem Anlaß, das neue Verhältnis zu Amerika zu skizzieren:

Das katholische Frankreich hatte – im Gegensatz zu fast allen europäischen Ländern – in den vergangenen Jahrhunderten kaum Siedler in die Neue Welt geschickt, doch waren die politischen, kulturellen und auch die militärischen Kontakte zwischen den beiden Nationen deswegen nicht weniger intensiv. Seit Tocqueville orientiert sich das französische republikanische Denken weitgehend am amerikanischen Modell, mit dem sich die *Grande Nation* allein schon durch die Analogie einer »geglückten« Revolution verbunden fühlt. In einer Sondernummer der Zeitschrift *Esprit* befaßte sich André Glucksmann mit Hannah Arendts »Apologie der angelsächsischen Revolutionen«, die friedlicher verlaufen und nicht zwangsläufig in einen offensiven Krieg nach außen münden. Glucksmann bezeichnet die »angelsächsischen Verhältnisse« gleichsam als »Ausnahmen, die zudem zur Regel zurückkehren«: »Die Vereinigten Staaten haben auf einer Insel gelebt (zwei Ozeane und sehr schwache Nachbarn). Sie hatten keine Außenpolitik, bis sich 1960 die Sowjetunion als fähig erwies, sie zu zerstören. Die Kuba-Krise bedeutete für die USA die Entdeckung bedrohlicher Nachbarn – die Europa im Neolithikum gemacht hatte. Wenn also der Vorteil der Insellage darin besteht, daß er die Unterscheidung zwischen der inneren Opposition und dem Feind an der Grenze erleichtert, so besteht sein Nachteil in der Unfähigkeit, die Außenpolitik anders denn als zu überwindende Unordnung zu denken. Daraus resultiert der amerikanische Imperialismus, der ein kultureller ist. Sein Merkmal: die Logik einer nationalen Existenz im Herzen einer Mehrzahl von Staaten nicht zu begreifen. Die USA verwalten ihre Verbündeten in dem Glauben, diese hätten nicht eingesehen, daß sie einer gemeinsamen Familie angehören und die Grenzen überschritten sind.«

André Glucksmann analysiert die Inselposition, die auf eine Utopie hinausläuft, und den »neoplatonischen Diskurs« der Amerikaner: das Böse als »Fußspuren der Vergangenheit«, der Friede als normale Ordnung der Dinge, Streit als Folge einer obskurantistischen Barbarei – »das Böse (in Zeit, Raum und Geist) als Schatten der Geschichte«. Damit erklärt er den missionarischen Eifer, die Absicht – und Anmaßung –, die anderen erziehen zu wollen: »Die europäischen Nationen stürzten sich im Gegenteil auf die Verteidigung ihrer Existenz, was für den Bürger Zwänge, für den Staat Risiken brachte – aber ebenso Privilegien für die Regierenden und einen Zynismus, der durch den Zynismus der Nachbarn gedämpft wurde. Dieser Zustand erklärt die Bewunderung eines Kissingers für Metternich und macht die Imitation lächerlich.«

Gerade in Frankreich, fährt Glucksmann fort, werde Politik nicht als Moral oder Pädagogik, sondern eben »als Politik gedacht (und nicht zu Ende, wie Marx sagte, denn es gibt kein Ende), weil es Denker, Politiker und schlicht Menschen gab, die von dieser Chance des ersten kontinentaleuropäischen Staates (mit Nachbarn an den Grenzen) zu profitieren wußten. (...) Die Chance wurde genutzt, als sie zu verschwinden drohte: während der Religionskriege« – von Jean Bodin bis Montaigne. Mit dieser Tradition begründet Glucksmann die Modernität des französischen politischen Denkens. Als Beispiele für die Faszination, die es seit Jahrhunderten auf nichtfranzösische Philosophen ausübt, nennt er Fichte und Hegel. Gleichzeitig vertritt er die Überzeugung, daß das Frankreichbild der Nationen des

19. Jahrhunderts, die ihm nacheiferten, zur »karikaturistischen Erstarrung des Modells« beitrug und dessen »verknöcherter Gebrauch« Europa schließlich in den Ersten Weltkrieg stürzte.

Ein neues – schwieriges – Kapitel französischen politischen Selbstverständnisses begann 1944. Frankreich, das nach der schlimmsten Niederlage seiner Geschichte und nach vier Jahren weitgehender Kollaboration von Amerikas Armee mitbefreit wurde und zwanzig Prozent der amerikanischen Europahilfe bezog, war keine Weltmacht mehr, sein Anspruch, als Siegernation aufzutreten, der zwar diplomatisch äußerst geschickt – angesichts der Voraussetzungen: genial – durchgesetzt wurde, stand auf wackeligen Füßen. Vor dem Hintergrund mehrfacher Verdrängungen ist die Politik des Generals zu sehen. Sein latenter Antiamerikanismus, der geradezu primäre Formen annahm, war nicht nur »zynisch« im Sinne Glucksmanns, sondern vor allem psychologisch motiviert und eine der letzten Gemeinsamkeiten, in denen sich Kommunisten und Gaullisten erkennen konnten.

Besonders nach der Aufgabe der Kolonien setzte das Land verstärkt auf den einzigen Bereich, in dem es – neben der zivilen wie militärischen Nukleartechnik – eine Weltmacht geblieben war: die Kultur. Die Politik der »Frankophonie« wurde akzentuiert, und ziemlich ungeniert mischte sich der General in die inneren Angelegenheiten Kanadas und anderer Länder mit einer französischsprachigen Minorität ein – hier ist die Linie von de Gaulle zur sozialistischen Kulturdiplomatie wohl die direkteste. Man wollte durchaus ein Zeichen setzen, als Ende 1981 die erste Konferenz der frankophonen Kulturminister in Cotonou (Volksrepublik Benin) stattfand. 32 Länder waren zusammen mit weiteren Delegationen (aus Quebec, Vietnam usw.) an der afrikanischen Sklavenküste vertreten. Die Tagung stand im Zeichen der Frankophonie und forderte in ihrem Schlußbericht eine »neue kulturelle Weltordnung, basierend auf der Besonderheit der Kulturen und dem Recht auf Andersartigkeit«. Jack Lang versprach den Teilnehmern eine Umorientierung des Centre Beaubourg-Pompidou, eine Nord-Süd-Biennale (in Paris) und die Neukonzeption der Schulbücher, in denen die Geschichte des Kolonialismus – auch des französischen – umgeschrieben werde.

Die Rede von Mexiko verschärfte und präzisierte lediglich gewisse Positionen der Strategie des »dritten Weges«. Doch in Frankreich selber, dessen Bevölkerung derartige Auftritte seiner Politiker im Ausland gleichwohl schätzt, kam es zu einem Sturm der Empörung, den die Opposition zu schüren verstand – auch die Gralshüter des Gaullismus. Mit dem äußeren Anlaß hatte der innere Wirbel allerdings wenig zu tun, er bot vielmehr Gelegenheit, den Antiamerikanismus als Begleiterscheinung der Vergangenheitsverdrängung aufzuarbeiten – in den bekannten Mechanismen der Projektionen und Umkehrungen. In seinem Essay *Eloge du Cosmopolitisme* deutet Guy Scarpetta Amerika als exemplarisches Gegenbeispiel zur faschismusverdächtigen »französischen Ideologie« – und als antitotalitäres Gesellschaftsmodell schlechthin. Er hält die kosmopolitische und polyphone Kultur Amerikas der »naturgegebenen«, »verwurzelten Kultur« des Pétainismus entgegen. Allein schon die Tatsache, daß eine aus unterschiedlichen Nationalitäten und Zivilisationen zusammengewürfelte, auf fremdem Boden gewachsene Gesellschaft ohne Auflösungserscheinungen und mit einer importierten Sprache, die aus einem anderen Land kommt, existieren kann, ist eine Herausforderung an faschistische Konzepte. Gewiß, es gibt in Amerika Rassismus und die Ausrottung der Indianer, es gibt den amerikanischen Imperialismus und Rüstungswahn – aber Scarpetta hält ein kulturelles Phänomen wie den Pétainismus in den Vereinigten Staaten für undenkbar.

Bereits Edgar Morin hat darauf hingewiesen, daß das Netz der amerikanischen Gesellschaft viel weitmaschiger sei und man sich – anders als in Frankreich – in den Vereinigten Staaten ohne Ausweispapiere bewegen könne. In dem, was er die »Löcher« des elastischen Gewebes nennt, existieren ebenso Zonen der Kreativität wie der Kriminalität. Die Subversion gehört für Morin zur integrierten Komponente, zur Logik des Systems: Europa argumentiere in den Begriffen des Alles oder Nichts, der globalen strukturellen Veränderungen – das amerikanische Denken hält er für punktuell und bewußt diskontinuierlich. Infragestellung und Subversion seien wie die Kritik niemals totalisierend und verringern damit das Risiko des Totalitarismus.

In diesem Umfeld der geistig-politischen Umorientierung erwies sich die Debatte über Langs Mexiko-Rede, die hohe Wellen schlug, als Datum – und Station – der Vergangenheitsbewältigung. Obwohl gerade die vom französischen Kulturminister geforderte Anerkennung der kulturellen Identität wie das Recht auf Differenzierung der neuphilosophisch-antitotalitären Logik – gar Ideologie? – entsprechen, war das Bedürfnis nach Retuschen am Amerikabild, das in sein Gegenteil verklärt wurde, akuter. Bernard-Henri Lévy nannte den Kulturminister, der bereits das Festival des amerikanischen Films in Deauville gemieden hatte, einen – »Lang national«. Auch Yves Montand fühlte sich durch dessen Auftritt in Mexiko an die »stalinistischen Reden der fünfziger Jahre« erinnert. Weniger politisierte Intellektuelle ohne belastende Vergangenheit äußerten sich bezeichnenderweise nuancierter – die »gute Sache« sei durch ein »ungeschicktes Vorgehen« verpatzt worden, meinte der Romancier Angelo Rinaldi.

Neben dem Applaus der Kommunisten bekam Lang nicht ganz unerwartet kurze Zeit später auch höchstes Lob von der »Nouvelle Droite«. Seine Rede stufte sie in *Eléments* als historisch bedeutenden Augenblick ein: »Es ist komisch und bedauerlich zu sehen, wie Linksintellektuelle das ewige Amerika verteidigen und den multinationalen Kapitalismus, den Massenkonsum und die Ware lobpreisen ... Es ist komisch und bedauerlich zu sehen, wie ehemalige Antikolonialisten sogar die Idee der Unabhängigkeit für verdächtig halten und für ihr Land die schlimmste aller Kolonialisierungen akzeptieren, zu sehen, wie sie mit dieser für den Kolonialisierten bezeichnenden Mentalität, die das Gewicht der Ketten nicht mehr wahrnimmt und beim Gedanken, sie zu verlieren, zittert, für die eigene Versklavung plädieren.«

Der Einmarsch der Russen in Afghanistan, später insbesondere die Verhängung des Ausnahmezustands in Polen offenbarten drastisch die veränderte Einstellung der ex-linken Intellektuellen zur Sowjetunion. Nachdem sie bereits die Widerstandsbewegung in Afghanistan mit Geld und drei Radiosendern, die Bernard-Henri Lévy, Marek Halter, der Philosoph Vladimir Jankélévitch zusammen mit anderen persönlich überbrachten, unterstützt hatten, wurde »Polen« zu einem vielfachen Höhepunkt – und möglicherweise letzten Symptom – der Vergangenheitsbewältigung: evidenter hätten die historischen und geographischen Bezüge nicht sein können. Die »realistische« Einschätzung Jaruzelskis, der dem Land »in einer schwierigen Stunde noch Schlimmeres zu verhüten half« (nämlich eine Okkupation wie jene der Tschechoslowakei, Ungarns – oder Frankreichs im

Jahre 1940), erinnerte an Pétain, der sich mit diesen Argumenten gerechtfertigt hatte – und die »Normalisierung« an jene, die Vichy praktiziert hatte.

Die Ereignisse in Polen mobilisierten die »linken« Intellektuellen, die sich 1981 im Wahlkampf kaum engagiert hatten: Erstmals seit der Giscard-Ära gaben sie ihre politische Apathie auf. Nie zuvor hatten sie den sowjetischen Imperialismus – auch nicht dort, wo er viel offenkundiger und aggressiver war – derart kompromißlos und geschlossen angeprangert. Die Heftigkeit ihres Protests, der keinerlei Risiken barg, kann jedenfalls nicht ohne ein offenbares Bedürfnis nach Kompensation verstanden werden. Der Anlaß bot Gelegenheit, endlich einmal wieder politisches Gewissen zu demonstrieren – ohne Zwischentöne, eindeutig und absolut. Die Verhaftung von Jacques Derrida in Prag vermittelte dem Engagement zusätzlich einen Hauch von Martyrium – sie konnte fast schon als Racheakt der totalitären Repression verstanden werden – und schien zu belegen, daß Philosophie an sich schon subversiv und politisch wirksam sein könne.

Die Polen-Krise war der Moment, in dem die Intellektuellen nach den Monaten der Euphorie, aber auch der Ungewißheit, die dem Machtwechsel gefolgt waren, offen auf Distanz zur Regierung gingen – zum Teil ostentativ ihre Opposition demonstrierten –, die zur selben Zeit mit der Sowjetunion ein Abkommen über die Lieferung von Erdgas unterzeichnete. Im historisch belasteten Kontext wurde dieser Vertrag mit dem Hitler-Stalin-Pakt auf dem Rücken der Polen verglichen. Die alle Relationen verkennende Reaktion einiger Intellektueller verleitete Jack Lang dazu, Foucault, Montand und Glucksmann als »Clowns« zu bezeichnen – eine skandalöse Ungeschicklichkeit des Ministers, die dem verbalen Protest eine willkommene politische Dimension verlieh.

Verstärkt wurde die Solidarität mit Polen, zu dem Frankreich traditionsgemäß enge Beziehungen unterhält, durch den diffusen Eindruck, daß in beiden Ländern ein vergleichbarer – allenfalls gegenläufiger – Prozeß gegen die aus dem Weltkrieg hervorgegangene Konstellation in Gang gekommen war: Die »Solidarität« stellte den Marxismus, der in Frankreich als Ideologie verworfen wurde, von der wirtschaftlichen und sozialen Basis her in Frage.

Plötzlich erinnerte man sich auch der aktiven Rolle, die de Gaulle bei der Konstruktion des Jalta-Mythos gespielt hatte sowie der völlig vergessenen Tatsache, daß das Abkommen der Siegermächte freie Wahlen für Polen vorsah. Der gesellschaftliche Prozeß der Vergangenheitsbewältigung, der mit den Pazifismus- und »Neutralismus«-bestrebungen der Deutschen eine besondere Intensität erreicht hatte, bekam eine Zielscheibe, die den kollektiven Ausbruch ebenfalls historisch fixierte. Die deutsche Wiedervereinigung war über Monate eine französische Obsession, deren Hartnäckigkeit in keinem Verhältnis zur deutschen Sehnsucht nach nationaler Einheit stand. Der aus Österreich emigrierte Jude André Gorz, der sich zu Sartre und zur französischen Kultur wie zu einer neuen Religion bekehrt hatte – sein *Verräter* ist eines der wichtigen Bücher des Jahrhunderts –, stellte in einem Kommentar, der in Deutschland einige Aufregung verursachte (zumal Gorz mit seinen jüngsten gesellschaftspolitischen Arbeiten, die eine grüne Sensibilität verraten, dort stärker präsent ist als in Frankreich), auch einen Bezug zur bundesrepublikanischen Faschismusbewältigung her: »Im Klartext«, faßte er die pazifistische Haltung zusammen (in Anspielung auf das *Spiegel*-»Interview« mit dem allerhöchsten Sowjetherrscher, der seine Antworten schriftlich gab), »bedeutet sie: Liebe amerikanische Verbündete, da Breschnew euch sagt, ihr werdet sowieso sterben, auf welche Weise ihr uns auch zu verteidigen sucht – was habt ihr es nötig, uns in euren Tod mitzureißen. Sterbt für uns, aber – Gnade – habt die Würde, uns leben zu lassen, und sei es unter sowjetischer Hegemonie. Verschwindet von hier.«

Und in seiner Kolumne im linken Meinungsmagazin *Le Nouvel Observateur* kam André Gorz zu dem Schluß: »Die Sieger über Deutschland haben schließlich ihr Ziel erreicht: Anstelle eines Erobervolks haben sie gute Deutsche hervorgebracht, die akzeptieren, daß andere für sie ihr Leben riskieren, die jedoch nicht bereit sind, das ihre aufs Spiel zu setzen – weder für andere noch für sich selber. ›Lieber rot als tot.‹«

»Polen« war Anlaß zu karikaturistischen, emotionsgeladenen Tiefschlägen gegen Deutschland – als ob die Franzosen diesmal für (die Werftarbeiter von) Danzig hätten sterben wollen: lieber tot als »collabo«?! Für die These eines Prozesses der Bewältigung mit seinen Regressionen und Übertragungen spricht schließlich sogar die Tatsache, daß die Franzosen bei allem Widerstand, den sie rhetorisch leisteten, die guten Beziehungen zur Bundesrepublik in keinem Moment in Frage stellten und Helmut Schmidt zum beliebtesten ausländischen Staatschef erkoren. Die Ereignisse, die die alten Klischees erneut hervorbrachten, wurden auch von so etwas wie einem Dialog begleitet – der damalige Bundeskanzler wurde vom *Nouvel Observateur* interviewt, die Zeitschrift *Etudes* druckte einen Aufsatz Iring Fetschers über den Neutralismus und Pazifismus, *Le Monde diplomatique* Hans Christoph Buchs Reportage über »Die neuen Ängste und die andere Jugendrevolte«. Mehr noch – auch dies ein Novum: Frankreich interessierte sich für das bundesrepublikanische Echo auf seine publizistischen Zensuren.

Die Ablehnung der deutschen Friedensbewegung hatte ausschließlich innerfranzösische Ursachen. Sie konnte in Paris um so weniger Fuß fassen, als sie – nach den Präzedenzien der fünfziger Jahre – voll und ganz mit dem Parteikommunismus, ja Stalinismus identifiziert wurde. Ihre Verteufelung stellte sogar einen nationalen Konsens her – gegen die Kommunisten, auf deren Kosten die Entwicklung kulturell, schließlich politisch ablief: sie sind marginalisiert worden und auf jene Größe zusammengeschrumpft, die ihrem Sektierertum entspricht. Zur Stützung ihres mehr als nur angeschlagenen Selbstverständnisses sowie zur Erhaltung der eigenen Identität blieb der KPF – zumindest während der Zeit ihrer Regierungsbeteiligung – nur die Kampagne gegen die Neutronenbombe. Ein allfälliger französischer Pazifismus – den »Neutralismus« hatten dreißig Jahre zuvor jene durchexerziert, die nun ebenso ausschließlich atlantisch waren – hätte sich somit von vornherein diskreditiert.

Die französische Position gegen die Abrüstung stützte sich in ihrer Argumentation auf ein Buch, dem großer Einfluß beschieden war: Cornelius Castoriadis, der zusammen mit Claude Lefort die Zeitschrift *Socialisme ou Barbarie* gegründet hatte, die zu den Vorläufern der Neuen Philosophie gezählt werden darf, analysiert in *Devant la guerre* die sowjetische Taktik der militärischen Produktion. Ausgehend von einer östlichen Überlegenheit im Bereich der konventionellen Rüstung, beschreibt er sie als eine Expansion in kleinen Schritten, die ein »globales« Reagieren der USA nie rechtfertigen würden. Damit unterlaufe die Sowjetunion systematisch die Prinzipien der Abschreckung – an »Jalta« hat sich die UdSSR nie gehalten.

Castoriadis schreibt: »Die Frage ›Getreide oder Wasserstoffbombe‹ ist vom Kreml klar und kategorisch beantwortet worden.«

Dabei stehe keineswegs die Verteidigung auf dem Spiel: »Diese ist so stark wie überhaupt möglich und nötig seit der Wasserstoffbombe gesichert, also seit mehr als fünfundzwanzig Jahren.« Sie jedenfalls kann es nicht sein, die Rußland »zur steten Vermehrung und unaufhörlichen Anhäufung von Kriegsmitteln drängt«. Aus linker Sicht hält Castoriadis die Abrüstung für falsch – sie ist, zumindest solange sie vom »Verständnis« für die russische Umklammerungsangst ausgehe, ein Mythos, denn der »Einschließungskomplex« sei nichts anderes als eine neue Art zu sagen, die Welt ist rund – ein Pleonasmus, eine Banalität, die ein Blick auf die Weltkarte in die rechten Proportionen zu rücken vermag.

Den – fast schon obligaten – neuphilosophischen Begleitbestseller zu dieser Phase der deutsch-französischen Nachkriegsgeschichte schrieb André Glucksmann, dessen unerbittliche Schärfe auf keinerlei heikle Résistance- oder Kollaborations-Vergangenheiten Rücksicht nehmen muß, aber in Glucksmanns familiärer wie politischer Herkunft einen brisanten Hintergrund aufweist. In seinem provokativen Buch *La Force du vertige* (Philosophie der Abschreckung) analysiert der jüdische Publizist den deutschen Pazifismus unter Voraussetzungen, die aufhorchen lassen: »Ich jubiliere, wenn ich eine Ideologie aufkommen sehe. Ich bin entzückt, wenn ich auf Mechanismen stoße, von denen ich eigentlich ziemlich weit entfernt war, denn ich habe gelebt, als der Marxismus unterging und der Nationalsozialismus nicht mehr zur Debatte stand. Jetzt, endlich, eine Ideologie, die ich analysieren kann. Europa wird draufgehen und ich wahrscheinlich auch. Aber ich war bereits einmal drauf und dran zu krepieren, als ich vier Jahre alt war, während der Okkupation. Das ist nicht neu – ich werde das ja wohl nicht fürchten oder bedauern ...«

Glucksmann beschreibt den deutschen Pazifismus als Ausdruck einer unerträglich gewordenen Misere, die nun jene die Realität kaschierende Ideologie hervorgebracht hat. Vom gescheiterten Studentenprotest bis zur Friedensbewegung zählt er eine Kette von Mißerfolgen auf, die gleichzeitig immer neue Kreise zum pazifistischen Engagement ermuntern, es bildet sich eine »durchgehende Bewegung, die ihr Thema wechselt, ihr Publikum erweitert« und mit jedem Mißerfolg nochmals an Einfluß gewinnt. So entstand der Pazifismus als »deutsche Ideologie« und »Wunschvorstellung einer anderen Welt«: »Ich stelle fest: nach dem Nationalismus, dem Sozialismus, dem Marxismus, dem Rassismus gibt es eine neue Ideologie. Die Soziologen, die den Tod der Ideologien verkündeten, haben sich geirrt.«

Mit seiner Interpretation der pazifistischen Ideologie, in der er den »Grünen« die Rolle der Weißwäscher von Auschwitz zuteilt, zielt Glucksmann ins Zentrum des deutschen Faschismus: »Nehmen wir den zweiten Nürnberger Prozeß, den die ›Grünen‹ im Februar 1983 veranstaltet haben. Wir haben da ein Phänomen, das man die Umkehrung der Zeit nennt. Auschwitz durch Hiroshima erklären und feststellen, daß die Verbrechen gegen die Menschheit 1943 begonnen hätten: das ist eine umgekehrte Lesart – eine Neuschreibung der Geschichte. Dieses Vorgehen ist allen Ideologien gemein.« Natürlich wehrten sich die »Grünen« gegen diese Unterstellung, und sie widerlegten sie auch – wesentlicher allerdings ist im deutsch-französischen Kontext von Geschichte und Gegenwart der Vorwurf an sich, so daß es sich letztlich erübrigt, seine Argumente und Gegenargumente zu erörtern. Denn daß die Friedensbewegung – wenn auch nicht unbedingt im Sinne Glucksmanns – eine Reaktion auf die faschistische Vergangenheit ist und Glucksmanns Konstruktion eine ebenso obsessionelle Projektion, wird wohl niemand bezweifeln wollen.

In anderen Punkten ist André Glucksmanns Analyse nicht weniger kategorisch. So kritisiert er ihr – seiner Meinung nach – schematisierendes Denken: »Die alte und die neue Welt – die alte Welt der Gewalt und die gewaltlose, atomfreie, entwaffnete Welt der pazifistischen Zukunft. Auch dies ist ein Merkmal aller Ideologien, besonders jener des 19. Jahrhunderts.«

Als dritten Aspekt hebt er die Sündenbocksuche hervor: »Für die Sozialisten ist es das Geld, für die Rassisten – der dreckige Jude. Für die Nationalisten der böse Deutsche oder der böse Franzose. Für die Pazifisten sind die bösen Pershings und der böse Reagan der Grund allen Übels. Die Idee, daß es genüge, diesen Sündenbock zu entfernen, um eine heile, friedfertige Welt entstehen zu lassen, ist eine zutiefst ideologische. Und die Pazifisten glauben, daß es genüge, als erste abzurüsten, damit das Geld, das seit der Erfindung der ersten Waffen der Aufrüstung zufließt, der Dritten Welt zugute komme und die Hungernden ernähre. Das ist ein ideologisches Wunder. Gleiches gilt für die Möglichkeit eines auf Europa beschränkten und gewinnbaren Atomkriegs: Sie wird mit dem Sündenbock Reagan identifiziert –

doch strategisch ist es ja so, daß die SS 20 Europa bedrohen. Sie sind in der Lage, alle strategischen Zentren Europas zu zerstören ohne den ganzen Kontinent zu vernichten.«

Und auf die Frage, wie es in der Bundesrepublik, wo ein strammer Antikommunismus vorherrschend war, wo man den real praktizierten Kommunismus gleich jenseits der Mauer vor Augen hat und deren linke Intellektuelle auch nie den marxistischen Kult ihrer französischen Kollegen mitmachten, überhaupt zu dieser ideologischen Verblendung kommen konnte, meint er: »Das gehört zur deutschen Misere, die keine wirtschaftliche ist, auch keine politische, sondern eine moralische – und seelische. Es geht um die Beziehung zur Vergangenheit. Die erste Nachkriegsgeneration war unfähig, den Schock der Vergangenheit zu bewältigen. Weil sie sich nicht mit der eigenen Vergangenheit identifizieren konnte, identifizierte sie sich mit Amerika. Ich habe immer wieder festgestellt, daß Eltern ihren Kindern, die wie ich jetzt etwa vierzig sind, nicht erzählen konnten, was sich zwischen 1940 und 1945 ereignet hatte. Die Generation danach hat mit einem weißen Fleck im Familienroman gelebt: für das Kind haben sich Papa und Mama nicht gekannt – sie haben sich in einer Leere kennengelernt. Das Kind weiß nicht, wie sie sich fanden – wahrscheinlich doch in der Hitlerjugend. Davon sprach man nicht. Die Generation der Kinder konnte und wollte sich nicht mit den Amerikanern identifizieren, wie dies die Eltern taten. Konnte nicht, weil es inzwischen den Vietnamkrieg gab und sich die Amerikaner als ebenso fehlbar wie alle anderen Völker erwiesen hatten. Und sie wollten dies aus absolut verständlichen Gründen auch gar nicht. Aber das Problem ist nicht gelöst, und genau das meine ich mit der deutschen Misere. Aus Opposition zu den Amerikanern identifizieren sich die Pazifisten nicht etwa mit den Russen, und wenn sie – was nach längerem Gespräch doch zumeist der Fall ist – ›lieber rot als tot‹ sagen, meinen sie keineswegs mit dem Roten das Gute, das kommunistische Paradies, sondern durchaus die Herrschaft des KGB. Die Pazifisten identifizieren sich also keineswegs mit den Russen – sondern mit den Toten des dritten Weltkriegs, den sie als nuklearen Genozid fürchten – sie fühlen sich als die Juden des dritten Weltkriegs.«

Der Schau- und Schauerprozeß Barbie: Epilog einer Epoche

1944, im Jahre der sukzessiven (Selbst-)Befreiung Frankreichs durch die Truppen der Alliierten, stößt die Erste Französische Armee das Rhonetal hinauf vor. In ihren Reihen kämpft ein Eurasier französischer Nationalität, Jacques Vergès, der sich mit 17 Jahren als Freiwilliger gemeldet hatte. Das nächste Ziel ist Lyon, ein wichtiges Zentrum der Résistance; ihr liefert der lokale Gestapo-Chef Klaus Barbie zusammen mit den Schergen von der französischen Miliz einen unerbittlichen Kampf. Attentate werden mit Folterungen, Erpressungen, Bestechungen – mit Tortur bis zum Tod und öffentlichen Exekutionen beantwortet. Es herrschen Angst und Schrecken. Vergès ist »voller Bewunderung für diese Soldaten ohne Uniform«, die denselben Feind bekämpften: »Wie wir riskierten sie das Leben. Doch zusätzlich setzten sie sich täglich der Gefahr der Folter aus.« Und: »Ich hätte Barbie auf der Stelle erschossen.« Doch zu ihrer Begegnung – im Gefängnis – und merkwürdigen Verbrüderung wird es erst in vier Jahrzehnten kommen.

Zwischen 1945 und 1950 weilt Barbie in Deutschland, unter anderem in Augsburg. Er arbeitet nun für einen amerikanischen Nachrichtendienst, der ihn schützt und der ihm eine beträchtliche Rente auszahlt. Barbies Aufgabe ist es, Informationen über ehemalige Nazi-Größen zu liefern und Auskünfte über sowjetische Spione in den westlich besetzten Zonen zusammenzutragen. Erhard Dabringhaus, der damals für die amerikanische Besatzungsmacht in Deutschland arbeitete und heute in Detroit deutsche Literatur lehrt, erinnert sich: »Barbie war ein Hochstapler. Verwertbare Hinweise gab er praktisch keine. Er sprach von hundert Agenten, die angeblich in ganz Deutschland für ihn arbeiteten. Er brauchte Geld, um sie zu bezahlen ... In Tat und Wahrheit kassierte er die Dollars, damit hatte es sich.«

Damals war Dabringhaus überzeugt, daß Barbie nach Beendigung seines Auftrags an die Franzosen ausgeliefert würde: »Ich täuschte mich. Ich möchte wirklich wissen, warum wir es nicht taten.«

Den französischen Behörden, die nach Barbie suchten, durfte er auf Befehl seiner Vorgesetzten nicht die Wahrheit sagen. Im nachhinein kritisiert Dabringhaus auch die mangelnde Entschlossenheit der Franzosen: »Wenn sie ein bißchen hartnäckiger gewesen wären, hätte ich ihnen gesagt, was ich wußte. Ich hatte es satt, mit einem Kriegsverbrecher, der Hunderte von Menschen gefoltert und getötet hatte, zu arbeiten. Ich wäre ungehorsam geworden – aber sie haben nicht insistiert.«

Es gelingt Klaus Barbie, dank seiner Freund- und Partnerschaft mit Federico Schwend, dem »Schatzmeister« vieler flüchtiger Exponenten des Dritten Reichs, sich nach Südamerika abzusetzen. In Lyon wird er zweimal, 1952 und 1954, in Abwesenheit zum Tode verurteilt. Erst in den siebziger Jahren kommen ihm Beate und Serge Klarsfeld auf die Spur: Klaus Barbie lebt als Klaus Altmann in Bolivien, er ist ein enger Vertrauter des Diktators, den er als Spezialist in Fragen der Repression berät; auch als Drogenhändler, den höchste Stellen protegieren, steht er im Verdacht.

Nun beginnt ein langwieriges Tauziehen um seine Auslieferung – wiederum mit wechselndem Eifer. Das Ehepaar Klarsfeld unternimmt mit Régis Debray einen abenteuerlichen Versuch zu seiner Entführung via Chile, der aber durch den Putsch Pinochets gegen Allende im letzten Moment vereitelt wird. Zweimal soll Barbie in diesen Jahren sogar nach Frankreich gereist sein und – wie zwei hohe Beamte bestätigen – das Innenministerium davon gewußt haben. Nicht nur prominente Vertreter jüdischer Organisationen sind der Meinung, daß die »Regierung Pompidou gute Gründe hatte, Barbie nicht zu verhaften«.

Klaus Barbie alias Altmann ist nicht mehr der verabscheuungswürdige, brutale SS-Scherge, der Tausende von Opfern auf dem Gewissen hat – einer, wie es Tausende gab, und dem auch der Nazi-Jäger Simon Wiesenthal keine besondere Aufmerksamkeit zukommen ließ –, sondern längst zum Symbol geworden, mit dem ein einziger Name in Verbindung gebracht wird: der Name von Jean Moulin, der heldischen Inkarnation der französischen Résistance und gleichzeitig ihr tragischster Märtyrer.

Die Situation im besetzten Frankreich war äußerst komplex. Auf der einen Seite die Kollaboration, deren Palette von der ideologischen Motivation bis zum opportunistischen Kalkül und der reinen Profitgier reichte. Auf der anderen die Résistance, die durchaus nicht der homogene Block war, als den man sie später mystifizierte. Es gab gaullistische und kommunistische Widerstandskämpfer – aber auch solche, die antikommunistisch und antigaullistisch waren. Obwohl vorrangig, konnte doch der Kampf für Freiheit und Vaterland die handfesten Differenzen zwischen Christen und Kommunisten, zwischen Gaullisten und Personalisten nicht mildern: sie alle hatten für die Nachkriegszeit ihre eigene Version von Frankreich. Zur Einigung dieser Gruppierungen und Tendenzen sandte General de Gaulle Jean Moulin nach Frankreich. Auch wenn historische Spekulationen müßig sind – das Gelingen von Moulins Mission hätte der Nachkriegsgeschichte einen anderen Verlauf gegeben: Indochina, Algerien, die Europapolitik – der Geist der Fünften Republik bereits im Frankreich der *libération* ...?

Wer war Moulin – welche Rolle hatte ihm de Gaulle zugedacht? Diese Fragen sind noch immer unbeantwortet. Und auch in seinen Memoiren äußert sich de Gaulle nur sehr vage zu diesem brisanten Kapitel. Das einzige, was man mit Bestimmtheit weiß: Jean Moulin wurde verraten – von einem aus seiner engsten Umgebung. Ein Motiv hatten viele.

Jean Moulin fiel im Juni 1943 in die Hände der Nazis. Bei der Organisation des Résistance-Gipfeltreffens von Caluire, einem Vorort von Lyon, wurden derartige Fehler gemacht, daß sich einem der Eindruck eines Hinterhalts aufdrängt. Wichtige Leute waren gar nicht gekommen, andere überraschenderweise präsent; vor dem Haus stand – entgegen der üblichen Praxis – nicht einmal ein Wachtposten. Moulin traf verspätet ein. Gleich nach ihm kamen die Nazis, angeführt von Barbie. »Hände hoch, deutsche Polizei!« soll er in gutem Französisch gerufen haben.

Barbie verhörte Moulin im SS-Hauptquartier. Als er ihn aufforderte, die Namen und Adressen von Kampfgenossen aufzuschreiben, kritzelte Moulin, der ein begabter Karikaturist war, blitzschnell etwas aufs Papier – und hielt dem Deutschen das Spiegelbild seiner Mörderfratze entgegen. Nun nahm Barbie ein Stück Papier, notierte darauf den Namen »Jean Moulins« und schob es über den Tisch, worauf dieser einfach das »s« durchstrich.

Was später geschah, erzählte der kürzlich in St. Gallen verstorbene

Schweizer Gottlieb Fuchs, der offiziell als Dolmetscher für Barbie tätig war. Als er am Nachmittag des 25. Juni allein in der Eingangshalle der »Ecole de la Santé« saß, hörte er einen »fürchterlichen Lärm« aus Barbies Zimmer: »Ich sah, wie Barbie in Hemdsärmeln einen leblosen Körper die Stufen hinabzerrte, einen leblosen, an Händen und Füßen gefesselten Körper. Im Erdgeschoß angelangt, machte Barbie kurz halt, um Atem zu holen. Dann begann er, den Körper weiter hinabzuzerren, zu den Zellen im Kellergeschoß. Der Mann war im ganzen Gesicht schwer geschlagen worden, und seine Kleider waren zerrissen.« Es war Jean Moulin, und sein Peiniger soll von ihm gesagt haben: »Wenn er heute nicht krepiert, werde ich morgen in Paris mit ihm Schluß machen.«

Klaus Barbie gibt nach dem Krieg die unterschiedlichsten Versionen zum besten, aber stets streitet er jede Schuld am Tode Moulins ab. Noch 1979 äußert er lediglich sein Bedauern darüber, wie Tom Bower berichtet, daß die Karikatur, die sein Opfer von ihm angefertigt hatte, von seiner Frau, der er sie nach Hause geschickt haben will, nicht aufbewahrt wurde: »Die würde heute 50000 Dollar kosten! Aber das kann man ja nicht ahnen ...«

Und die Geschichte wiederholte sich! Jacques Bingen, der Nachfolger von Jean Moulin, wurde ebenfalls an die Deutschen verraten und verhaftet. Er legte ziemlich genau ein Jahr nach Moulins Tod im Gefängnis Hand an sich. Sein Name ist heute kaum einem Franzosen geläufig.

Jean Moulin, der seinen Folterern widerstand, keinen Namen, keine Adresse preisgab, wurde parallel zur Verklärung der Résistance zu ihrem Symbol – ihr vom Freund verratener, vom Feind geschundener Märtyrer. 1954 überführte man seine Urne ins Pariser Panthéon, dem weltlichen Tempel der republikanischen Heldenverehrung, zu Voltaire, Victor Hugo, zu Jaurès und Léon Blum. André Malraux, der große Rhetoriker, Schriftsteller und Widerstandskämpfer, de Gaulles Weggefährte, Minister und Biograph, hielt eine seiner brillantesten Reden (abgedruckt in den »Oraisons funèbres«) über den »gefolterten armen König der Schatten«, der – aus London kommend – mit dem Fallschirm über Frankreich abgesprungen war, *pour devenir le chef d'un peuple de la nuit*. 1981, bei seinem nicht weniger pathetischen Besuch im Panthéon zur Feier seiner Machtübernahme, legte François Mitterrand auf seinem Pilgerzug durch das Reich der Ahnen eine der drei Rosen, die er mit sich führte, am Grabe von Jean Moulin nieder.

Kaum zwei Jahre später – in Frankreich stehen die Gemeindewahlen vor der Tür, sie sind der erste Test für die regierenden Sozialisten – sitzt Barbie im Flugzeug, das ihn nach Frankreich bringen wird. Die bolivianischen Behörden liefern den bislang »Unberührbaren« plötzlich aus. Die rund 10 000 Dollar betragende Schuld gegenüber dem Staat haben seine Anwälte wenige Stunden zuvor bezahlt. Als Grund wird Barbie die mit falschen Angaben erschlichene bolivianische Nationalität genannt – das wußte man allerdings seit langem. Ohne den Übergang zur Demokratie hätte Bolivien – zu dem Régis Debray auch als Berater Mitterrands gute Beziehungen unterhielt – Barbie wohl kaum je ausgeliefert. Das linke Frankreich läßt sich den Verbrecher einiges kosten: man spricht von ein paar Millionen Dollar (für ein Militärkrankenhaus) und 3000 Tonnen Weizen. Der damalige Innenminister Roncall, der die Auslieferung ermöglichte und organisierte, soll persönlich ebenfalls kassiert haben – er ist inzwischen untergetaucht. Den ganzen Flug über ist eine Kamera auf Barbie – der zunächst an eine Auslieferung nach Deutschland glaubt – gerichtet; sie filmt ihn ohne Unterlaß. Große Sorgen scheint sich der Kriegsverbrecher nicht zu machen – nur die Ankündigung des Bestimmungslandes Frankreich läßt ihn zusammenzucken.

In Frankreich schlagen die Wellen der Emotion hoch. Auf dem Flughafen von Lyon, wo ehemalige Opfer auf Barbie warten, wird eine Frau, die mit einem Karabiner gekommen ist, entwaffnet. Angesichts des Aufruhrs landet die Maschine auf der Militärbasis von Orange. Im Hubschrauber wird Barbie ins Gefängnis von Montluc verbracht – auch dies ein gesucht symbolischer Akt: Es ist der Ort vieler seiner Greueltaten – der Täter am Ort der Tat. Eine Schrifttafel erinnert an die Verbrechen. Von Innenminister Defferre ist zu hören, er hätte Moulin noch am Vormittag des fatalen Treffens von Caluire gewarnt. In der Tagesschau tritt Jean Moulins »Witwe« auf, zwischen 1926 und 1928 war er mit ihr verheiratet, nachher hat er keinerlei Kontakt mehr mit ihr unterhalten. Sie hat alles, was sie von Moulin wußte, bereits vor etlichen Jahren in Buchform vermarktet und meint jetzt vor Millionen von Zuschauern, man müßte eigentlich »mit Champagner feiern«: »Ich möchte, daß Barbie erschossen oder gehenkt wird. Vielleicht läßt sich jemand finden . . .« Vorläufig kümmert sich ein Minister der Mitterrand-Regierung – es ist Wahlkampf – um die Hinterbliebene. Doch die Todesstrafe ist seit 1981 abgeschafft. Prominente Politiker nicht nur der Opposition fordern ihre – und sei es vorübergehende – Wiedereinführung, wie damals bei Eichmann in Jerusalem.

In der Woche darauf publiziert die Illustrierte *Paris-Match* ein Bild, das Barbie im Gefängnishof zeigt. Da man ihn statt durch das Teleobjektiv genausogut, ja präziser noch mit einem Zielfernrohr hätte ins Visier nehmen können, läßt Justizminister Badinter Barbie nach einer Woche von Montluc ins schärfer gesicherte Gefängnis St. Joseph hinter dem Lyoner Bahnhof Perrache überführen. Dort lebt er seither nicht wie ein Massen-, sondern wie ein Kindsmörder, den die Mitgefangenen meiden wie die Pest.

Die Politiker zeigen sich befriedigt – und sind auffällig um Besonnenheit bemüht: Nicht um »Rache« gehe es, sondern – so Premierminister Mauroy – um einen großen Moment kollektiver »Pädagogik«. Der Prozeß – die Linke hat einen Prestigesieg errungen – soll vom Fernsehen übertragen werden. In Meinungsumfragen fordern siebzig Prozent der Franzosen das Barbie-Programm, live und total. Badinter sagt, daß dies nicht nur wünschenswert sei, sondern auch tatsächlich erwogen werde; man prüfe die juristischen Aspekte – denn Filmen vor Gericht gab es bislang nicht.

Für die Intellektuellen kommt die »Affäre Barbie« zur Unzeit, zu Beginn ihres großen »Schweigens«, das Regierungssprecher Max Gallo ein paar Monate später konstatieren wird. Der »französische Faschismus« ist erst zwei, drei Jahre zuvor als Element der nationalen Kultur diskutiert, die Debatte eben ad acta gelegt worden, und die verdrängte Kollaboration noch nicht viel länger ins Bewußtsein eines aufgewühlten, aber keineswegs traumatisierten Volks zurückgekehrt. »Wann«, fragt Jean-Edern Hallier, das *enfant terrible* der französischen Literatur, »hört Frankreich endlich mit dem Versuch auf, den letzten Krieg zu gewinnen?« Für Henri Amouroux, den mutigen – und unbestechlichen – Verfasser einer sechsbändigen »Kollaborations«-Geschichte, geht es »nicht um das Erinnern selber, sondern um die Bewahrung, die Erneuerung der Erinnerung«.

Der anstehende Prozeß stellt ebenfalls die Frage nach dem Verhältnis von Schuld und Sühne. Bernard-Henri Lévy, der Verfasser der kulturellen Anklageschrift *Idéologie française*, der sich bereits in *Le*

Testament de Dieu (Das Testament Gottes) mit der Frage des Vergessens und Erinnerns befaßt, zieht Vergleiche mit dem Eichmann-Prozeß. Damals waren Gershom Scholem und Hannah Arendt, die für die Todesstrafe plädierte, unterschiedlicher Auffassung: »Scholem antwortete ihr, daß im Falle derart grauenhafter Verbrechen die Maximalstrafe paradoxerweise wie eine Minimalstrafe wirken könne. Indem man Eichmann tötete, erweckte man den Eindruck, das Dossier sei geschlossen, und mit ihm eine Klammer. Daß das Verbrechen gesühnt sei. Daß die Wunde nicht mehr blute. Ich neige Scholem zu: in der Affäre Barbie müssen wir uns davor hüten, zu sagen, man gebe ihm die Höchststrafe und höre dann auf, darüber zu sprechen.« Auch Simone Veil plädiert für einen Prozeß, der nicht einen einzelnen Menschen – wenn nicht als Sündenbock, so doch als Stellvertreter – anklage, sondern ein System, eine Ideologie. Doch für solche Prozesse ist das Gericht nicht die geeignete Instanz – ob mit oder ohne Fernsehen.

Mehr noch: Im »Barbie-Prozeß« sitzt zwar auf der Anklagebank ein gesundheitlich angeschlagener, kaum mehr zurechnungsfähiger, schuldiger Greis, der a priori eher Mitleid denn Schrecken einflößt – angeklagt aber ist Frankreich selber, ist eine der düstersten Epochen seiner Geschichte. Das ist nur natürlich für einen Prozeß, bei dem es zwar (juristisch) um »Verbrechen gegen die Menschlichkeit« geht, über dem aber eine einzige Frage schwebt: Wer hat Jean Moulin ermordet – und vor allem: warum!

Diesen Sachverhalt macht sich Barbies Anwalt, der den anfänglich bestellten Pflichtverteidiger abgelöst hat, systematisch zunutze. Es ist niemand anders als Jacques Vergès, der als Siebzehnjähriger in de Gaulles Armee kämpfte und 1944 Barbie in Lyon liebend gerne erschossen hätte – »und er weiß es auch«. Vergès: »Ich engagierte mich, weil ich gegen die Nazis war. Was mich besonders motivierte: die Tatsache, Eurasier zu sein. Der Nazismus war die Ausformung des schlimmsten Rassismus. Der Krieg selber hat in mir angenehme Erinnerungen hinterlassen, fast ein Entzücken. Ich war bei der Artillerie und habe ohne jeden Zweifel Menschen getötet. Die Erinnerung an diese Zeit kann mit dem, was die Veteranen eines klassischen Krieges empfinden mögen, verglichen werden. Sie hat etwas Begeistertes, Euphorisches.«

Nach 1945 studierte Vergès Geschichte und orientalische Sprachen, schließlich Rechtswissenschaften. Er war innerhalb der antikolonialistischen Studenten tätig und als Leiter einer internationalen Organisation in den Jahren des Kalten Kriegs in Prag wohnhaft. Vom Stalinismus spricht er – mit der Rhetorik des *ancien combattant* – fast wie von seinen Kriegserfahrungen: »Die Erinnerung an jene Zeit ist die einer großen Brüderlichkeit. Wirklich – diese Brüderlichkeit kommt vor allem anderen. Vielleicht hatte ich Glück, vielleicht bin ich naiv.« Und auf den Einwand, dies sei nach Solschenizyn schon eine etwas merkwürdige Definition des Stalinismus: »Das ist so ein Wort – für mich beschwören die Jahre des Stalinismus den Vietnamkrieg, die französische Repression in Madagaskar, den Beginn einer Bewegung, die die drei Maghrebländer in die Unabhängigkeit führt.« Von den stalinistischen Greueln will er damals nichts gewußt haben.

1957 verteidigte er in Algerien junge Frauen, denen Bombenanschläge zur Last gelegt wurden. Nach dem Kolonialkrieg, während dem er als Anwalt der algerischen Befreiungsfront FLN viele Prozesse bestritt, heiratete er eine seiner Klientinnen. Später hat er die palästinensischen Terroristen verteidigt, Mitglieder der Baader-Meinhof-Bande und erst kürzlich die Armenier, die in Orly ein Blutbad anrichteten. Zuvor blieb er acht Jahre lang verschwunden – niemand weiß, wo er war. Vermutlich in China, Albanien oder Lybien.

»Ich bin selber von einer Insel im Indischen Ozean gebürtig – die Konstante in meinem Tun ist der Einsatz für die Freiheitskämpfer der Dritten Welt.« Daß viele von ihnen in lateinamerikanischen Gefängnissen auf Anordnung von Regierungen gefoltert wurden, die sich Barbies große Erfahrung in Sachen Repression und Anti-Guerilla-Krieg zunutze machten und den alten Nazi protegierten, scheint ihn nicht zu stören – so wenig wie die Tatsache, daß Barbie auch ideologisch mit den von Vergès verteidigten *causes politiques* des antifaschistischen und antikolonialistischen Kampfes kaum vereinbar ist. Wenn man ihn auf diese Widersprüche anspricht, zieht sich der politisch engagierte Jurist auf sein berufliches Ethos zurück: »Ein Anwalt muß jeden Angeklagten verteidigen. Und wenn jemand der schlimmsten Verbrechen bezichtigt wird, braucht er erst recht einen Anwalt.«

Von den eigenen Widersprüchen lenkt Vergès systematisch ab – Angriff ist die beste Verteidigung, auch für Barbie – auf jene seiner Gegner. Es geht ihm weder um das Individuum noch um den Massenmörder Barbie, noch weniger um den Schandfleck der Kollaboration, sondern um seine ureigene politische Sache: Er will den französischen Kriegsverbrechen in den ehemaligen Kolonien den Prozeß machen. Zu diesem Zweck ist ihm jedes Mittel recht und keine noch so unheilige Allianz zu billig. »Wie kann Frankreich einen deutschen Leutnant anklagen, wenn man nicht ebenfalls den französischen Leutnant des Algerienkriegs, der die gleichen Verbrechen begangen hat, die zudem noch weniger weit zurückliegen, nicht zur Rechenschaft zieht«, empört sich Vergès. Diesem Befund kann man trotz des verlogenen Kalküls, das ihm zugrunde liegt, durchaus zustimmen, mit Vorbehalten auch seinen weiteren Ausführungen, die ihn allerdings zu einer merkwürdigen Hochrechnung verleiten:

»Sehen Sie sich einmal die Statistiken an, an denen niemand zweifelt: Es gab in Algerien eine Million zivile Tote, Opfer eines wahrhaften Genozids. Die algerische Regierung spricht gar von 1,5 Millionen. Wenn man das extrapoliert und mit Frankreich vergleicht, hätten die Deutschen im Krieg fünf Millionen Franzosen umbringen müssen. Es gab diese Verbrechen in Algerien, ich habe sie enthüllt – nie hat man die Verantwortlichen verfolgt. Niemand zweifelt daran, daß die Franzosen in Algerien gefoltert haben. Das alles ist viel schlimmer und umfassender als die Verbrechen der Deutschen in Frankreich. Ich spreche nicht von den Greueln im Osten – aber was die deutsche Armee in Frankreich tat, kann nicht mit den Verbrechen der Franzosen in Algerien verglichen werden. Und wenn man selber schmutzige Hände hat, die man nicht waschen will – mit welchem moralischem Recht wendet man ein Gesetz auf einen Deutschen an, während man die eigenen Landsleute ungeschoren laufen läßt?« Einmal abgesehen von der makabren Obszönität solcher Vergleiche und Aufrechnungen, ist es auch mehr als fraglich, ob ausgerechnet Barbie ein tauglicher Kronzeuge für die Anklage französischer Kriegsverbrechen in den Kolonien sein kann.

»Es gibt«, sagt der Schriftsteller Philippe Sollers, »in Frankreich zwei Tabu-Perioden, einmal die Jahre der Okkupation und dann die Zeit des Algerienkriegs.« Das erste Tabu – mit dem Résistance-Mythos als Begleiterscheinung der Verdrängung – hat fast vierzig Jahre gehalten. Das »algerische Tabu« besteht für Sollers »in der Verwicklung der Sozialisten, der Folter unter Mitterrand, der damals Justizminister war. Zweitens würde ich nicht so argumentieren wie die Leute mit einer revolutionären oder auf die Dritte Welt bezogenen

Ideologie. Alle haben sich damals in Abstraktionen geflüchtet, mich selbst eingeschlossen zu jener Zeit. Alle experimentellen und Avantgarde-Bewegungen tragen die Verantwortung mit. Deshalb werde ich in einem realistischen Roman darauf zurückkommen müssen. Es ist, als hätten in den sechziger Jahren die Uhren stillgestanden. Seither – Schweigen.« Doch Sollers hat diesen realistischen Roman, der die Wahrheit provoziert und das Tabu aufbricht, bislang nicht geschrieben.

Ein Bruch mit dem Algerien-Tabu wäre brisanter denn je: Mitterrand hat in der ersten Hälfte seiner Amtszeit die bereits von de Gaulle erlassenen Amnestiebestimmungen für die Verbrechen im Algerienkrieg ausgeweitet. Die Maßnahme zur »inneren Befriedung«, das generöse Pardon, von der die Putsch- und Foltergeneräle profitierten, wurde generell begrüßt – trotz starker Opposition aus der eigenen Partei und von einigen linken Intellektuellen. Doch als der Staatschef seinen Außenminister zur Feier des dreißigsten Revolutionstages nach Algier entsandte, wäre es fast zu einem Aufstand gekommen. Der Oppositionspolitiker Claude Labbé sprach von einer Selbst»entehrung«, während der sozialistische Bürgermeister von Montpellier die Fahnen seiner Stadt, in der besonders viele nordafrikanische Gastarbeiter leben, auf Halbmast hissen ließ. Daß Jean-Marie Le Pen, der Chef der »Nationalen Front«, in Algerien als Freiwilliger eifrig folterte, hat er kaum je ernsthaft bestritten – und vor allem: es scheint ihm kaum zu schaden.

Gibt es tatsächlich ein Algerien-Tabu? Der Historiker Pierre Vidal-Naquet kommt in *La torture dans la République* zu folgendem Befund: »So, wie der Algerienkrieg konzipiert und geführt wurde, war er ohne Folter undenkbar.« Jedermann weiß es, man darf es auch sagen – während die Wahrheit über die Kollaboration zumindest jenen, die sie öffentlich anprangerten, nicht bekannt gewesen war.

Natürlich besteht ein Zusammenhang zwischen dem Trauma von 1940 und der Nachkriegspolitik in den Kolonien, die Ausdruck der letzten Illusion, eine Weltmacht zu sein, war. Viele Intellektuelle unterstützten vor Ort und im Mutterland die Befreiungsbewegungen, ihr Engagement gegen den Kolonialkrieg war keineswegs nur rhetorisch. Die Regierung reagierte mit harter Repression und Zensur. Es gibt haufenweise antikolonialistische Literatur, Zeugnisse gegen die Folter aus dieser Zeit – doch heute scheinen sich die Intellektuellen, da sie in einer Phase der Selbstkritik und -besinnung nach ihrem Verhältnis zum Marxismus auch die Motivation ihres Engagements für die Dritte Welt überdenken, ihrer damaligen Opposition kaum mehr erinnern zu wollen – in dieser Hinsicht verhalten sie sich auffallend apathisch.

Immerhin ermuntert die merkwürdige Konstellation Barbie/Vergès, die die Verknüpfung zweier düsterer Epochen auch personell in einer perversen Umkehrung widerspiegelt, zu historischen Vergleichen. So verspottet der Urbanist und Philosoph Paul Virilio jene, die einerseits dem Barbie-Prozeß eine »pädagogische Funktion« geben möchten, gleichzeitig aber »die Putsch-Generäle rehabilitieren«. Für den Historiker Jean Chesneaux ist Barbie die Verkörperung einer Kontinuität des Grauens: »Nicht was vor – was seit vierzig Jahren geschehen ist, beschäftigt mich. Barbie illustriert die Planetarisierung der Politik seit dem Krieg. Man muß endlich untersuchen, wie Barbie und viele andere über die USA zur Konsolidierung despotischer Regime in Lateinamerika beitragen konnten. Nach 1945 ging es für die Amerikaner nicht in erster Linie um die Erhaltung der europäischen Erinnerung, sondern um die Errichtung von Diktaturen in Südamerika. Die ›nazistische Ordnung‹ ist vorbei – in Lateinamerika hat der Terror seit vierzig Jahren nicht aufgehört.«

Die französische Wahrheit der Barbie-Affäre ist jedoch zuallererst eine gesellschaftliche – und gegenwartsbezogene. Der Anthropologe Georges Balandier erinnert an die sensationellen Auflagen, die Nachdrucke von Zeitungen der Kriegszeit erreichen: »Man beruhigt sich, indem man unsere Epoche mit dem Schlimmsten vergleicht. Die Krise wird exorziert. Barbie ist ein zu perfekter Sündenbock. Er ermöglicht es, die allgemeine Schande zu kristallisieren und dem Horror ein Gesicht – seines – zu geben. Die Barbie-Affäre und ihre Dramatisierung sollen uns sagen: das Böse ist besiegt.«

Vom Bedürfnis, den »Horror zu datieren« und damit zu fixieren, spricht auch Virilio: Aber »Barbie beunruhigt nicht mehr – trotz des Mysteriums, das er hütet und das fasziniert«, denn »letztlich entspricht die ganze Barbie-Geschichte dem Kult des Erinnerns, dem die Sozialisten huldigen, ihrem tiefen Historizismus. Die Barbie-Affäre ist die direkte Fortsetzung von Mitterrands Geste im Panthéon. Mit Barbie wird eine neue Form der Sühne geschaffen: die Medien-Sühne – die Strafe durch Information.«

Für Jean Baudrillard handelt es sich um ein »Anti-Ereignis«: »Barbie ist unser Patrimonium des Grauens. Man holt einen ›deus ex machina‹ aus dem Wandschrank und belebt ein Monster. Als ob man uns sagen möchte: Die Geschichte ist letztlich nie zu Ende, es gibt immer einen Schweif – wie die Schweife des Kometen.« Der Schweif des Kometen als Schatten der Geschichte: daß in der Faszination der Franzosen für Barbie »etwas Obszönes« (Baudrillard), auch Morbides steckt, ist nicht zu verkennen. Baudrillard vergleicht sie mit einer »Fantomas-Inszenierung« und dem möglichen »Fintenspiel einer Trauerarbeit«, »Barbie fasziniert, weil er ein schmutziges Geheimnis hütet.«

Ob man das nun symbolisch deuten oder auf den konkreten Verrat an Jean Moulin beziehen will, ist einerlei. Barbie ist dermaßen mystifiziert worden, die Strategie zu seiner Verteidigung derart skrupellos und verlogen, daß dieses »Geheimnis«, das es gibt, keinerlei Bedeutung mehr beanspruchen kann. Die Wahrheit, die schlichte und niederschmetternde Wahrheit ist: Ohne Tausende und Abertausende von französischen Helfershelfern und Henkersknechten hätte Barbie seinen Terror nicht veranstalten können – Frankreich hat seine relative Schonung, die Vergès zu seiner perversen Aufrechnung animiert und zu seinem scheinbar generösen Pardon für Deutschland, für Barbie, erkauft um den Preis des aktiven Mitmachens, der kollektiven Mitschuld – ohne französische Polizei kein Barbie. Von dieser Wahrheit lenkt das »Geheimnis« des Gefangenen letztlich auch wieder ab, vielleicht muß gerade deswegen ungesagt bleiben, wer Jean Moulin verraten hat. Zweimal ist René Hardy, der (als einziger in Caluire) den Deutschen unter merkwürdigen Umständen entkommen war, dieses Verrats auch juristisch beschuldigt worden – beide Male wurde dieser Schriftsteller, dessen Bücher in siebzehn Sprachen übersetzt sind, freigesprochen. Nach Barbies Rückkehr hat er die Résistance-Kämpfer als »Pfadfinder« verhöhnt und Moulin bezichtigt, er habe den Widerstand für seine Zwecke im Solde des Kommunismus vereinnahmen wollen. Inzwischen soll er wieder untergetaucht sein. Falls der systematische Lügner Barbie »es« wirklich je ausspucken sollte – wer wollte seiner neuesten Version (nach Dutzenden von anderen) noch Glauben schenken? Einmal ganz abgesehen davon, daß mit dem Niedergang des Gaullismus und vor allem seit Mitterrands Wahlsieg auf Kosten der Kommunisten die Wahrheit über Jean

Moulins Tun und die Umstände seines Todes nur noch historisch interessant, nicht mehr aber politisch brisant und zudem juristisch verjährt sind.

Für die Tausenden von Toten, die man Barbie guten Gewissens anlasten kann, gibt es heute keine Paragraphen mehr. Seit ihrer Verjährung können nur noch »Verbrechen gegen die Menschlichkeit« strafrechtlich geahndet werden. Deshalb beschränkt sich der Prozeß gegen Barbie im wesentlichen auf die »Kinder von Izieu«, die nach Auschwitz deportiert und dort vergast wurden. Als Ankläger tritt der von ihren Angehörigen bestellte Serge Klarsfeld auf: »1944 gab es in Frankreich eine Menge Heime, in denen jüdische Kinder Zuflucht fanden, und die Gestapo hat alle gekannt. In ganz Frankreich gab es nur zwei Gestapo-Offiziere, die nicht bewußt darüber hinweggesehen haben, zum einen, weil der Krieg seinem Ende entgegenging, zum anderen, weil sie hinter allen Kindern her waren. Die beiden waren Alois Brunner und Barbie. Ich bin nur wegen der Kinder von Izieu, die er auf dem Gewissen hat, hinter Barbie hergewesen.«

Doch nicht ihretwegen ist Barbie ausgeliefert worden. Sie müssen herhalten, weil man den Massenmörder für etwas anderes – für alles andere – juristisch nicht fassen kann. Verteidiger Vergès: »Die Entführung der Kinder von Izieu ist ein grauenhaftes Verbrechen, ich verurteile es. Jetzt wird Barbie dafür verantwortlich gemacht – 1952 und 1954 warf man ihm das nicht vor. Heute muß man sich darauf berufen, um überhaupt diesen symbolischen Prozeß führen zu können.« Moulins Tod erklärt Vergès als Suizid: er wußte, daß er verraten worden war, »und wollte nicht sprechen«. Und auf die Frage, ob er denn Barbie, den er ja gerne umgebracht hätte, nun plötzlich für unschuldig halte: »Was diese Verbrechen gegen Juden betrifft: da ist er völlig unschuldig.« Und sonst? »Wenn er andere Verbrechen begangen hat, soll man ihn ihretwegen zur Verantwortung ziehen.«

Eine erste Kostprobe des Barbie-Prozesses bekamen vorab die Leser des exquisiten Männermagazins *Lui* serviert. Auf seine Einladung fanden sich die keine Möglichkeit zur Publizität verachtenden Anwälte Klarsfeld und Vergès im Pariser Nobellokal »Fouquet's« zu einem ersten Schlagabtausch ein – ein erbärmliches Schauspiel, dessen Protagonisten noch das Mitleid zum Gegenstand eines kindischen Kalküls machten: für die Anerkennung »meines« Genozids vergieße ich zwei Tränen für »deine« Opfer . . .

In diesem Gespräch, dessen grenzenlose Geschmacklosigkeit sich im Umfeld der nackten Mädchen und anzüglichen Witze besonders gediegen ausnahm, vertrat Klarsfeld – er hat den Kindern von Izieu eine ergreifende Dokumentation gewidmet – eine Auffassung von Schuld und Sühne, die irritiert: Nein, um Rache gehe es ihm keineswegs (wiewohl man das begreifen, verstehen würde!) – er wolle, vom Präfekten Maurice Papon, der in Bordeaux eifrig, übereifrig Juden ausgeliefert hatte, wie von Barbie »ein Geständnis«: »Wenn«, so Klarsfeld wörtlich, »Barbie einen ›retour en arrière‹ akzeptieren und den Menschen, der er war, erklären würde, den Nazismus und den Antisemitismus verneinend« – ja, dann könnte man sehen: *nous pourrions voir*...

Bei diesem erbärmlichen publizistischen Prolog zur juristischen Verhandlung hätte man es wohlweislich belassen können – der jahrelange Barbie-Schauprozeß, in dem Pharisäer und Provokateure die Hauptrollen spielten und bei dem sowieso alles stellvertretend und ersatzweise, in Übertragungen und Projektionen – eben »symbolisch« – stattzufinden pflegte, genügte eigentlich. Denn er kann in allen seinen Phasen und Perversionen durchaus als Symptom – und Begleiterscheinung – eines tieferen gesellschaftlichen Prozesses, der das Land veränderte, verstanden werden – als audiovisuelle Medien-Katharsis einer vierzigjährigen Tragödie, die Frankreich gleichzeitig inszenierte und erlitt.

II

Pioniere der modernen Kultur

»Die große Bedeutung, die große Originalität Diderots – und das hat niemand bemerkt – besteht darin, daß er in die gewichtige und geregelte Büchersprache das Lebhafte, das Brio, das Hüpfende, die ein wenig närrische Unordnung, das Lärmende, die fiebrige Lebendigkeit des Gesprächs gebracht hat: des Gesprächs der Künstler, mit denen er als erster französischer Schriftsteller in enger Beziehung gelebt hat.« Dieser Eintrag im Tagebuch der Gebrüder Goncourt stammt aus einer Zeit, da Diderot noch immer zu den meistgehaßten Philosophen gehörte, und dokumentiert den zaghaften Versuch, ihn auf Um- und Nebenwegen wieder in die Diskussion zu bringen. Nochmals hundert Jahre danach ist uns sein Materialismus am nächsten. In ihm unterscheidet er sich am deutlichsten von Rousseau und Voltaire, der wohl als erster merkte, daß er es mit einem »definitiven Atheisten« zu tun hatte.

Im *Lettre sur les aveugles* beschreibt Diderot, von dessen Werk bis in die Mitte des 20. Jahrhunderts keine Gesamtausgabe existierte, den Menschen als Teil eines großen Ganzen, als Element einer dem Zufall und dem Chaos geweihten Materie – ohne vorausbestimmte Harmonie oder gar kosmische Vernunft, die er für Humbug und Betrug hielt. Im Laufe seiner theoretischen wie praktischen Erfahrungen hat Diderot diesen Ansatz weiter radikalisiert – im Artikel »Tier« der *Enzyklopädie*, in seinen *Pensées sur l'interprétation de la nature*, im *Rêve d'Alembert*. Der *Commentaire sur Hemsterhuis* – 1774 geschrieben, aber erst 1964 gedruckt! – analysiert die materiellen Mechanismen des Schlafs und des Erinnerungsvermögens. Der Verfasser bezeichnet den Menschen als Metamorphose der Materie – und das Denken als Produkt, als Funktion des Körpers. Es gibt in Diderots Auffassung kein autonomes »Seelenleben«, das von der

»tierischen Ökonomie« des Wesens Mensch unterschieden werden könnte. In den *Eléments de Physiologie,* die er in den letzten Jahren vor seinem Tod niederschrieb, versucht er nochmals, die materielle Organisation des Seins zu ergründen: »Es gibt keine anderen Ursachen als die körperlichen.«

Verausgabung und Verschwendung ohne Finalität: das sah Diderot in der Natur. Die Wissenschaften haben seither diese Ansätze untermauert, und ihr Wissen führt heute weit über Diderot hinaus. Doch seine Hypothesen bleiben von unverbrauchter Aktualität. Mit seiner »Sensibilität der Materie« gelang es ihm, den Dualismus von Geist und Materie zu überwinden sowie das philosophische und wissenschaftliche Denken von der Theologie zu emanzipieren; für die Kenntnis der Materie, die er vorantrieb, war es unnötig, eine metaphysische Dimension zu beschwören. Nie aber – und darin ist seine Lektion nach der Totalitarismuserfahrung begründet, für deren Greuel man auch die Aufklärung verantwortlich macht, Diderot aber wohlweislich ausnimmt: er ist kein »Meisterdenker« – hat der Philosoph und Schriftsteller seine materialistischen Überzeugungen, seine Weltanschauung zum Credo, zu einem Dogma gemacht: für Diderot war der Materialismus kein Glaubensbekenntnis, sondern eine Methode der Befragung und Befreiung – und damit eine Angelegenheit der intellektuellen Redlichkeit.

Diese Auffassung wurde zweifellos durch seine Arbeit für die *Encyclopédie* mitgeprägt. Umberto Eco hat dieses monumentale Werk aus dem Blickwinkel der modernen Kulturproduktion analysiert; in einem Essay, den verschiedene europäische Zeitschriften 1984, zum 200. Todestag Diderots, druckten. Der Autor porträtiert Diderot als frühen Repräsentanten der ersten Kulturindustrie: Lebte er heute, »hätte er einen Presseausweis und wäre freier Mitarbeiter beim Rundfunk, Fernsehen und den Verlagshäusern, bereit, wie er es tat, bei Gelegenheit einen Vertrag für ein langfristiges Engagement zu unterzeichnen«.

Die *Enzyklopädie* ist für Eco das Meisterwerk in der »Geschichte der ›industries culturelles‹« – mehr als eine Episode, mehr als ein Produkt: nämlich geradezu die Grundlage ihrer Berechtigung. Sie war nicht nur für die Gelehrten bestimmt, sondern in gleichem Maße für die Leser der aufstrebenen Bourgeoisie, die zugleich Gegenstand und Quelle der Information war. Ihr eifersüchtig gehütetes, vom

Vater auf den Sohn übermitteltes Wissen – das man ihr nur entlocken konnte, wenn man als Lehrling bei ihr arbeitete – brachte Diderot in seine Enzyklopädie der Wissenschaften, Künste und des Handwerks ein.

Eine wesentliche Pionierleistung sieht Umberto Eco in der Bedeutung, die der Herausgeber der Technik und der manuellen Arbeit beimaß: »In diesem Sinne ist die ›Enzyklopädie‹ das erste wirklich moderne Werk, das eine Umkehrung des Wissens bewirkt und das den Händen das Ansehen zurückgibt, das man zuvor nur dem Intellekt zuerkannte.«

Das enzyklopädische Unternehmen ist aber auch die Synthese einer Tradition, die die Welt nicht mehr länger als starres mechanistisches System und Ausdruck einer vorbestimmten hierarchischen Ordnung begreift, sondern als etwas Organisches, das sich in einem ständigen Prozeß des Werdens befindet. Deshalb betrachtete Eco die *Enzyklopädie* als ein »Modell für die spätere Kulturindustrie, besonders weil sie ihre eigene Vergänglichkeit als Grundbedingung ihrer Existenz begreift«. Neben den Artikeln, die sich mit den Schwierigkeiten, Methoden, Neuerungen des Unterfangens befassen, verweist Eco besonders auf den Abschnitt, der von der »idealen Enzyklopädie« fordert, daß sie sehr schnell entstehen müsse. »Weil sie sich als endgültig verneinte, ist sie wirklich endgültig geworden: bis zu jenen Bereichen, deren Wissen, welches sie vermittelt, überholt ist, zeichnet sie sich durch eine methodische Lektion der Öffnung aus.«

Der »Verleger« der *Enzyklopädie* verkörpert die positiven wie negativen Eigenschaften der Kulturindustrie. Diderot war der mutigste und nonkonformistischste Herausgeber, der sich denken läßt – und der unzimperlichste. Er hatte mit seinem Werk, dem er dreißig Jahre seines Lebens widmete, erfahren, daß »Kultur« nicht ohne Politik und Wirtschaft gemacht werden kann. Er stellte sich der Herausforderung mit allen Kompromissen – zum Teil auch »Kompromissionen« – und verzichtete trotz immenser Schwierigkeiten darauf, sein gigantisches Unternehmen mit einer Ideologie abzustützen. Diderot ließ sich auf das Spiel mit der Macht ein, die die Herausgabe lange unterdrückte und verzögerte – er übertölpelte die Zensur, indem er die mathematischen Beiträge den Spezialisten für Literatur zustellte. Oder umgekehrt. »Die vielen Ehrenmänner, die die Geschichte der Literatur, der Wissenschaft und der Künste bewohnen, haben alle auf ihre Weise eine Leiche im Schrank; unter ihnen ist Diderot einer der wenigen, der den Mut hatte, sich nicht nur die Hände schmutzig zu machen, sondern es auch laut zu sagen«, beschließt Umberto Eco seinen Aufsatz über den »Pionier der modernen Kultur«.

Neben dieser Verwandtschaft mit der Moderne, die Diderot als aktuellen Vertreter der Aufklärung erscheinen läßt, gibt es auch den ästhetischen Einfluß, der vielleicht noch überraschender ist. Man hat seinem Schreiben einen »Stil der Freiheit« zuerkannt – ein größeres Kompliment kann es nicht geben – und seine Technik des Erzählens mit ihrem ständig wechselnden Rhythmus als Vorläuferin der Literatur von Robbe-Grillet, Georges Perec, Borges, Italo Calvino, auch von Kundera bezeichnet. Im Bereich des Films, der seiner Ästhetik viel verdankt, sind Luis Buñuel und Woody Allen zu nennen. Der Mann des Wissens, der Denker der skeptischen Vernunft, der Diderot war, hat bei allem Materialismus »nie mit der Phantasie gebrochen« – das ist, schrieb das *Magazine littéraire* zu seinem 200. Todestag, die »überzeugendste Lektion des Romanciers«.

Und Elisabeth de Fontenay, die vor wenigen Jahren mit ihrem bedeutenden Buch *Diderot ou le matérialisme enchanté* das neue Bild, das sich die Welt von ihrem Zeitgenossen aus dem 18. Jahrhundert macht, in seinen wesentlichen Zügen skizzierte, hebt hervor: »Von den drei großen Philosophen (zusammen mit Rousseau und Voltaire) war Diderot sicher derjenige, der am wenigsten an sich glaubte, aber er war vielleicht der den anderen gegenüber offenste. Unter seiner offiziellen und materialistischen Ausrichtung war die Tür für alles offen. Bei ihm ist alles möglich. Sein Materialismus hat etwas Mystizistisches. Er ist ein Mann, der keine Angst hat, sich zu kompromittieren, während die anderen unbeweglich, steif bleiben.« Das ist die rehabilitierende Einschätzung nach einem postumen Purgatorium von eineinhalb Jahrhunderten. Jean-Claude Bonnet (*Diderot*) nennt drei Gründe für diese vergangene Ablehnung: Diderot – dies der erste Grund – habe den Terror der Revolution »inspiriert«, ferner sei er »Materialist« und zudem – drittes Klischee – unleserlich. Er wurde verketztert, übergangen – und am Ausgang des 19. Jahrhunderts von Barrès und anderen als Inbegriff des »deutschen Geistes« schlicht »ausgeschlossen« (Bonnet).

Diderot ist nie zum *grand écrivain* gekürt, nie zum nationalen Monument erhoben worden – im Gegensatz zu Voltaire und Rousseau, deren 200. Todestag 1978 begangen worden war; seine Bilanz: Voltaire, der in seinem grenzenlosen Optimismus, in seiner Vernunftgläubigkeit um 1770 die Folter für überwunden, die Verfolgung politischer Meinungen für abgeschafft hielt, ist uns heute fremder und ferner als Rousseau, der pessimistische Skeptiker, der als Wegbereiter der Französischen Revolution auch schon die Kritik ihrer Pervertierung in eine Gewaltherrschaft vorweggenommen hat – er ahnte den möglichen Terror des Gleichheitsgedankens und warnte vor der Diktatur der Aufklärung. Rousseaus Positionen entsprechen dem Zeitgeist unserer Jahre – seine Opposition von städtischem und ländlichem Leben, von Republik und Anarchie ist Gegenstand der aktuellen Debatten, in deren Zentrum seine Fragen und Antworten stehen.

Louis Aragon und »Das Wahrlügen« als poetisches wie politisches Prinzip

In seinem geradzu obsessionellen Bestreben, nichts in seiner Biographie und seinem Schreiben dem Zufall oder gar der Nachwelt zu überlassen (und auszuliefern), hat Aragon kurz vor seinem Tod die Schubladen durchwühlt und einen erstaunlichen Sammelband zusammengestellt, dessen Titel über seinem Leben und Dichten stehen könnte: *Le mentir-vrai* – Das Wahrlügen als Leitmotiv und Zusammenfassung seiner ästhetischen wie politischen Existenz.

Louis Aragon kam am 3. Oktober 1897 als außereheliches Kind zur Welt. Sein Vater, der sich nicht einmal als Erzeuger zu ihm bekannte, war – wie der Biograph Pierre Daix erst 1975 enthüllte – Polizeipräfekt; die Mutter gab ihn als ihren jüngeren Bruder aus. Dieser Makel der eigenen *bâtardise* hat Aragon noch stärker geprägt als zum Beispiel Sartre, der unter seiner – nur eingebildeten – sehr litt. Bereits in kindlichen Jahren wandte er sich der Literatur zu – zunächst schreibenderweise, dann auch als Leser: Er verschlang Gorki, Dickens und vor allem die Bücher des frühen französischen Faschisten Maurice Barrès, an dessen Typus des politisierten und engagierten Schriftstellers sich Aragon später – wenn auch mit anderer ideologischer Stoßrichtung – orientierte.

Auf Wunsch der Mutter studierte Louis Aragon zunächst Medizin. Während des Ersten Weltkriegs war er Hilfsarzt im Val-de-Grâce-Krankenhaus und pflegte zusammen mit André Breton die Verletzten. 1919 gründeten die beiden Genies des Surrealismus mit Philippe Soupault die Zeitschrift *Littérature*. Im Jahr darauf erschien Aragons erster Gedichtband, 1921 der Roman *Anicet ou le panorama* (Anicet oder das Panorama). Aragon war einer der Mitbegründer der ersten surrealistischen Zeitschrift – *La Révolution surréaliste* –, doch schon sein nächster Roman – *Le paysan de Paris* (Der Bauer von Paris) –

verstörte seine Freunde. 1927 trat Aragon in die noch junge Kommunistische Partei ein, und am 6. November 1928 – sechs Monate nach seinem Selbstmordversuch in Venedig – machte er die Bekanntschaft von Elsa Triolet, von der er sich nicht mehr trennen sollte. Sie war die große Liebe seines Lebens und seiner Lyrik.

In den dreißiger Jahren betätigte sich Aragon als Propagandist der Revolution. Er reiste mehrmals nach Moskau und spielte in der Bewegung der Revolutionären Schriftsteller, deren Zweiten Kongreß in Barcelona er 1937 organisierte, eine überaus aktive Rolle. Für seinen Roman *Les Beaux Quartiers* – den zweiten Band des Zyklus »Die wirkliche Welt« – bekam er den begehrten Renaudot-Preis. Schließlich gründete er die kommunistische Tageszeitung *Ce Soir,* die er bis zu ihrem Verbot im Jahre 1939 leitete.

Die ganz große Stunde schlug Louis Aragon in der Zeit des antifaschistischen Widerstands. Der Verfasser surrealistischer Gedichte und Autor von Romanen, die man dem sozialistischen Realismus zuschreiben muß, wurde zum Barden der Résistance – zum bedeutendsten nach Paul Eluard. Der Kritiker Gaëtan Picon, der einzig nach stilistischen und inhaltlichen Kriterien urteilte und die politische Wirkungsgeschichte außer Betracht ließ, hat über Aragon geschrieben: »Er ist ein Hofdichter, der ein Poet des Volkes sein will.« Mit diesen Worten ist zwar Aragons Verhalten glänzend charakterisiert, doch wird das vernichtende Urteil »Umstandslyrik« seinen Résistance-Gedichten nicht gerecht. Denn in der Defensive gewannen seine politischen Konzepte eine sonst stets zweifelhafte poetische Glaubwürdigkeit – die bedrohte Welt und Freiheit verdrängten die Phrasen seiner gereimten Parteiprogramme. Mit einer einfachen Sprache gelang es ihm, an die Tradition des mittelalterlichen *chanson de geste* anzuknüpfen: dank seinen Gedichten, die die Partisanen auswendig kannten – und rezitierten –, wurde die Bindung zwischen dem besseren, dem antifaschistischen Teil des Volks und der Poesie wieder enger – in einer Ausnahmesituation, in der die Verwendung des französischsten aller Versmaße, des Alexandriners, als Zeichen des Widerstands begriffen wurde. Der Wille, allgemeinverständlich zu schreiben – um politisch zu handeln –, rechtfertigte den poetischen Gemeinplatz: Aragons banalste Themen sind zugleich seine besten und ganz und gar situationsbezogen: die individuellen Tragödien des Kriegs, der Schmerz um den Verlust geliebter Menschen, das unter der Fremdherrschaft leidende Vaterland, die Résistance als Hoffnung, Protest – und immer wieder : die Liebe. Nie war Aragon glaubwürdiger als im Krieg. Seinem doppelten – literarischen wie politischen – Anspruch genügte er dann am besten, wenn es ihm gelang, subjektives Empfinden und antifaschistischen Widerstand in einer stilistischen Figur (Metapher, Allegorie) zu verschmelzen: das Gesicht – und Gedicht – der Geliebten als Gesicht (und Gedicht) des Volkes. Dabei soll nicht unterschlagen werden, daß sich Aragon einer traditionellen poetischen Rhetorik bediente, die einzig der besondere historische Kontext gegen den Vorwurf einer gewissen Künstlichkeit, die manchmal an Kitsch grenzt, in Schutz nimmt.

Gerade weil ihnen die historische Wirkungsgeschichte völlig fehlt, wird man seine schriftstellerischen Arbeiten der unmittelbaren Nachkriegszeit schnell vergessen – ganz besonders den voluminösen Zyklus *Les communistes* (Die Kommunisten), in dem er den Hitler-Stalin-Pakt im nachhinein rechtfertigt. 1953 wurde Aragon als stalintreuer Parteigänger Leiter der Zeitschrift *Les Lettres françaises,* 1954 gar Mitglied des Zentralkomitees der KPF. Noch 1964 propagierte er gemeinsam mit seinem Freund Roger Garaudy die Konzepte des stalinistischen Realismus – und verlor kein Wort, als Garaudy exkommuniziert wurde. Doch in den *Lettres françaises* trat er immer häufiger für die politisch verfolgten und inhaftierten oder internierten Schriftsteller in den Ostblockstaaten ein. Auf seine gelegentlich kühnen Stellungnahmen reagierte die Partei 1972 mit der Einstellung der Zeitschrift.

Nun begann für ihn eine literarisch überaus schöpferische Phase. Nach dem *Roman inachevé* (1958) und *Blanche ou l'oubli* (1967) (Blanche oder das Vergessen) sollte die Nachwelt vom an Weihnachten 1982 verstorbenen Louis Aragon vor allem die Spätwerke *Henri Matisse, Roman* und *Théâtre/Roman* übernehmen: Sie beschäftigen sich mit der Frage nach der ästhetischen Modernität und der wechselseitigen Bedingung von Realität und Literatur. Im *Roman inachevé* konstruiert der Autor ein Labyrinth von Fiktionen, die in imaginäre Fragen münden. Aragon inszeniert ein subtiles Spiel der Gattungen, die sich auflösen – und mit ihnen das Subjekt, der Diskurs. Der großartige Schluß – mit den wiedergefundenen Akzenten von Trauer und Angst – machen den »Unvollendeten Roman«, der keiner ist, endgültig zum lyrischen Meisterwerk in Prosa.

Wie seine Zeitgenossen Malraux, Camus, Sartre hatte Aragon eine merkwürdige Beziehung zur Autobiographie, die er immer wieder in Aussicht stellte und auch versuchte. 1968 erzählte er in Gesprächen mit Dominique Abran, die unter dem Titel *Aragon parle* gedruckt vorliegen, erstmals von seinem Leben, seiner Herkunft und Jugend, seinem Schreiben und wie sein Vater, der anders hieß, den Namen speziell für ihn erfunden hatte: als Stütze oder Grundlage einer Identität konnte ihn der große Dichter der Masken und Spiegel nie empfinden. 1969 beschränkte er sich in *Je n'ai jamais appris à écrire ou les incipit* auf eine literarische Biographie, die zwar den Weg seiner Widersprüche und Konversionen rekapituliert, in der er jedoch auf keiner Seite mit wirklich offenen Karten spielt.

Um so bedeutender ist die Novellensammlung *Das Wahrlügen,* die er 1980 – in Sartres Todesjahr – erscheinen ließ. Sie enthält – allerdings ist die deutsche Ausgabe um die literarisch minderen, aber durchaus reizvollen Erzählungen aus seinem Leben gekürzt – Texte unterschiedlicher Qualität, die praktisch alle Epochen von Aragons Existenz repräsentieren. Aber auch in dieser persönlichen Retrospektive kurz vor dem Tod – nachdem er das Jahrzehnt zuvor fast ausschließlich mit der Herausgabe seines Gesamtwerks zugebracht hatte – ist der Umgang mit der eigenen Biographie und Chronologie, deren Bedeutung er immer wieder unterstrich, ein vorsichtiger und diskreter. Über die Entstehung der Texte erfährt man außer ziemlich unbestimmten Jahreszahlen nichts, und da rund drei Viertel in Frankreich bereits vorlagen (wenn auch nur schwer zugänglich waren), muß der Reiz dieses Buchs anderswo gefunden werden: Tatsächlich läßt Aragon durch die Filter dieser Arbeiten das bißchen Licht dringen, das nach einem halben Jahrhundert erlaubt, endlich etwas klarer zu sehen – ohne daß er irgendwelche Geheimnisse preisgeben müßte.

Die formal und inhaltlich bestechendste Erzählung – die zuvor ausschließlich über die kostspielige *Gemeinsame Ausgabe* der Werke von Aragon und Elsa Triolet (*Œuvres croisés* nennt sich das einzigartige verlegerische Unterfangen) zugänglich war – gibt der Sammlung den Titel. Sie entschlüsselt in nur mehr schwach kaschierter Form die komplexen Zusammenhänge von politischer und persönlicher Biographie: »Was macht's schon, wenn man eine schlechte Meinung von mir hat, weil ich meinen Vater nicht liebte! Ich sage das nicht, um mich zu rechtfertigen: ich will lediglich von den Grenzen des Romans sprechen. Zum Beispiel war ich in meinem Leben Zeuge von vielem, was sich in Fiktionen verwandeln ließe, aber das ist genau eine der großen Schwierigkeiten des Realismus im zwanzigsten Jahrhundert: Im politischen Bereich nimmt nämlich die Zahl der tabuisierten Themen ständig zu – aufgrund der Zensuren von außen oder wegen der Selbstzensur, der sich der Schriftsteller unterwirft. Man wird in diesem dritten Viertel des Jahrhunderts, will man schreiben, durch das was man weiß, was man erfahren, erlebt hat, eher behindert: darin liegen die inneren Schwierigkeiten des Realismus, und manchmal frage ich mich, wie lange es noch möglich sein wird, sie zu überwinden. Die Realisten der Zukunft werden immer mehr lügen müssen, um die Wahrheit zu sagen.«

Derart drastisch – und offen – hat sich Aragon über seine Existenzerfahrung und den Realismusbegriff sonst kaum je geäußert. Im selben Text mit dem programmatischen Titel *Das Wahrlügen* spricht er vom »Vorwand«, unter dem er »wahr zu lügen« hätte: Er nennt es die Zwänge der bourgeoisen Konventionen, die ihn, um es mit Sartre zu formulieren, existentiell zum Bastard-Dasein verdammten. Es muß im dunkeln bleiben und drängt doch nach der Wahrheit. Das Gewicht dieser Herkunft, die ihn mehr als nur prägte, nämlich »bedingte«, konditionierte, wird in diesem Text deutlich und macht verständlich, warum Aragon nach seiner Aufnahme in den Schoß der Kommunisten, von denen er sich die Erlösung versprach, dieser politischen Familie mit einem Kadavergehorsam, vor dem ihm wohl gelegentlich schwindlig wurde, treu blieb.

In der deutschen Ausgabe fehlen verschiedene zumindest historisch aufschlußreiche Novellen, so etwa die sieben Geschichten »Knechtschaft und Größe der Franzosen«, die wahrscheinlich unter verschiedenen Pseudonymen während der Résistance veröffentlicht worden waren. Ihr patriotisches Pathos befremdet heute ebenso wie der stalinistische Kitsch – und Fanatismus – einiger anderer Abschnitte, die nach Aragon auch die für die Übersetzung Verantwortlichen beizubehalten bereit waren.

Die Erzählung »Das schwarze Heft« stammt noch aus der Zeit vor dem Bruch mit Breton. Der Verfasser schildert darin seine Streifzüge durch das nächtliche Paris. Auch »Mini mini mi« läßt die erotische Dimension von Aragons Schule des Sehens und die literarische Verarbeitung des Blicks nachvollziehen. In »Die Geschichten« demonstriert der Dichter seine virtuose Beherrschung der nihilistischen Denunziation; er beschimpft das 20. Jahrhundert und nimmt sich selber nicht aus: »O zur Neige gehendes Jahrhundert, in dem die Wörter den Sinn wechseln wie das Hemd und dennoch nicht die Fakten einzuholen vermögen, o sechzig Centimes vor dem nächsten Jahrtausend, Kleingeld einer Existenz, mit dem du dir nicht einmal einen Schnaps leisten könntest, vorausgesetzt, du hättest Lust darauf! O schartiges zwanzigstes Jahrhundert, liebe Suppenschüssel, die die Suppenteller überlebt! Eines Tages wird es den Neugeborenen unverständlicher sein als ein Sockenhalter an einem Elefantenbein, und sein Müllschlucker wird der Skamander einer Reiverschluß-Ilias sein. O zwanzigstes Jahrhundert ... Eine Geschichte. Mein Pferd für eine Geschichte!«

In den abschließenden Novellen wird Aragon zusehends persönlicher, und im »Abschiedswalzer« kokettiert er mit dem Ungewissen im Leben und in der Literatur – in Formulierungen, die nun ganz direkt den Leser ansprechen:

»›Seit vielen Monaten schon wußte ich, woran ich war, und kannte den tiefsten Abgrund ...‹

Wer spricht? Nun, das bleibt Ihrem Belieben überlassen. Ich bin es gewohnt, in der ersten Person zu sprechen. Sie nicht? Ich zu sagen, ist jedenfalls am einfachsten: der Leser kann damit machen, was er will. Lassen wir also die Anführungszeichen weg: seit Monaten kannte ich ...«

Dies ist der Auftakt zum »Abschiedswalzer«, in dem Aragon von seinem verpfuschten Leben, vom Leben als Spiel, bei dem er verloren habe, spricht – es ist die Bilanz einer Resignation. Er hat auf die Überzeugungen verzichtet und vom Engagement der parteipolitischen Epoche ironisch Abschied genommen – doch den Bruch vermag er nicht zu vollziehen. Aragon setzt die Maske, die er ein bißchen gelüftet hat, gleich wieder auf.

Von den vielfältigen Texten ist vor allem die Titelnovelle die literarisch überzeugendste. Sie demonstriert Aragons sprachliches Können und seine Fähigkeit, in eleganten Wortpirouetten vom Anekdotischen zum Philosophischen zu wechseln und in einer lustvoll-subversiven Weise mit der strengen Syntax des klassischen Französisch zu spielen. Die übrigen Arbeiten erreichen dieses Niveau nur stellenweise – es ist die allen gemeinsame Thematik des Schreibens als Ausformung des

Lebens, die den inhaltlichen Zusammenhang herstellt. Was Aragon dazu zu sagen hatte, ist: Die Surrealisten hätten nach dem Krieg das Geheimnis des schöpferischen Schaffens auf seinen psychologischen und klassenkämpferischen Ursprung reduziert – aber andere Dichter hätten es in seiner ganzen Größe wiederhergestellt.

Die Betroffenheit auslösenden Arbeiten Aragons aus einem halben Jahrhundert, die hier zwischen zwei Buchdeckeln aufeinanderprallen, rührt aus dem Mysterium des Dichtens, in dessen Tiefe sein Licht blitzartig hinableuchtet. Sie erhellt, wie Aragon die poetische Kunst als literarisches und existentielles Spiel von Leben und Lügen betrieb: als verklärende und gleichzeitig profanisierende, als forschende und damit emanzipierende, letztlich und trotz allem das Individuum von seinen persönlichen wie politischen Widersprüchen (und Leiden) befreiende Aktivität.

Von Sartre zu Roland Barthes: die Subversion der Zeichen

Gegen Ende der siebziger Jahre, als er selber fast schon eine Institution geworden war, kam Roland Barthes in einem Gespräch mit Radio Kanada auf seine Anfänge als Intellektueller zu sprechen: »Wissen Sie«, sagte er damals zum kanadischen Journalisten Normand Biron, »ich hatte schon als Jugendlicher immer Lust zu schreiben. Später, nach einer gewissen Latenz, bin ich gleich nach der Befreiung von Paris im intellektuellen Leben gelandet, zu dem Zeitpunkt, als Sartre der Schriftsteller war, den alle lasen, der den Weg zeigte, die neue Sprache lehrte. Eine seiner wichtigsten Taten bestand darin, die Literatur in ihren institutionalisierten, den reaktionärsten und sakralsten Aspekten gewissermaßen zu entmystifizieren. Ich habe mit bescheidenen Mitteln daran teilgenommen und damals in der Folge zwiespältigere Beziehungen zum Schreiben unterhalten als heute in dem Maße, als es, wie mir schien, wichtigere Anliegen, akutere Kämpfe gab, besonders auf der Ebene der ideologischen Entmystifizierung. Aber schließlich ist dieses Thema mit der Forderung nach Lust in mein Leben zurückgekehrt – gestützt durch das, was die Avantgarden um mich schrieben –, und zu dem Zeitpunkt habe ich vor ein oder zwei Jahren ›Die Lust am Text‹ geschrieben.«

In einem anderen Zusammenhang hat Roland Barthes seinen exemplarischen Lebensweg gerade gegenüber Sartre noch viel deutlicher abgegrenzt: »Meine Generation«, so äußerte er sich, »hatte das Bedürfnis, Sartres Unternehmung, die den Menschen in das Halseisen der historischen Dialektik einschließt, zu erschüttern. Ich habe versucht, das Lustprinzip wiederherzustellen.« Dieser Satz kennzeichnet ihre die Zeit prägende Opposition nur unvollständig – vor allem schmälert er in keiner Weise die Wertschätzung des anfänglich ebenfalls marxistisch inspirierten Kulturkritikers für Sartre, über den ein Buch zu schreiben er allen Ernstes in Betracht zog.

Für viele hat eigentlich erst Roland Barthes' Tod, der jenem Sartres unmittelbar voranging, die Frage nach ihren wechselseitigen Bezügen aufgeworfen. Ihre Lebenswege weisen kaum Berührungspunkte auf; ein »Akademiker« war auch Roland Barthes nicht, von dem Susan Sontag behauptet, sein Werk sei das dauerhafteste seit 1945. Barthes, der jüngere von beiden, hat Sartre als Leser gekannt und ist ihm stets sehr respektvoll verbunden geblieben; zwischen ihnen herrschte Distanz – auf Sartres Seite auch Ignoranz. Doch gerade im Vergleich mit dem System, das Sartre konstruierte, bekommt Roland Barthes' fragmentarisches Schreiben ein Profil, das die einzelnen Schriften wohl nur ungenügend erkennen lassen – sein »Gesamtwerk«, so lächerlich der Begriff gerade in seinem Fall anmutet, enthält, um es in der Terminologie des Strukturalismus zu formulieren, mehr Sinn, als die Summe der einzelnen Elemente vermuten läßt. Es steckt eine heimliche Strategie in Roland Barthes' weit verzetteltem »Stückwerk«. Seine Strategie der Subversion ist im unsystematischen Versuch zu sehen, den geistigen und ideologischen Horizont der französischen Nachkriegsgesellschaft aufzubrechen.

Kritik-Soziologie-Semiotik: verschiedene Disziplinen überschneiden sich in Roland Barthes' ebenso literarischem wie wissenschaftlichem Werk. Ausgangs-, Fix- und Fluchtpunkt seiner Tätigkeit ist die Literatur – ist zunächst vor allem das, woraus sie besteht: Sprechfakten sowie Zeichen, Symbole, Konnotationen, Figuren der Rhetorik. Barthes' Analyse setzt im allgemeinen da ein, wo das – viele Linguisten einzig interessierende – Niveau der unmittelbaren Kommunikation überschritten wird. In Opposition zur oberflächlichen Lektüre suchte er in den Tiefen- wie in den Oberflächenstrukturen einen zweiten, dritten und vierten Sinn. Deshalb müssen die traditionellen Gattungs- und Kompetenzbereiche aufgebrochen werden; zum Beispiel hält die Soziologie Einzug in die Literaturkritik, und nicht etwa (nur) ihrer Zahlen und Statistiken wegen, sondern als Methode der Anschauung – so ist Barthes' *Sur Racine* (Über Racine) eine Studie über die Machtverhältnisse in der Tragödie.

In seinem ersten großen Essay mit dem aufschlußreichen Titel *Am Nullpunkt der Literatur* bestimmt Barthes den Zeitpunkt, zu dem der Schriftsteller aufhörte, »Zeuge des Universellen« zu sein: um 1850.

»Die einheitliche klassische Schreibweise *[écriture]* ist also zersplittert, und die gesamte Literatur von Flaubert bis heute ist damit zu einer Problematik der Sprache geworden.« Roland Barthes, der dies formuliert, gehört selber zu den wenigen Kritikern/Schriftstellern, die die Erfahrung der Zersplitterung nicht nur be-schreibend feststellen, sondern in letzter Konsequenz mit ihrem eigenen Schaffen, in dem Theorie und Kreation zusammenfallen, reflektieren.

Wie zahlreiche seiner späteren Schriften besteht auch seine Biographie über den Historiker und Schriftsteller Jules Michelet aus puzzleartig zusammengesetzten Elementen. In diesem Band, der in Frankreich fast gleichzeitig mit *Am Nullpunkt der Literatur* erschien, stellt Barthes keineswegs, wie es die Gattung traditionellerweise vorsieht und vorschreibt, Michelets Leben und Werk vor – er versucht vielmehr, das herauszufiltern, was von dem Ich des Autors in seine Schriften eingeflossen ist: Er will, um es vereinfacht zu sagen, den Text auf seine psychische Grundlage zurückführen. Michelets existentielles Ich, so Barthes' methodische Voraussetzung, drückt sich weniger in seinen der Geschichte Frankreichs entlehnten Inhalten aus als in seiner persönlich-spezifischen Art, diese zu schreiben. Barthes beobachtete und notierte Abweichungen von Michelets Stil bezüglich der damals herrschenden Norm. Durch ständig wiederholtes Übereinanderlegen, Vergleichen, Filtern, Rastern erhielt er, was er selber Michelets »Netz der Besessenheit« nennt: Er interpretierte es als strukturales Bild von Michelets Ich. Diese erstmals angewendete Technik der Textanalyse, ebenso nah bei Freud wie bei Sartre, ist anläßlich der Publikation ihrer spektakulären Resultate auf Unverständnis und feindselige Kritik gestoßen, doch wurde diese thematische Untersuchung später durch die Erstveröffentlichung von Michelets *Journal intime* auf eigentümliche Art bestätigt.

Man kann diese im *Michelet* erprobte und erhärtete Lektüre als existentielle Psychoanalyse bezeichnen – als Versuch, Michelet auf seine persönliche und ideologische Bedingtheit einzugrenzen. In *Sur Racine* weitete Barthes den Ansatz aus: er geht struktural konsequenter vor, bleibt noch näher am Text – jedenfalls bei einzelnen Fragmenten – und ist bemüht, alle Schichten des untersuchten Werks freizulegen. *Sur Racine* – unter diesem Titel veröffentlichte er 1960 drei unabhängig voneinander entstandene Arbeiten – verdankt wesentliche Impulse Charles Maurons Psychokritik, doch bewegt sich der Autor in eine andere Richtung. Während Mauron die psychischen Mechanismen der Tragödie, des Tragischen beschreibt, versetzt sich Barthes als Figur in Racines erstaunlich geschlossene Welt, die er beschreiben will: »Was ich aufzustellen versucht habe, ist eine Art zugleich strukturaler und analytischer Anthropologie (des Helden) Racines: ihrem Inhalt nach struktural, denn die Tragödie wird hier als System von Einheiten (›Figuren‹) und Funktionen behandelt: analytisch der Form nach, weil allein Sprache, die wie in meinem Verständnis die Psychoanalyse bereit ist, die Angst der Welt in sich aufzunehmen, mir befähigt schien, einem eingeschlossenen Menschen zu begegnen.«

An die Analyse der Figuren schließt sich jene des *lieu tragique* an: Im Bühnenbild Racines spiegelt sich der Raum der Tragödie, dem in der Gesamtstruktur eine entscheidende Bedeutung zukommt. Dieses analytische Vorgehen erlaubt es Barthes schließlich, den tragischen Helden zu definieren: »Er ist der Eingeschlossene, der seinen Ort nicht verlassen kann, ohne zu sterben.« Diese Interpretation, die einen – allerdings zentralen – Aspekt festhält, wird durch das Aufzeigen anderer – analoger – Teilstrukturen ergänzt, gestützt und damit im einzelnen gerechtfertigt. Die Aufteilung des Raums – die Topologie der Tragödie – spiegelt die tragische Struktur wider, stellt die soziale Spannung visuell dar – läßt die Strukturen der Macht erkennen, die die Tragödie regiert. Das, worauf sie in diesem strukturalistischen Verfahren reduziert werden kann, hat zumeist universellen Charakter; es sind Schemata, die wir aus den großen Theorien kennen: etwa die Konfliktsituation Vater-Sohn, die Autoritätsverhältnisse in der Familie, auch Themen und Verhaltensmuster, die Sartre aufgezeigt hat (*la mauvaise foi, l'autre, le salaud,* Freiheitsdialektik, sadomasochistische Erotik).

Im dritten Teil des Racine-Essays, der den Titel *Histoire ou littérature?* (Geschichte oder Literatur?) trägt, unternimmt Barthes den Versuch, seine Methode zu rechtfertigen: »Es handelt sich dann um eine andere Logik, andere Forderungen, eine andere Verantwortlichkeit. Es geht darum, die Beziehung zwischen einem Werk und einem Individuum zu interpretieren. Wie soll man das tun, ohne sich auf eine Psychologie zu beziehen? Und wie könnte diese Psychologie etwas anderes sein als eine vom Kritiker gewählte? Jede Kritik der literarischen Schöpfung, so subjektiv, so partiell sie zu sein behauptet, kann also nur systembezogen sein. Darüber braucht man sich nicht zu beklagen, man braucht nur die Offenbarung des Systems zu verlangen. (...) Wenn man in Racine eindringen will, auf welche Weise auch immer, wenn man auch nur ein Wort von Racines Ich sagen will, muß man bereit sein zu akzeptieren, daß auch das bescheidenste Wissen plötzlich systembezogen wird und noch der vorsichtigste Kritiker sich selbst als ganz und gar subjektiv, ganz und gar historisch erweist.«

Es war dieser Aufsatz, der die erregte Polemik um die »Neue Kritik«, die die sechziger Jahre prägte, auslöste. Raymond Picard schleuderte Barthes eine Reihe pauschaler Vorwürfe unter dem Titel *Nouvelle Critique ou nouvelle imposture?* – Neue Kritik oder neue Betrügerei (im Sinne von Täuschung) – entgegen. Barthes antwortete mit seiner grundlegenden Schrift *Critique et Vérité* (Kritik und Wahrheit), einem nun schon viel heftigeren Plädoyer für die Aufrichtigkeit des Kritikers, das ihm Gelegenheit gab, seine Methode, die die traditionelle Literaturbetrachtung dermaßen irritierte, weiter zu präzisieren und seine neue Orientierung zu verankern. Er kritisierte vor allem den »Objektivitätsbegriff« der *vieille critique*, die er der »Asymbolie« bezichtigte – der Unfähigkeit, »Symbole, das Nebeneinander von Bedeutungen, wahrzunehmen oder mit ihnen umzugehen. Bei ihr ist die allgemeine Symbolfunktion, die es dem Menschen ermöglicht, Ideen, Bilder und Werke außerhalb der Sprache zu konstruieren, gestört, begrenzt oder zensiert. (...) Doch sobald man den Anspruch erhebt, das Werk selbst unter dem Gesichtspunkt seiner Konstituierung zu betrachten, ist Verständnis für seine Symbole unerläßlich, ja zu fordern.« Barthes formulierte von daher die Notwendigkeit einer leistungsfähigen Theorie der Zeichen, die man Semiotik oder Semiologie nennt. Darunter verstand er eine allgemeine Kulturwissenschaft: »Um mit Berechtigung eine werkimmanente Lektüre zu verteidigen, muß man wissen, was Logik, Geschichte, Psychoanalyse sind. Kurz, um das Werk der Literatur zurückzugeben, muß man die Literatur verlassen und an eine anthropologische Kultur appellieren.«

Dieser Kulturbegriff zeichnet sich in seinem schriftstellerischen Œuvre seit den *Mythologies* ab, in denen er den Alltag und seine Rituale, Motive, Repräsentationen, lesend und interpretierend analysiert – die Welt als Buch. Er beschreibt die »Mythen des Alltags« –

die Tour de France, den Schriftsteller im Urlaub, Konsumgüter, das neueste Citroën-Modell, Werbebilder, die tägliche Nahrung als Zeichen, deren Sinn er zu entziffern sucht. Die sehr unterschiedlichen, aber zumeist nur kurzen Texte, die zuvor in Publikumszeitschriften erschienen waren, ergänzte der Verfasser in der Buchausgabe durch eine Theorie, die in erster Linie den Versuch darstellte, die Semiotik als allgemeine, mehrere Disziplinen umfassende kulturelle Wissenschaft zumindest in ihren Grundzügen schriftlich festzulegen.

Tatsächlich stand Roland Barthes' sprudelnder Phantasie, seinem Ideen- und Assoziationsreichtum, seiner kreativen Lektüre auch des Lebens eine eigentümliche Vorliebe für Systematik und Exaktheit gegenüber – eine Oppostion, die zuweilen seltsame Blüten trieb. So schreckte Barthes nie davor zurück, Zusammenhänge fast philosophischer Art und Kompliziertheit formelhaft auszudrücken. Überhaupt war die Logik ein vorherrschendes Element in Barthes' steter Suche nach formalen und inhaltichen Zusammenhängen – Strukturalismus muß logisch sein – und von ähnlicher Bedeutung wie ein in fast allen Texten wahrnehmbares Moment der Erotik. Die wissenschaftlich-objektive Rechtfertigung seiner persönlichen »Lust am Text« *(Le Plaisir du texte)* ist in der kleinen Schrift, die diesen programmatischen Titel trägt, zum überzeugenden Beweis der Behauptung geworden, daß sich Eros und Logos im Leben wie in der Literatur nicht widersprechen oder gar ausschließen, sondern – wenn auch nicht immer konfliktfrei – sich durchaus ergänzen.

Dieser Essay macht Roland Barthes' zusehends radikaler werdende Abkehr von den großen Literaturtheorien deutlich; mit der *Lust am Text* war er bei der subjektiven Lektüre angekommen – nun schon näher beim »Schriftsteller« als beim »Kritiker«. Den Schritt zur eigenen Person vollzog er erneut unter dem Deckmäntelchen einer Provokation wider die literarischen Sitten. Nur zwei Jahre nach der *Lust am Text* schrieb er 1975 für die Klassikerreihe *Ecrivains de toujours*, für die er zwanzig Jahre zuvor seine Michelet-Biographie verfaßt hatte, das (durchaus fällige) Buch über seine eigene Person gleich selbst – Barthes, der erste Autor, der seine Klassikerweihe mit der eigenen Feder vornahm. Das war zuallererst ein symbolischer Akt.

Die Arroganz, die er ebenfalls implizierte und die der Verfasser durch stilistische Vorsichtsmaßnahmen (R. B. schreibt zum Beispiel fast ausschließlich in der dritten Person über R. B.) einigermaßen aufzufangen und zu kompensieren verstand, erschließt einen weiteren Kreis: jenen vom *Michelet* – bei dem Barthes zum erstenmal die »ethnologische Versuchung« erkannte und ihr umgehend erlag: dem Willen und der Kunst, »historisch, das heißt relativ, die Gegenstände zu befragen, die für das Natürlichste gehalten werden: Gesicht, Nahrung, Kleidung, Veranlagung« – zum *Barthes,* und dieser Bogen erklärt nicht nur Anspruch und Sinn des außergewöhnlichen Unterfangens, er legitimiert es auch. Er umspannt die skizzierte Entwicklung eines Schreibenden, der, von der Literatur kommend, stets schriftstellerisches Talent und Temperament bewies und immer mehr ins Zentrum seines Schreibens rückte – bis er dessen Gegenstand geworden ist. Da steht er nun, ohne schützende Hülle, ohne ablenkendes Thema, im Blickfeld seiner interdisziplinären Auto-»Kritik«, ein Objekt seiner Semiotik: Roland Barthes »über« Roland Barthes – soziologisch, literarisch, politisch, philosophisch, (sehr!) kritisch, strukturalistisch, privat: vor allem privat.

Barthes präsentiert sich seinen Lesern in kurzen, mit schweren Titeln versehenen Stücken – er tut es, wie er es in *S/Z* (aus Balzacs Beschreibung eines Frauenkörpers) in der strukturalen Textanalyse gelernt und gelehrt hat: ein Bein, eine Brust, eine Schulter, der Hals, die Hand – ein »Wörterbuch der Fetischobjekte«. Es ist, schreibt Barthes in *S/Z,* die Aufgabe des Schriftstellers, aus diesem zerstückelten Körper einen totalen Körper – das Kunstwerk – zu schaffen. Barthes selber enthüllt sich ebenfalls nur im Fetisch-Zustand seiner selbstbestimmten Einzelteile:

Bilder der Vorfahren ziehen vorüber, ein »Familienroman« in neun Zeilen; im Spiegelstadium »Das bist du« – der kommende Schriftsteller in den Armen der Mutter, die ersten Gehversuche (»während Proust die ›Recherche‹ beendete«) und so weiter. Viele Fragmente stellen einen wechselseitigen Bezug zwischen dem Ich und der Welt her. Am Beispiel einer zufällig miterlebten religiösen Zeremonie in der Kirche Saint-Sulpice schildert er mit einem ungemein eindrucksvollen Bild das für ihn bestimmende, gleichzeitig (sein Leben) bedrückende und (sein Schreiben) befreiende Gefühl des Ausgeschlossenseins – mit einem euphorischen Brückenschlag zu einem seiner liebsten Dichter-Denker: »Utopie (nach Fourier): die von einer Welt, in der es nur noch Unterschiede gäbe, so daß sich unterscheiden nicht mehr ein Sichausschließen wäre.«

Zur vielzitierten Legende des französischen Geistesleben ist der Abschnitt »Von der Wahl eines Kleidungsstücks« geworden: »Ein Fernsehfilm über Rosa Luxemburg zeigt mir die Schönheit ihres Gesichts. Von ihren Augen empfange ich ein Verlangen, ihre Bücher zu lesen. (...) Dieses Subjekt geht in eine Bibliothek, liest alles, wie man Kleidungsstücke anfühlt, und wählt den Marxismus, der ihm am besten paßt.« – »Lenin, Trotzki, Luxemburg, Bakunin, Mao, Bordiga usw.« von der Stange, »Denken« in Modellen aus dem Warenhaus der katalogisierten Ideen.

So etwas ist bei Barthes immer auch leicht provozierende Koketterie, die seinen intellektuellen Charme ausmacht. Sie kennzeichnet nicht zuletzt seinen Umgang mit der Utopie, die in *Über mich selbst* als alter ego und Ersatz der Gegenwart eine bedeutende Funktion ausübt. In ihrer banaleren Form formulierte Barthes dieses wichtigste, sinngebende Referenzobjekt seines Diskurses als »Kontratempo«: »Sein (einzugestehender?) Traum wäre, in eine sozialistische Gesellschaft gewisse Reize (ich sage nicht: Werte) der bürgerlichen Lebenskunst hineinzutragen (es gibt – es gab einige): das nennt er Kontratempo. Diesem Traum widersetzt sich das Gespenst der Totalität, die will, daß das bürgerliche Faktum en bloc verurteilt wird und daß jedes Sichdavonmachen des Signifikanten wie ein Lauf bestraft wird, dessen Schandfleck zurückgebracht wird. Könnte es nicht möglich sein, die (deformierte) bürgerliche Kultur zu genießen, als wäre sie ein Exotismus?« Die Dichter- und Denkermonographie, die Barthes selber ein »Buch vieler Romanfiguren« nannte, schließt mit einem Abschnitt über das »Monster der Totalität«.

In dieser Phase Mitte der siebziger Jahre entstand auch der Text *L'Empire des signes* (Das Reich der Zeichen), der eine kreative Anwendung der strukturalen Semiotik darstellt und die Hinwendung zur aktiven Literatur akzentuiert. Das vom Autor zusammengestellte Bildmaterial ist ebenfalls in das Gesamtwerk integriert – nicht als mehr oder weniger passende Illustration, sondern als gleichberechtigter, gleichbehandelter Bestandteil, ohne den die rein verbale Aussage nicht sehr interessant wäre. Barthes sieht und sichtet mit geschärften Augen eine fremde Zivilisation – die japanische –, deren Sprachcode er nicht zu entschlüsseln vermag. Dieser Zustand sensibilisiert seine übrigen, nicht nur optischen Wahrnehmungssinne: die Signifikanten müssen – und können – anders gelesen und gedeutet werden; Barthes, ein geruhsamer, aufnahmegieriger, auf Genuß bedachter Spaziergänger in einem System unverbrauchter Zeichen, entdeckt eine neue Welt – und in ihr ein verändertes Ich. In diesem *Reich der Zeichen* entpuppt sich Roland Barthes als authentischer Dichter des Strukturalismus: die kleine, fragmentarische Form, die seinem Temperament wie Stilgefühl entsprach, bestimmt sein interdisziplinäres Werk, in dem sich Kreation und Kritik endgültig als oberflächliche und längst überwundene Unterscheidung erweisen. Der Sinn – ohne globalen Anspruch auf ein System – ergibt sich aus dem freien assoziativen, auch die Gesetze der Chronologie herausfordernden Zusammengehen der bruchstückartigen Elemente – ein jedes ermöglicht einen Blick auf das Ganze, das sich mit wechselnder Perspektive jedesmal anders präsentiert.

Drei Jahre vor seinem Tod wurde Roland Barthes an das renommierte »Collège de France« gewählt, wo man auf Antrag von Michel Foucault für ihn eigens einen Lehrstuhl für »Sémiologie littéraire« schuf. Seine spektakuläre Antrittsvorlesung begann mit einer Hommage an die Adresse seiner unsterblichen und zeitgenössischen »Collège«-Kollegen – »an erster Stelle natürlich Michelet, dem ich verdanke, gleich zu Beginn meines intellektuellen Lebens begriffen zu haben, welchen beherrschenden Platz die Geschichte in den anthropologischen Wissenschaften einnimmt, und die Kraft der Schreibweise, wenn die Gelehrsamkeit bereit ist, sich auf sie einzulassen.«

Schon früher hatte sich Barthes immer wieder – in Nuancen korrigierend, präzisierend – zu seinem *Michelet* geäußert, besonders intensiv in einem Aufsatz des Jahres 1975, der der deutschen Ausgabe als Einleitung vorangestellt ist: »Das Wort ›Freiheit‹ ist abgenutzt? Weil es zu oft von Betrügern benutzt wurde. Die Geschichte kann jedoch seine fürchterliche Aktualität wiederherstellen.« Im Rückblick erklärt Barthes, wie »damals, im Jahre 1946, Michelets Werk plötzlich von neuem auf die Leiden der von fremder Besatzung und Faschismus unterdrückten Franzosen ein Echo gab«.

Mit dieser Einsicht – formuliert aus dreißig Jahren Abstand – könnte Barthes' unvermitteltes Interesse an Michelet, den er aus der unbelasteten Vergangenheit und aus dem Vergessen holte, tatsächlich zu tun gehabt haben. Es fiel – vorerst nur zeitlich – mit seinen literaturtheoretischen und -ästhetischen Reflexionen über den *Nullpunkt* zusammen. An ihm lokalisierte er Mallarmé, Flaubert, Baudelaire.

Zu dieser ästhetischen Avantgarde des 19. Jahrhunderts nimmt Michelet als Geschichtsschreiber mit optimistischen und progressiven Ideen, die seine Darstellungen färben, eine Gegenposition ein – der Bruch, den sie vollzog (auch mit dem Politischen, von dem sie sich voller Ekel abwandte), blieb ihm nicht nur stilistisch fremd. Während die bedeutendste Literatur der Epoche auf ihren universellen (und eben auch politischen) Anspruch zu verzichten begann, ver-dichtete der »Historiker« Michelet die Legenden eines geschichtlichen und zugleich zeitlosen Frankreichs zu einem Mythos, der vor der modernen Geschichtswissenschaft in keiner Weise bestehen kann, aber tatsächlich geeignet war, die Wunden der Niederlage wie der Okkupation zu verpflastern.

Mit *Michelet,* einem Buch, wie es zuvor keines gab, erschien die »sicherste der Geisteswissenschaften, die Geschichte« am Ausgangspunkt von Roland Barthes' Semiotik. Von ihr träumte er als umfassender Gesellschaftswissenschaft, in der schließlich auch die Vereinigung von Saussure, Brecht und Sartre möglich sein müßte – und deren bisher »am weitesten entwickelter Teil, die Analyse der Erzählung«, wieder der »Geschichte dienlich« werden könnte, aber ebenso der Ethnologie, der Interpretation von Kunstwerken, überhaupt jeglicher Exegese sozialer Äußerungen und Phänomene. Von der aus der Michelet-Lektüre gewonnenen Erkenntnis, daß die Geschichte eine »ständige Beziehung zum Phantasma« unterhält, wollte Barthes gerade deshalb nicht abkommen – auch wenn dies bedeutete, daß die (semiotische) »Methode selbst eine Fiktion ist«. Um so konsequenter baute er den Ansatz, der ihm anfänglich selber ein bißchen ungeheuerlich vorkam, aus, um ihn schließlich gar zum Theorem zu verdichten – dies alles in seiner Dankesrede anläßlich der Berufung ans »Collège de France«, der er den ebenso schlichten wie ambitiösen Titel »Lektion« gab und die man mit guten Gründen als Bilanz einer Existenz wie einer Epoche lesen kann.

In dieser »Lektion« beruft sich Barthes zunächst einmal auf den Poeten. Die Sprache als gesichertstes Zeichensystem – ein »Instrument der Fiktion« im Sinne Mallarmés, für Barthes das Gesellschaftliche schlechthin – weist am radikalsten ins Zentrum der Trugbilder (nicht nur der Geschichte). Die Textanalyse als »Index der Machtentblößung« lehrt ihre Entlarvung und Demontage. Diese Denkrichtung führt schließlich zu provokativen, aber durchaus konsequenten Formulierungen: Jede Sprache – die Sprache schlechthin ist faschistisch. Sie ist der ewige Ort der strukturellen, nur in der Analyse sichtbar werdenden Macht – und Macht nennt Barthes im Wissen um das, was Sprache bewirken kann, »jeden Diskurs, der Schuld erzeugt und infolgedessen Schuldgefühle bei dem, der ihn aufnimmt« – so die Quintessenz seiner »Lektion«!

Ideologie-, überhaupt jegliche Gesellschaftskritik müßte mithin zuerst immer Sprachkritik sein. Bei Barthes wird diese Notwendigkeit in einer geradzu banalen Form deutlich, wenn er die Diskurse der Befreiung als Mechanismen der Machtausübung entlarvt: »So erlebte man, daß die meisten der geforderten Befreiungen, die der Gesellschaft, der Kultur, der Kunst, der Sexualität, ausgesprochen wurden in einer Art Machtdiskurs: man rühmte sich, daß man ans Tageslicht brachte, was man an anderer Stelle selber unterdrückte.«

Barthes erklärt den faschistischen Charakter der Sprache in einer zunächst noch ungenügenden Art – nämlich mit dem politischen Gebrauch und der gesellschaftlichen Funktion. In wiederum provozierender Ablehnung der Forderung, daß Schriftsteller und Philosophen »für jedermann« zu schreiben hätten, für alle gleichermaßen verständlich sein müßten, proklamiert er ihr aller Recht auf ein eigenes »Idiom«. Seine politische Utopie wären »so viele Sprachen, wie es Begierden gibt«: »Ein utopischer Vorschlag insofern, als noch keine Gesellschaft bereit ist zuzulassen, daß es mehrere Begierden gibt. Möge eine Sprache, welche es auch sei, keine andere unterdrücken; möge das zukünftige Subjekt ohne Gewissensbisse, ohne Verdrängung die Lust kennenlernen, zwei sprachliche Instanzen zur Verfügung haben, diese oder jene den Perversionen, nicht dem Gesetz gemäß zu sprechen.«

Sprache ist faschistisch – Literatur aber gerade deswegen revolutionär. Der Mai 68 hat ihren veränderten Status sichtbar gemacht. Sie ist »entsakralisiert, die Institutionen verfügen nicht über die Macht, sie zu schützen und sie implizit als Muster des Humanen zu setzen«. Barthes glaubte zwar keineswegs an ihre Zerstörung; doch wird sie nicht mehr behütet: »der rechte Augenblick also, sich ihrer anzunehmen«. Ausgehend von der literarischen Semiotik – »die Reise, die es ermöglicht, in einer durch Erbenlosigkeit freigewordenen Landschaft aufzutauchen« – entwarf Barthes für sie eine neue Ethik – denn ihre Existenzberechtigung, ja Notwendigkeit steht außer Zweifel: »Die

Wissenschaft ist grobschlächtig, das Leben ist subtil: um diesen Unterschied auszugleichen, bedürfen wir der Literatur.« Sie wird zum Sammelbecken aller Erkenntnis. Ihr Wissen ist niemals endgültig und nie total, aber äußerst vielfältig und auf den Menschen ausgerichtet. Die Literatur behauptet nicht, »daß sie etwas weiß, sondern, daß sie von etwas weiß«. Ihr Verzicht auf Fixierung und Fetischierung bestimmt sie zu jenem Fach, das in einer Situation extremer Uniformität und totaler Barbarei unter Aufgabe aller anderer Disziplinen gerettet werden müßte: als Hort des Widerstands.

Ähnliches gilt für das sprachliche Zeichen, das Barthes als »mitläuferisch, herdenhaft« einstuft; in ihm »schlummert das Monstrum Stereotypie«. Das Sprechen benutzt, sammelt, was in der Sprache sich eben anbietet – »herumliegt«. Es aufzunehmen heißt gleichzeitig sein Herr und Sklave sein. Freiheit kann es nur außerhalb der Rede geben, aber für die menschliche Rede existiert kein Außerhalb. Einzig das – avantgardistische – Schreiben kann diesen geschlossenen Ort – »um den Preis des Unmöglichen« – »von innen her aufbrechen und verlassen«. »Dieses heilsame Überlisten, dieses Umgehen, dieses großartige Lockmittel, das es möglich macht, die außerhalb der Macht stehende Sprache in dem Glanz einer permanenten Revolution der Rede zu hören, nenne ich: Literatur.« Der Schriftsteller ist jener, der die Sprache seiner Begierde(n) schafft. In dieser möglich gewordenen Utopie und Ethik bekommt Barthes' Gleichsetzung von Sprache und Welt letztlich auch eine politische Relevanz: »›Die Sprache verändern‹, ein Wort Mallarmés, ist konkomitierend mit Marxens Wort ›die Welt verändern‹.« Die Formel, die seinem Sinn für Systematik – und der Lust an ihr – entsprach, war gefunden, das Theorem stand. Damit schloß sich ein weiterer Kreis. Die von Barthes skizzierte literarische Moral setzt in der zweiten Hälfte des 19. Jahrhunderts mit der französischen Moderne ein. Sie zeichnet sich durch die Tatsache aus, daß sie Sprachutopien konzipierte (die der Vergleich mit Michelets herrlich stereotyper Rhetorik ganz besonders deutlich macht). So kehrte Barthes auf dem Umweg über die Geschichte und ihre »Phantasma« gleichzeitig an den Nullpunkt der Literatur zurück – der sich nun als Kulminations- und Wendepunkt erwies: Nach dem Aufbrechen der klassischen Schreibweise wurde die Literatur zu einer Problematik des Stils und der Sprache, ihre »Geschichte« kann sich seither nicht mehr darauf beschränken, Werke Lebensläufe und »Schulen aneinanderzureihen« – aber erst mit Barthes und einigen seiner Zeitgenossen, die über die linguistischen Kenntnisse und strukturalen Methoden verfügen konnten, wagt sie es, sich mit der Schreibweise, der *écriture*, zu beschäftigen.

Diese »Lektion«, die die Macht und die Mechanismen ihrer Ausübung ins Zentrum stellt und eine radikale Kritik des Politischen formuliert, macht nicht zuletzt deutlich, warum der Linke Barthes im Vergleich zum Linken Sartre ein anderes politisches Verhalten, das sich eher in militanter Abstinenz und individueller Anarchie äußerte, impliziert – wobei gerade die Kurzformel von der Sprache, die faschistisch ist, auf gemeinsame Obsessionen verweist. Sartre hat nach 1944 einen neuen Anspruch an die Literatur gestellt, ihren Status entheiligt – und mit seinen Impulsen auf Barthes' Generation einen emanzipierenden, motivierenden Einfluß ausgeübt, ihr auch – vor allem mit seiner Theorie des Ästhetischen und des Imaginären – durchaus Breschen geschlagen, Wege eröffnet. Als Dichter ist Sartre allerdings an seinen eigenen Imperativen gescheitert – bis er im letzten Jahrzehnt seines Lebens in seiner monumentalen Studie über Flaubert eine generelle, überaus spektakuläre Aufwertung der Literatur vornahm.

Barthes setzt in seinen Texten der zweiten Lebenshälfte, vor allem aber in den Schriften der siebziger Jahre, die Sartres Haltung des Protests und der Kontestation, des Engagements für oder gegen etwas, die Lust und die Transgression entgegenhalten, die Macht weniger absolut, weniger abstrakt und konsequenterweise in die Mehrzahl: »Unser wahrer Krieg ist anders; er geht gegen die Mächte, und es ist kein leichter Kampf, vielfältig im sozialen Raum, ist die Macht entsprechend dauerhaft in der historischen Zeit: gejagt, hier ausgemerzt, erscheint sie dort von neuem; sie verschwindet niemals: macht eine Revolution, um sie zu zerstören, sie wird bald wieder aufleben, wieder ausschlagen im neuen Stand der Dinge. Der Grund für diese Ausdauer und diese Zweideutigkeit liegt darin, daß die Macht der Parasit eines übersozialen Organismus ist, der an die Menschheitsgeschichte in ihrer Gänze gebunden ist und nicht nur an die politische und historische Geschichte. Dieser Gegenstand, in den sich die Macht eingeschrieben hat seit Menschenewigkeit, ist die Sprache *[langage]* – oder um genauer zu sein, ihr obligater Ausdruck, das Sprachsystem *[langue]*.«

Sartre unterhielt zur Sprache ein ungemein produktives, auch positives Verhältnis und glaubte in einem ganz anderen Sinne an ihre Macht als Barthes, der Skeptiker, der schon »durch ihren Status eine fatale Beziehung zur Entfremdung« für gegeben hielt. Mit sprachlichen Mitteln, mit avantgardistischen Methoden versuchte er, ihren systemimmanenten Zwängen ein subversives Schnippchen zu schlagen – bis zur Erkenntnis, daß nicht einmal das Schreiben in der eigenen Person ein total und endgültig freies sein kann: sondern bestenfalls ein revolutionäres, stets aber prekäres.

Edgar Morin hat darauf hingewiesen, welche Bedeutung der Mai 68 und seine Folgen für Roland Barthes gewonnen haben. Barthes war kein Mann der Tumulte, allerdings auch kein Ordnungsfanatiker; aber die Unordnung mochte er ebensowenig, den Barrikaden zog er denn doch die Bibliotheken vor. Die Semiotik, die er als Idee, als Projekt lanciert hatte und die bereits zur Disziplin wurde, langweilte ihn zusehends – auch deswegen suchte er eine direktere Kommunikation mit der Literatur. Der Nach-Mai und seine Emanzipation förderten diese Entwicklung. Barthes fühlte sich, wie Morin bemerkt, aus einem »heimlichen Ghetto entkommen« – er entkam ihm leise, schrittweise, ohne programmatische Erklärung. Seine Einstellung zum Subjekt, das der Strukturalismus arg malträtierte, veränderte sich – es gewann an Autonomie, an Identität und Inhalt. Barthes hatte nicht mehr »das masochistische Bedürfnis, es zu verurteilen, zu verachten und zu verneinen«, schreibt Morin, der seinen veränderten Status dem sich verändernden Status der Literatur zuschreibt.

Der sich endlich einstellende Ruhm – auch der akademische, der ihm lange versagt geblieben war – ermöglichte es Barthes, sich in seiner Marginalität, die man in den Plural setzen müßte, zu akzeptieren: sie hatte er schon als Jugendlicher gewählt, noch bevor er Sartre las. Doch auch ein Schriftsteller blieb er aus Distanz – einen *écrivain au deuxième degré* nennt ihn Morin durchaus zutreffend. Seine beim französischen Publikum überaus erfolgreichen *Fragments d'un discours amoureux* (Fragmente einer Sprache der Liebe), sein letztes großes Werk, stützen diesen Befund: Erstmals spricht, schreibt Barthes thematisch direkt von dem, was ihm wie nichts sonst am Herzen liegt, auf der Zunge brennt, nämlich von seinem Lieben, von seinen Begierden – aber er tut es bereits wieder auf dem Umweg über die Kultur. Er wußte um das brutale Rastern, Filtern, Sieben der modernen Literaturkritik – und vor ihr schien er sein endlich konstituiertes Ich zwar exhibieren, zugleich aber auch schützen zu wollen: in diesem für seine Kunst der Verführung, der *séduction*, bezeichnenden Spiel, das im scheinbaren Enthüllen umgehend wieder kaschiert. Er hat diese Strategie zur literarischen Meisterschaft entwickelt. Damit ist nach der Literatur der Moderne auch der Dichter ins *deuxième degré* entrückt. Als Instanz eines öffentlichen Gewissens, als Inkarnation einer mehr als nur individuellen Moral ist er seit Mallarmé, dem Sartre eine ebenfalls Fragment gebliebene Studie widmete, kaum mehr denkbar, als solcher hat er vor allem nach Barthes für längere Zeit ausgespielt – an seine Stelle ist die Wahrheit des Textes getreten. Das ist der Preis für den Sündenfall der Moderne – ist, nun direkter auf die letzten vierzig Jahre bezogen, der Zoll, der für das Überschreiten des Horizonts, den Sartre für unüberschreitbar erklärt hatte, bezahlt werden mußte. Zwar zeichnet sich in Barthes' wie in Sartres späten Schriften eine relative Renaissance ab – nur: es ist eine zaghafte, vorerst vor allem rehabilitierende Renaissance der Literatur, nicht der Dichter. Sie haben sich von der Subversion der Zeichen, die ihren Status zum Einstürzen brachten, noch nicht erholt.

Michel Foucault und die (Un)Ordnung der Dinge

Als in den sechziger Jahren der Einfluß des Existentialismus zurückging, begann der Siegeszug des Strukturalismus. Seine Methode besteht im Versuch, ein geschlossenes System, in dem die einzelnen Teile ihren Sinn in der Beziehung zu den anderen Teilen bekommen, zu analysieren. Die Strukturen, um deren Untersuchung es geht, wurden nicht vom Menschen konzipiert – sie sind da, schon immer dagewesen, ohne daß ein bewußtes Subjekt ihre Einführung beschlossen hätte. Und sie bleiben unveränderbar. Mit Ausnahme von Jean Piaget, für den die Systeme Menschenwerk sind, teilen alle Strukturalisten diese Ansicht. In ihrer Philosophie verschwindet der Mensch als autonomes Ich – Michel Foucault bezeichnete ihn als »beiläufige Episode in der Geschichte des Wissens«.

Der Strukturalismus und seine vielfachen Anwendungen als »Antihumanismus«, wie man ihm das noch immer vorwirft, der im Denken seiner Zeit die Seele aller Zeiten eliminiert, getötet – ausgemerzt hat? Philosophisch läßt sich das vertreten und belegen, doch gehört es zu den »Ironien der Geistesgeschichte« (Jean Améry), daß es ausgerechnet die intellektuellen »Antihumanisten« waren, die sich in den letzten beiden Jahrzehnten am intensivsten theoretisch – im Falle Foucaults auch menschlich, politisch – der Kranken, Ausgeschlossenen, Gefangenen annahmen, der Außenseiter einer Gesellschaft, die von Foucaults Erkenntnissen in ihren geistigen Grundfesten erschüttert wurde. Sein öffentliches Eintreten für sowjetische Dissidenten wie für Insassen französischer Gefängnisse war von einem moralischen Rigorismus bestimmt, für den es in seinem philosophischen System, das überhaupt nicht marxistisch ist, keinen Platz gibt – Foucault war ein Humanist, der antihumanistisch argumentierte.

Michel Foucault, der in Paris an der Rue de Vaugirard eine große, helle Wohnung bewohnte, an deren Wänden, soweit sie nicht mit Büchern tapeziert waren, Bilder von Picabia – *Die Frau mit den zwei Gesichtern* – und Magritte hingen, wurde 1926 in Poitiers geboren. Sein Vater war Arzt und katholisch – »ein brillanter Chirurg, intelligent, nonkonformistisch«, erinnert sich die Politikerin Marie-France Garaud, die aus der gleichen großbürgerlichen Provinz stammt und die Foucaults gut kannte. Nach ersten »republikanischen« Schuljahren beschlossen die Eltern, Michel in das katholische Internat Saint-Stanislas zu versetzen. Vater Foucault baute offensichtlich auf die religiöse Disziplin der Ordensbrüder, deren Glauben und Erziehungsmethoden der intelligente, nur intellektuell aufmüpfige Sohn vor manche Bewährungsprobe stellte. Die damaligen Mitschüler erinnern sich an seine ebenso kritischen wie gescheiten Bemerkungen und Einwände – sowie an erste Momente einer zunehmenden Vereinzelung. In der strengen Privatschule war Michel Foucault der einzige Zögling mit einer weltlich-republikanischen Schulvergangenheit.

Im Frühjahr 1945, als Frankreich die deutsche Niederlage in einem monatelangen Siegestaumel feierte, scheiterte Foucault bei der Aufnahmeprüfung zur »Ecole Normale Supérieure«. Den ganzen Sommer über arbeitete er an seinem »schwachen Punkt«, dem Griechischen – täglich übersetzte er sechs Stunden lang Platon. Zur Vorbereitung des zweiten Versuchs ließ er sich in Paris nieder, wo er mit seinem Bruder eine kleine Wohnung teilte. Als »Normalien« war er »nicht der Klassenbeste, aber von Zeit zu Zeit fällt er durch eine große Leistung auf. Der Philosophieprofessor las uns einmal einen Aufsatz von ihm vor. Er schien mir genial, aber ich verstand nichts«, berichtet einer seiner damaligen Klassenkameraden, zu denen so bedeutende Leute wie der spätere Revolutionshistoriker François Furet gehörten. Für Foucault war es die Zeit der kommunistischen Parteinahme, die bis Ende der fünfziger Jahre dauerte, aber nie militante Formen annahm – nicht einmal der Schülergewerkschaft trat er bei. Immerhin schrieb er als KPF-Mitglied einige Reden und Texte für einen Apparatschick, der als ihr Verfasser zeichnete. Nach der Beendigung des Studiums unterrichtete er in Clermont-Ferrand, Tunis und später in Vincennes. Er blieb jedoch am Rande der Geschichte, die seine Zeitgenossen schrieben: Während des Algerienkriegs war er Kulturattaché in Schweden, und im Mai 68 hielt er sich als Professor in Tunesien auf. Bis zu seinem dreißigsten Lebensjahr publizierte er keine Zeile. Im Vorwort, das er zur 1977 erschienenen amerikanischen Ausgabe des *Anti-Ödipus* von Gilles Deleuze und Félix Guattari verfaßte, blickt er zurück:

»In den Jahren zwischen 1945 und 1965 (ich beziehe mich hier auf Europa) gab es eine bestimmte Art und Weise, richtig zu denken, einen bestimmten Stil des politischen Diskurses, eine bestimmte Ethik des Intellektuellen. Man mußte wohl vertraut sein mit Marx, man durfte seine Träume nicht allzu weit von Freud abirren lassen. Und Zeichen-Systeme – den Signifikanten – hatte man mit größtem Respekt zu behandeln. Dies waren die drei Anforderungen, die aus der seltsamen Beschäftigung des Schreibens und Sprechens ein Maß der Wahrheit über einen selbst machten und die einen seine Zeit annehmbar finden ließen.

Dann kamen die fünf kurzen, leidenschaftlichen, frohlockenden, rätselhaften Jahre. Vor den Toren unserer Welt lag natürlich Vietnam und für die existierenden Mächte kam es zur ersten großen Niederlage. Aber hier, im Innern unserer Mauern, was ging hier wirklich vor? War es ein Amalgam revolutionärer und antidepressiver Politik? Ein Zweifrontenkrieg gegen gesellschaftliche Ausbeutung und psychische Repression? Oder eine vom Klassenkampf modulierte Libido-Brandung? Vielleicht. Auf jeden Fall ist es diese vertraute dualistische Interpretation, die die Erklärung der Ereignisse jener Jahre gepachtet zu haben scheint. Der Traum, der zwischen dem Ersten Weltkrieg und dem Faschismus die verträumtesten Teile Europas verzauberte – das Deutschland Wilhelm Reichs und das Frankreich der Surrealisten –, war zurückgekehrt und setzte die Realität selbst in Brand: Marx und Freud im selben gleißenden Licht.«

Foucault mußte selber einsehen, daß es nach 1965 nicht um das im »Maßstab historischer Praxis« wiederaufgenommene »utopische Programm der dreißiger Jahre« ging. Zu Beginn der »fünf kurzen, leidenschaftlichen, frohlockenden, rätselhaften Jahre«, die mit der Turbulenz des Mai 68 ihren Kulminationspunkt erreichten, erschien 1966 sein Werk *Les Mots et les Choses, une Archéologie des Sciences Humaines* (Die Ordnung der Dinge). Ihm ist ein Text von Jorge Luis Borges über eine chinesische Klassifizierung der Tiere vorangestellt: jene, die dem Kaiser gehören, die einbalsamierten, gezähmten usw. Was Foucault faszinierte: »Die nackte Unmöglichkeit, das zu denken.«

Das Buch, dessen erste Auflage nach wenigen Tagen vergriffen war und zum Bestseller wurde, krönte Foucault im kollektiven Bewußtsein einer neuen Generation zum Nachfolger von Merleau-Ponty und Sartre, zu dem er ein sehr kritisches, zeitweise gespanntes Verhältnis unterhielt – nur gemeinsame politische Aktionen wie die Verteilung der verbotenen maoistischen Zeitung *La Cause du peuple* oder die Gründung von *Libération* brachten sie im Nach-Mai zusammen. Foucault ersetzte die totale Passion der Existenz durch die partielle Leidenschaft für Konzepte und Systeme. In der *Ordnung der Dinge* löst er das zeitgenössische Denken vom Existentialismus und seiner Anthropologie. Er nimmt verschiedene Vorarbeiten der Linguisten, Psychoanalytiker und Marxisten (Louis Althusser) auf und versucht, sie zu einer Synthese über das Wissen der Geisteswissenschaften schlechthin zu vereinigen. Dazu führt er den Begriff der *episteme* – den man mit »Wissen« übersetzen kann – und der »epistemologischen Felder« (oder Schichten) ein: Er will die Untergeschosse des menschlichen Wissens erforschen. In seinem Werk geht er bis ins 16. Jahrhundert zurück und macht in der abendländischen Kultur zwei große Brüche aus: in der Mitte des 17. Jahrhunderts den Beginn der Klassik und am Anfang des 19. Jahrhunderts den Sprung in die Moderne.

Die Renaissance denkt in Systemen der Ähnlichkeit. Das Wissen besteht in der Entzifferung der Korrelationen zwischen den Dingen – zwischen Makrokosmos und Mikrokosmos, zwischen Schöpfer und Schöpfung. Schreiben ist Deutung – durch göttliche Eingebung oder Gelehrtheit –, die Sprache ein Instrument des Entzifferns. Foucault spricht von einer *circularité parfaite de la connaissance,* die von den Wörtern zu den Dingen weist und von den Dingen zu den Wörtern. Das Wissen folgt dem Kreis und damit einer harmonisch in sich geschlossenen Bewegung – die zumindest methodisch an den Strukturalismus gemahnt.

Das anschließende Zeitalter der Klassik ist nach Foucault jenes des analytischen Geistes. Es zerlegt in Unterschiede und Identitäten, die von der Sprache ihre definitive Form bekommen. Die epistemologischen Felder werden dem Konzept der Ordnung unterstellt – imperativ. Der Kartesianismus ist die Systematisierung dieses Anspruchs, der die Natur als Kalkül und Mechanik versteht. Das gesamte Wissen folgt dem Vorbild der Mathematik. Das gilt vor allem für die drei Wissenschaften, deren Entstehung Michel Foucault im 17. Jahrhundert ansiedelt: für die *grammaire générale,* die Naturwissenschaften sowie für die Analyse der Reichtümer. Im *episteme* der Klassik hat die Sprache ihren Bezug zur Sache verloren – sie wird zum Instrument des Denkens und damit abstrakt. Der Begriff repräsentiert, die Sprache ordnet. Deshalb ist die Grammatik für Foucault nicht be-, sondern vorschreibend. Ähnlich behandelt er die Naturwissenschaften, die die Formen der Natur und deren Wesen sammelt, beschreibt und nach rationalen Kriterien klassifiziert.

Ein erneuter Umbruch erfolgt im 19. Jahrhundert: Das Wissen mischt sich in die Geschichte ein, die den drei sich in dieser Epoche konstitutierenden Wissenschaften ihre Gesetze aufzwingt: der Biologie – mit dem Konzept der Evolution –, der Philologie – die die Sprache als ihre Geschichte auffaßt – und der politischen Ökonomie, in der der Begriff der Arbeit grundlegend wird. Sie folgen der Logik des historischen Wissens, und mit ihnen betritt der Mensch die epistemologischen Felder: »Erst als die Naturgeschichte zur Biologie wurde«, heißt es in der *Ordnung der Dinge*, »die Analyse der Reichtümer zur Ökonomie und vor allem die Reflexion der Sprache zur Philologie und jener klassische Diskurs erlischt, in dem das Sein und die Repräsentation ihren gemeinsamen Platz fanden, erscheint in der tiefen Bewegung einer solchen archäologischen Veränderung der Mensch mit seiner nicht eindeutigen Position als Objekt für die Wissenschaft und als Subjekt, das erkennt.«

Man muß hier einfügen, daß der Strukturalismus auf den Bruch mit dieser Tradition der dominierenden historischen Logik zurückgeht. Ende des 19. Jahrhunderts hatte Ferdinand de Saussure neben der historisch-diachronischen Achse – analog zur Ergänzung des Längsschnitts durch den Querschnitt, der eine andere Perspektive eröffnet – die synchrone Ebene entdeckt. Er beschrieb die Sprache als System und zerstörte die philologische Illusion, wonach der gegenwärtige Zustand einer Sprache aus ihrem früheren Zustand hergeleitet werden könne. Saussures Unterscheidung von *signifiant* (das Bezeichnende) und *signifié* (das Bezeichnete), die jeden Zusammenhang zwischen den *mots* (Wörtern) und den *choses*

(Dingen) als absolut willkürlich erkennt, hat ihn schließlich zur Forderung nach einer Wissenschaft der Zeichen – der Semiotik – geführt.

Mehr als ein halbes Jahrhundert harrte das Projekt, das Saussure in seinem lange unbekannt gebliebenen *Cours de linguistique générale* nur angedeutet hat, seiner Ausführung – bis der Strukturalismus mit seiner Verwirklichung begann. Roland Barthes wünschte sich die Semiotik, zu der er hervorragende Beiträge beisteuerte, als allgemeine Gesellschaftswissenschaft, und in Foucaults *Ordnung der Dinge* ist ihr Einfluß gerade in ihrer Ausweitung auf die beiden großen Brüche, die der Autor feststellt, deutlich auszumachen: »Plan einer allgemeinen Wissenschaft der Ordnung, Zeichentheorie zur Analyse der Repräsentation, Erstellung geordneter Tableaux von Identitäten und Unterschieden: So hat sich im Zeitalter der Klassik ein Raum der Empirie herausgebildet, der bis zum Ende der Renaissance nicht existiert hat und seit dem Anfang des 19. Jahrhunderts wieder verschwinden sollte.«

Wenngleich sich Michel Foucault auch zeitweise gegen das Etikett des Strukturalismus, der zur Mode wurde, gewehrt hat – mit seiner *Ordnung der Dinge* schuf er ihm geradezu ein philosophisches Fundament, das auch die Geschichte in den strukturalistischen Griff bekommt. Die Geisteswissenschaften, um die es ihm im letzten Teil seines Werks hauptsächlich geht, hält er nicht etwa für die Vollendung des rationalen Denkens, sondern vielmehr für eine relativ junge Erfindung. Die Faszination, die von ihnen ausgeht, erweist sich seiner Ansicht nach als Hindernis bei der Geburt eines wirklich neuen Denkens, das Foucault von einem weiteren Bruch erwartet – ohne beide näher zu definieren. Letzteren sieht er jedoch durch das Aufkommen von Wissenschaften wie der Psychoanalyse, der Ethnologie und Linguistik angekündigt: sie sprechen nicht vom Menschen, sondern vor allem von den Strukturen, die ihn hervorgebracht haben. Ihr Siegeszug bestätigt Foucault in der Annahme, daß der Mensch als Problem und Subjekt des Denkens nur eine Episode in der Geschichte des Wissens darstellt.

Diese Schlußfolgerung hat heftige Debatten um das ganze Buch provoziert – und Jean Améry hat die Deutschen vor Foucault als »Gegenaufklärer« eindringlich gewarnt: »Die elementare Forderung intellektueller Redlichkeit zwingt mir das Bekenntnis ab, daß ich hier Partei bin, Gegenpartei, um es klar zu sagen, denn dieser Philosoph, der keiner sein will, dieser Historiker, der die Geschichte verachtet, dieser Humanist, der den Tod des Menschen mit poetischer Feierlichkeit verkündet, dieser Positivist, angesichts dessen Alt- und Neopositivisten ihr Haupt in Scham und Schrecken verhüllen, dieser ›agitateur pour la bonne cause‹ ist in meinen Augen der gefährlichste Gegenaufklärer, der seit den Tagen der ›Lumières‹, der Aufklärung, die Bühne des französischen Geistes verdunkelt und in abgründige Wirrnis gestürzt hat.«

Hat er das? Michel Foucault ist in seiner Abkehr vom klassischen kartesianischen Denken radikaler als Sartre, der vor allem zu Beginn seiner philosophischen Karriere ähnliche Vorwürfe hinnehmen mußte – aber »gefährlich«? Foucault, der sich dem logischen Denken entzieht und der auch nicht immer verifizierbar ist, befaßte sich mit den negativen Seiten der Aufklärung und generell mit den Opfern und Schäden, die der Triumph der Vernunft im Verlauf der Zivilisation gefordert hat. Was er in *Die Ordnung der Dinge* in Angriff nahm, hat sich bereits in seinem ersten Buch *L'Histoire de la Folie à l'Age classique* (Wahnsinn und Gesellschaft) abgezeichnet. Der Wahnsinn ist der Unterschied – die Abweichung – zur herrschenden Kultur einer Epoche. Die *Naissance de la clinique* (Geburt der Klinik) wendet diesen Ansatz auf die Aspekte der Krankheit an: Sie ist die Abweichung im menschlichen Körper – aber selber ein Phänomen mit gewissen Regeln, Analogien, Typisierungen. Die Medizin ist nur möglich, weil eine Sprache es ihr erlaubt, Ordnung in die Unordnung der Krankheit zu bringen.

Zu Michel Foucaults großen Konzepten gehört jenes der Ausschließung. Alles, was von der Vernunft und dem rationalen Denken nicht verstanden, absorbiert und schließlich »verwaltet« werden kann, nicht in das Schema der Ratio paßt, fiel nach Foucaults Auffassung zuerst unter den Begriff der Ausschließung, die im Laufe der Geschichte zusehends physisch organisiert wird. Die Vernunft entscheidet, was vernünftig ist und was unvernünftig. Sie produziert die Kriterien, die die Formen der Abweichung von der Norm bestimmen. Das waren und sind – je nach Epoche – nicht nur die »Geisteskranken», die die Vernunft am direktesten provozieren, sondern auch Bettler, Landstreicher, Arme, Delinquenten, Homosexuelle, Kriminelle, Künstler, Revolutionäre: Sie werden ausgeschlossen aus der Gemeinschaft, und dies ist immer auch schon der erste Schritt zu ihrer Einschließung.

Ihre Mechanismen hat Foucault gründlichst in der Geschichte studiert – aber stets aus der Sicht des modernen Geisteswissenschaftlers. Über das Edikt von 1656, das dem »Hôpital général«, einem der vielen Orte des *grand enfermement*, auferlegt hatte, »Bettelei und Müßiggang als Quellen jeglicher Unruhe« auszumerzen, schrieb er: »Zum ersten Mal ersetzt man die rein negativen Ausschließungsmaßnahmen durch eine Internierungsmaßnahme: Der Arbeitslose wird nicht mehr verjagt oder bestraft; man nimmt sich seiner auf Kosten der Nation und zu Lasten seiner persönlichen Freiheit an.« Die Asyle brachten die Experten hervor, die die Eingesperrten kategorisierten, neue Institutionen wie Armenhäuser, Gefängnisse entstanden. Sie führten Foucault zu erstaunlichen Einsichten: Die aufkommenden Fabriken des 18. Jahrhunderts erinnerten ihn architektonisch an die Strukturen der Gefängnisse. Um sie geht es in seiner Schrift »Überwachen und Strafen«, aber auch in *Die Geburt der Klinik* und *Wahnsinn und Gesellschaft*: Asyl, Hospital und Gefängnis, später Schulen, Kasernen und Fabriken sind die wichtigsten Dressur- und Anpassungsmaschinerien zur Formierung einer Disziplinargesellschaft, die das gehorchende Subjekt erzeugt und die Normalität durch systematische strenge Ausschließung sämtlicher Formen der Abweichung festigt.

In seinem großen Zorn auf Foucault hat Jean Améry eine offenbare politische Schwäche dieser Argumentation entdeckt: »Er sagt es nicht expressis verbis, aber der Leser muß unweigerlich, sofern er dem Autor folgt und nicht gleich die Abstrusität seiner Argumentation erkennt, zur Ansicht kommen, daß die Gefängnisse, wie human sie auch gestaltet, die Schulen, wie fortschrittlich sie sich auch geben, die Kasernen, wie flexibel ihre Verwaltung sei, am Ende schlimmer sein müssen als Folter und unverschleierte Bestialität.«

Auch wenn Foucault – was noch zu untersuchen wäre – als Philosoph möglicherweise nicht an einen Fortschritt, an Verbesserungen innerhalb der Institutionen glaubte – die direkte, physische Gewalt hat er nie mit der strukturellen verwechselt. Intellektuell ist Amérys Kritik überzeugender: »Die strikte Absage an all das, was uns geläufig ist, den Glauben daran, daß mit der Renaissance der Mensch wiedererstand, daß er sich und seinen Wert in der Aufklärung erhärtete, die sich fortsetzte im 19. Jahrhundert, kurz: daß es Fortschritt gibt, Humanisierung: Begriffe, die Foucault stets in verächtlichmachende Anführungszeichen setzt. Meliorismus, Reformation, Evolution sind ihm bösartige Mythen, teils erfunden von den herrschenden Klassen (insofern ist er doch Marxist), teils Denkmuster armseliger Hirne, die überkommene Schemata hinnahmen, ohne sich hierüber ernsthaft und selbständig Gedanken zu machen.«

Der renommierte Altertumshistoriker Paul Veyne hat von Foucault gesagt, er »revolutioniere die Geschichte«, was als hohes Kompliment gedacht war, und Maurice Clavel nannte ihn einen »neuen Kant« – es hat nie an begeisterten Bekenntnissen für ihn gefehlt. Doch die unerbittlichste Kritik kommt gleichfalls aus den Reihen der Historiker. Michelle Perrot legt in *L'Impossible prison* (Das unmögliche Gefängnis) den Zwiespalt von Foucaults Methode offen. Auch die Spezialisten der Psychiatriegeschichte verweisen mit Recht darauf, daß das Schicksal der seelisch Kranken im Mittelalter, »als sie noch frei herumlaufen durften«, wohl doch nicht ganz so idyllisch war, wie er es schildert. Und die Grenzen seiner Theoriefähigkeit deckt bezeichnenderweise der nicht weniger irrational und ästhetisch denkende Jean Baudrillard in seinem bitterbösen Pamphlet *Oublier Foucault* (Foucault vergessen) auf.

Michel Foucaults Werk, das mit Marx und Freud gleich beide Päpste des zeitgenössischen Denkens herausfordert, muß mit weiteren Attacken, die es in Teilen widerlegen, rechnen – seine Größe besteht nicht zuletzt darin, daß es ihnen auch da, wo die Angriffe und Einwände sachlich gerechtfertigt sind, durchaus zu widerstehen vermag. Foucault, der für sich nie »Unfehlbarkeit« beanspruchte, mag im einzelnen geirrt haben, in seiner Systematisierung zu weit gegangen, auch ungerecht gewesen sein – er hat nichtsdestotrotz bislang unbekannte Einsichten formuliert und begründet, den Blick für den Menschen, sein Leben und sein Wissen geschärft und den Geisteswissenschaften zu einer neuen Sensibilität verholfen. Seine Lehre, die keine ist, aber mehrere überzeugende Lektionen enthält, ist untrennbar mit einer intellektuellen Ethik verknüpft, mit einer umfassenden Wahrhaftigkeit, die Spekulationen geradezu bedingt. »Philosophieren«, sagte Michel Foucault einmal, »bedeutet nicht die Konstituierung eines Diskurses, in dem die Totalität der Welt eingefangen ist, sondern eher die Ausübung einer bestimmten Tätigkeit. Ich würde sagen, daß Philosophie heute eine bestimmte Tätigkeit ist, die in verschiedenen Bereichen ausgeübt werden kann.« Wie der Intellektuelle hat für Foucault auch der Philosoph nicht eine stumme – oder metaphysische – Wahrheit zu formulieren, sondern gegen die Macht anzukämpfen – gegen die Macht als Absolutes, aber vielmehr noch gegen die Machtausübung in den und durch die von ihm untersuchten Strukturen: »In den Ordnungen des Wissens, der Wahrheit, des Bewußtseins, des Diskurses.« Überall hat Michel Foucault die festgefügte, überlieferte Ordnung der Dinge ganz schön in Unordnung gebracht.

Das gilt in ganz besonderem Maße für seinen intellektuellen Umgang mit der Sexualität. 1976 erschien der erste Teil einer auf sechs Bände angelegten *Histoire de la Sexualité* (Geschichte der Sexualität), die wiederum viele Gemeinplätze in Frage stellt. Foucault hinterfragt die sogenannte »sexuelle Revolution« und nimmt statt ihrer eher einen neuen Tanz um das goldene Kalb wahr, den der neue Götze Sex verkörpert. Das veranlaßt ihn zur kritischen Retrospektive. In der historischen Sicht erkennt er eine Sexualität, die nicht in erster Linie unterdrückt wurde, sondern extrem geschwätzig war. Die gegenwärtige Flut von Sexgesprächen, -bekenntnissen, -publikationen führt er auf eine Tradition zurück, in der die Produktion verbalisierter, Sprache gewordener Sexualität einen Platz einnahm, der ehedem der Beichte zukam. In dem Maße, in dem sie an Bedeutung verlor, führten andere Techniken in ähnlicher Perfektion zum analogen Resultat: neben den Verhören der Justiz im 18. Jahrhundert sämtliche Arten von Analysen und Therapien, wie sie Medizin, Pädagogik, Psychiatrie anwenden. Alle diese Institutionen zwingen ihre Patienten und Klienten zum »sexuellen Geständnis« – nie zuvor hatte man für »normales« und »abweichendes« Verhalten derart viele Etiketten bereit, die selbst im engsten Vokabular des Alltags präsent sind. Freud hat bewirkt, daß praktisch das kleinste Detail menschlichen Verhaltens auf die Sexualität zurückgeführt wird. Für Foucault ist das keine Befreiung – er macht im Kult der Sexualität vielmehr neue Ansätze der individuellen Einschließung aus.

Nach diesem ersten Band blieb es still um Michel Foucault; die Fortsetzung seiner *Geschichte der Sexualität* ließ auf sich warten. Foucault, der in der Zeit des Nach-Mai eine bedeutende politische Rolle gespielt hat und seit Anfang der siebziger Jahre am renommierten »Collège de France« lehrte, selbst eine Institution in der Institution geworden, zog sich auf die individuellen Werte zurück. Sein Engagement galt den Insassen französischer Gefängnisse, für deren

Menschenrechte er kämpfte, und den *boat people,* für die er mit den »Médecins du monde« arbeitete. Als Sonderkorrespondent des *Nouvel Observateur* und des *Corriere della Sera* reiste er nach Persien, um über die islamische Revolution »ohne materielle Motivation« zu berichten – es genügte ihm nicht mehr, Petitionen zu unterzeichnen, er wollte dabeisein, zumindest als Beobachter. Er bewunderte den religiösen Führer Khomeini – wie sehr er sich täuschte, merkte er erst später. Es war eine der bitteren Enttäuschungen seines Lebens, und sie leitete ein langes Schweigen ein.

In Frankreich wurde Foucault von vielen Intellektuellen heftig attackiert; Gerüchte zirkulierten (er habe sich zum Islam bekehrt, er produziere nichts mehr) – die Angriffe trafen und lähmten ihn mehr als je zuvor. Foucault flüchtete sich noch stärker in die Einsamkeit. »Ich hätte«, sagte er einmal, »ebensogut etwas anderes, ein anderer werden können.« Zum Beispiel Minister: die Mitterrand-Regierung soll ihm ein Portefeuille angeboten haben. Nein, er war eben doch Foucault. Auch den Posten eines Kulturattachés in New York schlug er aus, obwohl er von Amerika träumte. Foucault arbeitete. Und schwieg weiter. Erst im Winter des Jahres 1981, als in Polen der Ausnahmezustand ausgerufen wurde, fand man ihn plötzlich wieder auf den Barrikaden und hinter Mikrophonen – ein aktives Mitglied der »Solidarität«. Und als im linken Frankreich das laute Lamento über das innenpolitische Schweigen der linken Intellektuellen ausbrach, steckte er längst in einem intensiven Dialog mit der nichtkommunistischen Gewerkschaft CFDT – er glaubte offenbar an politische Lösungen.

Foucault arbeitete. In den Bibliotheken, in denen er Bücher über die Antike studierte, fiel er durch sein ernstes Gesicht auf – er arbeitete bis an den Rand der Erschöpfung. Doch sein fürchterliches Lachen, das sprichwörtlich geworden war, hatte er nicht verloren. Vor seiner Abreise in die USA 1982 ergriff ihn eine Vorahnung, die ihn nicht mehr losließ. Er verachtete die Gesundheit und pries gleichzeitig die Askese. Seine Vitalität schien grenzenlos – doch die engsten Freunde machten sich zunehmend Sorgen auch um seinen seelischen Zustand. Noch einen Monat vor seinem Tod im Jahre 1984 wußten weder Foucault noch sein langjähriger Lebensgefährte Näheres über seine rätselhafte Krankheit: Foucault, von Depressionen und Absenzen geplagt, hatte Krebs – Krebs im Kopf. In den letzten Tagen seines

Krankenhausaufenthalts konnte er, wie es im Bulletin der Ärzte hieß, die diese Diagnose publizierten, von den ersten Pressekommentaren zu seinen neuesten Büchern Kenntnis nehmen. In Windeseile hatte der Verleger Gallimard, der mehr wußte als der Autor selber, die Bände zwei und drei der *Geschichte der Sexualität* herausgebracht. Sie erreichten die Buchhandlungen mit der Nachricht vom Tode Foucaults.

Der Bruch ist total. Nach der Entlarvung der Mär von der sexuellen Befreiung hat Michel Foucault die Problematik seiner *Geschichte* gründlich verändert und nochmals vertieft. Gewechselt haben die Methode und die analysierte Epoche sowie der Gegenstand der Untersuchung: von der Neuzeit ist er auf die Antike ausgewichen, die philosophische Spekulation wird zur historischen Psychologie der Kultur schlechthin, und die Zusammenhänge von Wissenschaft und Sexualität, um die es in Band eins geht, weichen der Suche nach einer Ethik des Individuums. Die Veränderungen zeugen von einer persönlichen Kulturrevolution, über die sich Foucault – wie immer sehr diskret – im Vorwort zum zweiten Teil (*L'Usage des plaisirs*) kurz ausläßt.

Der Verfasser untersucht das Verhältnis, das die Griechen zu ihrer Sexualität hatten. Er stellt fest, daß es vor allem nicht auf den Antagonismus von Sünde und Sühne, von Trieb und Tabu reduziert wurde. In der antiken Ethik macht er ebenfalls das Gebot von Mäßigung und Enthaltsamkeit aus – aber nicht etwa, weil die Lust eine verbotene Sache wäre: Der sexuelle Rausch hat einen Hang zur Maßlosigkeit, und damit birgt er die Gefahr, die Harmonie der Persönlichkeit aus dem Gleichgewicht zu bringen. Für die Griechen bestand der Sinn des Lebens im Streben nach diesem Gleichgewicht, um das gerungen werden muß – in der »Sorge um sich«. *Souci de soi,* wie Foucault den dritten Band betitelte.

Philosophen und Ärzte formulierten beispielsweise zur Päderastie eine Fülle von Ratschlägen – aber nicht weil die körperliche Liebe zu Knaben als widernatürlich empfunden wurde, sondern weil es sich um Triebe und Lust schlechthin handelte. Analog war die eheliche Treue nicht als Einhaltung eines Versprechens von Bedeutung, sondern weil sie von Selbstbeherrschung zeugt. Und wer sich selbst beherrschen kann, ist auch am ehesten in der Lage und berechtigt, die anderen nicht zu beherrschen, aber doch zu leiten und zu regieren –

sei es im philosophischen Unterricht oder durch die Ausübung der politischen Macht.

Von der Sexualität kommt Foucault zu umfassenderen Überlegungen. Er spricht von den *techniques de soi* und meint damit, was die Griechen »Weisheit« nannten. Sie kannten nicht eine Moral, sondern deren viele, und sie bestanden nicht, wie später bei uns, in der Ausübung einer Pflicht, sondern in der Suche nach dem persönlichen Glück. Moral darf nicht obligatorisch, sondern muß ausschließlich freiwillig, frei gewählt sein – sie bezweckte in der Antike ein Gleichgewicht von Sehnsucht und Befriedigung, aus dem sich ein Stil, eine Ästhetik entwickelte. Zur Erlangung dieser Harmonie ist für Foucault die Selbstbeschränkung sehr wesentlich und das Gegenteil des Ehrgeizes, die Welt in den Dienst der eigenen Triebe zu zwingen. Askese und Selbstverwirklichung – der Individualismus als Moral: Foucault definiert ihn als »Kultur des Ichs, in der die Beziehungen von Ich zu Ich aufgewertet und intensiviert worden sind«.

Kaum ein Buch hat bisher den Bruch, der durch die französische Zivilisation der Gegenwart geht, so deutlich gemacht wie Foucaults Schreiben des letzten Jahrzehnts. Zwischen 1976 und 1984 ist er auf einem scheinbar völlig unpolitischen, abseitigen – jedenfalls wenig begangenen – Weg ohne persönliche Pirouetten von einer Philosophie der Befreiung des Menschen durch die strukturelle Veränderung der Gesellschaft zu einer Ethik der Freiheit in der »Kultur des Ichs« und durch die *techniques de moi* gekommen. Die »Revolution« der globalen Transformation hat abgedankt – von ihr ist für das Individuum nichts zu erwarten. Die individuelle Freiheit, die die Verantwortung für den anderen einschließt, wird bei Foucault zu einem Verhaltenskodex, der an Montaigne und den italienischen Humanismus anknüpft; sie hat mit einer narzißtischen Kultur nichts gemein – weder moralisch noch philosophisch. Foucault löst sie nicht aus dem sozialen Kontext, den politischen Ideologien und der historischen Notwendigkeit – aber er stellt sie im System der Werte an die Spitze und verurteilt ihre Beschneidung durch »höhere Wahrheiten«.

Parallel zu seiner Beschäftigung mit der Antike hatte sich Foucault in den letzten Jahren erneut mit der Aufklärung befaßt. Am »Collège de France« hielt er 1983 eine Vorlesung, die sich – als eine seiner abschließenden Arbeiten – wie eine Bilanz liest. Darin befaßt er sich mit Kants Schrift *Was ist Aufklärung*, und Foucaults Denken erscheint in einem Licht, das keine »gegenaufklärerische« Schatten wirft. Er sieht in Kants Text eine neue Art, auf »philosophischem Feld« die Fragen zu stellen: Erstmals werde hier »die Frage der Gegenwart, der Aktualität« direkt formuliert – als »philosophisches Ereignis, dem der Philosoph, der davon spricht, angehört«.

Auch in der Lektion Kants über die Natur der Dinge hat Foucault sein eigenes Philosophieren erkannt: Das Wesentliche ist nicht in den »großen Ereignissen« zu suchen – »was bei der Revolution wichtig ist, ist nicht die Revolution selber, sondern das, was sich in den Köpfen jener, die sie nicht machen oder die nicht ihre Hauptdarsteller sind, abspielt, ist die Beziehung, die sie zur Revolution, deren Akteure sie nicht sind, haben«. Schließlich zieht Michel Foucault eine Linie, die – ausgehend von Kants Texten über Aufklärung und Revolution – eine »kritische Tradition« nachzeichnet: »Welches ist unsere Aktualität. Welches ist das aktuelle Feld der möglichen Erfahrungen? Es handelt sich hier nicht um eine Analytik der Wahrheit, es wird sich um das handeln, was man eine Ontologie der Gegenwart nennen könnte, eine Ontologie unserer selbst.« Foucault, dessen *Geschichte der Sexualität* man zumindest als Teil – und Moral! – dieser Ontologie lesen wird, präzisiert dieses »kritische Denken«, dem er sich selber verpflichtet fühlte, als »diese Form der Philosophie, die von Hegel über Nietzsche und Max Weber bis zur Frankfurter Schule eine Form der Reflexion begründete, in der ich zu arbeiten versucht habe«. Eine erstaunliche Genealogie, in der Foucault (der an Aids verstarb) jedoch zweifellos einen bleibenden Platz einnehmen wird.

Régis Debray: das Politische als intellektuelles und existentielles Schicksal

Am 1. März 1967, als Frankreich sich – nach einem als einsame Mai-68-Prophetie berühmt gewordenen Bonmot des verstorbenen *Monde*-Leitartiklers Pierre Viansson-Ponté – zu langweilen begann, schrieb der doktrinärste marxistische Theoretiker des Landes, Louis Althusser, seinem begabten Schüler Régis Debray einen Brief: »Es gibt dringende Erfordernisse des Kampfes. Aber es ist manchmal, Du weißt es, politisch dringend, Anlauf zu nehmen und sich dem Studium zu widmen, von dem alles abhängt. Marx und Lenin haben uns die ersten Beispiele dafür gegeben ... Ich glaube, daß dies die Pflicht aller Intellektuellen gegenüber der Arbeiterklasse und der Revolution ist. Sie erhalten vom kämpfenden Volk einen Auftrag zur wissenschaftlichen Erkenntnis. Ihm müssen sie sich mit der größten Sorgfalt widmen, indem sie dem Beispiel von Marx folgen, der für die Kämpfe der Arbeiterbewegung und ihre Kombattanten nichts als wichtiger ansah denn die gründlichste und ernsthafteste Erkenntnis, der er sein Leben geopfert hat.«

Damals schickte sich Régis Debray an, im Gefolge von Che Guevara nicht mit Ideen, sondern mit Waffen für die Verdammten dieser Erde zu kämpfen – wie weiland Malraux in Indochina und Spanien, wie die antifaschistischen Dichter und Denker im Maquis der Résistance. Doch die linken Nachkriegsintellektuellen, die den Begriff des Engagements überhaupt erst zum politischen Imperativ machten und ihm außer mit philosophischen Exegesen vor allem im Unterschreiben von Manifesten und Petitionen huldigten, empfanden diesen Schritt zur Tat als eher befremdliche Sache, und der private Brief des marxistischen Guru an den Guerillero in spe enthielt denn auch die kaum kaschierte Aufforderung, den Befreiungskampf gegen den internationalen Imperialismus nicht als Flucht zu betreiben, sondern das Martyrium lieber in der häuslichen Bibliothek zu suchen.

Das weitere Schicksal der beiden ist durch Schlagzeilen in der internationalen Presse bekannt: der Philosoph wurde nach der Ermordung seiner Ehefrau vom Gericht als »nicht zurechnungsfähig« eingestuft; Régis Debray, der in seinem selbstgefällig-autobiographischen Roman »Ein Leben für ein Leben« mit dem Lustgewinn, als »zwischen den Bäumen ein Fremder in meiner Visierlinie zusammensackte«, kokettiert, von Mitterrand vorübergehend zum außenpolitischen Berater ins Elysée berufen. Seine aktive Rolle in der internationalen Diplomatie irritierte die Amerikaner zumindest zu Beginn bedeutend stärker als die damalige Präsenz von vier kommunistischen Ministern in der Regierung: Debray als unermüdlicher, schweigsamer Missionar Mitterrands für die lateinamerikanischen Befreiungsbewegungen, denen der französische Staatschef zumindest rhetorisch Unterstützung versprochen hatte.

Als Gefährte Che Guevaras war Debray nach kurzer Zeit verhaftet worden. Einzig sein Status als Ausländer bewahrte ihn davor, wie seine Mitstreiter im Urwald und bei der Stadtguerilla von La Paz standrechtlich erschossen zu werden: das Urteil lautete auf dreißig Jahre Gefängnis. Eine beispiellose internationale Solidaritätskampagne – von de Gaulle über Sartre bis zu Papst Paul II. – konnte nach drei Jahren seine Freilassung bewirken, die allerdings ohne ein kurzes demokratisches Zwischenspiel im Regime des bolivianischen Generals Juan José Torres kaum erfolgreich gewesen wäre. Unter nie ganz geklärten Umständen gelang es Debray, nach Chile zu fliehen, wo er sich mit Mitterrands Vorbild Salvador Allende befreundete und sich an dessen Experiment eines reformistischen Sozialismus beteiligte.

Seine Rückkehr nach Frankreich führte ihn zunächst in den Schoß der kommunistischen Familie, deren Jugendorganisation er als Student angehört hatte, zurück. 1974 schrieb er sich unter dem Einfluß Mitterrands und dessen erster Kampagne gegen Giscard als Mitglied bei der Sozialistischen Partei ein. Ab 1975 begleitete er deren Ersten Sekretär auf Reisen nach Südamerika, insbesondere nach Mexiko, zu seinem Freund Fidel Castro, nach Venezuela und Costa-Rica.

Debray blieb Marx und Mitterrand auch treu, als um 1977 die Abkehr vom Sozialismus einsetzte. Die Ausschlachtung der Neuen Philosophie durch die Medien im Vorfeld der Parlamentswahlen von 1978, als der von allen erwartete Sieg der vereinigten Linksparteien in letzter Minute verhindert werden konnte, inspirierte sein Werk *Le pouvoir intellectuel* (Voltaire verhaftet man nicht), das im Jahr darauf erschien. Dieses Pamphlet gegen die politische Verfügbarkeit der Intellektuellen, das die hohe Komplexität des besonderen französischen Verhältnisses von Geist und Macht verkennt, ist allerdings viel zu kurzsichtig auf die Situation der Jahre 1977/78 fixiert – François Bondy hat es treffend die »Momentaufnahme eines Trugbildes« genannt. Getäuscht hat sich Debray darüber hinaus in der politischen Prognose seiner Schrift – zwei Jahre vor Mitterrands Wahlsieg und seinem eigenen Einzug ins Elysée schrieb er: »Ohne Zweifel ist Frankreich in eine der reaktionärsten Phasen seiner Geschichte eingetreten, und seine hohe Intelligenzija, die das Barometer und mehr als je zuvor ›Avantgarde‹ ist, hat die Entwicklung mit einer Beherztheit vorweggenommen, die ihr alle Ehre macht.«

In seiner Analyse der kulturellen Machtverhältnisse vernachlässigt Debray die Tatsache, daß es in Frankreich nach 1945 stets ein revolutionäres, extrem staatsunabhängiges Denken der prinzipiellen Opposition und systematischen Verweigerung gab – das beste der Epoche. Das gilt für Sartre, den vielleicht letzten freien Philosophen, der mit dem Nobelpreis auch alle anderen Ehrungen ablehnte, genauso wie für Camus, der seine Ethik in Zeitungen verbreitete. Der subversive Foucault, den die Sorbonne als Ketzer behandelte, wurde nur unter dem Druck der lesenden Studenten von den Universitäten anerkannt. Wenig glücklich verlief – jedenfalls bis zur späten Berufung ans »Collège de France« – die Karriere des akademischen Außenseiters Roland Barthes: Seine Auseinandersetzung mit der traditionellen Literaturkritik gehört ebenso zu den wesentlichen Momenten der zweiten Jahrhunderthälfte wie Jacques Lacans jahrzehntelanger Konflikt mit der offiziellen Psychiatrie. Existentialismus wie Strukturalismus, die Neue Kritik und die *nouvelle histoire*, »Tel Quel«, die Psychoanalyse, Ethnologie und Semiotik als Gesellschaftswissenschaften verdanken ihren Durchbruch und ihr breites Wissen über den eigenen Fachbereich hinaus nicht der bis 1968 extrem konservativen, elitären, verknöcherten Universität, sondern den Medien: Zeitschriften, Zeitungen, Funk und Fernsehen.

Als in Paris die Molotowcocktails flogen und die Autos brannten, saß Régis Debray im finsteren Gefängnis von Camri. Nach dem Scheitern der Revolte verwirklichten die eingeschüchterten Machthaber mit einer gründlichen Reform des Unterrichtswesens zahlreiche

Forderungen der Aufständischen – in Vincennes wurde sogar die Utopie einer abitur- und prüfungsfreien Universität realisiert und staatlich finanziert. Der Studentenaufstand brachte die »geistigen Väter« nicht ins akademische Abseits, sondern in die Lehrpläne. Zehn Jahre später erfolgte die neuphilosophische Explosion – ein Spätzünder des Mai 68 und eigentlich eine Implosion der bisherigen intellektuellen Entwicklung: Die ehemals aufmüpfigen Studenten, die sich von den Barrikaden in die Bibliotheken zurückgezogen hatten, schlossen nun in der unsicher gewordenen politischen Konjunktur der Jahre 1977/78 den Ideenkreislauf zwischen Verlagswesen und Medien mit den Universitäten kurz, formulierten die isoliert analysierten Formen der Repression und des »Faschismus« (Foucaults Gefängnis und Klinik, Barthes' Alltagsmythen wie -rituale, Lacans Antinominalismus) zu einer absoluten Anti-Utopie – zum genauen Gegenteil dessen, was im Mai 68 die Mauerinschriften gefordert hatten – aus und vollzogen den ideologischen Bruch mit Stalinismus-Kommunismus-Sozialismus mit ödipaler Besessenheit.

Nach seiner Abrechnung mit der Neuen Philosophie als reaktionärem Medienphänomen entwickelt Régis Debray seither in seinen Schriften auch inhaltlich extreme Gegenpositionen zu ihr. In *La Critique de la raison politique* (Die Kritik der politischen Vernunft) – ein Titel, der auf Kant und Sartre anspielt – holt er zu einer breit abgestützten Beweisführung über die Notwendigkeit eines Dogmas, ohne das keine Gesellschaft funktionieren kann, aus. Debray hält dieses Werk, dem Gallimard seine renommierte »Bibliothèque des Idées« öffnete, wo es neben den unsterblichen Klassikern der modernen Geistesgeschichte – in einer Reihe mit Sartre, Foucault, Merleau-Ponty – steht, für sein erstes überhaupt, das vorangegangene bezeichnete er als *hors d'œuvre* mehr oder weniger *varié*.

In einer langen autobiographischen wie bibliographischen Einführung erzählt der Autor die Entstehungsgeschichte des Essays, der auf seine bolivianische Gefangenschaft zurückgeht: denn »ein Resultat ohne seine Genesis ist abstrakt«. Der Gefängnisgeistliche, ein Franziskanerpater, brachte ihm Wälzer über Gregor VII. und Don Quichotte – »meine beiden ersten Bücher«. Später las der bildungsbeflissene Revolutionär Abhandlungen zur Religionsgeschichte – »unzensierbare Materie« –, die Kirchenväter und die »großen Klassiker der Arbeiterbewegung«: »Den Mai 68 verbrachte ich in Begleitung von

Lucien Febvre, Huizinga und Festugière, das heißt mit der ›Religion von Rabelais‹ und dem ›Herbst des Mittelalters‹.«

Parallel zur Liste seiner Kerkerlektüre zieht er die Linie – von Babeuf bis Guevara – der gescheiterten Weltverbesserer und ihrer historischen Momente: »Die Revolution. Der Holocaust. Die Résistance. Der XX. Kongreß. Mai 68. Die letzten Wahlen« – aber »schließlich war immer alles wie zuvor«. Debray nennt diese Erfahrung seine Entdeckung der *condition d'existence* und »das Politische« schlechthin, die ihm bis zu seinem Gefängnisaufenthalt hinter »der Politik« verborgen geblieben waren. Diese Erkenntnis läßt Debray als gekreuzigten Idealisten seiner politischen Wissenschaft zurück: »Meine Überzeugungen kollidieren mit meinen Kenntnissen« – und: »Ich habe nicht das Ideal meiner Ideen.«

Seine These lautet: Die Gruppe, die ihren Selbstzweck nur im eigenen Überleben sieht, kann sich nicht ohne ideologischen Zement organisieren, und der Sinn, dessen sie bedarf, muß von außen – von oben kommen. Er beruft sich auf Gödels logisches Theorem: Ein System ist unfähig, ausschließlich mit den eigenen Elementen eine hermetische Grenze zu bilden. Das Kollektiv, das sein eigenes Funktionieren nicht zu durchschauen vermag – Debray nennt es »hysterisch« –, kompensiert diesen Mangel im Ruf nach einem Führer, der etwas anderes als seine eigene Person repräsentieren muß: Gott, das Proletariat, die Gerechtigkeit, die Rasse.

Für Debray gibt es keine Gesellschaft ohne diesen »charismatischen Mediator«, den er am perfektesten von Konstantin verkörpert sieht. Der extreme Vergötterungskult seiner Vorgänger habe einen Prozeß der Desintegration ausgelöst – die Inflation der Götter eine unheilvolle Verwirrung gestiftet. Konstantins Geniestreich war seine Bekehrung: Er hat, indem er das Christentum zur neuen Staatsideologie machte, das vom Zerfall bedrohte Reich gerettet. Debray: Die Religion ist eine Krankheit – aber man muß mit ihr leben, denn »die Heilung wäre unser Tod«.

Das bedeutet aber auch: Die Idee von einer besseren Welt ist ein Traum, der Fortschritt – rückschrittlich. Der als Revolutionär gescheiterte Verfasser bezeichnet die »staats- und klassenlose Gesellschaft« als »rational nicht mögliches Abenteuer«. Der Kampf zu ihrer Herbeiführung, für den er sein Leben riskierte, könne in der Praxis »imperativ« sein – logisch legitimieren läßt er sich nicht.

Das ewige Schicksal der Gruppe ist das Feind-Freund-Schema: »Auf der einen Seite erblickt man den roten Unhold mit dem Messer zwischen den Zähnen, Jud Süß, den imperialistischen Menschenfresser. Und ihm gegenüber der Hohe Führer, der Erzieher, der Duce, der jene Feinde bezwingen will ... Geist, Macht, Gott. Diesbezüglich besteht keine Zäsur zwischen Magie, Religion und Ideologie.« Marx wird nicht als Urheber der stalinistischen Greuel zur möglichen Verantwortung gezogen, sondern weil er die blasphemische Chuzpe hatte, hinter dieser unabänderlichen Ordnung deren Mechanismen erkennen zu wollen. Mit dem Resultat, daß es heute »eine marxistische Religion gibt, aber keine marxistische Theorie der Religion«.

Im Schatten des Marxismus greift Debray auf Kant zurück – wie vor ihm Sartre, der in der *Kritik der dialektischen Vernunft,* einer Analyse der vielfältigen zwischenmenschlichen Beziehungen, seine existentiellen Erfahrungen von Niederlage und Gefangenschaft zu einem nicht totalisierenden, freiheitlichen dialektischen Denken verarbeitete. Nach Sartre, der Marx von Freud trennte, das Soziale vom Psychologischen unterschied, kritisiert Debray den »rationalen Vereinheitlichungswillen« des Marxismus. Er wirft Marx vor, den ontologischen Unterschied zwischen dem Wachsen und dem Produzieren – zwischen dem Naturgegebenen und dem Planbaren – mit einem »sogenannten wissenschaftlichen Exorzismus« ausgetrieben zu haben. Debrays Vorgehen erweist sich dann aber als bedeutend reduktionistischer: Sein Interesse gilt ausschließlich dem Gesetz der Natur, die er gegen die Geschichte ausspielt. Seine Argumente sind die »biologischen Metaphern«, die das Bedürfnis des Volkes nach Opium nicht mit der Entfremdung erklären, sondern aus der Struktur der Gesellschaften, Parteien, Kollektive – Gruppen herleiten. Seine »Wissenschaft des Glaubens« ist denn auch nicht mehr und nicht weniger als das Projekt, das Irrationale als oberstes Prinzip zu rationalisieren – und damit das Dogma zu rechtfertigen. In seinem System steht der Mensch als Tier (*animal communicatif* genannt) da, dem man zum eigenen und unser aller Wohl eine möglichst starke Botschaft eintrichtern muß. Debrays neue Auffassung vom politischen Verhalten ist durchaus »logisch« für einen, der nicht Theorie, sondern Theologie betreibt: »Irrungen lassen sich nicht widerlegen – um sie zu korrigieren, muß man sie bekämpfen.«

Die Gruppe, die sich dem Verfasser zufolge seit der Abgrenzung der griechischen Kultur gegen die Perser durch Ausschließungen bildet, bilden muß, ist entsprechend derselben Logik auf Sündenböcke angewiesen. Debrays persönliche »Perser« sind die *gauchistes* des Mai 68 und die Neuen Philosophen. Ihr Denken verurteilt er nicht nur als unsystematisch und idealistisch – sie haben, was schwerer wiegt, die Gruppe verraten und sprechen von etwas, wofür Debray einst zu sterben bereit war, das aber in seiner Welterkenntnis keinen Platz mehr hat: vom individuellen Gewissen und vom Bewußtsein.

Régis Debrays zweite Reaktion auf die Neue Philosophie kann allerdings nicht über eine strukturelle Wesensverwandtschaft mit ihr hinwegtäuschen. Seine *Critique* nimmt nicht nur verschiedene ihrer marxismuskritischen Stränge auf – er weiß auch um den Gebrauch, den sie von Freud, Lévi-Strauss, dem Strukturalismus und der französischen Gruppenanalyse macht. Debrays Argumentation bewegt sich ebenfalls in diesen Kriterien und Methoden: die Köder- und Mangel-Theorien, die Abwesenheit, der Tod, *l'autre*, das »Loch« im System und die Psychologie der Massen sind zentrale, wenn auch oft nur implizit verwendete Themen seiner Abhandlung. Das alles wird, wieder einmal, zusammengebraut und bei vorläufiger Enthaltung einer politischen Deutung vom Autor philosophisch-absolut gesetzt. Das Resultat ist folgerichtig eine irrationale, zu jeglicher Autonomie unfähige Kreatur, aus deren Multiplikation Debrays hysterisches Kollektiv entsteht.

Brillant demonstriert und verifiziert der Verfasser seine Methoden an ausgewählten Beispielen aus zwei bis drei Jahrtausenden – doch über das 20. Jahrhundert bringt er nicht viel mehr hervor als ein hilfloses Stammeln: zwischen Auschwitz und dem Gulag, zwischen der kapitalistischen Fabrik, den Perversionen der sozialistischen Maschine und der islamischen Erneuerung – zwischen Hitler und Giscard, Mitterrand und Stalin vermag seine Logik des Irrationalen allenfalls noch gewisse quantitative Unterschiede zu formulieren. Was unter dem quälenden Druck der faschistischen Vergangenheit und totalitären Erfahrungen im Zeitalter der Masse von verschiedenen Disziplinen an wissenschaftlicher Analyse und politischer Aufklärung geleistet wurde, dient Debray als Materie für eine philosophische Synthese, die letztlich genau diese Greuel als Fatalität legitimiert.

Die *Kritik der politischen Vernunft,* die eine Unvernunft ist, entstand offensichtlich aus dem Wunsch, den Marxismus »kritisieren« und ihm gleichzeitig treu bleiben zu können. Möglich war dies nur im Prozeß einer gräßlichen Relativierung, die ihn zu makabren Vergleichen animiert: »Ganz wie das Tragen des Judensterns gehörte die Beibehaltung der marxistischen Etikette im schlaffen Anlauf des Nach-Mai zur elementaren Würde.«

Debrays Schrift ist aber ebenso deutlich das Opfer ihres intellektuellen Anspruchs und Ehrgeizes geworden: der Autor ist bestrebt, auf einer Ebene mit Darwin, der die Evolutionstheorie entwickelte, mit Marx, Saussure und Freud, die für den arbeitenden, sprechenden und unbewußten Menschen stehen, in die Geistesgeschichte, die nur die großen globalen Entwürfe bewahrt, einzugehen. Seine – neue – Wissenschaft ist jene der »unlösbaren Probleme«, ihr Gegenstand der zeitlose *homo politicus,* eine tragische, auf die ideologische, religiöse, magische Manipulation programmierte Gestalt.

Diese *Kritik der politischen Vernunft* muß natürlich so tun, als ob es den Mai 68 (der das Pech hatte, ohne Debray über die Bühne zu gehen) und seine kreative, emanzipierende Massenexplosion sowie die politischen Erfahrungen und intellektuellen Experimente der vergangenen 15 Jahre nicht gegeben hätte. In seiner auf Endgültigkeit angelegten Geschlossenheit bleibt sein Essay, so gewichtig er sein mag, hinter den aktuellen Ansätzen zu einer Überwindung der totalitären Finsternis zurück. So muß Debray konsequenterweise und in ziemlich lächerlicher Position Cornelius Castoriadis' selbstverwaltete kleine Gruppe als Alternative zur kollektiven Hysterie ebenfalls für eine »neue Illusion« halten, hinter der bereits der »Sozial-Gott« droht: »Das existiert nur auf dem Papier. Die Selbstorganisation ist genau das Phantasma, von dem man sich losreißen muß.«

Noch befremdlicher wirkt die Anwendung seiner politischen Philosophie auf die politische Praxis. *La Puissance et les rêves*, sein jüngster Essay, handelt vom Träumen (der Romantiker) und von der Machtausübung (der Realisten). Debray, seit eh auch als Diplomat ein aufmerksamer Beobachter der intellektuellen Szene, weiß um das Vakuum, das der Verzicht auf die Verwirklichung des Sozialismus wie auf die führende Rolle des Proletariats hinterlassen hat. In dieser Leere sind die Sozialisten an die Macht gelangt. Angesichts der zunehmenden Distanz der Intellektuellen zu ihr verschreibt Debray eine ideologische Roßkur, die nicht mehr um Verständnis wirbt, sondern attackiert – Debray nennt das »Realpolitik von links«. Für sie plädiert er am Beispiel der internationalen Beziehungen, die »anderen Gesetzen gehorchen«, als sie sich die linken Träumer in ihren internationalen Utopien im bequemen »Bett der Opposition« vorstellten. »Realismus« hat Debray offenbar als außenpolitischer Berater und Gesandter Mitterands erfahren. Von dieser Lektion internationaler Realität hat er sich zur Staatsräson, die für intellektuelle Idealisten kein Verständnis mehr hat, bekehren lassen. Was er in seiner – mehr national denn sozialistisch gefärbten – Theorie der diplomatischen Gesetzmäßigkeiten betreibt, ist Gaullismus in Reinkultur.

In einer zweiten Phase geht seine ideologische Offensive noch weiter. Debray ersetzt die linken Gemeinplätze, die niemanden mehr zu mobilisieren vermögen und auch nicht mehr konsensfähig sind, durch *l'intérêt national.* Zu den nationalen Interessen zählt er alles, was es einem Land erlaubt, eine Identität zu haben, seine Unabhängigkeit zu bewahren. Es sind Werte wie die Sprache und die gemeinsame Geschichte, aber auch das Territorium sowie Aspekte des wirtschaftlichen Überlebens. »Jahrelang«, kommentiert Debray seine Hinwendung zum Nationalismus, »habe ich für Länder gekämpft, die ihre Unabhängigkeit erringen wollten. Diesem Engagement fühle ich mich nach wie vor verpflichtet – in der Überzeugung, daß jeder diesen Kampf führen muß. Ich wüßte nicht, wie ich mich als Franzose unter dem Vorwand, einem Land mit imperialistischer und kolonialistischer Tradition anzugehören, dieser Pflicht entziehen könnte. Mein Vaterland ist auch eine Nation, mit einem Volk ...«

Und einem Willen zur Macht?

»Ich lehne diesen Ausdruck ab. Ich bin für eine Politik der Unabhängigkeit, die nicht darin besteht, die Freiheit der anderen zu unterdrücken, ihre Territorien zu annektieren, sondern die dem Expansionswillen der Gegner und ihrem Hegemoniestreben Widerstand entgegensetzt. Dazu bedarf es der Mobilisierung der eigenen Macht, aber in den Grenzen der eigenen Souveränität. Ohne jene der Nachbarn zu zerstören. Würden wir in Belgien einmarschieren, wäre das Machtpolitik. Wenn wir aber einer östlichen Invasion widerstehen, betreiben wir eine Politik der nationalen Unabhängigkeit.«

Die deutsche Friedensbewegung bezeichnet er »in der gesamten Aktualität« als einen der »schlagendsten Beweise für die Zeitlosigkeit des nationalen Gefühls und Interesses«: »Es ist klar, daß der Pazifismus nie diese soziale Bedeutung erlangt hätte, wenn die Deutschen zum Beispiel über eine eigene Bewaffnung verfügen könnten. Kein Land kann sich mit der Stationierung von 6000 Atomraketen auf seinem Territorium, die aber von einer fremden Regierung kontrolliert werden, abfinden. Der Pazifismus ist ein Ausdruck des deutschen Nationalgefühls. Und eine Massenbewegung, auch wenn er minoritär bleibt. Er ist ein wichtiges Phänomen, man muß ihn ernst nehmen – ich halte ihn auch keineswegs für das Schreckgespenst, das viele in ihm sehen.«

Diese Sicht prägt ebenfalls Debrays Einstellung zu Europa, die ihn im französischen Klima der kulturellen Öffnung einmal mehr als Außenseiter erscheinen läßt. Er begründet die Probleme der europäischen Integration mit dem Fehlen einer europäischen Nation, an deren mögliche Entstehung er ohnehin nicht glaubt: »Ein Engländer wird immer mehr englisch denn europäisch sein. Eine Nation braucht eine dominierende Sprache – sie kann zweisprachig sein wie zum Beispiel Kanada, aber Kanada ist letztlich eine englischsprachige Nation mit einer frankophonen Minderheit. Welches könnte die dominierende Sprache Europas sein ... Ich glaube kaum, daß die Franzosen das Englische akzeptieren würden. Und umgekehrt. Und Frankreich wie England könnten sich kaum mit dem Deutschen abfinden. Vielleicht gibt es wundersame Ausnahmen – aber überall, wo ich Zusammenschlüsse beobachte, Föderationen, stelle ich fest, daß sie auf einer hierarchischen Struktur beruhen. Wer beherrscht wen? Die italienische nationale Einigung geschah unter Waffengewalt, die deutsche ebenso – auf Kosten von Verlierern und zum Nutzen von Elementen, die man benennen kann. Im Falle der deutschen Einigung ist es Preußen. Bei der amerikanischen Einigung gewann der Norden gegen den Süden. Die Machtverhältnisse können sich ändern – aber die Genesis einer Nation läuft immer nach diesem Schema ab. Um eine Einheit zu werden, müßte Europa auf die Gewalt zurückgreifen – aber Europa soll ja gerade entstehen, um Streit und Konfrontationen zu vermeiden, und ich sehe da einen Widerspruch. Denn Europa ist ein Werk des Friedens und aus der Verneinung des Kriegs entstanden – zwischen 1947 und 49 muß man wohl seinen Beginn ansetzen. Deshalb kann es kein europäisches Europa geben – sondern ein deutsches Europa oder ein französisches Europa, auch ein lateinisches. Aber ein europäisches Europa ist für mich eine Absurdität.

Und das Drama Europas besteht ja gerade darin, daß keine Macht fähig ist, die Hegemonie an sich zu reißen. Es gibt ein relatives Gleichgewicht der Zentren, aber keinen dominierenden Pol, um den die Föderation erfolgen könnte. Sobald es um Fragen der Verteidigung geht, zieht sich jedes Land auf seine eigene Souveränität zurück. Eine den Deutschen und Franzosen gemeinsame Atomwaffe würde den Verzicht auf die nationale Souveränität bedeuten. Denn die Entscheidung muß an einen einzelnen oder an eine kleine Gruppe delegiert werden. Die Entscheidung ist absolut – und die Atombombe eine monarchistische Waffe. Eine gemeinsame Atomwaffe würde ja auch voraussetzen, daß Frankreich und Deutschland die gleichen nationalen Interessen hätten. Davon bin ich nicht so recht überzeugt. Die Beziehung zur Sowjetunion ist nicht die gleiche – wir haben nicht die Hälfte oder ein Drittel des nationalen Territoriums jenseits des Jalta-Grabens.«

Das uneingeschränkte Lob des Nationalismus – »Natürlich steht hinter meinem Buch auch der alte Wunsch, die Prinzipien des Verhaltens in einer Theorie zu verankern: in der Sprache wie in der Politik will ich jede Doppelzüngigkeit vermeiden.« – kommt bei Debray letztlich aus dem verzweifelten Versuch, den linken Ideen treu zu bleiben. Es geht ihm darum, die Nation in seiner ideologischen Heimat anzusiedeln. In der überraschenden Genealogie, die er zeichnet, steht die »Erfindung der Jakobiner« – eingesetzt als Ausdruck der Souveränität der unteren Schichten im Kampf gegen das Gottesgnadentum, das er rechts einordnet – am Anfang einer Tradition, zu der die Ereignisse von 1830 und 1848 gehören, schließlich 1871: Während die Bourgeoisie das Land an Deutschland ausliefert, greifen die Kommunarden zu den Waffen. Nicht zur Bekämpfung des Klassenfeinds, sondern, wie Debray deutet, aus Sorge um die nationale Hoheit.

Die Wende erfolgt am Ende des 19. Jahrhunderts, im Umfeld des Boulangismus und der Dreyfus-Affäre, als die Rechte plötzlich beginnt, sich mit Armee und Nation zu identifizieren. Seither gilt sie als »rechts« – doch Debray will die Nation nach links zurückholen, wo sie seiner Meinung nach herkommt und hingehört. Zu den aktuellen Argumenten, die er dafür vorbringt, gehört der im rechten und liberalen Spektrum gelegentlich geforderte Verzicht auf die nukleare Abschreckung der *Force de frappe*, die er als »per definitionem national« bezeichnet. Jede Integration in einen europäischen oder atlantischen Pakt wird so zum Verrat am Vaterland: »Es gibt«, behauptet Régis Debray, »eine Ideenbewegung und verschiedene Phänomene, die in diese Richtung weisen. Die Abschreckung wird als überholt bezeichnet und ein Vorantreiben der konventionellen Bewaffnung gefordert. Das bedeutet den Verzicht auf die gaullistische Doktrin – die die Linke übernommen hat. Das Paradox ist evident: die französische Linke ist gaullistisch.«

Der Sozialismus als Erbe der Aufklärung und Internationalismus – mit der Utopie, die Abschaffung der nationalen Barrieren bewirken zu können – ist Debray ganz entschieden zu weich: »Die Zusammenhänge zwischen der Ideologie der Aufklärung und dem demokratischen Sozialismus, die ich für ganz direkt halte, können von der Idee der Vernunft hergeleitet werden. Sie stipuliert, daß die Menschen ihre Geschichte bestimmen können – und daß es eine vernünftige Geschichte gibt. Die Vernunft glaubt an die harmonische Vereinbarkeit der Menschen jenseits des Primitiven, jenseits der Stammeskämpfe, der nationalen, religiösen Kriege. Eine Weltregierung würde die Herrschaft der Vernunft symbolisieren – und einführen. Diese Vision ist progressiv und prophetisch: sie impliziert eine Endlichkeit, ein Ziel der Geschichte. Der Sozialismus ist ein – der – Erbe dieser zutiefst pazifistischen, optimistischen, versöhnlichen Sicht.«

Als solcher braucht er zu seiner Stärkung und Erhaltung die Nation. Mit Befriedigung stellt Debray jedenfalls fest, daß »das nationale Interesse zwar nicht zur Tradition des Sozialismus gehört«, aber die Sozialisten, »wenn sie an der Macht sind oder in verantwortungsvollen Positionen stehen, durchaus die nationalen Interessen erkennen und ihren Imperativen gemäß handeln. Im 19. Jahrhundert war das nationale Interesse der Ideologie des Sozialismus fremd – aber in der Praxis der Sozialisten im 20. Jahrhundert hat es weltweit seinen Platz gefunden. Als Folge davon sprechen die Sozialisten in einer neuen Situation eine alte Sprache. In dem, was diese Sprache an Religiösem, Versöhnlichem hat und in dem Maße, in dem sie noch immer die Sprache der Sozialistischen Internationale ist, muß ich feststellen, daß diese Sprache auf dem Parkett der Realität stolpert und an den Konflikten vorbeispricht. Die Resolutionen der Sozialistischen Internationale – besonders in bezug auf die Abrüstung – wirken auf mich wie fromme Wünsche. Eben weil sie der Realität nicht Rechnung tragen.«

Ihr, vor allem ihrer nationalen Sektion Frankreich, will Régis Debray mit seiner Philosophie der Praxis den nötigen Realitätsbezug einimpfen und die angemessene Sprache ohne alle humanistischen Gemeinplätze beibringen. Doch Illusionen, daß das Thema Nation das ideologische Vakuum der Linken ausfüllen könnte, macht er sich nicht: »Kurzfristig gewiß nicht. Die Franzosen interessieren sich nicht für Frankreich. Sie beschäftigen sich kaum mit Außenpolitik – außer wenn die Regierung Soldaten nach Beirut oder in den Tschad entsendet und das Thema von der Presse aufgegriffen wird. Aber das internationale Schicksal Frankreichs beschäftigt sie kaum. Die Idee der Nation wirkt auf die Franzosen leicht anachronistisch, sogar etwas gefährlich – wir wohnen ja auch einer Denationalisierung der französischen Kultur bei.«

Régis Debrays erstaunliche Entwicklung erinnert an André Malraux, der sich an der Seite des Generals von der antifaschistischen Dichtung zurückzog auf die politische Biographie, vor allem aber auf die Kunstphilosophie als Antwort auf die Absurdität der Existenz. Als Praktiker einer mit pädagogischem Eifer betriebenen Kulturpolitik der Demokratisierung und Dezentralisierung formulierte er sein seit einiger Zeit als frühe Prophezeiung gehandeltes Bonmot vom 21. Jahrhundert, das religiös sein oder aber gar nicht erst stattfinden werde.

Mit Malraux teilt Debray nicht nur den aktiven Umgang mit dem Maschinengewehr und die Erinnerung an das Gefühl des Fingers am Abzug, die frühen militanten Überzeugungen sowie die Erfahrung von Gefangenschaft und Todesgefahr, schließlich das Schicksal als enger Vertrauter des französischen Staatschefs. Die unmittelbare Nähe zur Macht, in deren Hinterzimmer er mit dem sozialistischen Wahlsieg Einzug hielt, bewirkte offenbar auch bei Mitterrands Intellektuellem der Tat ein Bedürfnis nach Werten, die das kultur- oder weltpolitische Engagement als *acte gratuit* erscheinen lassen, als im voraus zum Scheitern verurteilte, zudem zutiefst sinnlose Tat relativieren. Debrays geistiger Rückzug vom revolutionären Handeln – in dessen philosophischen Begleiterscheinungen wohl niemand einen späten Tribut an Althussers Lektion ausmachen wird – hat ihn ja weder zur Pragmatik des »Machbaren« noch zum »politischen Tun trotz allem« geführt, hingegen in ungewohnte Nachbarschaft gebracht: Mit seinen Visionen vom Kollektiv, das seine wahre Natur und höhere Bestimmung im Kampf um sein Überleben offenbare, vom Krieg als Extremzustand des Sozialen, von der Ideologie/Religion als Kriegführung mit anderen Mitteln und dem »Blut als Keim der Nationen« ist er tatsächlich im Begriff, von der rechten und neurechten Intelligenz als *maître-à-penser* entdeckt und geschätzt zu werden – als Lehrmeister in ideologischen Lektionen.

Umgekehrt haben viele seiner Genossen aus dem linken Lager mit seiner Argumentation noch einige Mühe. Doch für Debray ist das wohl einzig eine Frage der Zeit und ein Musterbeispiel für den »Rückstand des Bewußtseins/Gewissens gegenüber der Erkenntnis«, an dem die Idealisten leiden und der auch die bislang substanzreichste, von der liberalen französischen Publizistik mit viel Eigenprofilierung formulierte Kritik kennzeichnet. Denn die Gewißheit, daß seine *Kritik der politischen Vernunft* schlicht »unwiderlegbar« ist und schlimmstenfalls Gefahr läuft, »nicht verstanden« zu werden, gehört für den Verfasser zur gleichen unerschütterlichen, unfehlbaren Logik wie die Einsicht, daß sich »übermorgen die Geschwindigkeit des Falls der Äpfel vom Baum durch den Übergang vom monopolistischen Staatskapitalismus zum libertären Sozialismus der Selbstverwaltung nicht wesentlich ändern wird«.

Und nach seinem Auszug aus dem Elysée hält es der Ex-Guerillero und Ex-Diplomat des Mediators Mitterrand als Mitglied des »Conseil d'Etat«, dem diese Beamtenstelle viel Muße für seine geistigen Aktivitäten ohne materielle oder tagespolitische Sorgen lassen wird, als Philosoph des Politischen schlechthin, der er in Zukunft vor allem sein will und der sich bereits explizit an den Leser von 2080 wendet, erst recht nur noch mit der endgültigen Wahrheit der fallenden Äpfel.

Raymond Aron: ein politischer Intellektueller mit sauberen Händen

Als er Ende 1983 starb, war sein Ruhm auf dem Zenit angekommen. Die kurz zuvor erschienenen Lebenserinnerungen *Mémoires – 50 ans de réflexion politique* (Erkenntnis und Verantwortung) standen bereits auf Platz eins der französischen Bestsellerlisten, jahrzehntelange Gegner – und Feinde – stimmten in den Beifall für ihn ein. Alle Ehren der literarischen Republik wurden ihm zuteil – Raymond Aron starb, es hätte symbolischer nicht sein können, beim Verlassen des Gerichts, wo er die intellektuelle Ehre Bertrand de Jouvenels, dem Zeev Sternhell in *Ni droite, ni gauche* den Jahrhundertprozeß gemacht – das heißt ihn des Faschismusverdachts bezichtigt – hat, verteidigt hatte.

Raymond Aron war der Autor eines Buchs, *L'Opium des intellectuels* (Opium für Intellektuelle), das ihn einst ins Abseits der Debatten, ja der intellektuellen Anständigkeit verbannt und bewirkt hatte, daß man auch seine übrigen Werke und Kommentare ignorierte – oder nur mit *dégoût* las. Im linken Lager, das er in seinem Pamphlet aus dem Jahre 1955 kritisierte, war Aron verfemt, besaß er geradezu Sündenbock-Funktion: Er, der Realist, war schuld, daß die Fakten so gar nicht den ideologischen Wünschen entsprachen. Raymond Aron ging es in dieser Schrift weniger um die Auseinandersetzung mit den linken Idealen, die er bis zu einem gewissen Grad geteilt hat – er kritisierte vielmehr das Verhalten der »Progressiven«, die die kleinsten Mängel und Schwächen westlicher Demokratien schärfstens anprangerten und die entsetzlichsten Zustände in Ländern mit »fortschrittlicher« Ideologie entschuldigten. Aron hatte nie akzeptieren können, daß sich intelligente Leute wie Sartre und Merleau-Ponty zum Sprachrohr eines »primären Prokommunismus« erniedrigten. Doch zum Zeitpunkt seines Todes hatten die Intellektuellen aufgehört, Opium zu rauchen, und zumindest vorübergehend überstrahlte Raymond Aron die intellektuelle Szene fast so intensiv wie Sartre in den unmittelbaren Nachkriegsjahren.

Diese späte – und schon wieder ein bißchen verdächtige – Einmütigkeit um Werk und Figur des 1905 geborenen Politologen, Soziologen und Journalisten, der über ein halbes Jahrhundert hinweg ein Antipode seines ehemaligen Mitschülers Jean-Paul Sartre war, kann nicht über einige hartnäckige Mißverständnisse und Gemeinplätze, die bleiben werden, hinwegtäuschen. Während seines ganzen Lebens war Raymond Aron ein Einzelgänger, der nie eine Gruppe oder »Bewegung« gegründet, der keiner Partei angehört hat – und dennoch vielen nicht nur als »Reaktionär«, sondern auch als Opportunist galt. Er schrieb mit Vernunft und für die Regierenden, die ihn tatsächlich – von de Gaulle bis Kissinger – ausgiebig lasen und lesen, die aber doch nie auf ihn gehört haben. Und unter seiner linken, ja sogar den liberalen Zeitgenossen war es schon ein geflügeltes Wort, mehr noch: eine scheinbar originelle Form der Auflehnung gegen die Realität, daß man sich lieber mit Sartre irren als mit Raymond Aron recht behalten wollte. An ihm kam keiner vorbei, der politisch handelte und dachte – und sei es, daß man ihn wie Sartre in der Pose des moralischen Pharisäers aufs übelste beschimpfte. Aron prägte – und bestimmte – seine Epoche, die er in kühle Worte faßte wie kaum ein anderer; doch aus dem Blickfeld der Aufständischen, die sie 1968 in Frage stellten, blieb er verbannt: bis jene, die sich inzwischen zu den Neuen Philosophen gemausert hatten, ihn geradezu als Propheten der Toleranz entdeckten und mit einem antitotalitären Heiligenschein versahen.

Diese Hochschätzung und Verehrung als neues moralisches Gewissen einer nun plötzlich antitotalitären Intelligenz, die auch den Humanismus wiederentdeckt hatte, kann nicht mit dem Einfluß von Arons wirklich großen, schwierigen Werken – die nur wenige gelesen haben – erklärt werden. Sie hat vielmehr mit der grundsätzlich veränderten politischen Situation zu tun, die ihm gegen die Illusionen und Irrtümer einer ideologisch verblendeten Epoche recht gab, sowie mit Sartres Tod, der eine Lücke hinterließ, und hinter dessen Schatten doch vieles, das bislang versteckt war, sichtbar werden konnte.

Nichts illustriert diese Konstellation besser als das Buch *Le spectateur engagé* (Der engagierte Beobachter), in dem Aron zwei jüngeren Politologen und Publizisten ausgiebig Rede und Antwort steht. Dem Band, der auf eine mehrteilige Fernsehsendung zurückgeht, war ein unerwarteter Erfolg beschieden – ein Erfolg, der sich nicht in Rezensionen und Auflageziffern berechnen und verbuchen läßt. Das Gespräch gewann dem zurückhaltenden Aron die Sympathien eines breiten Publikums, weil es seinen Werdegang durch das Jahrhundert, den es zum Inhalt hat, nachvollziehbar machte. Und es brachte – über die neugierigen, manchmal aufsässigen Befrager Jean-Louis Missika und Dominique Wolton, die, aus dem linken Lager kommend, auf den Marxismus in Politik und Philosophie verzichtet haben – Raymond Aron in einen Dialog mit den jüngeren Generationen, die es bislang fast ausschließlich mit Sartre gehalten hatten. Der Antagonismus dieser beiden großen Denker – von den gemeinsamen Schuljahren mit den philosophischen Diskussionen über eine unterschiedliche intellektuelle und menschliche Reaktion auf die Greuel des Nationalsozialismus wie auf die Geschichte allgemein, über den Bruch zur Zeit des Kalten Krieges bis zum symbolischen Handschlag im Elysée-Palast, wo sie über alle ideologischen Differenzen und persönliche Feindschaft hinweg sich bei Giscard für die Aufnahme der *boat people* einsetzten –, den man mit zunehmender zeitlicher Distanz unvoreingenommener betrachten wird, läßt verstehen, was in diesem Jahrhundert geschah – nicht nur in Frankreich und den Köpfen politischer Intellektueller:

»Ich war«, bekennt Aron in dem erwähnten Gesprächsband, »verschwommener Sozialist. Unsere stärkste Empfindung war wahrscheinlich die Revolte gegen den Krieg und damit der Pazifismus. Ich war leidenschaftlicher Pazifist, einmal aus Empörung gegen den Krieg und zum anderen aus Entrüstung darüber, wie ich als Kind den Krieg erlebt hatte. Ich war neun Jahre, als der Krieg ausbrach, dreizehn, als er zu Ende ging. Hinterher sagte ich mir, daß ich keinen Augenblick unter dem Krieg gelitten hatte, daß ich keinen Augenblick das Unglück der Völker, sagen wir, mitempfunden hatte. Damals hielt ich den Egoismus der Kinder für etwas Schreckliches, und ich verabscheute den Krieg mit ebensolcher Kraft, wie ich vorher Patriot gewesen war. Während des Kriegs war ich zehn, elf Jahre alt, ich wollte Hauptmann werden, der kleine Hauptmann! Ich schrieb Aufsätze über die Größe des kleinen Hauptmanns. Einige Jahre später, als ich in die Philosophieklasse ging und nachzudenken begann, stürzte alles mit einem Schlag zusammen; alles war verändert. Nach drei Monaten beschloß ich, mein Leben lang Philosophie zu machen! Verglichen mit allen anderen Fächern hatte die Philosophie mich geradezu verwandelt...«

Raymond Aron – dessen frühe existentielle Erfahrungen durchaus an Sartre erinnern – wurde als letztes Kind einer Familie Lothringer Juden 1905 in Paris geboren. Sie gehörte der mittleren Bourgeoisie an. Der Vater, der sich geweigert hatte, das elterliche Geschäft zu übernehmen, wandte sich der akademischen Karriere zu, die jedoch nicht wunschgemäß verlief. Er übertrug seinen Ehrgeiz auf den jüngsten Sohn, der ihn denn auch nicht enttäuschte. Nach seinen glücklichen, mehr oder weniger ereignislosen Kindheits- und Jugendjahren bereitete er sich am »Lycée Condorcet« auf die »Ecole Normale Supérieure« vor, die Eliteschule der französischen Intelligenz, die er zwischen 1924 und 1928 besuchte. Zu seinen Mitschülern gehörten Sartre, der Schriftsteller Paul Nizan, der Philosoph Georges Canguilhem und andere, die später berühmt wurden. In dieser Zeit machte sich Aron wenn nicht die linken Ideen, so doch die Ideale zu eigen. Er verbrachte geistig brillante Jahre. Allerdings hatte er nicht das Gefühl, viel zu lernen oder gar zu erfahren, wie die Welt wirklich war. Er schloß die Schule 1928 als bester der Philosophieklasse ab. Bis 1930 absolvierte er als Soldat beim Wetterdienst der Luftwaffe die obligatorische Armeezeit.

Schließlich folgten *les années allemandes*. Es waren sehr bedeutende Jahre für Raymond Aron, der die Gewalt der Geschichte, den Antisemitismus und den aufkommenden Terror erfuhr, während er in den Bibliotheken die Phänomenologie und die Geschichtsphilosophie entdeckte. Hitler, Goebbels, die Braunhemden und die Massendemonstrationen – Aron hatte offene Augen und erkannte die Gefahr viel deutlicher als Sartre, der später – auf seine Vermittlung hin –nach Berlin kam und dem Heraufziehen des Grauens, das nun schon sehr konkrete Formen angenommen hatte, in apolitischer Indifferenz beiwohnte. Während seines Aufenthalts in Deutschland wurde Sartre, der als Mittelschullehrer in Le Havre wirkte, übrigens von Aron vertreten.

Die Lektionen der Straße vervollständigten das Studium von Husserl, Heidegger, Weber – Deutschland wurde für Raymond Aron zu einem entscheidenden Erlebnis, hier stellte er die Weichen für die

Zukunft. »Eines Tages«, äußerte er später, »entschied ich am Ufer des Rheins über mich selber« – fast schon eine Formel aus dem existentialistischen Vokabular. Er meinte damit: ein Beobachter des Zeitgeschehens, Zeuge der Geschichte sein im Moment ihres Werdens, und sich persönlich engagieren, die Politik verstehen, den Willen zur Wahrheit und den Mut zur Entscheidung, zum Handeln. Das alles ging in seinem Schreiben auf, das kurz- bis langfristig die Mächtigen ansprechen, beraten, beeinflussen sollte. Auf die Frage, was er in Deutschland alles entdeckt habe, antwortete er fast fünf Jahrzehnte später in den Gesprächen mit Missika und Wolton: »Fast hätte ich gesagt: ›alles‹, doch das wäre etwas übertrieben. Aber zumindest all das, was ich in Frankreich nicht gefunden habe, hauptsächlich die Geschichtsphilosophie und das politische Denken. Deutschland gab mir auch die Phänomenologie, d. h. eine bestimmte Art, an die Geisteswissenschaften heranzugehen. Hinterher habe ich einen Teil davon in Frankreich wiederentdeckt, aber trotzdem verdanke ich der deutschen Kultur sehr viel, und als ich – vor einigen Jahren – dieses dicke Buch über Clausewitz geschrieben habe, packte mich von neuem dieser Enthusiasmus, den ich in meiner Jugend erfahren hatte, als ich Frankreich verließ und eine andere Kultur mit einer philosophischen Sprache entdeckte. Wissen Sie, die deutsche Sprache besitzt eine außerordentliche Geschmeidigkeit für die Philosophie, deshalb neigen wir immer dazu, die deutschen Philosophen für tiefgründiger zu halten, als sie sind. Es gibt zwei Sprachen für die Philosophie: Deutsch und Griechisch. Wenn man in die deutsche Sprache einzutauchen beginnt, fühlt man sich bereichert, läuft jedoch gleichzeitig Gefahr zu ertrinken. Am Anfang hielt ich alle deutschen Philosophen für groß. Das war nicht von Dauer, aber es waren einige darunter, die mich viel gelehrt haben. Zunächst habe ich die Phänomenologie von Husserl gelesen und die Geschichtsphilosophen, besonders Max Weber.

In Max Weber habe ich gefunden, was ich suchte: einen Mann, der zugleich über geschichtliche Erfahrung, politisches Verständnis und den Willen zur Wahrheit verfügte, mit dem Ziel, zu entscheiden und zu handeln. Der Wille, die Wahrheit, die Realität zu erkennen, zu begreifen einerseits und zu handeln andererseits, das sind, scheint mir, die beiden Imperative, denen zu gehorchen ich mich mein ganzes Leben bemüht habe. Diese Dualität der Imperative habe ich bei Max Weber gefunden.«

Nach seiner Rückkehr war Aron über die Ahnungslosigkeit der französischen Öffentlichkeit in bezug auf die Ereignisse und die Entwicklung jenseits des Rheins bestürzt. 1935 veröffentlichte er sein erstes Buch, *La Sociologie allemande contemporaine* (Die deutsche Soziologie der Gegenwart), in dem er die verschiedenen Autoren und Schulen der deutschen Soziologie kritisch präsentiert. Neben Weber beschäftigt sich das Werk ausgiebig mit Karl Mannheim.

Bis 1939 war Raymond Aron am »Centre de Documentation Sociale« tätig, dessen Schüler er ebenfalls auf die großen Probleme und akuten Gefahren der Welt aufmerksam zu machen versuchte. Während dieser Zeit arbeitete er an seiner Doktorarbeit, die er 1938 vorlegte: *Introduction à la philosophie de l'histoire. Essai sur les limites de l'objectivité historique*, die noch im gleichen Jahr bei Gallimard erschien. In diesem Werk stellt er sein geschichtsphilosophisches Konzept dar; es besticht durch die Berücksichtigung der historischen Erfahrung in der Theorie. Dieser neue methodische Ansatz schockierte die akademische Welt. Die Jury, die über die Dissertation zu befinden hatte, war noch völlig vom Positivismus geprägt. Der Durkheim-Schüler Paul Fauconnet bezeichnete Aron als »verzweifelt oder satanisch«, und der Philosoph Léon Brunschvicg warf dem Verfasser vor, aus der Geschichte ein »Drama ohne Einheit« zu machen.

Diese Formel ist keineswegs unzutreffend. Denn in seiner Arbeit stellt Aron die Frage: Wie kann die Geschichte, die das Werk freier Menschen ist, Gegenstand eines Wissens werden. Die Antwort durfte für ihn nur pluralistisch ausfallen: Es gibt eine Vielzahl möglicher Interpretationen. Einen globalen Determinismus im Verständnis der Vergangenheit lehnte er ab. Der ebenfalls germanistisch geschulte Paul Veyne sah in Arons Werk ein »grundsätzliches Buch«, und tatsächlich übte es einen großen Einfluß auf die Geschichtsschreibung aus – obwohl es nur selten zitiert wird. Aber Arons Thesen haben sich bei vielen Autoren durchgesetzt.

In einem Zusatz zu seiner Dissertation – *Essai sur une théorie de l'histoire dans l'Allemagne contemporaine* – untersuchte er anhand der Werke von Dilthey, Simmel, Rickert und Weber die Bedingungen und Grenzen des objektiven Wissens schlechthin: Auch dieses Buch ist überaus modern geblieben. Generell war die Zeit vor dem Ausbruch des Krieges einer intensiven intellektuellen Tätigkeit gewidmet. Eines der Zentren des Pariser Geisteslebens war das Seminar des

Philosophen Kojève, in dem Aron Lacan, Simone Weil, Marjolin, Koyré, Queneau, Merleau-Ponty und anderen begegnete. Ausgiebig pflegte er auch die Freundschaft mit Sartre und Malraux.

Der Pazifismus und die Weigerung, einen Krieg in Betracht zu ziehen, lähmten Frankreich. Aron war »als Mensch glücklich, als Bürger – *citoyen* – verzweifelt«. Die Kriegsgefahr beschäftigte ihn viel stärker als die Volksfront, der er zwar seine Stimme gegeben hatte, deren Wirtschafts- und Sozialpolitik ihm aber bald »wenig vernünftig« erschien. Den Enthusiasmus der Intellektuellen teilte er nicht lange – doch enthielt er sich jeder Kritik und versuchte vielmehr, zusammen mit anderen auf die drohende Gefahr und Frankreichs mangelnde Vorbereitung hinzuweisen.

Raymond Aron wurde 1939 zur Armee eingezogen. Während der *drôle de guerre* arbeitete er in Charleville – in dessen Umgebung der deutsche Angriff stattfand – über Machiavelli und an einer Geschichte des Sozialismus. Nach dem Zusammenbruch befand er sich in Bordeaux, und am 25. Juni 1940 schiffte er sich nach England ein: Er wollte – in Übereinstimmung mit seiner Frau, die in Toulouse blieb – weiterkämpfen. Er meldete sich zu einer Panzertruppe. Doch zwei Tage vor der Überfahrt nach Dakar kontaktierte ihn in London ein Vertrauter de Gaulles und forderte ihn zur Mitarbeit bei der zu gründenden Zeitschrift *La France libre* auf. Während des ganzen Kriegs schrieb er die Leitartikel, eine Chronik, in der er die Politik Vichys analysierte, und veröffentlichte erste strategische Essays. Aron geriet schnell in Opposition zu den Gaullisten, deren »Sektierertum« ihm unerträglich war. Obwohl er Pétain, die Kollaboration und den Antisemitismus verurteilte, versuchte er zu verstehen, was in Frankreich geschah – alles ablehnend, was die Teilung noch akzentuiert hätte. *La France libre,* an der viele exilierte Schriftsteller mitarbeiteten, war um die kulturelle Präsenz Frankreichs bemüht und gegenüber der gaullistischen Bewegung ziemlich unabhängig. Damit entging sie zumindest teilweise den heftigen Streitigkeiten, die das französische Milieu in London erschütterten.

Raymond Aron kehrte im Frühjahr 1945 nach Frankreich zurück. Das Land und seine Bewohner hatten sich verändert; doch die Stimmung war euphorisch – Aufbruch und Aufbau, Veränderung, Friede, Handeln hießen die Schlagworte der Stunde. Ein kurzes – nur zweimonatiges – Intermezzo als Kabinettschef von Informationsminister

André Malraux machte ihm klar, daß die direkte politische und administrative Tätigkeit ihn überhaupt nicht befriedigen konnte. Er wollte sich als Journalist an der Neugestaltung des Landes aktiv beteiligen. Aus dieser Überlegung heraus lehnte er auch eine Berufung an die Universität von Bordeaux ab. Zur materiellen Sicherung seiner Existenz trat er in die Redaktion des Résistance-Blattes *Combat* ein. Er schrieb ebenfalls für die von Sartre gegründete Zeitschrift *Les Temps modernes*.

Doch der Ausbruch des Kalten Krieges zeichnete sich bereits ab. Die große Mehrheit der französischen Intellektuellen war der UdSSR freundlicher gesinnt als den USA, obwohl – oder weil? – ihnen bei der Befreiung des Landes das größere Verdienst zukam. Der amerikanische Materialismus und Wohlstand beeindruckten weniger als der heroische Widerstand des russischen Volks, den das französische nicht geleistet hatte, und aus dem endlich der neue Mensch zu erstehen schien.

1947 wurde Raymond Aron Leitartikler des *Figaro*, der einen scharf antikommunistischen Kurs vertrat. Die Verhärtung der Fronten trieb die linken Intellektuellen nur noch näher zur Kommunistischen Partei, die ausgedehnte Streiks organisierte, die zu sozialen wie politischen Spannungen führten. In dieser Zeit war Aron General de Gaulle etwa so eng verbunden wie Sartre der KPF – stärker als sonst je, doch nicht im Sinne absoluter Übereinstimmung oder totaler Gefolgschaft. Kurz vor seiner schwierigen Berufung an die Sorbonne veröffentlichte Raymond Aron, der inzwischen in *Le Grand Schisme* (1948) und *Les Guerres en chaînes* (1951) die geschichtsphilosophischen Reflexionen über Demokratie und Totalitarismus, über die Teilung der Welt und den Krieg im Atomzeitalter weitergeführt hatte, *Das Opium für Intellektuelle*. Die Schrift, in der es um den Mythos des Linksintellektuellen geht, war die Folge – und Summe – der achtjährigen zum Teil polemischen Auseinandersetzung zwischen den führenden Köpfen dieser Epoche und Aron, der als letzter Überlebender im Rückblick sagte:

»Das ist ein bißchen die französische Seite an der Diskussion. In ›L'Opium des Intellectuels‹ diskutiere ich nicht mit den Kommunisten. Ich diskutiere oder führe ein Streitgespräch mit meinen Freunden, die die Existenz der Konzentrationslager zugeben, die keine Kommunisten sind, aber nicht antikommunistisch sein wollen.

Eigentlich ist ›L'Opium des Intellectuels‹ in hohem Maße ein Dialog mit Sartre und Merleau-Ponty, ein Dialog zwischen Männern, die am selben Punkt begonnen haben, die bis zu einem gewissen Grade von derselben Philosophie, dem Existentialismus, durchdrungen waren, die durch den Marxismus hindurchgegangen waren, die Antifaschisten gewesen waren, die jahrelang enge Freunde gewesen waren und die beinahe unversöhnliche Feinde wurden, weil sich die einen Nicht-Kommunisten und die anderen Antikommunisten nannten.

Der Streit zwischen Camus und Sartre ist fast der gleiche. Sartre leugnet die Konzentrationslager nicht. Er hat einen Leitartikel in ›Les Temps modernes‹ geschrieben, in dem er zugibt, daß sich in den Lagern wahrscheinlich etwa zehn Millionen Häftlinge befinden. Dennoch verurteilt er die Sowjetunion nicht.«

Und auf die Frage, wie denn eine unterschiedliche politische Haltung gegenüber der Sowjetunion eine derart herzliche, jahrelange Freundschaft in Frage stellen, ja tatsächlich beenden konnte, meinte Aron:

»So, wie ich die Sowjetunion sah, das war für Sartre unerträglich. Ich sah sie mit den Konzentrationslagern, mit dem Despotismus, mit dem Expansionswillen. Außerdem versuchte ich zu erklären, daß die Sowjetunion nicht zufällig, nicht durch den Fehler Stalins das geworden war, was sie war, sondern weil am Anfang eine Konzeption der revolutionären Bewegung stand, die zu dem führen mußte, was die Sowjetunion geworden war. Wenn ich mich damit begnügt hätte zu sagen, die Sowjetunion sei stalinistisch und nicht marxistisch, hätte Sartre das vielleicht toleriert. Aber wenn es, wie in diesem Fall, um die sozialistische Bewegung selbst ging, berührte man etwas, das für ihn essentiell war. Tatsächlich hat er mehrmals geschrieben: ›Man kann die Sowjetunion nur verurteilen, wenn man sich an der sozialistischen Bewegung, an der revolutionären Bewegung beteiligt.‹ Er hat geschrieben: ›Alle Antikommunisten sind Hunde.‹ Er hielt es also für moralisch verwerflich, wenn man antikommunistisch war, ohne Kommunist zu sein.

Für mich war es sozusagen etwas Natürliches, antikommunistisch zu sein, wenn man kein Kommunist war, da ja die Kommunisten damals sagten: ›Entweder seid ihr für uns, oder ihr seid gegen uns.‹ Es erschien mir natürlich zu sagen: ›Da wir nicht für sie sind, da wir sie verabscheuen, nun gut, dann sind wir eben dagegen.‹ Aber Sartre antwortete: ›Du hast nicht das Recht, die kommunistische Bewegung zu kritisieren, da du ja außerhalb stehst. Du mußt mit der Bewegung sympathisieren, um das Recht zu haben, sie zu korrigieren.‹ Da ich von Anfang an der Meinung war, daß die Bewegung zu den Ergebnissen führen würde, zu denen sie geführt hat, konnte ich dieses Verbot der Kritik natürlich nicht akzeptieren.«

So banal dieser Disput erscheinen mag – seine Argumente sind bezeichnend für eine Epoche, die philosophisch brillant und politisch oft sehr fragwürdig argumentierte. Aufschlußreich ist vor allem eines: Was Sartre über den Antikommunismus und die Berechtigung zur Kritik formulierte, hatte schon in den dreißiger Jahren – und zwar im Negativen – Arons zwiespältige Haltung dem Judentum gegenüber (auf die im Schlußkapitel zurückzukommen sein wird) bestimmt: Als Jude, so sagte er, halte er keineswegs aus Angst mit der Kritik am Antisemitismus zurück – er versage sie sich geradezu als »subjektiv«.

Das Credo der politischen Vernunft und kritischen Verantwortung, dem Raymond Aron selber stets verpflichtet blieb, ist auch ein Dilemma, und es erklärt, warum er weder ein Sartre noch ein Malraux wurde. Ihnen bescheinigte er jenes – literarische – Genie, das er bewunderte und für sich selber nicht beanspruchte. Sein Schicksal – existentiell wie intellektuell – waren die Vernunft und die Verantwortung als Folgen seiner Erfahrung wie einer bürgerlichen Erziehung, deren Werte er stets verteidigte. Aron konnte nicht »ausflippen« (was Sartre ihm schon in der Schule vorgeworfen hatte); er war ein disziplinierter, intelligenter, fleißiger Student – und er blieb der Musterschüler des Jahrhunderts.

Raymond Aron wurde zum hervorragenden – und lange Zeit einzigen – zeitgenössischen Theoretiker des Liberalismus – einer Weltanschauung, die es gerade in Frankreich besonders schwer hat. Bezeichnend für sein Denken sind Bücher wie *Paix et guerre entre les nations* (Frieden und Krieg. Eine Theorie der Staatenwelt) und *Penser la guerre, Clausewitz* (Clausewitz. Den Krieg denken), die sich mit dem Undenkbaren befassen. »Vor 1940 hatte ich nie über den Krieg nachgedacht, weil ich den Krieg verabscheute. Während des Krieges sah ich mich genötigt, über dieses Thema nachzudenken.(...)

Ich muß gestehen, daß die diplomatischen Ereignisse und besonders der Krieg ein ziemlich faszinierender Gegenstand der Reflexion sind, weil sie zugleich das Drama und das Kalkül umfassen. Die militärischen Dinge müssen ebenso studiert werden wie alles andere auch, was an den Universitäten studiert wird. (...) In dem Maße, wie man Soziologe sein und seine Zeit verstehen will, ist es nicht besonders überraschend, wenn einem die vergangenen Kriege und die Gefahr eines zukünftigen Krieges nicht aus dem Sinn gehen. Aber wenn Sie eine andere Interpretation, eine psychoanalytische Interpretation wollen, sagen wir, daß es eine Art ist, mich für meinen Pazifismus zu bestrafen, indem ich unbegrenzt Bücher über das schreibe, was mich abstößt. Das ist möglich. Man kann aber auch ganz einfach sagen, daß mich das zugleich rätselhafte und verständliche Wesen der großen Kriege gefangengenommen hat, die ein Teil dessen sind, was ich in einem Artikel als ›history as usual‹ bezeichnete. Das heißt ›Geschichte wie üblich‹. Diese Geschichte, das sind die Nationen, die Kriege, die Helden, die Opfer. Ist sie ein sinnloses Treiben, oder kann man in diesem Treiben etwas erraten, etwas wahrnehmen, was im voraus als vernünftig gewollt oder gedacht gewesen sein könnte? Ist sie Lärm und Aufruhr, oder kann man eine Art Vernünftigkeit in diesem Unglück entdecken, das die Völker erdulden?«

Vor allem im *Clausewitz* sind die entsprechenden Lehren für die zeitgenössische Epoche der apokalyptischen Bedrohung formuliert. Aron untersucht – nach 25jährigen Vorstudien – die Voraussetzungen und Gesetzmäßigkeiten der nuklearen Strategie der Abschreckung, die, wie er meint, das »Fortschreiten zu den Extremen« unwahrscheinlich mache. Er widerlegt in diesem Werk auch alle, die Clausewitz' Philosophie für überholt halten – sie ermöglicht im Gegenteil eine intelligente Interpretation der internationalen Konflikte und der strategischen Entwicklung.

Im Jahre 1977 verließ Raymond Aron den *Figaro* – nachdem Robert Hersant, der neue Verleger dieser Zeitung, selbst Artikel zu schreiben begann. Aron, der das Zeitgeschehen fortan im Nachrichtenmagazin *L'Express* kommentierte, schrieb nun – eine gesundheitliche Schwäche hatte ihm den Tod zum »Horizont seines Alltags« gemacht – seine Memoiren, die kurz vor seinem Tod erschienen.

Im überlegten, die Risiken abwägenden Tempo seiner journalistischen Leitartikel durchleuchtet er darin das Jahrhundert. Große Namen begleiteten und kreuzten diesen außerordentlichen Lebensweg – die Politiker; Philosophen wie Merleau-Ponty, Kojève, Camus;

der Dichter Malraux und natürlich Sartre. Keinem tut Aron das leiseste Unrecht an mit diesen Memoiren, die zwar gewisse Polemiken und Debatten erneut aufrollen, in denen jedoch keine einzige alte Rechnung beglichen wird. In der nüchternen Bilanz, die Raymond Aron zieht, klammert er die Ära Mitterrand, zu der die historische Distanz fehlte, aus. Zu den erfreulichen Erscheinungen seiner letzten Lebensjahre zählt er den spektakulären Niedergang von Marxismus und Leninismus bei den Intellektuellen. Eine große Gefahr sieht er im Rückgang der Geburten. Die westlichen Demokratien seien die am wenigsten schlechten Regierungsformen unserer Zivilisation – und möglicherweise aller Zeiten. In ihren glanzvollen Augenblicken schaffen sie einen »exemplarischen Kompromiß«, und so lange sie ihre Freiheit bewahrten, könnten sie unerwartete Energien mobilisieren. Aber ihre Zahl geht zurück, und sie sind ebenso bedroht wie die meisten Ideen und Institutionen, für die Aron kämpfte.

Man wird Aron nicht lesen, weil er »vor den anderen recht hatte« (so, wie es lächerlich ist, Sartre postum ausschließlich auf seine »Irrtümer« und Widersprüche zu reduzieren), sondern den Denker befragen, der über die Freiheit und die Demokratie, über Krieg und Frieden wesentlich mehr zu sagen hat als die meisten seiner Zeitgenossen. Ihnen hält er eine brillante Lektion in Geschichte und Moral – ohne jede Besserwisserei. Der kühle Pessimismus, der seine in der deutschen Fassung um einige Kapitel gekürzten Memoiren – »800 Seiten ohne Frau«, stöhnte ein französische Kritiker – auszeichnet, ist der Preis der Vernunft und der analytischen Urteilskraft, auch Glaubwürdigkeit, aber politisch wie publizistisch jenem Wahn und Fanatismus vorzuziehen, die Raymond Arons – und unser – 20. Jahrhundert in die tiefsten Abgründe der Unmenschlichkeit gestürzt haben.

Die politische Ethik des humanistischen Dichters Albert Camus

»Was ist die nationale oder die internationale Demokratie? Es ist eine Gesellschaftsform, in der das Gesetz über den Herrschenden steht, da dieses Gesetz den Willen aller ausdrückt, der durch ein gesetzgebendes Organ vertreten wird. Ist es das, was man heute zu errichten versucht? Man arbeitet in der Tat ein internationales Gesetz für uns aus. Aber dieses Gesetz wird durch Regierungen, das heißt durch die ausführende Gewalt, geschaffen oder abgeschafft. Wir leben also in einem System der internationalen Diktatur. Der einzige Weg, davon loszukommen, ist der, das internationale Gesetz den Regierungen überzuordnen, das heißt ein solches Gesetz zu schaffen, das heißt über das Parlament zu verfügen, das heißt dieses Parlament durch weltweite Wahlen zu bilden, an denen sich die Völker beteiligen werden. Und da wir dieses Parlament nicht haben, besteht das einzige Mittel darin, dieser internationalen Diktatur auf internationaler Ebene und mit Hilfe der Mittel, die den verfolgten Zweck nicht durchkreuzen, Widerstand zu leisten.«

Diese Sätze über den Zweck und die Mittel formulierte Albert Camus in einem Essay, den er im Jahre 1946 für die aus der Résistance hervorgegangene Zeitung *Combat,* deren Leitartikler er war, schrieb. »Ni bourreaux, ni victime« – so der Titel, mit dem sich der Autor der Alternative, entweder Opfer oder Henker zu sein, verweigert – ist ein Kernstück seiner politischen Ethik. Camus bezeichnet in diesem Aufsatz unser Jahrhundert als Zeitalter der Angst. Trotz der vielen Schwächen, die man ihm vorwerfen könnte, für das Verständnis von Camus' politischem Denken, das stets ein moralisches ist, ist er von Bedeutung. Der Philosoph und Dichter weiß, daß ein Leben ohne Hoffnung nicht lebenswert ist –

und für 1946 sieht er eine »praktisch vermauerte Zukunft«: »In uns ist etwas zerstört worden durch das Schauspiel der Jahre, die wir soeben erlebt haben.«

Albert Camus stellt die »Frage nach der Utopie« als »das, was im Widerspruch zur Realität steht«. Für ihn ist die Utopie nach den Erfahrungen der vorangegangenen Jahre nicht eine Welt »in der man nicht tötet (wir sind nicht so verrückt!)«, sondern eine Welt, die sich weigert, den Tod zu legitimieren. Er lebt jedoch in einer Welt, die dem Mord die Legitimation keineswegs verweigert. Deshalb muß sie geändert werden – aber »es scheint, daß man sie nicht ändern kann ohne Mord«: »Der Mord führt uns also zum Mord zurück, und wir werden weiterhin im Terror leben, indem wir ihn resigniert akzeptieren oder indem wir ihn durch Mittel abschaffen wollen, die einen anderen Terror an seine Seite setzen. Nach meiner Meinung sollte sich jedermann darüber Gedanken machen. Denn was mich überrascht, inmitten der Polemiken, der Drohungen und der Ausbrüche von Gewalttätigkeit, ist, daß alle guten Willens sind. Mit Ausnahme einiger Betrüger finden alle, von der Rechten bis zur Linken, ihre Wahrheit sei geeignet, die Menschen glücklich zu machen. Und doch führt die Gesamtheit dieses guten Willens zu unserer infernalischen Welt, in der die Menschen immer noch getötet, bedroht, deportiert werden, in welcher der Krieg vorbereitet wird und in der es unmöglich ist, ein Wort zu sagen, ohne sogleich beschimpft oder verraten zu werden. Man muß also daraus schließen, daß zwar Leute wie wir im Widerspruch leben, daß wir aber nicht die einzigen sind und daß jene, die uns der Utopie bezichtigen, vielleicht in einer, zwar zweifellos anderen, aber schließlich kostspieligeren Utopie leben.«

Es waren weniger Camus' Gedanken über die Beziehungen zwischen Mord und Utopie, die auf den einen oder anderen gleichwohl bestechend wirken mochten, als vielmehr seine prophetisch anmutende Erkenntnis, die Camus innerhalb der französischen Intelligenz tatsächlich isolieren mußte, daß sich der Kampf der kommenden Jahre nicht zwischen den »beiden Kraftfeldern Utopie und Realität« abspielen werde, sondern zwischen »verschiedenen Utopien, die sich im Realen einzunisten versuchen, wobei es sich nur noch darum handelt, jene Utopie zu wählen, die am wenigsten kostet«.

Nach der *libération* warf ihm François Mauriac vor, mit den besiegten Feinden, die Opfer der »Säuberung« – das hieß für viele:

hingerichtet – wurden, überhaupt kein Mitleid zu haben. Über Monate polemisierten die beiden Dichter gegeneinander. Später änderte Camus seine Meinung – und er tat dies öffentlich kund. Mauriac, bekannte er, hatte recht. Camus war fähig, sein Denken weiterzuentwickeln und Irrtümer einzugestehen – ohne sie aus der Situation zu erklären. Camus wollte in der Geschichte leben, aus ihr heraus existieren – doch er lehnte es ab, sich ausschließlich auf ihre Werte und Wahrheiten zu beziehen.

1946, als er den Essay »Weder Opfer noch Henker« schrieb und sich die politische Ausrichtung der linken französischen Intellektuellen zusehends auf Moskau fixierte, hatte Albert Camus seinen Zeitgenossen eine weitere entscheidende Erfahrung voraus: den Bruch mit der Kommunistischen Partei. Ihr war er 1935 – noch in Algerien – beigetreten, obwohl er weder an Hegel noch an die Vernunft, deren Macht er bei aller Liebe zu Descartes fürchtete, und schon gar nicht an den Materialismus glaubte. Er unterstützte eine Moslem-Bewegung, die die Kommunisten als faschistisch bekämpften – und wurde ausgeschlossen. Das war zwei Jahre nach seinem Beitritt. Bereits damals hatte ihn André Gides *Retour d'URSS* der letzten Illusionen über die Sowjetunion beraubt. Zu diesem Zeitpunkt prägte er den Satz, der sein politisches Tun bestimmte: »Ich werde mich stets weigern, ein Exemplar des ›Kapitals‹ zwischen das Leben und den Menschen zu stellen.«

Nach dem Zerwürfnis mit Sartre geriet Camus zur Zeit des Algerienkrieges erst recht ins Schußfeld der Kritik. Man warf ihm vor, keine Stellung zu beziehen, »nichts zu sagen« – offensichtlich ohne überhaupt noch zu lesen, was er schrieb. In diesem Klima stießen auch seine *Chroniques algériennes* bei ihrem Erscheinen in Buchform auf eisiges Schweigen. Man wollte von Camus, dem Sartre zum Exil auf einer exotischen Insel riet, ganz bestimmte Erklärungen – ansonsten hatte er zu schweigen. Daß er stets den Kolonialismus abgelehnt, die Folter – aber auch den Terror der algerischen Befreiungsfront – verurteilt hatte, wurde unterschlagen.

Es blieb einer späteren Generation vorbehalten, die historischen Irrtümer, die an Camus begangen wurden, voller Schuldgefühle zu korrigieren. Auf eine neutrale Art tat dies der Amerikaner Herbert Lottmann vor einigen Jahren mit einer umfangreichen und unbestechlichen Biographie. Eine generelle Aufwertung des Denkers wie

Moralisten kann seit geraumer Zeit nicht mehr ignoriert werden; die Camus-Renaissance und -Welle in den späten siebziger Jahren, die sich sowohl in Publikationen wie Auflagenzahlen niederschlägt, ist nicht zuletzt eine Folge der antitotalitären Schockerlebnisse, nach denen sie zeitlich einsetzte.

Der Romancier Etienne Barilier hat ihm eine aufschlußreiche Studie mit dem Titel *Albert Camus, Philosophie et Littérature* gewidmet. Ausgehend von der von vielen Kritikern unterstrichenen Tatsache, daß es Camus' philosophischen Systemen an Kohärenz mangle, daß sie nicht frei seien von grundlegenden Widersprüchen, entwickelt Barilier die These, daß die Philosophie für den Schriftsteller des *Homme révolté* (Der Mensch in der Revolte) im Grunde genommen nur Vorwand *(prétexte)* für die »rein literarische« Produktion war – für eine Literatur, die bestrebt und fähig ist, der Absurdität der Welt und der Nichtigkeit der menschlichen Existenz einen Sinn abzugewinnen. Camus' Schwierigkeit, seine *vision du monde* in Konzepte zu fassen, ist evident. Barilier kommt in einem wichtigen, im Titel auf Sartre anspielenden Kapitel »Qu'est-ce que la littérature« auf die Bedingungen von Literatur und Philosophie zu sprechen. Die Philosophie, die sich mit der konkreten und gelebten Existenz befasse, mache einen Schritt auf die Literatur zu, die sich ihrerseits in ihrem metaphysischen Anspruch der Philosophie nähere. Doch – eine »Fusion ohne Konfusion« (Barilier) kann es nicht geben; das, was Sartre den »Sinn« nennt, soll in einem Roman zwar enthalten, darf aber nicht ausformuliert sein. Blanchot: » ... jede These, die in einem Roman triumphiert, hört auf, wahr zu sein.« Barilier illustriert, wie Camus' relatives philosophisches Scheitern eng mit seinem literarischen Erfolg verknüpft ist: Im abstrakten Denken in Systemen und Konzepten nicht zu Hause, erfüllt Camus als Romancier die Forderung nach einer – auch durchaus widersprüchlichen – Pluralität der Sinngebung. In seinem Plädoyer für diese Ambivalenz des literarischen Texts stützt sich Barilier auf Blanchot wie Sartre (den späten Sartre der *Situations X*), doch mit Camus geht er noch weiter: Er negiert die historische Funktion der Literatur zugunsten ihrer metaphysischen Dimension. Damit hat Camus' Aktualität zu tun – aber mehr noch mit seinem exemplarischen philosophischen »Scheitern«, seinem Sichentfernen von den Systemen und mit seiner politischen Ethik.

Mit ihr befaßt sich Jeanyves Guérin am Beispiel von Camus' Verhältnis zur Gewalt in einem Sonderheft von *Esprit* (Nr. 10/11, 1984). Er beginnt mit Betrachtungen über »Weder Henker noch Opfer« und macht deutlich, daß Camus den Marxismus als *matrice idéologique* des Terrorismus verstand. Die absolute Gewaltlosigkeit war für ihn eine zwar ehrenwerte, aber gefährliche Utopie – und kennzeichnend für ihn die Einschätzung der Gewalt, wie er sie in den *Essais* vornimmt: unvermeidbar, dennoch in keiner Weise zu rechtfertigen.

Albert Camus' *Der Mensch in der Revolte*, der zum Bruch mit Sartre geführt hatte, ist letztlich eine Genealogie des Terrorismus: Sade hat den libertären Terror des Individuums, Saint-Just den »revolutionären« Staatsterror legitimiert. Hegel wirft der Autor vor, die ethischen Werte dem Prinzip der Wirksamkeit geopfert zu haben. Damit werde jede Moral provisorisch. Der Sieger hat recht – in der Politik triumphieren die vollendeten Tatsachen. Doch ohne Werte wird, wie Guérin bemerkt, die Revolte, die in Camus' Philosophie eine zentrale Stellung einnimmt, unmöglich – »schlimmer noch, sie führt zum tödlichen Nihilismus«.

Nicht nur thematisch fühlen sich die Neuen Philosophen Camus verbunden und verpflichtet – sie haben ihn gelesen und seine humanistische Moral, die ihn in den fünfziger Jahren zur Marginalität verdammte, rehabilitiert.

Jeanyves Guérin erwähnt, daß die französischen *gauchistes* im Nach-Mai durchaus vor der terroristischen Versuchung standen. Lacan, Maurice Clavel, vor allem auch Sartre hätten sie davon abzuhalten vermocht, haben Glucksmann und Benny Lévy wiederholt bekannt. Guérin verweist auch darauf, daß inzwischen in vielen »Abschlußklassen« (auf deren philosophisches Niveau Camus höhnend reduziert worden war) seine Bücher gelesen werden: »Camus' Schriften gehören zu jenen, die gegen die totalitäre Faszination und jede politische Paranoia endgültig immun machen.«

Jeanyves Guérin rekapituliert Camus' Stellungnahmen zum Algerienkrieg, der ihn persönlich stärker traf – und betraf – als jeden anderen französischen Intellektuellen: er war für ihn eine private wie politische Tragödie. In seinen Äußerungen lehnte Camus die Anwendung von Gewalt oft kategorisch ab, gelegentlich »begreift« er sie – ohne sie je mit dem antifaschistischen Widerstand der Jahre 1940 bis 1944, an dem er teilgenommen hatte und der Humanisten, Pazifisten zum Gewehr hatte greifen lassen, zu verwechseln: Die Résistance bekämpfte eine Fremdherrschaft und eine einheimische Diktatur, die die Freiheiten abgeschafft hatten. Und sie zielte auf die Repräsentanten dieser Unterdrückermacht – nie auf Kinder.

Während Sartre und seine politischen Freunde den antikolonialistischen Kampf durchaus mit dem antifaschistischen Widerstand gleichsetzten, ihn geradezu als Ersatz und Projektion führten und das Risiko unschuldiger Opfer in Kauf nahmen, lehnte es der aus armen Verhältnissen stammende Franko-Algerier Camus ab, dem Terror, dessen Unabwendbarkeit er dennoch zu spüren schien, ein ideologisches Mäntelchen umzuhängen. Für ihn war die politische Situation so komplex wie die persönliche. Sie machte es ihm unmöglich, die Verbrechen der einen mit jenen der anderen zu begründen, sie gegeneinander abzuwägen, aufzurechnen – die Dialektik des Bluts und die Antagonismen dieser Gewaltanwendung hätten nur zu einer totalen Gewaltherrschaft geführt. Der »Brüderlichkeit der unnötigen Toten« hat Camus die »Solidarität der Lebenden« entgegengehalten: Die algerischen Intellektuellen müßten die Anschläge auf die Zivilbevölkerung, deren Folge nur eine noch brutalere Repression sein könne, verurteilen – und die französischen die Folter sowie den Kolonialismus, der zwangsläufig die Revolte heraufbeschwöre, verdammen: »Die koloniale Gewalt erklärt jene der Rebellion«, womit Ursache und Wirkung klar erkannt sind, doch die mörderische Logik des blinden Terrorismus darf sich in Camus' politischer Ethik nicht auf die Greuel der Unterdrücker berufen – zumindest verweigert er ihr die Legitimation, nach der sie lechzt: »Keine Sache rechtfertigt den Tod Unschuldiger.«

Der ausgezeichnete Camus-Kenner Guérin verschweigt nicht, wie der Dichter nach 1954 auf die sich häufenden Attentate als Kernproblem seiner Moral fixiert blieb und nicht einsah, daß sie Rebellion einer historisch-sozialen Realität entsprach: Den algerischen Nationalisten, die er für Manipulierte Nassers hielt, stellte er den Idealtypus seiner »Gerechten« *(Les Justes)* entgegen. Anderseits mußte seine scharfe, klarsichtige Kritik an der französischen Kolonialpolitik (ihre Sabotage aller Reformen, die nie eingelösten Versprechen ebenso wie die Verfälschung der Wahlen) zumindest von jenem Zeitpunkt an, da beide Parteien ausschließlich die Waffen sprechen ließen, als realitätsfern und weltfremd erscheinen, doch – und Jeanyves Guérin unterstreicht diesen weitum ignorierten Tatbestand mit guten Argumenten – Camus' Äußerungen über Algerien hatten Möglichkeiten einer unblutigen Lösung des Konflikts aufgezeigt, und zwar spätestens seit 1945, als er, wie Guérin schreibt, »den Export der Demokratie nach Algerien« zu fordern begann: »Hätte man ›Actuelles III‹ besser gelesen, wäre die Dritte Welt weniger mythisiert worden.«

Abschied von der Dritten Welt

Lange Zeit hat Frankreich über das zweitgrößte Kolonialreich geherrscht: zwischen 1905 und 1925 gehörte es zu den führenden Weltmächten. Wenngleich die Niederlage von 1871 und der langfristig äußerst verlustreiche Sieg im Ersten Weltkrieg seine imperialistischen Sehnsüchte verstärkt haben, so hat der französische Kolonialismus im Gegensatz zum englischen doch nie die perfekte Ausformung der alle Bereiche umfassenden Herrschaft erreicht. Er war weder autoritär noch selbstbewußt genug, um sich voll durchsetzen zu können, und stets auf den Staat oder eine militärische Stütze angewiesen. Seine Schwächen waren jene der heutigen Wirtschaft: mangelnde Dynamik im Handel und überalterte industrielle Strukturen. In Indochina war überhaupt kein französisches Kapital im Spiel, und außer zu Nordafrika – besonders Algerien – die Bindung nicht sehr eng und kaum Gegenstand prunkvoller Darstellungen oder zivilisatorischen Missionseifers: Frankreich fühlte sich mehr als europäisch-mediterrane Kulturnation denn als weltumspannende Militärmacht – mit dem Straßenbau in Schwarzafrika hat sich seine Bourgeoisie nicht groß bereichert.

Nach der Niederlage von 1940 gerann der französische Imperialismus nur noch zum Schatten seiner selbst. Die Verfasser seiner ersten großen – bezeichnenderweise erst in den achtziger Jahren erschienenen – Darstellung *La France impériale* nennen ihn einen Kolonialismus der »Konservierung«. Mit seinen wirtschaftlichen und finanziellen Schwächen, die die Armee nicht wettmachen konnte, erklären Bouvier/Girault/Thobie den schnellen Verlauf der Entkolonialisierung. Im Falle Algeriens geriet sie jedoch zur Tragödie. Der algerische Befreiungskampf mobilisierte das Engagement der linken Intellektuellen gegen die französische Regierung. Marxismus und Antikolonialismus standen weitgehend als Synonym, in dem sich die intellektuelle und politische Dimension überschnitten. Daß daraus eine starke ideologische Konstellation entstand, weiß man spätestens seit ihrem Abbau in einer der Phasen des historischen Aufarbeitungsprozesses; er hat – etwas weniger heftig, aber dennoch sehr prononciert – ebenfalls in den fünfziger und sechziger Jahren des *tiersmondisme* eingesetzt.

Der erstaunlichste Essay stammt von Pascal Bruckner, der darin folgende These vertritt: Nach 1950 haben die Intellektuellen marxistischer wie auch christlicher Herkunft ihren messianischen Eifer vom Stalinismus auf die Dritte Welt übertragen, deren Befreiungskämpfe sie gegen das Proletariat eintauschten. In seiner Schrift *Le Sanglot de l'homme blanc* (Das Schluchzen des weißen Mannes) analysiert er mit viel Gespür für psychologische Verhaltensweisen die Umwandlung eines »schlechten Gewissens« in ein intellektuelles »Alibi des Egoismus« (ohne allerdings auf deren Ursachen einzugehen). Die Folge war ein schier grenzenloser Selbsthaß – den Sartre in seinem Vorwort zu Frantz Fanons *Die Verdammten dieser Erde* auf die Spitze trieb –, begleitet von totaler Verachtung für den Okzident. Bruckner, der die hinter einem ideologischen Deckmäntelchen als »kleinere Übel« verschwiegenen Greueltaten »progressiver« Regime aufführt, kritisiert die Idealisierung des »Wilden«, zu der auch die in Mode gekommene Ethnologie beigetragen hat, als perverse Form eines »umgekehrten Rassismus«: Der Eingeborene wird eigenmächtig zum Bannerträger des westlichen Ekels an der eigenen Zivilisation stilisiert und damit regelrecht zur Unschuld verdammt.

Dagegen wehren sich immer mehr auch Intellektuelle aus der Dritten Welt. Zu ihnen gehört Carlos Rangel, Professor, Diplomat und Journalist, der ein Buch mit dem vielsagenden Titel *Vom guten Wilden zum guten Guerillero* schrieb. Der aus Venezuela stammende Rangel hat seinen Landsleuten schon früher erklärt, daß es falsch sei, die Ursachen aller Übel ausschließlich bei der CIA, der United Fruit Company und dem Pentagon zu suchen. In seinem Essay *Der Westen und die Dritte Welt – von der falschen Schuldigkeit zur wirklichen Verantwortung* sieht er eine Auswirkung davon, für die er den Westen verantwortlich macht, in der Politisierung des gesamten wirtschaftlichen und gesellschaftlichen Lebens. Die Eliten glaubten, daß die Ausweitung der staatlichen Rechte und Aufgaben nützlich sei – was der keinesfalls reaktionäre Autor demonstrativ widerlegt. Rangel zeigt auch, warum die ökonomische, politische und kulturelle Rückständigkeit nicht ausschließlich dem Okzident anzulasten sind.

Einer ähnlich stereotypen Sicht verschrieben sich viele Autoren, die sich für das Beispiel China begeisterten, das nach den desillusionisierenden Erfahrungen des Mai 68 als neue Sonne am Firmament der politischen Utopien strahlte. Nicht mehr kollektiv – sondern vereinzelt liebäugelten später durchaus besonnene, differenziert urteilende Intellektuelle wie Michel Foucault und der konservative Denis de Rougemont, der nie der Marxismus- oder Maoismuswelle erlegen war, mit dem Aufstand im Iran, von dem sie – zum Teil unverzeihlich lange – das neue Heil einer kulturellen »Revolution ohne materielle Motivation« erhofften; nach der Ernüchterung fiel die Abrechnung mit dem islamischen Integrationismus um so heftiger aus. Aber auch der ehemalige Präsidentschaftskandidat René Dumont, der sich polemisch mit Bruckner anlegte und auf sein Engagement gegen Hunger und Unterdrückung keinesfalls verzichten will, nahm Abschied von den sozialistischen Gemeinplätzen und Patentlösungen für die fremde Dritte Welt: Ein einheitliches Entwicklungsmodell kann es nicht geben, aber viele Möglichkeiten, etwas zu tun. Die dringliche Notwendigkeit bleibt unbestritten – zumindest in diesen Kreisen.

Die Neue Rechte hat im Umfeld der Debatten um die Dritte Welt auch hier versucht, von der kritischen Selbstbesinnung der linken Intellektuellen und der Konjunktur, die ihre Seelenzustände noch immer erzeugen, zu profitieren – und einmal mehr ihr wahres Gesicht enthüllt. »Der Sozialismus gegen die Dritte Welt« ist der Titel einer propagandistischen Schrift des neurechten »Club de l'Horloge«. Hier wird nun überhaupt jede Verantwortung des Westens bei der Verarmung der südlichen Länder schlicht als »Mythos« bezeichnet, die Verfälschung der Konkurrenz durch das Lohngefälle als »wirtschaftlich irrelevant« und die niedrigen Rohstoffpreise als »falsches Problem« ... Erst die Technologie mache aus Erdöl Reichtum, und Singapur verdanke seinen Aufschwung allein der Anwendung liberaler Grundregeln. Mit neuer Arroganz serviert die »Nouvelle Droite« die alten kolonialistischen Klischees – unter Berufung auf das »Recht auf Differenz« fordert sie die Rückführung der Ausländer fremder Kulturen ...

In der französischen Landschaft nimmt der Schweizer Soziologe Jean Ziegler, Professor an der Sorbonne und in Genf, eine besondere

Stellung ein. Er ist von den Prozessen des Aufarbeitens viel weniger betroffen und ist vielleicht der letzte prominente Intellektuelle, der sich aus einer mehr oder weniger klassenkämpferischen Sicht für die Dritte Welt engagiert. Seit seiner Abwahl aus dem eidgenössischen Parlament hat sich Ziegler als Beobachter der Sozialistischen Internationale verstärkt auf die Probleme des weltweiten Ungleichgewichts konzentriert: »Die revolutionäre Hoffnung der Welt befindet sich nicht mehr in Europa, das völlig ins kapitalistische System integriert ist – sie hat sich in die peripheren Zonen der Welt verlagert. Was die Widerstandskämpfer in Chile, Guatemala, in der Sahara für ihr Land und die Freiheit tun, ist ganz unglaublich. Wenn es so etwas gibt wie den neuen Menschen, so entsteht er in der Dritten Welt. Niemand spricht von ihnen – in der Schweiz, in New York bezeichnet man sie als Rebellen-Banden, Gesetzlose, Banditen, und sobald sie gesiegt haben, heißt es: In welches Lager kommen die nun? Werden sie Satelliten der Russen oder der Amerikaner? In ihrer spezifischen Eigenart und kulturellen Identität werden sie nie erfaßt.«

Sie beschreibt Ziegler in seinem Buch *Gegen die Ordnung der Welt:* Nicaragua, San Salvador, Moçambique, Angola, Eritrea, Guatemala ... Die nationalen Befreiungsbewegungen haben zumeist mit dem Ende des Zweiten Weltkriegs die Bühne der Geschichte betreten. Sie entsprechen immer weniger dem traditionellen Schema des Klassenkampfs, sind keine Partei und keine Gewerkschaft, keine Bauernliga und keine Armee im traditionellen Sinne. Daß sie nach der Machtergreifung oftmals repressiv und totalitär werden, verkennt Ziegler nicht; er plädiert – vielleicht allzu unkritisch – für Verständnis: Ihr Land ist ungebildet und hungrig, der Feind omnipräsent. Die oftmals ideologische Befangenheit begründet er damit, daß die Sowjetunion eben lange eine Hilfe, eine Hoffnung war. Heute liefert sie noch immer Waffen – und beutet die Dritte Welt mehr denn je auch wirtschaftlich aus. Ziegler – und darin weiß er sich mit verschiedenen Führern von Befreiungsbewegungen, auf die er sich beruft, einig – verwirft inzwischen entschiedener als bisher das Dilemma zwischen US-Kapitalismus und UdSSR-Marxismus; er propagiert einen dritten Weg zwischen den Blöcken und bezieht sich dabei auf Mitterrand, der zu Beginn seiner Amtszeit unter Hinweis auf die Bedeutung der wirtschaftlichen Dimension wie auf die Gefahren der kulturellen Neokolonialisierung eine »Vielzahl von dritten Wegen« wünschte.

Die Korrekturen im ideologischen Überbau verweisen erneut auf eine innen-, ja tagespolitische Veränderung – und wieder erwies sich ein Ereignis, das historische Analogien geradezu aufdrängte, als Katalysator: der Tschad-Konflikt – der erste Krieg, in den die sozialistische Regierung hineingezogen wurde. Anders als Großbritannien, dessen Volk im Falklandkrieg die verlorene Größe nostalgisch zelebrierte, reagierte Frankreich auf die Verschärfung der Lage im Tschad eher verängstigt: Nur ja keinen Krieg! Das behutsame Vorgehen der Regierung bewirkte sogar einen gewissen Konsens, zu dem es keine vernünftige »rechte« Alternative gab, den aber prominente Linksintellektuelle in Frage stellten: In einer Petition – der ersten nach der beredten Auseinandersetzung um ihr »Schweigen«! – forderten sie in erstaunlich scharfem Ton ein entschlossenes militärisches Eingreifen im Tschad. Zu den Unterzeichnern des Aufrufs gehörten Yves Montand, ein früherer Bannerträger des antikolonialistischen Engagements, der ehemalige Maoist Le Dantec, Glucksmann sowie der Arzt und Schriftsteller Bernard Kouchner, der Begründer der Hilfsorganisation »Médecins sans frontières«, der von einer Pflicht zur Intervention sprach – gegen die Truppen des lybischen Diktators, wohlverstanden. Aus diesem Protest ging später die Vereinigung »Liberté sans Frontières«, der sich Emmanuel Le Roy Ladurie, der Philosoph Jean-François Revel, Historiker und Politologen, Journalisten, Schriftsteller, die der Ideologie des *tiermondisme* den Kampf angesagt haben, anschlossen. Für Pascal Bruckner, den bekehrten Theoretiker, wie für Kouchner, den unermüdlichen Praktiker der Entwicklungshilfe, geht es jedoch keineswegs um den Abbau der Solidarität, sondern um die Verteidigung der Freiheit des Schwächeren, der Menschenrechte und der Demokratie, unseres »wertvollsten Exportartikels« (Kouchner), auch in Afrika und Lateinamerika – aber unter Berücksichtigung der lokalen Verhältnisse. Sie passen nicht in das Raster eines monopolistischen Einheitsmodells.

Für das nachlassende Interesse wie Engagement – tatsächlich fließen auch die Informationen spärlicher – macht Pascal Bruckner denn auch weniger die intellektuelle Selbstkritik verantwortlich als vielmehr das Fernsehen: »Die Bilder des Elends hätten zumindest eine Spur hinterlassen müssen, eine winzige Wunde. Aber die Gewöhnung kommt mit den schlimmsten Skandalen zu Rande. Die Nachrichten reißen uns nicht aus dem Alltäglichen: die schlimmsten Realitäten ziehen vielmehr mit dem Stempelvermerk des ›déjà vu‹ ein. Auf dem Bildschirm wird sogar der Horror verdaubar. Das Fernsehen ist das wirksamste Gegenmittel für die mobilisierende Macht der Bilder, die es ausstrahlt. Schreckliches Paradox: Je mehr sich der Hunger verbreitet, um so stärker wird unsere Gleichgültigkeit gegenüber seinen schrecklichen Verheerungen.«

Vermutlich ist mit der Intensität der französischen Debatten über den Kolonialismus und die westlichen Schuldgefühle, die einmal mehr auf historische Narben verweisen, zumindest teilweise der Erfolg von Marguerite Duras' Erzählung *L'Amant* (Der Liebhaber) zu erklären. Zur Aufarbeitung dieser Periode, die – nicht nur paradoxerweise – gerade durch das Bestehen einer antikolonialistischen intellektuellen Ideologie weitgehend tabu blieb (man sprach nicht darüber, obwohl der Kolonialismus für sehr viele Franzosen einen persönlichen Bezug impliziert, eine existentielle Betroffenheit), liefert Marguerite Duras so etwas wie ein literarisches Dekor. Es gibt in Frankreich eine – allerdings wenig bekannte – Literatur, die die Folter anklagt, ihre Praxis belegt, die Schrecken des Krieges von der einen oder anderen Seite beleuchtet, aber kaum ein Buch, das die Wahrheit, die banale, tägliche Wahrheit des Kolonialismus drastischer darstellen würde – auf einem Niveau, das literarisch wie psychologisch bisher unerreicht ist. Bezeichnenderweise bleibt der politische Kontext in *Der Liebhaber* ausgeklammert – das Drama des Kolonialismus konzentriert sich unter Vorzeichen, die verschiedene Klischees dementieren, auf die Liebesgeschichte, für die er zur Tragödie wird.

Die intellektuelle und politische Entmythisierung der Dritten Welt, zu der Marguerite Duras den literarischen Beitrag schrieb, ist jedenfalls kein Appell an die europäische Gleichgültigkeit. Pascal Bruckners Buch mündet in eine etwas naive, überaus optimistische Aufforderung, dem anderen entgegenzugehen, ihn in seiner Andersartigkeit zu erfahren – ohne Selbstverleugnung oder Komplexe, die die Beziehung belasten. Das neue Selbstverständnis, zu dem er nach militanten Jahren auf ausgedehnten Reisen durch die ganze Welt gekommen ist, impliziert eine neue Ethik, die er zumindest andeutet. Sie bezieht ihren moralischen wie geistigen Kredit nicht zuletzt aus der Tatsache, daß – wie Bruckner festhält – der Algerien- und der Vietnamkrieg von der öffentlichen Meinung in Frankreich respektive in den Vereinigten Staaten gestoppt worden seien. Das ist nur scheinbar paradox und spricht letztlich für die Stärke einer politischen Kultur – so, wie der Kritiker der intellektuellen Antikolonialisten vom Dienst deswegen noch lange nicht für die Wiederaufnahme der Kriegshandlungen plädiert.

Tatsächlich hat die gequälte westliche Selbstkritik die Dritte Welt stets am meisten irritiert – und nicht nur als Luxus für privilegierte Demokraten. Bruckner schreibt: »Nach dem Beispiel der Alten Welt kann heute kein Volk der Pflicht, gegen sich zu denken, entgehen.« So gesehen bleibt die europäische Fähigkeit, den eigenen Verbrechen ins Auge zu schauen und sie nach moralischen, geistigen und politischen Kriterien zu analysieren, die letzte Lektion, die das Abendland der übrigen Welt erteilen kann – und zudem noch guten Gewissens: denn von dieser skeptischen Haltung als intellektueller Tugend läßt sich keine neue eurozentrische Offensive herleiten.

Jean Baudrillard und die Implosion der Werte

»In der Nacht von Klaus Croissants Ausweisung lief im Fernsehen ein Fußballspiel, bei dem es um Frankreichs Qualifikation für die Weltmeisterschaft ging«, schreibt Jean Baudrillard, der die Ansätze und Themen der Situationisten am konsequentesten weiterdenkt. Der Protest gegen die Auslieferung des »Terroristen-Anwalts«, der auch einen Teil der neuphilosophischen Prominenz mobilisiert, ist zum Scheitern verurteilt: »Einige Hundert Personen demonstrierten vor dem Gefängnis, einige Anwälte rannten durch die Nacht – zwanzig Millionen verbrachten den Abend vor dem Bildschirm.«

Eigentlich war Jean Baudrillard Deutschlehrer und Übersetzer (marxistischer Texte und des frühen Peter Weiß). Daß er sich der Soziologie zuwandte, hatte – wie er selber keineswegs verschweigt – ausschließlich materielle Gründe: Er wollte mehr verdienen. Es gelang ihm, sich in Nanterre als Assistent einer Wissenschaft, die er sich als Autodidakt erarbeitete, wählen zu lassen: »Mit meinen Diplomen hatte ich keine andere Wahl. 1965 blieb die Soziologie die einzige Disziplin, die offen war. Zu Beginn war ich gezwungen, laufend zu lernen, was ich unterrichten mußte.« Damals ahnte niemand, daß von dieser Fakultät drei Jahre später die Bewegung des Mai 68 ausgehen würde. Noch immer schwärmt Baudrillard von der »Zeit, da in Nanterre etwas los war«.

Jean Baudrillard war wohl der erste, der von der gängigen Interpretation des Mai 68 als Akt der Emanzipation abwich. Er erkannte in den damaligen Ereignissen schon bald das Gegenteil einer sozialen Explosion – nämlich eine Art Zusammenbruch und Katastrophe, die er als »Implosion des Sozialen« bezeichnet. Seither hat er sich von den linken Theorien, die auf die »revolutionäre Spontaneität« der Massen setzen und den Rest mit »Entfremdung« oder »Repression«

erklären, losgesagt: als ob der Staat den Fußball erfunden hätte und die Leute zwinge, in die Glotze zu stieren. »Die Dinge haben einen Weg gefunden, der ihnen langweilig gewordenen Dialektik des Sinns der Bedeutungen zu entfliehen.«

Damit hat auch für das Denken eine neue Etappe begonnen. Die Dinge, an deren Ordnung – zumindest Unordnung – noch Foucault glaubte, den Baudrillard in einer Streitschrift zerzaust hat, wuchern ins Unendliche, die Extreme übersteigern sich, Widersprüche lösen sich auf, denn das Gegenteil ist immer auch richtig und wahrer als das Original nur noch seine Kopie – die Nachahmung. Alle Fundamente stürzen ein, es gibt keine Grundlagen mehr, auf die man soziale oder gedankliche Systeme bauen könnte, und wer dies nicht einsieht, meint Baudrillard, erliegt einer Illusion.

Zu den Begriffen, mit denen Baudrillard argumentiert, gehört der Blick, der »schneller« ist, »das Medium aller Medien, er ist das Schnellste«. Die Ekstase – »zur Leidenschaft der Verdoppelung, der Steigerung, der Erhöhung der Potenz und der Ekstase« – und die »ekstatische Form« (sie ist »unmoralisch, während die ästhetische Form immer die moralische Unterscheidung von Häßlichem und Schönem beinhaltet«), Verführung und Geschwindigkeit, Mode, Modell, Masse und Medien sind – neben einigen anderen – die Schlüsselbegriffe in Baudrillards Denken: »Man stelle sich etwas Wahres vor, das alle Energien des Falschen in sich vereint hätte: das wäre die Simulation ...« Die Massen beschreibt er als »schwarze Löcher«, die alles verschlingen. Sie absorbieren die sozialen Klassen und die politischen Orientierungen, die kulturellen Werte wie die religiösen Symbole und bringen sie zur Implosion. »Man glaubt, die Massen zu strukturieren, indem man ihnen Information eintrichtert. Das Gegenteil geschieht. Anstatt die Masse in Energie zu verwandeln, produziert die Information immer mehr Masse.«

In *L'Echange symbolique et la mort* (Der symbolische Tausch und der Tod) beschreibt Baudrillard den gesellschaftlichen Prozeß, in dessen Ablauf er den Mai 68 als ersten Höhepunkt ausmacht: »Diese historische und gesellschaftliche Mutation ist auf allen Ebenen erkennbar. Das Zeitalter der Simulation wird überall eröffnet durch die Austauschbarkeit von ehemals sich widersprechenden oder dialektisch einander entgegengesetzten Begriffen. Überall die gleiche Genesis der Simulakren: die Austauschbarkeit des Schönen und Häßlichen in der Mode, der Linken und der Rechten in der Politik, des Wahren und Falschen in allen Botschaften der Medien, des Nützlichen und Unnützen auf der Ebene der Gegenstände, der Natur und der Kultur auf allen Ebenen der Signifikation. Alle großen humanistischen Wertmaßstäbe, die sich einer ganzen Zivilisation moralischer, ästhetischer und praktischer Urteilsbildung verdanken, verschwinden aus unserem Bilder- und Zeichensystem. Alles wird unentscheidbar, das ist die charakteristische Wirkung der Herrschaft des Codes, die auf dem Prinzip der Neutralisierung und der Indifferenz beruht. Das ist das allgemeine Bordell (...) der Substitution und der Kommutation.

Dieser Prozeß, der sich seit langem in der Kultur, der Kunst, der Politik und sogar in der Sexualität (in den Bereichen des ›Überbaus‹) vollzieht, erfaßt heute die Ökonomie selbst, das ganze Feld, welches man als ›Basis‹ bezeichnet. Auch hier herrscht die Indetermination. Und mit der Determination entschwindet natürlich auch jede Möglichkeit, die Ökonomie als determinierende Instanz aufzufassen.«

Baudrillard setzt die Phänomene des Scheins, die er als Sein entlarvt, als autonom und bewußt voraus: Der TV-Zuschauer sieht in Freiheit, die keine Entfremdung beschränkt, und bei vollem Bewußtsein fern, er will nur das und sonst nichts. Ebenso deutet er die Mode, eines seiner Lieblingsthemen, nicht als Überbau-Phänomen einer soziologisch erfaßbaren Realität, sondern als isolierte Wirklichkeit, die für sich selber spricht. Zu diesem Zweck führt er die Ebenen der Produktion und der Reproduktion ein. Die Produktion ist in diesem – anfechtbaren – Schema materiell, die Reproduktion dagegen findet im System der Zeichen statt: Ware und Code sind die entsprechenden Begriffe. Baudrillard führt diese Unterscheidung auf Saussure zurück, der die Trennung in Synchronie und Diachronie von Beobachtungen des Markts herleitete. Der Tabakpreis, stellte der Genfer Sprachforscher fest, hat mit jenem des Vorjahrs nichts zu tun, es sind synchrone Faktoren (Wetter, Menge, Qualität), die ihn bestimmen, und auch zwischen Arbeit und Lohn gibt es keinen inneren oder gar kausalen Zusammenhang. So kam Ferdinand de Saussure auf den willkürlichen Charakter des Zeichens, auf dem die moderne Linguistik beruht.

Baudrillard denkt diese Analogie von Sprache und Ökonomie weiter: »Das Geld ist die erste Ware, die Zeichenstatus erlangt und dem

Gebrauchswert entkommt. Es ist die Verdoppelung des Tauschsystems in einem sichtbaren Zeichen, und in dieser Eigenschaft das, was den Markt (und damit auch den Mangel) in seiner Transparenz veranschaulicht. Aber heute geht das Geld einen Schritt weiter: Es entkommt sogar dem Tauschwert. Vom Markt entbunden, wird es zum selbständigen Simulakrum; jeglicher Botschaft und jeglicher Tauschbeziehung entkleidet, wird es seinerseits zur Botschaft und tauscht mit sich selber aus. Es ist nun keine Ware mehr, weil es weder Gebrauchs- noch Tauschwert hat.«

Der Mai 68 ist nach Baudrillard die »erste Schockwelle« des »Übergangs von der Produktion zur schlichten Reproduktion«. Sie ging von der geisteswissenschaftlichen Fakultät aus, »weil es immer deutlicher zutage trat, daß man dort nicht mehr produzierte«, sondern nur noch reproduzierte: »Lehrer, Wissen, Kultur, die ihrerseits Faktoren der Reproduktion des allgemeinen Systems sind.« Am spätesten reagiert hat auf diese Entwicklung das traditionelle, gewerkschaftliche Proletariat, weil es im Bewußtsein lebte, noch Produzent zu sein und – »trotz Ausbeutung« – »an der Quelle des gesellschaftlichen Reichtums zu stehen«: »Die ›produktiven‹ Handarbeiter leben mehr als alle anderen in der Illusion der Produktion – ebenso wie sie in ihrer freien Zeit in der Illusion der Freiheit leben.«

Die materielle Produktion von Gütern ist für Baudrillard gesellschaftlich nicht mehr von Belang – das Wesentliche unserer Welt spielt sich auf der Ebene der Zeichen, der symbolischen Reproduktion ab. Deshalb müssen die Fragen heute anders lauten: Welches ist die Wahrheit des Terrorismus? Was ist das Wesen der Pornographie? Warum sind in Amerika sehr viele Menschen dick? »Sie faszinieren«, schreibt er in *Les Stratégies fatales* (Die fatalen Strategien), »weil sie die Verführung voll und ganz vergessen haben.« Baudrillard deutet ihre Dickleibigkeit als nihilistischen Ausdruck des Systems. Das Fett breitet sich aus wie Krebs, der wuchert – beide sind Metaphern des Sozialen, das längst nicht mehr das Feld darstellt, auf dem Konflikte und Klassenkämpfe ausgetragen werden. Das Soziale findet in der pervertierten Form – und nur noch sie scheint für Baudrillard zu existieren – »seine definitive Hypostase in den Behinderten«: »Die wahrscheinlichste Diagnose ist, daß beim Behinderten wie beim Debilen und Dicken das Soziale von seinem eigenen Verschwinden besessen ist.«

Trotz aller Auflösungstendenzen erliegt Baudrillard regelmäßig der »klassischen« Versuchung, seine Einsichten in Schemen einfließen zu lassen und mit strukturierenden Formeln aufzufangen: »Einst galt: ›Jedem nach seinen Verdiensten‹, dann: ›Jedem nach seinen Bedürfnissen‹, später: ›Jedem nach seinem Begehren‹ und heute gilt: ›Jedem das, was ihm fehlt‹.«

Die Ausführungen über die Dickleibigkeit enthalten eine Vielzahl intelligenter und irritierender Bemerkungen. Nie aber geht es dabei um die wirtschaftliche Organisation des Überflusses (und um den Hunger der anderen). Zur politischen Wahrheit der »fatalen Strategien« gehört die Verinnerlichung der absoluten Ohnmacht als existentielles Prinzip: Es ist sinnlos, sinnlose Zustände verändern zu wollen oder zu versuchen, sie in den Griff zu bekommen. Ursachen? Hintergründe? Aufklärung? Das sind Begriffe einer anachronistischen Dialektik. Für Baudrillard gilt: Es ist alles, wie es ist, und so, wie es ist, ist es weder gut noch böse.

Das wird noch deutlicher in seinen Ausführungen zum Terrorismus, dessen Mechanismen mit der Medienwelt teuflisch harmonieren und dessen Motivationen der Soziologe als von sekundärer Bedeutung ausklammert. Der »Sklave« und der »Proletarier« sind von der Konstellation »Geisel und Terrorist« abgelöst worden – und im gesellschaftlichen Rahmen die Entfremdung vom Terror –, vor allem aber als Konzept. Das einzig gültige Gesetz ist das der Erpressung. Die Freiheit weckte das Streben nach Sicherheit – jetzt herrscht Terror. Das ist keineswegs ein Problem der Philosophie oder der Moral, sondern der »natürliche« Zustand eines veränderten Systems, in dem Wucher und Übersättigung herrschen. Sie erzeugen Panik und Terror.

Der Lauf der Welt, die sich nur noch um sich selber dreht, ist zum Leerlauf geworden: »Unsere paradoxe Lage sieht folgendermaßen aus: weil nichts mehr Sinn hat, muß alles perfekt funktionieren. Weil es kein verantwortliches Subjekt mehr gibt, muß jedes noch so minimale Ereignis mit aller Macht irgend jemandem oder irgendeiner Sache zugeordnet werden – jeder ist verantwortlich, es gibt eine maximale flottierende Verantwortlichkeit, die bereit ist, jeden beliebigen Vorfall zu besetzen. Egal, welche Anomalie gerechtfertigt werden muß, egal für welche Unregelmäßigkeit es einen Schuldigen oder einen kriminellen Zusammenhang geben muß. Auch das ist Terror, auch das ist Terrorismus: diese Suche nach Verantwortlichkeit, die in keinem Verhältnis zum Ereignis steht – diese Verantwortlichkeitshysterie, die selber eine Folge des Verschwindens der Ursachen und der Allmacht der Wirkungen ist.«

Jean Baudrillard überdreht seinen Stil gelegentlich bis zur Unverbindlichkeit. *Die fatalen Strategien* sind ohne den leisesten kritischen Anspruch geschrieben. Die Folge ist eine totale Distanzlosigkeit zur Fatalität der Welt – und die ironische Subversion für Baudrillard die einzig angemessene Art im Umgang mit der Welt der Fatalität. Noch ist es ihm unmöglich, seine Einsichten in einem philosophischen System zu verankern, noch fehlt es an verbindlichen Kriterien und einer Terminologie. Doch Jean Baudrillards Überlegungen und Beschreibungen, die originell sind, witzig und schöpferisch, deuten an, daß aus den veränderten Bezügen von Objekt und Subjekt – daß aus den neuen Gesetzen und Zusammenhängen zwischen den Dingen in Baudrillards Kopf durchaus eine gültige Theorie entstehen könnte.

Die neuen Allianzen

1981 übernahm Frankreichs Linke die politische Macht in der festen Absicht, mit dem Kapitalismus zu brechen. Doch es kam ganz anders: Sie hat innerhalb kürzester Zeit mit dem Sozialismus aufgeräumt. Und wenn nicht endgültig, so doch für sehr, sehr lange Zeit. Diese Bilanz zog zu Beginn der zweiten Hälfte von Mitterrands turbulenter Amtszeit der Journalist Laurent Joffrin – der für *Libération* arbeitet – in einem Buch, das den bezeichnenden Titel *La Gauche en voie de disparition* trägt: Die im Verschwinden begriffene Linke.

Joffrin selber allerdings, auch dies ist nicht ganz unsymptomatisch, fühlt sich weiterhin dieser Linken zugehörig – einer Linken allerdings, deren Zukunft er im Kapitalismus prophezeit: »Niemand weiß genau, wie man die gegenwärtige Krise der Marktwirtschaft bewältigen kann. Doch es gibt einige Ansätze. Der erste besteht in der Aufwertung der menschlichen Ressourcen, das heißt: die Produktivität der Leute fördern, indem man ihnen mehr Verantwortung gibt. Wir müssen eine Gesellschaft der individuellen Initiative schaffen. Und die Förderung der Verantwortung ist ein linker Wert.«

Das linke Lob der individuellen Initiative und des kapitalistischen Unternehmertums ist nicht das einzige Beispiel für die spektakulären Umorientierungen im sozialistischen Frankreich. Am 26. Juni 1984 erklärte der Fraktionsvorsitzende von Giscards UDF-Partei, Jean-Claude Gaudin, im Parlament: »Die Freiheit hat das Lager gewechselt: für ihre Verteidigung sind wir heute glaubwürdiger als die Linke.« Wenige Tage zuvor war der damalige Wirtschaftsminister Jacques Delors zu einer ähnlichen Einschätzung gelangt: »Wie konnten sich die Sozialisten das Thema der Freiheiten entwenden lassen?«

Die Antwort ist so einfach wie kompliziert. Am deutlichsten läßt sich der Rutsch, der die Freiheiten in die Obhut des rechten Lagers stellt, im politischen Vokabular, das stets die Opposition privilegiert, aufzeigen. Die Privatschulen, um die der historische Streit zwischen der weltlichen Republik und der katholischen Gesellschaft erneut entbrannte, heißen in Frankreich »Ecoles libres«. Für sie gingen im Sommer 1984 in Paris zwei Millionen Menschen auf die Straße – es war die größte Demonstration der Nachkriegszeit. In ähnlicher Weise werden die – ironischerweise von den Sozialisten legalisierten – privaten Rundfunkanstalten im UKW-Bereich als »Radios libres« (freie Radios) bezeichnet. In der *libéralisation* genannten Phase ihrer sukzessiven Etablierung nach gesetzwidrigen Anfängen war die auch in weiten Kreisen der Linken als Sieg der Freiheit gefeierte Zulassung der Werbung ein Akt der Rettung. »Frei« aber sind die privaten Kommerzsender einzig durch ihr vom öffentlich-rechtlichen System (das unter Mitterrand sogar liberalisiert wurde) unabhängiges Statut.

Die ideologischen Umwälzungen sind offenbar so heftig, daß sie einen Sündenbock benötigen. Es ist der Staat, in dem die konventionelle Linke zumindest bis zu den Nationalisierungsmaßnahmen das Heil aller Hoffnungen sah. Nun sind an ihm die utopischen Erwartungen gescheitert. Deshalb wendet sie sich fast ebenso heftig von ihm ab wie die Rechte, der der Staat, wenn er erst einmal in die Hände der Roten geriet, noch nie sehr viel wert war. Die Folge ist: Alles Private wird als »frei« verstanden, das Öffentliche mit den Begriffen von Autorität und Zwang assoziiert. Diese Sicht, die bereits die Züge einer Ideologie angenommen hat, erklärt nicht nur die seltsame Einmütigkeit von Gaudin und Delors, die sich in kaum einer Sachfrage einig waren, sondern zusehends auch Mitterrands Realismus, der längst kein sozialistischer mehr ist, wie auch die Rhetorik der bürgerlichen Opposition, deren Widersprüche keineswegs geringer sind. Sie profitierte schamlos von der veränderten politischen Konjunktur, deren historische Perspektiven jedoch nicht unbedingt mit den tagespolitischen Auswirkungen übereinstimmen.

Nur kurz vor seinem ungeschickten Artikel über »Das Schweigen der linken Intellektuellen«, der die Sommerdebatte des Jahres 1983 auslöste und dessen Resultat vor allem darin bestand, daß er die endgültige Abkehr der Dichter und Denker vom Sozialismus drastisch bewußt machte, hatte Max Gallo, Historiker, Schriftsteller und bis zu seiner Wahl ins Europa-Parlament im Juni 1984 auch Regierungssprecher im Ministerrang, einen kaum beachteten, aber bedeutend interessanteren Artikel veröffentlicht. In einer Kolumne, die der *Nouvel Observateur* publizierte, reagierte Gallo als erster Linksintellektueller unter dem an sich schon überraschenden Titel »Für die Elite« auf die kulturelle Offensive der Rechten sowie auf einige Aspekte der neuphilosophischen Sozialismuskritik und nicht zuletzt auf den Nominalismus der »Nouvelle Droite«, deren Existenz schon in den Jahren vor dem politischen Machtwechsel den Verlust der kulturellen Hegemonie durch die Linke angedeutet hatte.

»Elite, Hierarchie, Kompetenz, Verantwortung: wem gehören diese Werte?«, begann Max Gallo seine Standortbestimmung: »Die Regierung will die soziale Gerechtigkeit – und man hält ihr die Gefahren des Egalitarismus entgegen. Will sie den Zugang zum Wissen demokratisieren, unterstreicht man das Risiko der Nivellierung. Gibt sie den Arbeitern mehr Rechte, so geschehe dies, sagt man, weil sie die Unternehmen und jene, die sie leiten, verachte.« Mit einiger Verbitterung machte Gallo diese Feststellung. Anhand historischer Beispiele belegte er, daß der Egalitarismus in Frankreich keineswegs eine ausschließlich linke Gefahr ist: »Nicht die Unterschiede in der materiellen Situation sind untolerierbar«, umriß er das Credo des französischen Sozialismus, »sondern die Ungleichheit der Chancen im Zugang zu Bildung, Verantwortung und Kultur.« Über den wirtschaftlichen Bereich äußerte er sich nicht weniger liberal: »Man darf nicht zögern, den Profit gegen die Rente zu unterstützen.«

Noch als Regierungssprecher hat Gallo diese Ansätze zu einem Buch verarbeitet, das unter dem Titel *La troisième alliance* erschienen ist – ein Versuch, aus dem Scheitern der orthodoxen linken Ideen und ihrer Ideologie die Konsequenzen zu ziehen. Das beginnt noch immer mit dem »Ablegen der alten stalinistischen Klamotten«. Die Sowjetunion bezeichnet Gallo als *péril majeur* – als höchste Gefahr –, den Kapitalismus preist er als Quelle des Reichtums: zwar ist seine Geschichte mit Blut befleckt, doch haben ihn die sozialen Auseinandersetzungen – lies: der Klassenkampf – »in gewisser Hinsicht humanisiert«. Die Explosion der Kommunikationsmittel und die weltweite Bedrohung der totalen Vernichtung verlangen nach Lösungen. Wirtschaft und Politik aber versagen zunehmend bei dieser Aufgabe – deshalb fordert Gallo »für das dritte Jahrtausend eine dritte Allianz«: »Heute mehr noch als gestern entscheidet sich alles im Kopf.«

»Die Ideen bestimmen den Lauf der Dinge«, diese Ansicht vertritt auch der konservativ-liberale Publizist Guy Sorman, der als einer der wenigen – ein Beispiel für die Dialogfähigkeit der neuen Allianzen – auf Gallos Artikel im *Nouvel Observateur* eingegangen ist. Sorman, der Verfasser – und Verfechter – der *Révolution conservatrice américaine* propagiert nach der konservativen Revolution die liberale Lösung *(La Solution libérale)*. Für Frankreich sieht der Politologe, der seine amerikanischen Einsichten immer stärker auf die französischen Verhältnisse überträgt, das, was man eine liberale Revolution nennen könnte, bereits angebrochen. Zu ihren Protagonisten zählt er die einstigen Barrikadenkämpfer des Mai 68. Sie sind die wirtschaftlichen Aktivisten der Gegenwart und von Silicon Valley fasziniert. Nach der Rückkehr aus ihren Kommunen in der Ardèche haben sie jene kleinen Einheiten gebildet, denen die Zukunft nach dem Zusammenbruch der Massenkonsumgüter-Industrie gehören wird – die Zukunft der Medien und der Kommunikationsmittel schlechthin. »Das ist sehr wichtig«, betont Sorman, »wenn heute weltweit eine liberale Welle zu verzeichnen ist, so handelt es sich bei ihr eindeutig um das Resultat der Begegnung zwischen der Protestgeneration der sechziger Jahre und den neuen Technologien. Die Protestbewegung war gegen den Staat und die Macht gerichtet – aus ihr sind die neuen Liberalen hervorgegangen. Aber es ist schwer zu sagen, wo sie sind. Jedenfalls nicht in der Politik oder in den Parteien. Heute ist der wirklich liberale Unternehmer und Chef, der wirklich liberale Pfarrer und Intellektuelle ein Ehemaliger des Studentenaufstands. Der Übergang ist ein ganz normaler – nach dem natürlichen Protest gegen die Autorität kommt die positive und liberale Vernunft.«

Sormans Vertrauen in sie scheint grenzenlos. In seiner Vorstellung bedingen und ergänzen sich die liberale und die technologische Revolution – gehen die abendländischen Werte nahtlos in den Clips & Chips der Computerzivilisation und ihrem audiovisuellen Humanismus auf. Kulturell wie wirtschaftlich sind die Medien, die beide Bereiche versöhnen werden, der Motor auf dem Weg in die Moderne: »Ihre Auswirkungen weisen in Richtung auf mehr Individualismus. Ich habe das die Revolution der Moral und der Mikroprozessoren genannt. Diese Individualisierung betrifft sowohl die Produktions- wie die Kommunikationsweisen. Sie kann die jetzt herrschenden Ideologien nur noch mehr erschüttern und wird den Liberalismus, philosophisch den Personalismus stärken. Das Individuum als Person wird gegenüber dem im Kollektiv eingebundenen Individuum aufgewertet. In Zukunft kann man der Gesellschaft gegenüber allein auftreten – als Produzent oder als ›Kommunikator‹. Mit den technischen Mitteln wird es möglich sein, sich als einzelner Gehör zu verschaffen. Man kann auch alleine produzieren und verkaufen. Es wird eine ›Entmassung‹ der Gesellschaft geben, die sich bereits abzeichnet: Der spektakuläre Zusammenbruch des Gewerkschaftswesens hat mit dem Ende der Massenproduktion zu tun.«

Modernität und Individualismus sind die Imperative der kommenden Zivilisation. Mit der Notwendigkeit zur Modernisierung verschrieb Premierminister Laurent Fabius der linken Wählerschaft die bittere Pille der Massenentlassungen. Manifeste und Parteiprogramme, Kongresse, Kolloquien greifen die Begriffe auf, die als Schlüssel für die Zukunft des Landes, das vielen demographisch wie kulturell und vor allem politisch gleichermaßen überaltert vorkommt, betrachtet werden. Mit dem missionarischen Eifer, der seit 1789 den französischen Zivilisationsgedanken begleitet und beflügelt, proklamiert Max Gallo das neue Zeitalter – Frankreich als Laboratorium, in dem die »Entscheidungen dieser Zeit« fallen.

Auf in die Kultur des Privaten, der Freiheit, der Medien! Modische Magazine beschwören sie als *mode de vie,* als Art – und Kunst – zu leben, konsumorientierte »Meinungs«umfragen sondieren längst ihre Gewohnheiten – und zahlreiche Essays befassen sich bereits mit dem veränderten Ich. Publizistik und Philosophie tauschen die Theorien der Entfremdung und des Klassenkampfes gegen neue Formen der Analyse ein – der »Paradigmenwechsel«, um es mit einem Wort von gestern zu sagen, ist spektakulär. Michel Foucault, der in *Die Ordnung der Dinge* den Menschen als eine Entdeckung des 18. Jahrhunderts behandelte und sein – offenbar überfälliges – Verschwinden aufzeigte, ist mit seinen letzten Werken, die Bestseller wurden, zum Kronzeugen der von ihm geforderten »Kultur des Selbst« geworden: Er hat dem aus den Strukturen und Systemen auferstandenen Ich ein philosophisches Fundament erstellt und ihm eine Ethik des Handelns entworfen, deren intellektuelle Qualität unterstreicht, daß es sich beim Kult um die Kultur des Ich um mehr handelt als um eine Begleiterscheinung zur Auflösung der Kollektive.

Für den siebzigjährigen Anthropologen Louis Dumont kommt diese Entwicklung nicht überraschend. Er hatte bisher vor allem

Werke über die indische Zivilisation vorgelegt und ist mit seinen *Essais sur l'individualisme* schlagartig einem größeren Publikum bekannt geworden. Seiner Ansicht nach ist das Individuum in einem langen Prozeß zum Selbstzweck *(fin en soi)* geworden – und der Individualismus die Ideologie der Moderne. Er wird jedoch ständig von seinem Gegenteil erschüttert. Die Betonung des Gesellschaftlichen, Gemeinschaftlichen faßt Dumont mit dem Begriff des Holismus.

Einen wichtigen Anstoß für die Individualisierung lieferte das frühe Christentum. Es stellte den Menschen in eine besondere Beziehung zu Gott, die eine Entwertung der individuellen Wirklichkeit zur Folge hatte – es gab einen Bezug zum Globalen. Später, als sich die Kirche als Institution der Gläubigen zu etablieren begann, war sie bereit, mit dem Kaiserreich eine Aufteilung der Macht in weltliche und geistliche Werte vorzunehmen – das war für Dumont der Anfang des Bruchs. Calvin schließlich predigte die totale Einsamkeit des Menschen. Mit seiner Lehre entkommt das Individuum endgültig der Bemächtigung durch die Kirche: sein Seelenheil – sein Glück wird zur Privatangelegenheit.

Vom ausgehenden Mittelalter an ist der Aufstieg des Individuums an die Emanzipation des Politischen und an die Geburt des Staats geknüpft. Der Nationalstaat schließlich ist die Gesellschaftsordnung, in der die Menschen Individuen im Sinne des modernen Individualismus werden. Dies manifestiert sich zunächst in der westlichen Auffassung von Freiheit und Gleichheit; Recht und Moral, Politik wie Kultur anerkennen das Individuum als höchsten Wert. Diese Ordnung der Dinge hat laut Dumont die Fortschritte in Wissenschaft und Technik möglich gemacht.

Doch dem Individualismus sind gewisse Grenzen gesetzt. Dumont begründet sie mit dem Wesen des Menschen, der als »sozialisiertes Tier« (gemäß seiner biologischen Anlage) Teil einer Gemeinschaft ist, die für ihr Funktionieren ein Minimum an Regeln und Normen aufstellen muß. Deshalb existieren immer auch die gegenläufigen Strömungen mit dem Ziel, das Kollektiv zu stärken.

Zwischen diesen beiden Polen entstehen die großen Spannungen, die die Geschichte machen – als klassisches Antagonismus-Paar nennt Dumont Sozialismus und Liberalismus. Auch die Beziehung Frankreich-Deutschland ist seiner Meinung nach vom Holismus-

Individualismus-Gegensatz bestimmt: dem individualistischen Universalismus des französischen Denkens der Aufklärung stellt er den Nationalismus der deutschen Philosophie entgegen. Die französische Tradition betont den Bürger-Citoyen und seine Rechte, der vor dem Franzosen rangiert, während die deutsche Ideologie die Zugehörigkeit zur Gemeinschaft hervorhebt. In Deutschland ist das holistische Gefühl dominierend – der Individualismus dafür um so stärker in der Kultur ausgeformt. In Frankreich und England hat die Revolution zum Sieg des Individualismus über den Holismus der Kirchen wie des absolutistischen Staats geführt – »zwischen Frankreich und Deutschland«, schreibt Dumont, »prägt ein historisch dramatischer Aspekt das Problem des Verstehens«.

Ein weiteres Merkmal der individualistischen Ideologie sieht Dumont in der Tendenz, die Hierarchie durch Gleichheit *(égalité)* zu ersetzen, wobei er die Rang- und Wertordnung keineswegs als Instrument der Macht und ihrer Ausübung verstanden wissen möchte. Die Struktur erleichtert den Menschen die Organisation ihrer Beziehungen. Der Abbau der Hierarchie liefert die menschliche Gruppe der Anarchie aus – es herrscht das Faustrecht des Stärkeren. Nach Dumonts Erfahrung schafft die Gesellschaft in diesem Fall auf viel brutalere Art eine Ordnung mit verstärkten hierarchischen Abstufungen, die die offizielle Ideologie dann allerdings verneint.

Dumont versteht Hierarchie nicht im Sinne eines militärischen Gefüges, wo die Befehlsstruktur von oben nach unten verläuft, sondern als Ort einer »symbolischen Domination«, die innerhalb bestimmter Funktionen ausgeübt wird – ohne jedesmal die Gesamtheit der Gesellschaft zu betreffen. Es handelt sich um ein offenes, beeinflußbares System, in dem Veränderungen, Positionswechsel, möglich sind. Diese Struktur, in der Spiel und Symbole eine große Bedeutung haben, bremst die Ausformung der Gleichheit bis zu den Extremen, die anderenfalls die Verwischung aller Unterschiede – der *différence* – zur Folge hätte: Die exzessive Egalität führt zur Identität im Sinne von Gleichheit. Den Mitmenschen – *l'autre* – als gleich zu betrachten, ist nobel, wenn man damit seine Gleichwertigkeit und Gleichberechtigung meint, aber aggressiv, intolerant und gewalttätig, wenn diese Gleichheit sein gleichzeitiges Anderssein, nämlich seine ureigenste Spezifität, verneint.

Nicht nur in methodischer Hinsicht erweckt Dumonts Holismus-

Konzept den Eindruck einer Überwindung des Strukturalismus, von dem er zahlreiche Konzepte übernimmt. Er bekennt sich zur vergleichenden Methode, die einzig das Erkennen und Anerkennen der eigenen wie der fremden Merkmale erlaubt – und anders auch als bei der »systemimmanenten« Deutung müsse sich der Beobachter in die Betrachtung integrieren. Wo Egalitarismus und Individualismus zu stark ausgeformt sind, kommt es zur Weigerung, das Globale zu sehen – das auch die Wissenschaft mit ihrem Zwang zur Spezialisierung aus unserem Horizont hat verschwinden lassen. Louis Dumont weiß, daß vor ihrer atomistischen Sicht kein ganzheitliches Erklärungsmodell bestehen kann. Doch im Gegensatz zu den Ideologen der »Postmoderne«, die den Zerfall aller Kriterien und Normen in der Ästhetik wie in der Gesellschaft als Garantie für die endlose Freiheit aller begrüßen, ist er von der Notwendigkeit einer hierarchischen Ordnung überzeugt. Er interpretiert sie als vielfältige Struktur von Elementen, deren Gesamtheit einen Sinn ergibt, der sich nicht auf ihre Summe reduzieren läßt, sondern eine eigene Dimension bekommt. Nur ihr Funktionieren, nur ihre intakte Symbolik kann die Krise (auch der Geisteswissenschaften) überwinden – in der von Dumont geforderten Besinnung auf das humanistische Erbe der »nicht-modernen« Gesellschaften.

Die Rückkehr des Humanismus in die Kultur – und die intellektuelle Rhetorik – gehört zu den erstaunlichsten Merkmalen der achtziger Jahre. Noch Sartre hatte im Anschluß an den Krieg seinen Existentialismus einen Humanismus genannt, doch verschwand der Begriff nach 1948 aus dem Vokabular, um schließlich gar zu einem Schimpfwort zu werden: Der Humanismus galt als Ideologie des verhaßten Kleinbürgertums. Literatur wie Philosophie, auch die Malerei und ganz besonders die Geisteswissenschaften wandten sich mit ihren apokalyptischen Visionen von einer zerstörten Welt, die ein sprachloser, reduzierter, kommunikationsgestörter Mensch bewohnt, von ihm ab – Kunst und Literatur stellten sich der Herausforderung des Absurden und empfanden das Bedürfnis, alles neu – *nouveau* – zu machen.

Die Personalisten, in deren Kreis in den dreißiger Jahren der Begriff des *engagement* entstanden war, verstummten oder wurden nicht mehr gehört; Emmanuel Mounier starb 1950. Heute spottet sein direktester Erbe, Jean-Marie Domenach, auf eine fast schon konformistisch zu nennende Art: »Überall, wo Leute gegen die Unterdrükkung kämpfen, berufen sie sich auf humanistische Werte; nie gab oder wird es einen strukturalistischen Widerstand geben.« Auch Sorman spricht plötzlich von einer »personalistischen Erneuerung« und Renaissance, mit der eine »Politik der Person« im Sinne Denis de Rougemonts gemeint ist, die nicht zuletzt eine mögliche Ethik zwischen Individualismus und Holismus entwirft: »Ein Mensch unter anderen fühlt sich nicht verantwortlich, er gehört zur Masse, tritt in eine Partei, ins Kollektiv ein und ist damit noch lange kein Citoyen. Wer sich jedoch einer politischen oder sozialen Berufung bewußt ist, braucht zu ihrer Verwirklichung die Freiheit, die es nur innerhalb der Gemeinschaft geben kann.« Deshalb verknüpft Rougemont Freiheit und Verantwortung. »Der wahre Heroismus«, schreibt er, »ist der extreme Punkt der Berufung; das heißt die tiefe Tendenz des Menschen, in seinem besonderen Wesen zu bestehen – dem Verfall, den ihm die träge soziale Umgebung anbietet oder den ihm der Staat aufzwängen will, zum Trotze.«

Daß die Wurzeln der jüngsten Entwicklung, die vergessene und verachtete kulturelle Werte als Ausdruck einer veränderten Gesellschaft aktualisiert, auf den Mai 68 zurückgehen, ist bald zwanzig Jahre danach selbst ein Gemeinplatz für jene, die damals vor den Aufständischen zitterten und heute sein Erbe beschwören. »Die Hotellerie«, schwärmt zum Beispiel der Direktor der Vier-Sterne-Etablissements »Novotel«, »verdankt ihre Dynamisierung dem Mai 68, der den Anstoß zu den Zusammenkünften und Seminaren gab. Der Mai 68 hat das Bedürfnis nach Kommunikation bewußt gemacht.«

Auch Régis Debray, einer der letzten linken Ideologen, lokalisiert im verhaßten Aufstand der Studenten einen »Kulminationspunkt«: »Damals geschah etwas Entscheidendes: In einer Halluzination, in einer revolutionären Phantasmagorie der Linkssozialisten wurden die neuen Werte, Antriebe, Referenzen eingeführt. Die Idee des Proletariats wie der Nation wurde liquidiert zugunsten eines wilden Liberalismus. Der Mai 68 hat gleichzeitig den Gaullismus wie den Kommunismus besiegt – und ihre jeweilige Utopie umgestürzt: die Idee einer nationalen Unabhängigkeit und die Idee einer Arbeiterklasse als Inkarnation der Hoffnung auf eine universale Befreiung. Einen Erfolg muß man den Leuten des Mai 68 lassen: ihren hochentwickelten Sinn für die Kommunikation. Sie haben ein Talent für die Botschaft, den

Slogan, die Ästhetik, den ›look‹ – sie glänzen in der sozialen Kommunikation; weniger in der Konzeption. Die Zeitung ›Libération‹ ist das beste, was der Mai 68 hervorgebracht hat.«

Das einst von linken Intellektuellen um Sartre gegründete Kampfblatt, das heute Ministerialbeamte und Unternehmer lesen, ist zum Inbegriff der französischen Modernität und ihres Lebensgefühls geworden. Turnschuhe und Fast-Food und die beschleunigten Gesten des menschlichen Abbildes in Pop- und Werbespots prägen ihr äußeres Erscheinungsbild. Mit einigen Jahren Verspätung entdeckt und erlebt Frankreich die »narzißtische Kultur«, an der es sich delektiert und deren Einbruch um so durchschlagender ausfällt, als er einer historischen Dynamik entspricht und vom Niedergang der bislang herrschenden Ideologien, die ein Vakuum hinterlassen, profitieren kann.

Das »Zeitalter der Leere«, das Gilles Lipovetsky in *L'Ere du vide* beschreibt, ist jedenfalls keine Folge der Krise. Friedens- wie Umweltbedrohung lösen in Frankreich kaum Angst aus, das Energieproblem wird mit einem grenzenlosen Vertrauen ins Atom und in die Zukunft schlechthin gelöst, die Kultur ist unkritischer denn je, Spaltung und Zerrissenheit beschränken sich weitgehend auf die politische Klasse, von der sich die Bevölkerung ohnehin ständig weiter entfernt. Angesichts der wirtschaftlichen Lage sind die sozialen Konflikte von erstaunlicher Lauheit. Das Land lechzt nach Bildern, die – ob brutal oder erotisch oder nur exhibitionistisch – vor allem mit passiver Gleichgültigkeit konsumiert werden. Frankreich begeistert sich für amerikanische Videoclips und erlebt die einheimische TV-Werbung als Nationalspaß. Der Medien-Messianismus der Linken wird nur noch vom Ruf der Rechten nach Privatisierung übertroffen. Ansonsten herrscht in der medienpolitischen Diskussion ein einziger von der Überzeugung getragener Konsens, daß ein linker Totalitarismus genauso unmöglich werde wie ein rechter in einer Zeit, da die Stimme jeder Macht umgehend von Tausenden anderer Stimmen übertönt wird. Nach Lipovetsky fehlt im zeitgenössischen Narzißmus jede Spur von »tragischem Nihilismus«.

Der Auszug aus dem Sozialen und Öffentlichen hat die Leute vor die Bildschirme des Computerzeitalters geführt, um die sich das Private und Persönliche zu organisieren beginnen. Selbstbedienung an allen Fronten, in allen Bereichen. Emanzipation? Entfremdung? »Mit der Ausdehnung der Privatsphäre kann sich die bürokratische Überwachung und Kontrolle verstärken«, meint Lipovetsky: mehr Freiheit und mehr Zwang. Es wird unmöglich, die Inflation des Privaten ohne das Funktionieren des Sozialen zu denken, die Freiheit(en) ohne die Unterdrückung – es geht nicht um eine lineare Beziehung von Ursache und Wirkung, sondern um ein komplexes und simultanes Zusammenwirken verschiedenster Elemente, deren gestörte Beziehungen die großen Katastrophen herbeiführen: das Sowohl-als-auch als Prinzip – das (scheinbar) Paradoxe als Normalität und höhere Wahrheit.

Eine Linie führt von Tocquevilles pessimistischer Beschreibung isolierter, beziehungsloser Individuen ohne Tradition und Moral, die die moderne Demokratie hervorbringt und gleichzeitig hilflos läßt, zum zeitgenössischen Individualismus als Ideologie, den Dumont aus seiner Geschichte und Lipovetsky in der Gegenwart deuten. »Erst in dieser breiten und individualistischen Kontinuität zeichnet sich die Originalität der postmodernen Bewegung ab«, ließt man in *L'Ere du vide*, »das heißt die Vorherrschaft des Individuellen über das Universelle, des Psychologischen über das Ideologische, der Kommunikation über das Politische, der Heterogenität über die Homogenität, der Permissivität über die Koerzitivkraft« – und von *Libération* über *Le Monde*, ist man hinzuzufügen versucht: denn die Identitätskrise der intellektuellen und politischen Abendzeitung hat mit diesen Verschiebungen ebenso zu tun wie der spektakuläre Auflagenzuwachs von *Libé*.

Linke wie Rechte beanspruchen heute mit geteilter Kampfbereitschaft das relativ unverbrauchte Etikett »liberal«, mit dem die Franzosen zuerst und mit deutlicher Mehrheit (67 Prozent) eine »Art zu leben« in Verbindung bringen. Das im Zug der intellektuell-publizistischen Offensive nach dem Machtwechsel gegründete *Magazine-Hebdo* warnte jedenfalls davor, den Liberalismus für ein »genügend stark unterscheidendes Merkmal zwischen ›Mehrheit‹ und Opposition« zu halten. Dem sensationellen Aufstieg der »Nouvelle Droite«, die die politische Rechte von ihrem intellektuellen Komplex befreit und zum ideologischen Kulturkampf aufgerufen hat, ist inzwischen ihre Marginalisierung gefolgt. Alain de Benoist gab 1984 bei den Wahlen ins Europa-Parlament »aus Opposition gegen jede Form von Sozialdemokratie« seine Stimme den – Kommunisten, und auch einer seiner treuesten Gesinnungsbrüder fühlt sich heute »näher bei Baader und den Roten Brigaden, die mit der Waffe in der Hand für ihre Ideen gestorben sind«: »Vor zwanzig Jahren spottete ich über die Kommilitonen, die ein Che-Guevara-Plakat an die Wand hefteten. Ich irrte mich. Was Che damals für sie repräsentierte, symbolisiert er jetzt für mich – die einzige Hoffnung, für die zu leben sich lohnt. Die Hoffnung, gegen eine unerträgliche Welt zu kämpfen, um sie zu ändern. Die Welt der kleinen mediokren Pläsirchen und der Korruption, die nur dem Gesetz des Geldes gehorcht. Man sagt, die Revolution sei ein Mythos. Na und? Gibt es etwas anderes, für das zu leben und sterben sich lohnen könnte, als ein Mythos?«

In der nach dem Abbau der extremen Ideologien links wie rechts entstandenen Leere zeichnet sich ein Neokonservativismus *à la française* ab. Sorman definiert ihn als Kapitalismus und Moral, populistisch und staatsfeindlich. Er könnte sowohl vom Gaullisten Jacques Chirac wie vom Sozialisten Michel Rocard verkörpert werden – so sie sich aus ihrer ideologischen Befangenheit zu lösen verstünden. Am weitesten sind für Sorman die Verteidiger der Privatschulen gekommen. Sie haben – nach dem Vorbild der Machtergreifung durch die amerikanischen Neokonservativen (Guy Sorman) – sehr geschickt »die Techniken zur Mobilisierung der schweigenden Mehrheit benutzt«.

Vor dem Hintergrund dieser unerwarteten Entwicklung gibt Guy Sorman dem Liberalismus in Frankreich eine neue Chance. Seit Montesquieu und Tocqueville existiert er als philosophische, im allgemeinen überaus pessimistische politische Philosophie, doch war er nie Regierungsdoktrin, zumindest nicht in der jüngsten Vergangenheit, und auch jetzt ist nicht absehbar, in welcher parteipolitischen Konstellation er sich verwirklichen lassen könnte. Als Ideologie einer modernen individualistischen Revolution müßte er sich gar nicht so sehr um das »politisch Machbare« kümmern – jedenfalls brauchte er eine gewisse utopische Dimension a priori nicht auszuschließen. Ob die französischen Intellektuellen wie viele amerikanische sich dieser Tendenz anschließen werden, bleibt abzuwarten – doch ohne ihre Unterstützung hat eine liberale französische Revolution um so weniger Aussicht auf Erfolg, als sich linke wie rechte Theoretiker – ja sogar die Liberalen selber – im Primat der Ideen über die Ökonomie einig sind und eine wirklich freie Marktwirtschaft als Realität wie philosophisches Prinzip des Liberalismus im Frankreich der Korporationen und Kasten an sich schon eine Utopie darstellt.

Unübersehbar ist immerhin, daß sich ehemals ganz linke Intellektuelle wie der Historiker Emmanuel Le Roy Ladurie, ebenso der libertäre Soziologe Alain Touraine und mit seiner »dualistischen Gesellschaft« auch André Gorz in eine Richtung entwickeln, die man neokonservativ nennen darf und die auch einem Claude Lévi-Strauss oder Jean-Marie Benoist und anderen Neuen Philosophen aus der Welle der Totalitarismuskritik nicht unsympathisch ist. Dabei handelt es sich aber allemal um einen antitotalitären, freiheitlichen, individualistischen Konservativismus – der mit der sozialdarwinistischen Brutalität angelsächsischer Regierungschefs nichts zu tun haben will und von der sich auch Sorman distanziert: »Der Liberalismus ist die Freiheit aller. Nicht nur die Freiheit des Unternehmers, seine Leute zu entlassen, sondern auch die Freiheit des Arbeiters, eine sichere Stelle zu haben und einen Lohn zu beziehen, der seiner Tätigkeit entspricht. Im 19. Jahrhundert erkämpfte der Liberalismus die politischen Freiheiten – heute müssen es die sozialen und wirtschaftlichen Freiheiten sein.«

Diese soziale Haltung kennzeichnet durchaus die neuen Unternehmer und die neuen Konservativen. Mit den Archaismen des Sozialismus haben diese *anciens* des Mai 68 nichts im Sinn – aber die Linke ist ihnen nicht nur mentalitätsmäßig näher, denn sie hat die libertäre Strömung der Selbstverwaltung nie ganz aus den Augen verloren, während die Rechte aus Tradition, Gesinnung und Ordnungsfanatismus viel staatsbewußter ist und Giscard wie Barre jede Destabilisierung mit Unruhe verfolgten. Auch in bezug auf das politische Denken zeichnen sich nach dem offensichtlichen Verpuffen der kulturellen reaktionär-konservativen Offensive in diesen links-liberal-libertären Sphären interessante Tendenzen ab: Der flinke Max Gallo, der die Elite rehabilitierte und die gegenwärtigen Schwierigkeiten der französischen Gesellschaft nicht zuletzt mit der Unfähigkeit ihrer Erneuerung erklärt, bezeichnete den französischen Sozialismus bereits als »antistaatlichen Individualismus«.

Nach allem, was man weiß, muß man ihn sich links wie rechts vor allem in seinen volkstümlichen Schichten als leicht transzendenten und betont kulturell ausgerichteten, stets freizügigen Club-Méditerranée-Sozialismus mit einem humanistischen Überbau und Abendkursen in Informatik vorstellen.

Die längste Revolution

1989 stehen die Feierlichkeiten zum 200. Jahrestag der Französischen Revolution auf dem Programm – nur: Welche Revolution kann man feiern? Und wie? 1789 oder 1793, 1792 oder 1794? *La Révolution est un bloc* war die feste Überzeugung von Clemenceau, als sich die Bourgeoisie noch zum gesamten revolutionären Erbe bekannte. Damit ist es vorbei – erst recht seit dem Mai 1981: Die bürgerlichen Politiker und ihre Parteien haben sich in der Opposition gegen die regierenden Sozialisten einer gegenrevolutionären Dynamik, die zuweilen sehr weit ging und durchaus einige verfassungsmäßige Grundlagen in Frage stellte, geöffnet und versucht, von ihrem Schwung zu profitieren.

Auch in der Geschichtsschreibung ist einiges in Bewegung gekommen. Das klassische Interpretationsschema, für das Namen wie Albert Mathiez, Georges Lefebvre und Albert Soboul stehen, die man der jakobinischen Tradition der französischen Historiographie zurechnen kann – François Furet sprach von ihrem »revolutionären Katechismus« –, wird in zunehmendem Maße in Frage gestellt. Der Historiker Michel Vovelle, der von Mitterrand nach dem gescheiterten Projekt einer Weltausstellung in Paris mit den Vorarbeiten für die Feierlichkeiten von 1989 beauftragt wurde, hat darauf hingewiesen, wie dieser Konsens der Revolutionsdeutung – bürgerlich, mit Unterstützung des Volkes, eine soziale Notwendigkeit, fortschrittlich, begleitet von unangenehmen Nebenerscheinungen, die nicht zu vermeiden waren – seit rund dreißig Jahren auseinanderbricht: Die Kritik an der sozialistisch-marxistischen Geschichtsinterpretation von 1789 ist dem Niedergang des Marxismus vorausgegangen.

Damit rücken neue Aspekte ins Blickfeld, dessen Horizont sich erweitert hat. Der Amerikaner Robert Darnton, ein brillanter junger

Historiker, beschreibt das gesellschaftliche Umfeld in verschiedenen Standardwerken – von der Präsenz des Irrationalen im Schatten der Aufklärung bis zur Funktion des literarischen Untergrunds und der Bedeutung der *Enzyklopädie* bei der Verbreitung der revolutionären Ideen. Das Autorenpaar Pierre Goubert/Daniel Roche zeigt in den zwei Bänden von *Les Français et l'Ancien Régime*, wie stark das vorrevolutionäre Frankreich in der zeitgenössischen Gesellschaft mit ihren Riten und Privilegien präsent ist.

Doch die Widerstände, die eine undogmatische, nichtideologische Sicht der Ereignisse erschweren, sind nicht vollständig überwunden: Erst mit zwanzig Jahren Verspätung erschien zum Beispiel Ende 1984 das Buch *Der Sinn der Französischen Revolution* des Engländers Alfred Cobban in französischer Übersetzung. Der Verfasser, ein anerkannter Spezialist, bezeichnet die Überwindung des Feudalsystems, das die Bourgeoisie abgeschafft habe, als »Mythos«. Für Cobban ging der Schritt wirtschaftlich nicht nach vorn, sondern zurück: »Statt die Entwicklung einer modernen Ökonomie zu beschleunigen, hat die Revolution sie verzögert.«

In seinem Vorwort bemerkt Emmanuel Le Roy Ladurie, daß Cobban mit seiner Analyse viel marxistischer sei als die französischen Vertreter der materialistischen Geschichtsschreibung, deren Mythisierung er entlarvt – und die Le Roy Ladurie auf den Betriff eines »von Mathiez begonnenen, von Soboul versteinerten gefärbten Leninismus« bringt. Der prominente Vertreter der *nouvelle histoire* legt sich in seinem einleitenden Essay auch mit Max Gallo an, der die Neuausgabe der Werke von Augustin Cochin – und ihre generelle Aufwertung – als Folgeerscheinung der neurechten Revision der Revolution bezeichnet hat. Man kann diese Beurteilung des damaligen Regierungssprechers zurückweisen und, wie Le Roy Ladurie es tut, hervorheben, daß zuvor kein Minister der Fünften Republik es je gewagt hätte, Albert Sobouls Thesen »ex cathedra zu kritisieren«: »Scheinbar haben sich die Dinge mit dem Machtwechsel, den man als ›alternance‹ an sich begrüßen muß, geändert.« Allerdings ist auch Max Gallo Historiker, und im Lager der extremen bis bürgerlichen Rechten bemüht man sich keineswegs um Differenzierung bei der – politisch wie publizistisch – ziemlich systematisch betriebenen Ausschlachtung der Revolution. So wird beispielsweise der Aufstand des Westens, speziell der Vendée und seine gewiß nicht zimperliche Niederschlagung durch die Zentralgewalt von dieser Seite schamlos als »franco-französischer Genozid« kolportiert.

In Frankreich hat sich im Sog der angelsächsischen Revolutionsforschung eine Tendenz entwickelt, die fälschlicherweise immer wieder als »revisionistisch« bezeichnet wird. Das ist sie allenfalls, insoweit sie den »revolutionären Katechismus« in Frage stellt – ohne jedoch einem reaktionären – »konterrevolutionären« – Verständnis Vorschub zu leisten. Von den marxistischen Klassikern wird diese Tendenz als »bürgerlich« bezeichnet; diesen Vorwurf hat Soboul ihrem führenden Vertreter, François Furet, bereits nach dessen 1965 erschienener Gesamtdarstellung (zusammen mit Denis Richet) gemacht. Seither ist es zu verschiedenen Scharmützeln im Glaubenskrieg zwischen »bürgerlichen« und marxistischen Historikern gekommen, doch Furet – der wie Cobban ein Konzept der Theoretisierung, nicht der Ideologisierung verfolgt – darf im Moment durchaus als der führende französische Revolutionsspezialist, dessen Ansätze die tiefsten Einsichten ermöglicht haben, bezeichnet werden. Er hat verschiedene seiner Essays unter dem Titel *Penser la Révolution française* (Die Revolution denken) publiziert und in der Zeitschrift *Débat* (Nr. 26, 1983) eine weitere wichtige Schrift zum Thema der Revolution und ihrer Folgen beigesteuert.

Eine Gesellschaft nach den Idealen Rousseaus gestalten: nur mit diesem Anspruch kann ihm zufolge »1789« verstanden werden. Die *ambition universelle* der Revolution vergleicht Furet mit dem Messianismus der Religionen: »Das Religiöse wird vom Politischen absorbiert« – die Revolution stiftet nicht eine neue Transzendenz, sie setzt sich an ihre Stelle. Damit bekommt die Politik einen Hang zum Sakralen, auf den schon der Anthropologe René Girard hingewiesen hat: »Die religiösen Prozesse verändern ihre Form, bleiben aber lebendig.« Für Girard sind die Nation, das Politische die zeitgenössische Inkarnationen des Religiösen, und eindrücklich bestätigt wird diese Auffassung fast täglich vom weltlichen Zeremoniell der französischen Republik, die bis auf den heutigen Tag einen hochentwickelten Sinn für rituelle Formen und symbolische Akte bewahrt.

Für François Furet geht diese Erscheinung auf den Bruch der Revolution mit der Monarchie wie mit dem Katholizismus zurück – »das heißt mit der Geschichte und mit der Religion«. Der Autor überfliegt die Folge von Ereignissen und Regimen als »Kämpfe um die Macht«

– von der Erklärung der Menschenrechte über den Terror von 1793 bis zum Jahre 1799 (oder gar 1804, mit der Schaffung des Kaiserreichs) – und verweilt bei den vielen vergeblichen Versuchen, der Revolution ein Ende zu setzen, sie »abzuschließen« – zu »vollenden«. Denn der Bruch mit der Vergangenheit wird im Namen eines neuen philosophischen Prinzips vollzogen – doch ohne daß es gelingt, dieses Prinzip in politischen Institutionen zu verankern. Aus dem Gegensatzpaar Revolution/Konterrevolution – Vergangenheit/Zukunft – erwachsen zwei Weltanschauungen, die mit religiösem Eifer im Widerstreit stehen. Furet spricht von einer allseits »konfliktvollen Treue« dem widersprüchlichen Erbe gegenüber – »Die Linke ist gegen die Rechte geeint, hat aber sonst nichts gemein.«

Der Zyklus der turbulenten Jahre 1789 bis 1799 (oder auch 1804), die das gesamte Repertoire der seither bekannten politischen Formen hervorbringen und durchspielen, wiederholt sich – verlangsamt – im 19. Jahrhundert. Furet zählt auf: zwei gelungene Pariser Aufstände (Juli 1830, Februar 1848) und zwei zerschlagene (Juni 48, März 71), eine Zweite Republik nach dem Vorbild der Ersten und sogar ein neuer Bonaparte. Doch das alles findet nun im Rahmen der napoleonischen Zentralisierung statt: die Verwaltungsstrukturen konkretisieren den Konsens, in dem sowohl die monarchistische wie die revolutionäre Tradition aufgehen. Er ist um so notwendiger, als »dieses Volk nicht die beiden Teile seiner Geschichte zusammen lieben kann« (Furet).

Diese Spaltung bestimmt die Sicht der Tradition wie den Verlauf der Tagespolitik: 1789 gegen 1793. Auf der einen Seite das permanente Bemühen um Institutionen, die die Errungenschaften der Revolution bewahren könnten: Constant noch im 18. Jahrhundert, Guizot und Tocqueville eine Generation danach, Gambetta und Jules Ferry gegen Ende des 19. Jahrhunderts stehen für dieses Bemühen. Die entgegengesetzte Interpretation will über 1789 hinausgehen und 1793 als Vorboten im Namen dieses kommenden Heils zelebrieren: Der Terror erscheint aus diesem Blickwinkel nicht mehr als notwendige Diktatur, sondern als gescheiterter Versuch, den bürgerlichen Individualismus zu überwinden und eine wirkliche Gemeinschaft zu begründen.

Die Revolution, schreibt François Furet, konkretisiert »in der Folge ihrer Ereignisse und ihrer Perioden die theoretische Kritik am

Liberalismus, wie sie Rousseau dreißig Jahre zuvor entwarf. Sie holt das philosophische Problem par excellence in die Geschichte herunter: Was ist, wenn wir Individuen sind, eine Gesellschaft?« Es folgt eine Diskussion der klassischen englischen Philosophie, die diese Frage mit dem Hinweis auf den sozialen Charakter des »natürlichen« Individuums umschiffte und deren Prinzip Rousseau ein Jahrhundert vor Marx verwarf: Der Übergang vom Naturmenschen zum sozialen Wesen erfordert, wie Furet den Philosophen auslegt, die Institutionalisierung einer Gesellschaft »durch die Denaturierung des Naturmenschen«: »Die egoistischen Interessen und Leidenschaften des Individuums wegradieren zugunsten des abstrakten Bürgers, des einzigen Akteurs, der dem ›Contrat Social‹ angemessen ist.« Die Jakobiner hatten das begriffen und Rousseau als Verfechter des Gleichheitsgedankens von den übrigen Philosophen seiner Epoche abgesondert.

Um 1793 wunschgemäß als zentrale Phase der Revolution etablieren zu können, müssen die Männer des 19. Jahrhunderts laut Furet nur eines tun: »Einfach Robespierre wiederlesen, und Rousseau nach Robespierre. Indem sie von der Revolution zur Philosophie zurückkehren, können sie alles mit der Konfrontation der zwei widersprüchlichen und sukzessiven Prinzipien der Revolution erklären.« Die liberale Generation der zwanziger Jahre steht ganz im Banne der historischen Lektion: die Revolution – sie kommt 1830 – soll ohne die Wiederholung von 1793 stattfinden. Durch den Rückgriff auf Louis-Philippe wird sie im Anfangsstadium aufgefangen. Doch die vier Jahre harter Kämpfe zwischen der neuen Macht und der um ihre Revolution geprellten »republikanischen Straße« (Furet) beweisen, daß es nicht genügt, einfach eine andere Dynastie einzusetzen.

Von da aus führt François Furet vor, wie durch das Spektrum der Ereignisse von 1830 in der Geschichtsschreibung und der revolutionären Tradition ein Jakobinertum entsteht, das von den Umständen, die es ursprünglich hervorbrachten, völlig losgelöst ist. Der Autor nennt es eine »Anzahl politischer intellektueller Überzeugungen, eine Interpretation, fast eine Doktrin«. Der Bezugspunkt ist 1793 – der Augenblick, in dem sich die Revolution nach außen verteidigt, die inneren Feinde zerschlägt und gleichzeitig die Konturen einer egalitären Gesellschaft sich abzuzeichnen beginnen.

Weiter ist für die jakobinische Tradition die Integration des monarchistischen Erbes bezeichnend: Sie beansprucht und bewundert es als Fundament der Nation – über alle Klassengegensätze hinweg, im Namen eines ganzen Volkes. Das Königtum – bis 1789 – gilt ihr ebenfalls als Beschützer der Volksmassen vor dem bürgerlichen Individualismus, den »Interessen des Egoismus« sowie der »Grausamkeit des Marktes«. Der jakobinische Geist beruft sich auf eine Tradition, die zum Beispiel Louis Blanc bereits bis auf Sully, Colbert und Necker zurückführt. In seiner Auslegung wird die »Constituante« das Programm Voltaires, das jenes der Besitzenden sei, während er die »Convention« für »Rousseaus Tochter« hält: Sie verteidigt die Interessen der Massen und bereitet das dritte Zeitalter vor, das – nach dem Autoritarismus und dem Individualismus – jenes der Brüderlichkeit sein wird. Die Revolution erscheint nicht mehr als Auseinandersetzung zwischen dem Dritten Stand und den Privilegierten, sondern zwischen Volk und Bourgeoisie. Die Versteifung auf 1793 erfüllt damit nicht zuletzt den Zweck, das Bürgertum um seinen Anteil an der Revolution zu bringen – genaugenommen es zu enterben. Und tatsächlich hat es sein revolutionäres Erbe durch sein Verhalten im Juli/August 1830 auch selber verleugnet. Für die jakobinische Geschichtsschreibung und Politik heißt das folglich: 1789 setzt dem »Ancien Régime« ein Ende – die Zukunft der Verheißung aber beginnt 1793.

Was sich in der Juli-Monarchie und ihrem Vorspiel herauskristallisiert hat, bestimmt bis heute die französische Politik. Furet sieht die Konstante in einem simultanen Konflikt und Konsens in bezug auf den Staat und seine Funktion: Beim (radikalen) Konflikt spannt sich der »französische politische Regenbogen von der konterrevolutionären Rechten bis zur sozialistischen Eschatologie« – und es ist der (heimliche) Konsens, der verständlich macht, warum »jede Absicht nach sozialer Veränderung bei allen die vorherige Beschlagnahmung der zentralen Macht im Staate impliziert«.

Zwar unterläßt es Furet, die Linie des »ständigen Hin und Her zwischen den beiden Ebenen« Revolution und Gegenrevolution bis ins 20. Jahrhundert zu verfolgen. Doch wenn er heute dieses Erbe durchaus in Frage gestellt und ein neues Verhältnis zum Staat entstehen sieht, so ist dies die Folge radikaler ideologischer Veränderungen, die alle direkt oder indirekt auf den Umbruch des Mai 68 zurückgehen. Auch diese Einsicht legt es schließlich nahe, die Konstellation Vichy/Mai 68 – von der Gesellschaft gewordenen Gegenrevolution bis zur Revolte gegen die Vergangenheit – im größeren Rahmen von Furets Pendelbewegung einzuordnen; gleichsam als letzte Drehung einer zweihundertjährigen Spirale – mit dem perfektesten politischen Triumph des konterrevolutionären Gedankenguts im Faschismus und dem Verpuffen der revolutionären Logik in einer Implosion (im Sinne Baudrillards), die praktisch nur noch auf der Ebene der Konzepte stattfand: die Revolution als Diskurs, Transgression und intellektuelle Subversion. So, wie die Bücher sie als Gedanken in die Köpfe pflanzten. Das gilt besonders für den Aspekt der Wiederholung, dessen Formen historischer Anspielungen (1789, 1871) von Symptomen begleitet waren, die deutlich auf das Trauma (1940) verwiesen. Generell muß der Energieschub wohl eher einem erruptiven, alle Tabus und Normen aufbrechenden Anfall kollektiver Hysterie – »Es ist verboten, zu verbieten«, verkündeten die Botschaften von den Mauern – denn einer klassisch-revolutionären Motivation zugeschrieben werden. Dafür spricht ebenfalls die Spontaneität des Ausbruchs, der alle Beobachter überraschte – in einer Situation der Hochkonjunktur, des relativen Wohlstands, der wirtschaftlichen Prosperität und des sozialen Fortschritts: »vorrevolutionär« war damals die Lage nicht.

Außer dem Mai 68 gibt es wohl kaum eine Revolte, deren Führer und Massen so schnell von ihren »Überzeugungen« – konkrete Vorstellungen hatten sie kaum, man muß viel eher von absoluten Utopien und Schimären sprechen – abgekommen und auf äußerste Distanz zu den damaligen Ereignissen gegangen sind. In einem Land, in dem das zelebrieren historischer Erinnerungen zu den Merkmalen des gesellschaftlichen Funktionierens gehört, stellt der Mai 68 auch in dieser Hinsicht eine Ausnahme dar: Während zum Beispiel verdiente Résistance-Veteranen mehr denn je fordern, daß ungerechtfertigte Kritik an ihren historischen Leistungen der Beamtenbeleidigung gleichgestellt und entsprechend geahndet werde, hat der Mai 68 längst keine Gralshüter mehr, und auch *anciens combattants* wird er kaum je haben. Im Bewußtsein seiner Akteure bleibt er ein »fröhliches Delirium«, dessen Slogans und Forderungen als etwas kindisch, in einem poetischen Sinne absolut – und als politisch gefährlich – erkannt wurden.

Das gilt für Daniel Cohn-Bendit – der, vom französischen Fernsehen 1985 mit gefilmten Sequenzen seiner damaligen Auftritte konfrontiert, sich beredt, ebenso selbstkritisch wie intelligent und aufrichtig herauszuwinden verstand: »Aber die Hoffnung auf ein anderes Frankreich«, sie bleibt bestehen – wie für André Glucksmann, der in der Tradition der französischen Revolutionshistoriker des 19. Jahrhunderts, die er als »Zwillingsbrüder« der Revolutionsphilosophen durchaus den »Meisterdenkern« zurechnet, über den Sinn des Studentenprotests nachdenkt. Er liefert gesprächsweise für den Vorgang des Wiederholens einige aufschlußreiche Beispiele: »Alle, die am Mai 68 beteiligt waren, lebten und dachten im Begriff der Revolution. Es gab zahlreiche historische Anspielungen; vielleicht weniger an die Revolution als an den Aufstand der ›Commune‹: zum Beispiel die Brandstiftung bei der Bourse de Commerce. Wiederholung, aber auch Distanzierung, was man allerdings erst nachträglich gemerkt hat« – man kann also nicht von bewußten Akten ausgehen.

Der Mai 68 als letzte Revolution? Glucksmann: »Er war keine eigentliche Revolution, aber mit allen ihren äußeren Anzeichen behaftet. So etwas wie Whisky ohne Alkohol. Wir haben die Idee, die die französische Geschichte beherrscht, niedergemacht – die Idee der Revolution. Für das Denken war der Mai ein großes Abenteuer. Wenn man Jaurès liest, Lenin oder die Surrealisten, gibt es stets den Horizont des Extremismus, der Avantgarde, des linken Überholens, des Anspruchs, noch revolutionärer zu sein als der Nachbar: diese Bewegung, die etwa mit der ersten Versammlung der Revolution von 1789 begonnen hat, ist gestoppt worden. Im Mai fand das Überschreiten des revolutionären Horizonts statt. Wir wurden uns bewußt, daß es keine Revolution mehr geben kann.« Mit der Teilnahme der Bevölkerung am revolutionären Mythos begründet Glucksmann ihre relative Gelassenheit.

Dieser Mythos lebte nochmals auf, als im Mai 1981 die Sozialisten an die Macht kamen, und zwar im Selbstbewußtsein einer geschichtlichen Logik, die sich – endlich, aber notwendigerweise – erfüllt hatte, und einer verdienten Belohnung. Gefeiert wurde das historische Ereignis noch in der Wahlnacht an der Geburtsstätte der linken Symbolik: auf der Place de la Bastille. Mit revolutionärem Eifer ging die Linke – das Neue Zeitalter vor Augen – daran, das »Ancien Régime« zu überwinden. Der erste Parteitag der siegreichen Sozialisten in Valence wurde zum Tribunal der Vergangenheit, auf dessen Tribünen die Funktionäre und Sekretäre eine Rhetorik à la Robespierre anschlugen.

Einen Höhepunkt erlebten die auf 1789 bezogenen verbalen Exzesse im Umfeld des dritten Nationalfeiertags unter der linken Regierung. Im *Figaro* des ehemaligen Kollaborateurs Robert Hersant wurde der alte Haß auf die Sansculotten gegen ihre Nachfahren, die *socialo-communistes,* aufgewärmt. Im gleichen Blatt attackierte ausgerechnet Thierry Maulnier »den Mythos« der Bastille, die in Tat und Wahrheit nur »vier Fälscher, zwei Verrückte und einen Wahnsinnigen« beherbergt habe. *L'Humanité* zog in einem Satz »die Niederlage von 1789 und die Niederlage von 1981« einer französischen Rechten zusammen, »die nicht aufgehört hat, die Französische Revolution, die Ursache ihrer vergangenen, gegenwärtigen und kommenden Erniedrigung, zu hassen«.

Doch die Scharmützel des Machtwechsels konnten trotz ihrer Heftigkeit und geschichtlichen Bezüge nur vorübergehend darüber hinwegtäuschen, daß sich Linke wie Rechte in einem Leerraum, den die »Ebbe der historischen und politischen Passionen« (Jean Baudrillard) hinterlassen hatte, befanden. Erstmals gab es – im Gegensatz zur Volksfront von 1936 – im Anschluß an den linken Sieg keine Fabrikbesetzungen, keinerlei soziale Massenbewegung, keinerlei Radikalisierung oder gar Aufrufe zum Endkampf. Sowohl die Minoritäten der extremen Linken wie die Kommunisten, die vier Minister stellen durften, zeigten sich »voller Vertrauen« in die Regierung. Ihrem Abwarten ist eine einstweilige, allem Anschein nach definitive Marginalisierung gefolgt. Aber auch der Versuch der Rechten, sich mit einer Revolte, einem bürgerlichen *mai à l'envers*, in die revolutionäre Mythologie einzuschreiben und aus ihr politisches Kapital zu schlagen, erwies sich als erfolglose Spekulation auf die historische Dynamik – wie Dialektik – von Straße und Macht.

Die Verstaatlichungen wurden ohne viel Überzeugung als Pflichtübung durchgezogen – als widerwillig geleisteter Tribut an Ideologie und Geschichte. Von der Anhebung des Mindestlohns ebenso wie von der zusätzlichen Urlaubswoche für die Werktätigen und der Verkürzung der Arbeitszeit profitierte nicht nur der *peuple de gauche*; trotz der apokalyptischen Proteste der Arbeitgeberverbände entsprachen sie doch irgendwie schon dem Trend einer neuen Zeit. Dann aber war Schluß mit den sozialen Maßnahmen, die kurze Euphorie wurde von einer strengen *austerité* abgelöst. Unter Berufung auf die Imperative der Modernisierung ermöglichten die Sozialisten eine

Wirtschaftspolitik – und Entlassungen –, zu der Giscards Regierung der Mut gefehlt hatte, weil sie unweigerlich zu Arbeitskampfmaßnahmen der Kommunisten und der Gewerkschaften geführt hätte. In ihrer verwandtschaftlichen Nähe zur Regierung hielten sie sich zurück; die Anzahl der durch Streiks verlorenen Arbeitstage ist in einem spektakulären Ausmaß zurückgegangen. Die gesellschaftspolitisch interessantesten Reformprojekte, die zumindest zu Beginn von Mitterrands Amtszeit in verschiedenen Ministerien – von Yvette Roudy, der Feministin, von Jack Ralite, dem kommunistischen Gesundheitsminister – mit Mut und Phantasie ausgeheckt wurden, versandeten zusehends zwischen den Imperativen der Realpolitik und ihren Sachzwängen – auch in dieser Hinsicht war nicht sehr lange Verlaß auf den »Sozialismus« des Staatspräsidenten, der den Kapitalismus nicht abschaffte, sondern modernisierte und dynamisierte. Wie schon bei de Gaulle, der an die Macht zurückkehren konnte, um Algerien als französisches Departement zu erhalten, die Kolonie jedoch innerhalb kürzester Zeit in die Unabhängigkeit entließ, sind die historischen Etiketten und politischen Programme extrem unzuverlässig geworden.

Am deutlichsten äußert sich die Krise des Politischen in seiner Karikatur. Sie hat es als regulierendes Ventil, das zum Funktionieren des Systems gehört, schon immer gegeben – von den Hofnarren der Monarchie über die Chansonniers bis zu den Imitatoren der Fünften Republik. Praktisch täglich ergötzt sich das Land an einer Art innenpolitischer Muppet-Show, die den Staatspräsidenten als Frosch, Georges Marchais als nicht ganz schlaues Schweinchen, Raymond Barre als drolligen Bären in Erscheinung treten läßt. Die Politiker sind – Mitterrand inbegriffen – zu jeder noch so läppischen Konzession an die audiovisuellen Medien bereit: Am Sonntagmorgen stellen sie sich im Programm des öffentlich-rechtlichen Rundfunks *France-Inter* zur Zeit der Messe bis zur politischen Selbstaufgabe und persönlichen Entblößung zur Schau. Überhaupt ist der Sonntag mit seinen One-Man-Personality-Shows auf allen Kanälen, auf allen Frequenzen zum Tag der politischen Zelebrierung geworden. Popularität und Prestige werden entscheidend von den Funk- und Fernsehauftritten bestimmt, vor allem auch von den außerpolitischen – und von der Existenz wie Qualität eines Imitators, der ein Profil zu formen vermag und erst richtig faßbar macht. Die Franzosen lachen sich buchstäblich tot über ihre Politiker, denen nichts dringlicher zu sein scheint, als in das Gelächter einzustimmen und die Klischees ihrer Karikatur zu bestätigen. Man kann sich des Eindrucks nicht erwehren, daß gegenwärtig wieder einmal eine total verbrauchte und zur Erneuerung schlicht unfähige Klasse – die politische – mit befremdlicher Belustigung ihrem eigenen Niedergang beiwohnt. Daß ihre Glaubwürdigkeit bei jenen, um deren Gunst sie buhlt und die die Beliebtheitsquoten – keine Woche ohne Politiker-Hitparade – nach dem Wert der Show erteilen, tatsächlich einen Tiefpunkt erreicht hat, scheint sie nicht zu bemerken. Zumindest scheint es sie nicht zu stören. Umfragen ergaben, daß achtzig Prozent der Bevölkerung der Überzeugung sind, die Politiker würden links wie rechts nicht die Wahrheit sagen.

Das »Phänomen Montand« ist ein Ausdruck dieser Entwicklung. Im »Erfolg« des Filmschauspielers, der nicht mehr Chansons und Steptänze vorträgt, sondern – im Fernsehen – Lektionen in Wirtschafts- und Weltpolitik erteilt, überschneiden sich die Dimensionen der politischen wie intellektuellen Krise. In ihm kulminiert nicht zuletzt die zeitgeschichtliche Bewegung von den ideologischen Überzeugungen zum Antitotalitarismus als neuem Maßstab der Politik. Montand – nach Sartre – das Gewissen der Nation? Er kann es – vorübergehend – verkörpern, weil sein Werdegang mit allen seinen Stationen, Wendungen und Widersprüchen exemplarisch ist und den gegenwärtig herrschenden Konjunkturbedürfnissen am besten entspricht – und weil Yves Montand ein begnadeter TV-Prediger ist: Seine Wahrheiten (es waren nicht immer dieselben) erwecken Glaubwürdigkeit.

Erneut fällt der aktuelle Trend, der auch in anderen Ländern zu beobachten ist – der Einfluß der audiovisuellen Medien auf die Politik –, mit einer historischen Tendenz zusammen: Diese Konstellation verleiht den Verhältnissen und Veränderungen im zeitgenössischen Frankreich ihren universellen Charakter. Jean Baudrillard, der seit dem Bruch der Linksunion zwischen Kommunisten und Sozialisten im Jahre 1978 immer wieder auch das politische Geschehen kommentiert, ist nach dem damaligen Debakel sogar eine Wette eingegangen, daß die Linke nie an die Macht kommen werde, denn in diesem System, das offenbar reibungslos funktionierte, sei ihre inzwischen völlig verinnerlichte Rolle jene der Opposition.

Einige von Baudrillards Artikeln – unter anderem seine Antwort auf Gallos Klage über das linksintellektuelle Schweigen – sind unter dem Titel *La Gauche divine* (Die göttliche Linke) in Buchform erschienen. Sie machen deutlich, daß es sich bei den kulturellen und politischen Bewegungen, die man fälschlicherweise immer wieder als Kritik an der linken Regierung ausgelegt hat, tatsächlich um sehr viel tiefere Prozesse handelt. Dies ist die Tragik der Sozialisten: Sie sind – Baudrillard formuliert es bezeichnenderweise im Jargon des Radsportreporters – die rote (respektive rosa) Laterne der Geschichte. Bald kommt der Besenwagen, der die letzten Reste von Sozialismus und Revolution einsammeln wird – nicht einmal über die Art, wie 1989 zu begehen sei, konnte man sich eine Vorstellung machen. »Wir werden«, schreibt Baudrillard, »nie mehr die – selbst gezinkte – Aufrichtigkeit eines Gide haben, nie mehr die – sei es inoffensive – Luzidität Sartres, nie mehr die – sogar nur scheinbare – Radikalität der Situationisten oder des Mai 68. Aber die Politiker werden auch nie mehr wieder die Leidenschaft der Ideologien noch die politische Energie einer tatsächlichen Strategie haben und schon gar nicht mehr die Radikalität der Revolutionäre ...«

Doch noch ist das historische Endspiel, das für die Sozialisten zur Tragödie wurde, nicht beim letzten Aufzug angelangt. Verlust der Sinne, Ende der Geschichte, Agonie des Politischen, Transparenz und Unbestimmtheit des Sozialen, Omnipräsenz und Obszönität der Medien sind weitere Begriffe und Konzepte, mit denen Baudrillard die Zeit charakterisiert. Sie verändern auch die Logik der politischen Abläufe. Und nachdem er eine »todsichere« Wette 1981 unvermittelt verloren hatte, ging Baudrillard für 1986 eine »unmögliche« ein: daß die Linke auch danach an der Macht bleiben werde. Denn sie müsse die einzige historische Aufgabe, die ihr überhaupt zustand, bis zur bitteren Neige erfüllen: das Ende des Politischen – der »Repräsentation« schlechthin – über die Bühne bringen.

Doch dazu wird es nicht kommen – zumindest nicht in dieser tragisch zugespitzten Form: Mit der Einführung des Verhältniswahlrechts für die Parlamentswahlen von 1986 hat Mitterrand die Linke von vornherein um die Möglichkeit der Machterhaltung gebracht: bei dreißig Prozent der Wählerstimmen garantiert das Mehrheitswahlrecht die absolute Mehrheit im Parlament. Diese Veränderung betrifft auch die Rechte, die bezüglich ihrer Stellung zu Le Pen Farbe bekennen muß: ohne ihn kann sie die notwendige Anzahl der Sitze nicht erringen – allenfalls aus einer Antisozialismus-Stimmung heraus, aber nicht auf Dauer und vor allem nicht in der Regierungsverantwortung, die immer mit gewissen Einbußen verbunden ist. Das neue Wahlsystem wird im Gegenteil bislang in den Institutionen nichtrepräsentierten Kräften, die durchaus zählen, eine Chance geben und die traditionellen Parteien schwächen.

Dennoch ist der mögliche Rückfall in die Instabilität der Vierten Republik keinesfalls eine Zwangsläufigkeit. Mit dem Niedergang von Kommunismus und Gaullismus haben sich die ideologischen Voraussetzungen gründlich verändert, die »historische Hypothek« ist geringer, der republikanische Konsens tragfähiger geworden. Er überlagert in wachsendem Maße die Spaltung in eine Linke und eine Rechte und bestimmt sowohl die französische Diplomatie wie zentrale Aspekte der Wirtschafts-, Sozial- und sogar Innenpolitik. Die entsprechenden Differenzen sind kleiner, als es die Rhetorik der Parteien glauben machen will, und die Sachzwänge zudem so groß, daß kaum Spielraum für eine »andere« Politik besteht – links schon gar nicht, wie fünf Jahre »Sozialismus« gezeigt haben, und auch nicht auf seiten der Rechten: Sie war unter Giscard extrem sozialdemokratisch, und weder Reagan noch Thatcher können für sie ein Modell sein. Die Distanz zwischen den regierungsfähigen Formationen ist heute kleiner als die Entfernung zu den jeweiligen Extremen, an die sie eine historische Fatalität zu ketten scheint.

Die Konstellation von Revolution und Gegenrevolution hat zu widersprüchlichen, aber auch dynamischen Zuständen in einem permanenten Spannungsverhältnis geführt. Neben der Aufklärung und dem Antifaschismus, der Generosität, der Toleranz und einem alles in allem fortschrittlichen Staat – Frankreich als weltweit verehrtes Mutterland der Menschenrechte und Heimat des politischen Asyls – gibt es stets auch den biedersten Populismus und unerträglichen Fremdenhaß, den Chauvinismus und die faschistoide »französische Ideologie« der *France profonde* – das Auseinanderklaffen von *pays légal* und *pays réel.* Das Auflodern des beiderseits mit großer historischer Befangenheit geführten Schulstreits war Ausdruck dieser Auseinandersetzung – doch gerade er hat über die Rückkehr des Ministers Jean-Pierre Chevènement zu einer traditionellen Pädagogik und den republikanischen Tugenden (auch der Elitisierung!) sowie vermehrtem staatsbürgerlichen Unterricht zu einem historischen Kompromiß beigetragen. Es war eine der letzten großen Zerreißproben, und gerade sein geschichtlicher Hintergrund – seine hundertjährige Ursache – ließ ihn auf beiden Seiten der Front gleichermaßen anachronistisch erscheinen. Paul Thibaud erklärt die verminderte Integrationsfähigkeit der französischen Gesellschaft, die sehr xenophob geworden ist, mit dem Verheilen der historischen Wunden und Brüche. In den entscheidenden Momenten der Geschichte – Dreyfus-Affäre, Volksfront, Vichy, Mai 68 – kämpften die Ausländer auf einer Seite (die nicht immer die gleiche war!). Dieses Engagement integrierte die Fremden in ihrem Lager, das schließlich ihre nationale Integration durchsetzte.

Gleichzeitig muß angefügt werden, daß nicht nur im Bereich des linken Spektrums das revolutionäre Denken und Agieren obsolet geworden ist: Auch auf der Rechten – und dies ist angesichts der historischen Präzedenzien von größerer Tragweite – ist der Haß auf die Republik geringer denn je, die außerparlamentarische Opposition – in den Köpfen wie auf der Straße – kann in keiner Weise mit ihrer Bedeutung in den dreißiger Jahren verglichen werden. An diesem Befund ändert auch die Rechte in ihrer »Nouvelle«-Version nichts. Le Pen verkörpert zwar einige der übelsten Eigenschaften und mobilisiert die primitivsten Gefühle – man darf ihn keineswegs unterschätzen –, aber er hält sich mehr oder weniger an die rechtsstaatlichen Spielregeln – auch die Medien! – um sich Gehör zu verschaffen. So ist er zweifellos ungefährlicher, und bislang hat er die Republik auch keineswegs erschüttern können.

Mitterrands geschickter Schachzug seiner Wahlrechtsreform war von zügigen Schritten zur Mitte hin und eindeutigen Angeboten an die bürgerlichen Parteien begleitet – gegen enorme Widerstände der eigenen Gefolgsleute (Michel Rocard trat sogar als Minister zurück). Die große Frage bleibt, ob es ihm gelingen wird, bis 1988 die Bildung eines politischen Zentrums durchzusetzen. Die ideologischen Voraussetzungen dazu sind gegeben. Eine politische Mitte wäre keineswegs farblos und lau – sie könnte sich gegen die Extreme profilieren und vom anhaltenden antitotalitären Klima profitieren.

Bisher allerdings hat ein Abgrenzen und Loslösen erst im linken Lager stattgefunden. Seine schmerzliche Läuterung darf vor allem nicht darüber hinwegtäuschen, daß die französischen Kommunisten zumindest innenpolitisch eindeutig weniger kompromittiert sind als die Erben und Nachfahren des französischen Faschismus. Noch scheint der Tatsache, daß die KPF erst nach dem Bruch des Hitler-Stalin-Paktes zur Résistance mobilisierte, schwerer zu wiegen als die vorsätzliche Auslieferung des Landes an den Feind und die intensive Kollaboration. Das läßt sich nur im Zusammenhang mit der Vergangenheitsverdrängung und ihren komplizierten Mechanismen begreifen. Der Prozeß der Aufarbeitung hat auch sonst die Perspektiven verzerrt. Während etwa die linksintellektuellen Selbstzweifel hinsichtlich des antikolonialistischen Engagements, das wohl tatsächlich psychologisch bedingt war, aber auch ein antifaschistisches Ruhmesblatt in der französischen Geschichte darstellt, heute durchaus politische Folgen zeitigen (nicht nur vernünftige), kann Le Pen, ohne Schaden zu nehmen, die Folter in Algerien rechtfertigen – und mit ihr sein eigenes Tun.

Erst wenn sich die bürgerlich-konservative »Rechte« eindeutig von ihrem faschistischen Flügel lossagt, darf man ein Ende der Blöcke wirklich erhoffen – und mit ihm die endgültige Marginalisierung der totalitären Extreme. Das hieße dann, daß die Französische Revolution nach zweihundert Jahren zu Ende ginge – mit einer Überwindung des Links-Rechts-Schemas, das nur noch von sehr beschränkter Gültigkeit ist (und stets auch ein trügerisches war), und damit jener Hinterlassenschaft von 1789, die das Land bis zum Zerreißen geprägt hat und von der es sich die endliche Erlösung ersehnt: nämlich von der extremen Polarisierung und Politisierung aller Probleme.

Mitterrand könnte als Realisator dieses Übergangs zu einer Zentrums-Politik in die Geschichte eingehen; die Zeichen der Zeit weisen in diese Richtung. Auf die gegenteilige Strategie setzt Raymond Barre mit seiner Verweigerung jeder *cohabitation* als unverantwortlicher Kompromission. Nach zwei Jahren der Konfusion möchte er 1988 als Rekursinstanz da- und der Republik zur Verfügung stehen – wie drei Jahrzehnte zuvor General de Gaulle: als einsamer starker Mann, der über der Politik der Parteien schwebt und nur ein Interesse verfolgt: das Land aus dem Dilemma, aus der Krise und dem Unheil zu führen. Sollte diese Spekulation eintreffen, würde das den Pendelschlag der Geschichte wiederum etwas beschleunigen. Es bleibt jedoch fraglich, ob sich diese historische Analogie – vor allem weil sie voraussehbar ist – ein weiteres Mal wird erfüllen können. Denn der Machtwechsel an sich, die begonnene Dezentralisierung wie die – institutionalisierte – größere Unabhängigkeit der audiovisuellen Medien vom Staat, die mögliche Einführung des Referendums, die Wahlen im Proporzverfahren, die als Notwendigkeit erkannte Verkürzung des Präsidentschaftsmandats wie das – späte – Bekenntnis zu Europa deuten im Zuge gründlicher ideologischer Veränderungen darauf hin, daß Frankreichs Uhren in Zukunft – um es in der Form der Hommage à Herbert Lüthy zu sagen – etwas weniger »anders gehen« könnten: daß sich die Republik, und sei es eine Sechste, in Richtung auf eine Demokratie entwickeln wird.

Die Demokratisierung der Intellektuellen

Zeitschriften, die diesen Namen verdienen, entstehen in Zeiten, die sie prägen: sie leben und denken mit ihrer Epoche, und wenn sie diese überleben, so verlieren sie regelmäßig an geistigem Profil und kulturhistorischer Bedeutung. In den dreißiger Jahren – mit dem Ende der Siegeseuphorie von 1918, dem wirtschaftlichen Zusammenbruch, den aufkommenden Faschismen – bestimmte in Frankreich *Esprit* das intellektuelle Klima und stellte Projekte der Krisenbewältigung zur Diskussion, deren Ungenügen fatale Folgen hatte. Niemals wieder hat das qualitativ weiterhin ausgezeichnete Organ einen vergleichbaren Einfluß geltend machen können.

1945 übernahmen Jean-Paul Sartres *Les Temps modernes* diese Rolle als Gradmesser und Flaggschiff einer Epoche: jahrelang zog die Zeitschrift mit ihrer Philosophie des Engagements die Intellektuellen in ihren Bann. Es war nicht nur dem allgemeinen Niedergang der Gattung, die zunehmend von den plötzlich aufkommenden Wochenmagazinen und den immer dicker werdenden Literaturbeilagen führender Tageszeitungen in den Hintergrund gedrängt wurde, zuzuschreiben, daß die *Temps modernes* als Musterbeispiel einer ideologisch konzipierten Rundschau, deren Autoren in ihren Beiträgen durchaus die Meinung der Redaktion widerspiegeln müssen (und Artikel erst nach Genehmigung durch das Herausgeberkollektiv publiziert werden), zunehmend an Gewicht verloren, aber tatsächlich auch uninteressanter wurden.

Genau 35 Jahre nach dem radikalen Neuansatz der *Temps modernes* kam eine neue Zeitschrift auf den Markt, die den Status der Intellektuellen – und damit seine Rechte wie Pflichten – in entgegengesetzter Weise definierte: *Le Débat*; ein Name, der programmatisch für das publizistische Konzept steht. Daß die erste Ausgabe des anspruchsvollen Organs ausgerechnet an Sartres Todestag in die Buchhandlungen und Kioske gelangte, hielt der Herausgeber Pierre Nora »durchaus für ein Symbol«. Nora geht es allerdings weder um billigen Antiintellektualismus noch um eine generelle Beschneidung der Macht, die die Intellektuellen in Frankreich haben und die er für eine durchaus autonome hält – er fordert schlicht die Demokratisierung der intellektuellen Klasse und ihrer Kasten: »Früher gab es eine Monarchie und eine Republik des Geistes – heute sind wir eine politische Republik mit einem geistigen Despotismus.«

Die Aufklärung hatte einen neuen Typus von unabhängigen Intellektuellen, die auf Distanz zur Macht gingen, hervorgebracht. Aus ihrem nachweislichen Einfluß auf die soziale und politische Ordnung – aus ihrem Beitrag zur Revolution – bezogen sie ihr Prestige. Mit der Verweltlichung des Landes im Zuge der Republikanisierung nahm ihre Bedeutung weiter zu – sie haben auch soziologisch die *clercs* des Mittelalters, die Klerus-Klasse des »Ancien Régime«, abgelöst. Sie stellen – mit ihren Privilegien und Ritualen – eine gesellschaftliche Größe dar, die zählt. In *Le Complexe d'Astérix* (Der Asterix-Komplex) begründet Alain Duhamel ihre Stellung mit der Rolle, die sie in entscheidenden Momenten der historischen Entwicklung spielten: von der Dreyfus-Affäre über die Trennung von Kirche und Staat, über Kommunismus und Faschismus, Okkupation und Résistance, den Stalinismus und die Entkolonialisierung bis zum »antitotalitären Phänomen«, das die aktuelle Konjunktur im linken wie im rechten Lager bestimmt, haben sie Geschichte gemacht. Sie haben, schreibt Duhamel, »als erste die teuflische Mechanik des Faschismus erkannt. Sie haben als letzte gemerkt, wie totalitär der Kommunismus sein kann.«

Letzteres gilt seit einigen Jahren als ihr Sündenfall. Damit allein kann die Krise, in der die ex-linke Intelligenz nicht erst seit Mitterrands Wahlsieg steckt, allerdings nicht schlüssig erklärt werden. Daß ihre Stellung unter einer sozialistischen Regierung verunsichert, gar erschüttert werden würde, war voraussehbar – in der Opposition entfaltet sich der kritische Geist freier und fruchtbarer. Tatsächlich gebärdete sich die intellektuelle Agitation schon vor 1981 eher rechts und konservativ, auch liberal; für Duhamel Anlaß, einen bürgerlichen Wahltriumph im Frühjahr 1986 zu prophezeien: »Denn kündigt der ideologische nicht den politischen Sieg an?«

Ist es nicht gerade diese Kausalität, die heute in Frage gestellt werden muß? Das faschistische Gedankengut konnte politische Triumphe feiern, der Antifaschismus sich auf eine heroische historische Leistung berufen – die Nachkriegskultur erweist sich jedoch in ihren Hauptzügen als rückwärtsgewandtes Aufarbeiten. Und nach dem, was in den dreißiger und vierziger Jahren geschehen ist, wäre alles andere auch Versagen und Verrat. Die seit zwei Jahrhunderten für Frankreich geltende, jedenfalls das politische Bewußtsein auszeichnende vom-Text-zur-Tat-Logik, von den Ideen zur – veränderten – Realität, in der sich Linke wie Rechte einig waren – und noch sind –, ist zur Zeit nicht gültig. Man sprach von Utopie und Sozialismus – doch worum es ging, war das Verkraften und Bewältigen eines Traumas; auch um die Notwendigkeit, eine Wiederkehr des Faschismus zu verhindern. Das ist schließlich für das westliche Europa gelungen – wenn man die ideologische Blindheit der Intellektuellen kritisiert, sollte man auch ihren Beitrag zu dieser Leistung nicht vergessen. Sie haben für die Demokratie mehr getan als viele Politiker und Publizisten, die schon vor dreißig und mehr Jahren mit Raymond Aron recht hatten. Seit dem Ende der siebziger Jahre befinden sich die Intellektuellen, die ihre Funktion in Frage gestellt sehen und selber von ihrem eigenen Verschwinden sprechen, in einer Phase der politischen Abstinenz und Selbstbesinnung, die zuweilen sogar Züge einer haßerfüllten Selbstbezichtigung annimmt. Aus ihrem Lager kommt eine Kritik, die über die ideologischen Irrtümer der vergangenen Epoche hinausgreift. Jean-François Lyotard schreibt vom »Intellektuellengrab«, André Glucksmann stellt ihnen – und sich selber – den »Totenschein« aus. In seinem Buch *La Bêtise* (Die Macht der Dummheit) formuliert er zunächst eine ätzende Kritik der linken Politik: »Zum Erstaunen der Kommentatoren löste der 180-Grad-Kurswechsel der Sozialisten keine Explosion der Gewalt aus. Der Wähler scheint eher zu denken ›ich habe mich getäuscht‹ als ›ich bin getäuscht worden‹.« Wer ist hier der Dumme? In einem Essay über die Dummheit dürfte zumindest ein Hinweis des Autors nicht fehlen... Erstaunlicher jedoch und aufschlußreicher ist die Tatsache, daß sich die Betroffenen – die »Dummen« – die Frage gar nicht stellen – außer den Kommunisten, die Glucksmanns ideologische Erzfeinde sind. Sie haben sie mit dem Austritt aus der Regierung auch beantwortet. Die anderen – relativ wenigen – Wähler, die den Sozialisten davonliefen, taten dies, weil ihnen der Kurswechsel zuwenig radikal ausfiel. Glucksmann scheut sich nicht, in diesem Zusammenhang den Ausdruck »Wahlbetrug« zu benutzen, ein starkes Stück für jemanden, der persönlich einen viel extremeren politischen Kurswechsel hinter sich hat und den Vorwurf des Renegatentums empört von sich weist mit der Bemerkung, nur Dummköpfe würden nie ihre Meinung ändern. Aber vielleicht muß man Glucksmanns Essay über die *Dummheit* tatsächlich aus dieser existentiellen Privatperspektive lesen.

Glucksmann datiert seinen »Totenschein des Linksintellektuellen« unmittelbar nach dem Mai 68, als einige Ärzte ein »Komitee gegen den Genozid in Biafra« gründeten. Sie begaben sich »vor Ort« und leisteten Hilfe – ihre Moral: Ein Toter ist ein Toter, egal welche Ideologie ihn umbringt. Seither gibt es zahlreiche Hilfsorganisationen wie »Médecins du Monde« oder »Médecins sans frontières«, die eine vorbildliche Arbeit leisten. Sie nimmt Glucksmann zum Modell für den »neuen Intellektuellen«: er diskutiert nicht lange über Sinn und Zweck der Medizin, der Samariter hilft, wo es am nötigsten ist – ohne die Opfer nach irgendwelchen Kriterien zu sortieren.

Diesen Ansatz weitet er von der humanitären auf die intellektuelle Tätigkeit aus. Der entscheidende Bruch, den Freud möglicherweise bewirkt, zumindest aber vertieft hat, ist folgender: »Indem er seine Analyse (Psychoanalyse genannt) den Versuchen einer (zum Beispiel Jungschen) Psychosynthese entgegenstellte, machte er die Ablehnung jeder Erbauung der Art Bodybuilding oder Soulbuilding zur intellektuellen Disziplin und therapeutischen Praxis. Das analytische Sezieren beschränkt sich systematisch auf das Bekämpfen des Übels ohne andere Wohltat als zu zerstören, was zerstört.«

Glucksmann hütet sich, das, was er mehr als suggeriert, selber als positives, »konstruktives« Projekt – einer Synthese – zu formulieren, aber die Botschaft ist klar: »Beginnt der Intellektuelle da, wo der Schriftsteller, Künstler, Denker aufhört? Ja.« Das heißt: Schuster bleib bei deinen Leisten, werde vor allem nicht politisch. Der ehemalige Maoist und spätere *nouveau philosophe* geißelt das Unterzeichnen »lächerlicher Texte« wie unausgegorener Petitionen – und kommt dann direkt auf die Dreyfus-Affäre zu sprechen, die er einer merkwürdigen Teilrevision unterzieht.

Da sich in einer Demokratie, zu der sich Glucksmann bekennt, alle zur *res publica* äußern dürfen und sollten, wirft er den Intellektuellen, die diese Freiheit benutzen und sich damit im Sinne Voltaires um ihre Erhaltung verdient machen, mit Orwellscher Akribie vor, sich etwas gleicher als die Gleichen zu benehmen: »Sie fühlen sich ein wenig allgemeiner als die Allgemeinheit.« Hätte Voltaire etwa nicht für Calas kämpfen sollen? Mit seiner Kritik, die in einzelnen Punkten durchaus angebracht ist, die er aber ganz im Gegensatz zu seinen intellektuellen Kriterien »totalisiert«, geht Glucksmann so weit, daß er die kritische Tradition der Aufklärung über Bord wirft. Doch die französischen Intellektuellen haben bekanntlich nicht nur Dummheiten propagiert und arrogante Verhaltensweisen an den Tag gelegt – sie haben auch außerhalb ihrer Fachgebiete in moralischer wie politischer Hinsicht Texte verfaßt und Taten vollbracht, die nach wie vor exemplarische Gültigkeit beanspruchen dürfen – gerade wenn man sie an einem demokratischen Maßstab mißt. Und wenn sich die Intellektuellen mehr als Klempner oder Glaser für die Sache der Öffentlichkeit interessieren und gegen Ungerechtigkeiten engagieren, so spricht das nicht nur für sie, sondern vor allem gegen die Schreiber und Krämer – auch Ärzte! Die Intellektuellen haben gewiß nicht immer nur in uneigennütziger Weise die Interessen und die Integrität anderer verteidigt, für Freiheit, Gleichheit, Brüderlichkeit gekämpft – aber für dieses Ideal steht der Begriff, und dies noch immer mit einiger Berechtigung. Doch auf seine Ablehnung läuft Glucksmanns Pamphlet letzten Endes hinaus. In seinen Büchern wird mit scharfem – und durchaus analytischem, keineswegs »synthetischem« – Blick abgerechnet: mit den Meisterdenkern, den Pazifisten, jetzt mit den politisierenden Intellektuellen – in dieser Chronologie, die durchaus einer gewissen Logik folgt, fehlt eigentlich nur noch der Essay gegen die Revolution.

Stellen-, ja seitenweise nimmt Glucksmanns Intellektuellenschelte geradezu populistische Züge an: »Der Intellektuelle ist nicht der Wortführer der Menschheit, sondern der Unmenschlichkeit. Der Intellektuelle ist inkompetent. Nichtsdestotrotz spielt er sich plötzlich als gerechter denn ein Richter, als ausgewiesener denn ein Graphologe auf. Er stürzt die positiven Kenntnisse um, ohne selber ein eigenes positives Wissen zu besitzen.« Er gleicht – nur unsympathischer – dem Privatdetektiv im amerikanischen Kriminalroman, der »die universelle Korruption zum Gegenstand seiner besonderen Tätigkeit«

macht. Doch er wird nie der »Königs-Philosoph sein, der die Welt betrachtet und dann verändert« – sondern auf alle Ewigkeit ein verdammter »Prophet des Unglücks«. Das Volk, das ihm kollektiv mißtraut, hat schon recht, denn »die Geisteswissenschaften sind unmenschlich, die Naturwissenschaften zerstören die Natur, das Denken stanzt Falschgeld«. Und verantwortlich ist natürlich der Intellektuelle, der – man kann nur lesen und staunen über die gedankliche Pirouette – »durch eine ebenso paradoxe wie notwendige Umkehrung vom falschen Führer zum wahren Sündenbock wird«.

Die Krise der Intellektuellen ist heute auch eine Krise des Denkens schlechthin. Der Abbau der ideologischen Bedürfnisse und das Verschwinden der Meisterdenker, die nicht zuletzt Wertmaßstäbe setzten und eine gewisse Disziplin verkörperten, hat eine Leere hinterlassen; der Prozeß der Aufarbeitung, der die traditionellen Gattungen strapazierte, zum Teil sprengte und den Einbruch der Geisteswissenschaften, vor allem der Psychologie in alle Bereiche mit sich brachte, hat eine babylonische Verwirrung gestiftet. Auch der Tribut, der den Medien – die die Intellektuellen zu »Stars machten« – gezollt wurde, ist zu Buche geschlagen. Die »Wellen« und »Moden« folgten und überschlugen sich mit einer Geschwindigkeit, der letztlich kein denkender Mensch mehr folgen konnte.

Die traditionellen Gattungen schienen inakzeptabel geworden zu sein. In der Unfähigkeit – und Unmöglichkeit –, Literatur zu produzieren, befaßte man sich um so stärker mit ihr: politisch, philosophisch, soziologisch, psychoanalytisch, semiotisch – und sogar ein bißchen literaturkritisch. Vom Roman über den Film bis schließlich zur Philosophie bestand das Bedürfnis, alles neu – *nouveau* – zu machen. Die kulturellen Schübe und intellektuellen Moden fanden in den Jahren, ja noch Monaten vor Mitterrands Wahlsieg statt: seither hat es damit ein Ende. Die Polemik um das Schweigen der linken Intellektuellen – als Sommerdebatte des Jahres 1983 – zeugte bereits von einem neuen Atemholen.

Mit der politischen Neuorientierung ist es nicht getan – man sucht nach neuen Methoden und Ansätzen, die das geisteswissenschaftliche Vorgehen mit seinen politischen Implikationen verwässert hat. Der Diskurs trat an die Stelle der Realität – und sind die Fakten widerspenstig, so erlauben die gedanklichen Modelle jede Spielerei und

Spinnerei. Der im wahrsten Sinne des Wortes amoralische Strukturalismus war der übergreifende Ansatz und gemeinsame Nenner dieser – notwendigen – Arbeit an den Mythen wie Symbolen, Ideologien und Systemen. Zumindest in seiner ersten Phase klammerte er die Geschichte aus, die später mit geballter Gewalt und in verschiedenen Formen zurückkehrte. Die faschistische Obsession – und mit ihr das Thema der strukturellen Macht wie der Machtausübung – war omnipräsent, die Folge davon eine große Unverbindlichkeit: Daß die Sprache faschistisch ist, wie Roland Barthes festhielt, und das jeder Autonomie beraubte Subjekt beherrscht, durch das sie spricht (Jacques Lacan), hat im Zusammenhang der Nachkriegskultur – und als Erkenntnis einer Epoche – durchaus einen (politischen) Sinn, sollte aber auch wieder nicht als letzte (philosophische) Wahrheit verabsolutiert werden.

Eine deutliche Antwort auf das Ungenügen dieses Vorgehens hat der Soziologe Pierre Bourdieu 1982 in seinem Essay *Ce que parler veut dire* formuliert. Es ist eine Schrift gegen die Geistes- und Sozialwissenschaften, die die Wörter allzu vereinfachend in ihrer internen Struktur analysiert und die Sprache zum Gegenstand einer intellektualistischen Philosophie gemacht haben. Für Bourdieu ist sie jedoch ein Instrument des Handelns und der Macht(ausübung), die er keinesfalls in einem symbolischen Sinn versteht. Er beschreibt die normative Wirkung der Grammatik, die Funktion des Stils und die Unterdrückung der Idiome, Dialekte wie der Patois-Formen im Prozeß der Zentralisierung Frankreichs: Von einem »rein linguistischen Standpunkt« aus – den er in den Geisteswissenschaften ausmacht – kann jeder Soldat seinem Vorgesetzten Befehle erteilen... kann irgendwer öffentlich die Generalmobilmachung ausrufen.

Dieses Unbehagen wird heute allgemein empfunden. Die Aufsplitterung des Wissens – generell das Spezialistentum – und die schiere Zufälligkeit mancher interdisziplinärer Kombinationen – haben das weite Feld der geisteswissenschaftlichen Forschung zu einem gigantischen »Puzzle« verkommen lassen. Was fehlt, sind Kohärenz und verbindliche Synthesen, die fähig wären, zeitgemäße Theorien des Menschen, des Sozialen, der Geschichte zu formulieren. Die Hoffnungen, daß aus dem Zusammenbruch der ideologischen Utopien und politischen Illusionen ein »erklärendes Modell« entstehen könnte, haben sich nicht erfüllt – noch wartet man auf eine generelle kulturelle Anthropologie, deren Fehlen immer schmerzlicher bewußt wird. »Eine große kritische Arbeit«, fordert Pierre Nora, »ist zu leisten – wir haben übrigens beim ›Débat‹ damit begonnen – in bezug auf die intellektuelle Situation.«

Der fast schon wieder auf ideologische Weise dominierende Imperativ, dem sie gehorcht, ist jener des Antitotalitarismus, der neben einer – bezüglich der französischen Realität mehr rhetorischen denn relevanten – politischen Dimension auch einen kulturellen Gehalt aufweist. Er ergibt sich zunächst aus der konsequenten Umkehrung aller faschismusverdächtigen Werte. So weitet Guy Scarpetta in *L'Eloge du cosmopolitisme* die von Bernard-Henri Lévy formulierten Ansätze für eine von allen faschistischen Elementen befreite Kultur als Ethik einer demokratischen Gesellschaft zum Entwurf aus. Er analysiert das »Dispositiv der Verwurzelung« als Kernproblem des französischen Faschismus und wird nicht nur bei der Rechten fündig. Ausgehend vom Dissidententum, das nicht als politische Opposition und die Repression gegen sie, sondern als existentielles Phänomen verstanden wird, zieht Scarpetta eine Linie der literarischen Entwurzelung – Joyce, Kafka, Pasolini. Es geht ihm dabei um die Zerstörung aller Illusionen von einer möglichen natürlichen Gemeinschaft. Aus dieser Perspektive unterziehen sowohl Lévy wie Scarpetta Gruppen-Bewegungen einer Kritik, die zeigt, wo faschistoide Züge in der Gegenwart auszumachen sind. Scarpetta meint explizit alle Minderheiten, die sich aus einem einzigen Faktum heraus definieren (Feminismus, die Négritude, eine regionale Zugehörigkeit) und deren Gruppierung immer auf Abgrenzung und Ausschließung basiert.

Für Lévy gehören diese Identitätsrückgriffe zum permanenten Repertoire des französischen Faschismus, der ein kulturelles Erscheinungsbild aufweist und ohne Gaskammern auskommt: Er bekenne sich zwar zum Postulat der politischen Gleichheit, insistiere aber auf dem Unterschied, der *différence,* die keineswegs einem aufgeklärten Toleranzdenken entspringe: laßt die Juden Juden sein – aber in der Synagoge, die Araber gehören in die Kasba, und wir Franzosen fühlen uns wohl bei uns, *bien chez nous, voilà.* Kartesianische Ordnung muß sein, und sie lehrt die Segmentierung.

Lévy sieht aber auch, daß der Faschismus national wie antinational sein kann und seine Hirngespinste in verschiedenen Zeitformen konjugiert. Nationalismus, Feminismus und Négritude, Regionalismus sind denn auch keineswegs a priori faschistisch: Die französische Résistance konnte sich vom Patriotismus inspirieren lassen und auf den Nationalismus berufen. Lévy macht neben den primitiven Themen wie Blut, Boden und Rasse die entscheidenen Kriterien auf einer zweiten Ebene fest: Dem Konkreten, Immanenten und den greifbaren partikularistischen Werten hält er auf der Seite des Antifaschismus das Abstrakte, die Transzendenz und die »universellen Signifikanten« entgegen. Dieses Schema deckt sich wesentlich mit dem Raster der Dreyfus-Affäre, integriert aber auch Lévys These, der Monotheismus sei ein Garant gegen den Totalitarismus.

Scarpetta untermauert sein paralleles Plädoyer für eine antifaschistische Kultur nach den literarischen Exkursen vor allem mit Beispielen aus der Malerei. Dem Surrealismus, der in eine politische Sackgasse geführt hat, wirft er die Rückkehr zu den Archetypen und damit die wohlige Verwurzelung im »kollektiven Unbewußten« vor. Die moderne amerikanische Kunst glaubt er dagegen frei von jeglichem Streben und Lechzen nach Wurzeln und der *illusion communautaire*. Analoge Bemühungen und Effekte enthüllt er im Theater von Bob Wilson, das dem Zuschauer die kollektiven Mythen und Symbole verweigert und ihn zur singulären Wahrnehmung von Zeit, Raum und des eigenen Körpers führt; während von Wagners großer Synthese das Gegenteil angestrebt wird.

Der Verzicht auf die globalen und totalen Modelle kennzeichnet ebenfalls die politische Publizistik. Edgar Morin, der lange Kommunist war, spricht vom Zweifel als »anthropologischem Schicksal«, Claude Lefort analysiert die *Invention démocratique*, und André Glucksmann widmet einen wesentlichen Teil seines besten Buchs – *Cynisme et Passion* –, dem er ein Dürer-Selbstporträt voranstellt, etwas so Unspektakulärem und philosophisch Undankbarem wie den Wahlen – die Althusser als »Wahlbetrug«, Sartre als *piège-à-cons*, Idiotenfalle, geschmäht und verworfen hatten – als Instrument der kapitalistischen Manipulation. Diese bislang aus den großen französischen Debatten verbannten Themen sind als Alternativen – als schwierig zu denkende, nur fragmentarisch darzustellende, einzige Alternativen zu den totalitären Systemen wie als Gradmesser der Freiheit ins Blickfeld gerückt. Die Rückkehr zum Verhältniswahlrecht wird weiter zur Überwindung der Polarisierung auch im Denken des Politischen beitragen.

In der gleichen Bewegung ist das Bedürfnis nach einem realistischeren Bezug zur Wirklichkeit offenkundig geworden. Pierre Bourdieu, der den Gegensatz von Theorie und Praxis für sich selbst stets abgelehnt hatte, fand in der nichtkommunistischen Gewerkschaft CFDT ein neues Terrain: »Wenn man eine bestimmte Arbeit macht, ist es wichtig, Zugang zu objektiven Sachverhalten zu haben. Und die CFDT ist eine Gewerkschaft, die eine ziemlich gute Kenntnis ihrer eigenen Basis besitzt, die von meiner wissenschaftlichen Arbeit nicht so weit entfernt ist. Eine Allianz kann also wertvoll sein, erst recht, wenn man bedenkt, daß es gut ist für die Intellektuellen, sich einer Organisation anzuschließen und nicht einfach ins Blaue hinein zu reden.«

Und über die Aufgabe des Intellektuellen heute: »Ich versuche seit Jahren, seinen Status neu zu definieren. Im Falle Algeriens ist etwas Bemerkenswertes geschehen: Die Leute standen gegen die Folter, gegen die Kolonialisierung auf, und ich glaube nicht, daß es viele Länder gibt, in denen sich ähnliches vollzog. Ich meine aber auch, daß noch sehr viel mehr hätte geschehen müssen. Man hätte den Algeriern sagen können, daß Methoden existieren, die es erlauben, eine Gesellschaft wissenschaftlich zu analysieren, und daß der Mythos von der Partizipation allein nicht ausreichend ist. Wenn man eine Gesellschaft wirklich kennt, fällt man auch nicht der utopischen Träumerei zum Opfer. Erfolg kann man nur haben, wenn man die Realitäten in Betracht zieht. Das alles wäre notwendig gewesen. Statt dessen haben sich die französischen Intellektuellen bäuchlings auf den Boden gelegt, wenn sie einen algerischen Intellektuellen sahen, um so ihr schlechtes Gewissen zu beruhigen.« Bourdieu geht es darum, vor der politischen die wissenschaftliche Arbeit zu leisten: »*C'est ça.* Der Intellektuelle muß seine Arbeit tun und keine moralischen Lektionen erteilen.«

Die Annäherung an die CFDT war einer der letzten politischen Akte Michel Foucaults. Für den *Débat* interviewte er Edmond Maire, den Chef dieser Gewerkschaft, die sich als einzige nicht ausschließlich mit materiellen Forderungen hervortut, sondern ebenfalls gesellschaftspolitische Aspekte im Auge hat. Die erste Begegnung zwischen Foucault und Maire geht auf die große Polen-Demonstration vom Dezember 1981 zurück; ihr Dialog erschien unter dem Titel »Polen – und was nun?« Ein Schwerpunkt ihres Gesprächs ist das Auseinanderklaffen von Worten und Taten.

In Widerspruch zu André Glucksmanns intellektuellem Imperativ äußern sich in jüngster Zeit Schriftsteller, Philosophen, Schauspieler, Künstler, die bisher als apolitisch galten und deshalb mit unverbrauchter Glaubwürdigkeit zusehends in die Rolle des nationalen Gewissens schlüpfen, zu Teilaspekten und Sachfragen der Tagespolitik – von Françoise Sagan bis zu Michel Tournier, der sich in der (sozialistischen) Wochenzeitung *L'Unité* Gedanken über das »Erwachen der alten Dämonen« machte: »Die extreme Rechte«, schreibt Tournier, hat »immer existiert«: »Aber seit der Niederlage der Nazis gab sie sich nicht mehr als solche zu erkennen, und ihre Repräsentanten ließen sich links wie rechts nieder, besonders in der Kommunistischen Partei, was diese numerisch stärkte und ideologisch korrumpierte. Je mehr sich das Gespenst Hitler entfernt, um so stärker manifestiert sich die extreme Rechte. Das ist besser so. Ich meine, daß es innerhalb des politischen Spektrums in Frankreich normalerweise sechs Prozent Kommunisten und sechs Prozent Rechtsextremisten gibt.« Diese Zahlen hält er für weitgehend unbedenklich – dazwischen ist genügend Spielraum für eine Demokratie, falls sie nur selbstbewußt genug ist und sich nicht einschüchtern, geschweige denn erpressen läßt. Zur Neutralisierung der Extreme empfiehlt Tournier die klare und freie Aussprache. Schließlich stimmt er ein Loblied auf Justizminister Robert Badinter an: »Er verkörpert für mich den Mut, die Intelligenz und die Großzügigkeit. Er hat die Todesstrafe, die Schande unserer Gesellschaft, abgeschafft. Das Strafgesetz – das war der Augiasstall. Ich warte auf seine Neufassung als wesentliches Monument, das vom gegenwärtigen Regime bleiben wird.« Diese Leistung – und nicht eine ideologische Affinität – gaben für Tournier den Ausschlag, den Sozialisten die Treue zu halten.

Robert Badinter hat als Justizminister einen erstaunlichen Einfluß auf die Intellektuellen ausgeübt. Wann immer die Regierung am unpopulärsten war – stets haben sich prominente Stimmen zu seiner Unterstützung und Verteidigung erhoben. Seine Beliebtheit hat sowohl etwas mit der Sympathie für den »Sündenbock der andern«, der Rechten, zu tun wie mit der Möglichkeit, zumindest einen, den guten, Sozialisten vorbehaltlos – zudem isoliert – zu verehren.

In einem Gespräch mit *L'Ane,* der Publikumszeitschrift der französischen Freudianer, skizzierte Badinter den gesellschaftlichen Anspruch an die Justiz in einem psychoanalytischen Sinne. Das »Klima der Unsicherheit« erklärt er mit dem Verschwinden der

Kriege und Epidemien. Daß im Gegensatz dazu das Verbrechen nicht eingedämmt werden könne, sei zum »unerträglichen Gedanken« geworden – und beide Ursachen zusammen hätten eine »gewaltige Frustration« zur Folge. »Die Leute«, meint Badinter, »möchten von der Justiz bemuttert werden, doch die Justiz bemuttert nicht, sie richtet.« Die Ausschlachtung der Kriminalität durch die Presse, die einen neuen Höhepunkt erreicht hat, ist für ihn der Ausdruck dieser unbewußten Bedürfnisse, die so ersatzweise befriedigt werden.

Anderseits setzt Badinter sehr deutliche Grenzen und stellt Kriterien auf, die seine Wertschätzung durch Intellektuelle, die in den vorangegangenen Jahren Begriffe wie »Transgression« und »Subversion« nicht nur im politischen Bereich als Leitwerte und Verhaltensmaßstäbe hochhielten, seltsam anmuten lassen: »Ich glaube an die Verbote und an die Sühne. Gewisse Leute haben das Bedürfnis, Verbote zu übertreten.« Die Justiz, die nicht der Bequemlichkeit der bloßen Strafverfolgung verfallen dürfe, müsse helfen, »die Verbote auszudrücken und zu verinnerlichen«. Ihre Aufgabe sei es, »die Linie zwischen Erlaubtem und Verbotenem und darüber hinaus zwischen dem Guten und dem Bösen in einer Gesellschaft zu markieren«. Badinter bezeichnet den Menschen als »Tier, das nicht einfach aus Gründen der Ernährung tötet ... aber man weiß praktisch nichts vom Übergang zum Akt«. Die Justiz als moralische Instanz: Für einen Linken kann das nichts anderes heißen, als zu versuchen, das gefährliche – und gefährdete – Individuum wieder auf den rechten Weg zu bringen. In der ewigen Debatte um Schuld und Sühne verwirft Badinter die Position, die die Justiz als »einfache Mechanik« im Dienste der gesellschaftlichen Organisation betrachtet; er hält sie in einem viel absoluteren – und wertenden – Sinne für den Ausdruck der Gerechtigkeit, ja geradezu für ein Synonym von Moral und Wahrheit.

Im Umwälzungsprozeß der Entideologisierung ist schließlich ein lange verschüttetes, durch die Zweiteilung der Welt pervertiertes Thema unvermittelt wieder aktuell geworden. Bezeichnenderweise waren es jene Strukturalisten und Geisteswissenschaftler, die ohne weltanschauliche Verpflichtungen das französische Denken auch in den Jahren der ideologischen Erstarrung in Bewegung hielten, die als erste seit der Generation der Personalisten die Idee eines freien, föderalistischen Europa propagierten. Es war um 1945 das erklärte Ziel des antifaschistischen Widerstands gewesen, ist aber dem Kalten

Krieg zum Opfer gefallen – und im Jalta-Mythos mit seiner gaullistischen Vision eines Europa vom Atlantik bis zum Ural aufgegangen.

Jean-Marie Benoist predigt seit langem die Berufung Europas für den Dialog mit der Dritten Welt, ihren Völkern und Minoritäten. Er bezieht sich dabei ausdrücklich auf die anthropologischen Kenntnisse und das kulturelle Einfühlungsvermögen. Für Afrika und Asien ist Europa, das auf den Imperialismus verzichtet, eine glaubwürdige Alternative zur doppelten Hypothek der merkantilen »Coca-Colonisierung« und der marxistischen Ideologisierung – unter der Voraussetzung, daß es nicht selber zum monolithischen Block werde, sondern zwischen dem Moskauer Totalitarismus und dem Monopol der amerikanischen Zivilisation seine Polyphonie ertönen lasse. Die Alte Welt ist für Benoist fähig, in dieser Rolle Fehler, wie sie die Amerikaner im Iran und anderswo begingen (mit den bekannten Folgen), zu vermeiden. Dies alles müßte eine europäische Außenpolitik berücksichtigen. Tatsächlich reduziert keiner der aktuellen politischen und philosophischen Entwürfe Europa auf das krämerische Format des Gemeinsamen Markts (von dem nichtsdestotrotz eine – aus dem Bedürfnis nach Legitimation kommende – Dynamik ausgeht).

Für Frankreich ist die Notwendigkeit einer geistigen Blutauffrischung akut geworden. Das Land, das vierzig Jahre lang sehr intensiv mit sich selbst beschäftigt war, hat sich in spektakulärer Weise geöffnet – kulturell wie politisch sind die Voraussetzungen für die europäische Intergration auf französischer Seite besser geworden. Im September 1984 zirkulierte – ohne konkreten Anlaß – eine Petition, die eine »Union der Europäer« fordert. Unterzeichnet haben sie so unterschiedliche Persönlichkeiten wie Jean-Louis Barrault, Maurice Nadeau, Henri Guillemin, Vercors, Bertrand de Jouvenel ... Sie vertreten »alle Ströme der öffentlichen Meinung« und plädieren für bessere Beziehungen zwischen den Ländern und ihren Bürgern.

Schon wenige Monate zuvor hatte Yves Montand anläßlich der Europa-Wahlen in einer Debatte, die er mit dem Generalsekretär der Sozialistischen Partei, Lionel Jospin, für den *Nouvel Observateur* führte, mit dem Exempel eines neuen politischen Verhaltens, das nicht ideologisch oder machtpolitisch, sondern sachlich argumentiert, für Aufsehen gesorgt. Montand sagte dem verblüfften Jospin ins Gesicht, er werde ihm – weil die Sozialisten als einzige Partei ein Konzept für Europa hätten – seine Stimme für Straßburg geben, am

Abend des Wahlsonntags aber umgehend wieder eine oppositionelle Position beziehen.

Deutschland–Frankreich: Dialog – und Krieg? – der Kulturen

Überall in den Artikeln von Chateaubriand, von Drieu, von Brasillach wird man seltsamen Metaphern begegnen, die die Beziehungen zwischen Frankreich und Deutschland im Bilde einer geschlechtlichen Vereinigung darstellen, bei der Frankreich die Rolle der Frau spielt. Und mit Sicherheit hat die Lehnsbindung des Kollaborateurs an seinen Herrn einen sexuellen Aspekt. Soweit man sich den Geisteszustand der Kollaboration vorstellen kann, erahnt man darin so etwas wie ein Klima von Feminität. Der Kollaborateur spricht im Namen der Kraft, aber er ist nicht die Kraft: er ist die List, die Verschlagenheit, die sich auf die Kraft stützt, er ist sogar der Zauber und die Verführung, da er den Anspruch erhebt, mit dem Reiz zu spielen, den ihm zufolge die französische Kultur auf die Deutschen ausübt. Wie mir scheint, liegt da eine seltsame Mischung aus Masochismus und Homosexualität vor. Übrigens haben die Pariser homosexuellen Kreise zahlreichen und glänzenden Nachwuchs geliefert. Jean-Paul Sartre, August/September 1945

Komplexer noch als die historischen, von denen man sie sowieso nicht loslösen kann, sind die intellektuellen Beziehungen zwischen Frankreich und Deutschland. Daß sie im Rahmen der Kollaboration – und generell schon beim Aufkommen des Faschismus – eine mehr als wesentliche, nämlich eine durchaus zentrale Rolle gespielt haben, hat ihren Zustand nach 1945 nicht entlastet. Ironischerweise – und in völligem Widerspruch zur Rhetorik der *libération* und des Résistance-Mythos, die die kulturelle Massenproduktion prägten – ist es um diese Zeit zu einer deutlichen Intensivierung des geistigen Interesses gekommen, die man vielleicht sogar mit »1940« datieren muß. Jeder retrospektive Versuch ihrer Analyse kommt jedenfalls um eine ungeheuerliche Fragestellung nicht herum: Hat sich Frankreich – auch nach dem Sieg gegen den »Erbfeind« – vom deutschen Geist einnehmen lassen? Haben die Deutschen den Krieg zumindest kulturell gewonnen? Mit Marx und Heidegger ...?

Die Niederlagen von 1914 und vor allem von 1940 haben einen erdbebenartigen Schock ausgelöst, der die Vorstellungen des französischen 19. Jahrhunderts zum Einstürzen brachte – seine Zivilisation zerstörte. Der entscheidende Bruch in der französischen Kultur ist jener von 1940, in dessen Folge Heidegger sowie Marx rezipiert wurden und die intellektuelle Abkehr von der eigenen Tradition einsetzte. Nie zuvor ist Frankreich in seinen tiefsten Schichten ähnlich gewaltsam – jedenfalls von außen – erschüttert worden. Neuheit und Aktualität des Nachkriegsdenkens haben mit dieser radikalen Erneuerung und mit der – mehr oder minder direkten, jedoch extrem simultanen – Verdrängung und Verarbeitung der Kriegszeit zu tun: Sartre – dem Julien Benda bereits damals das Verlassen der rationalistischen Pfade vorwarf –, Camus, Merleau-Ponty: Sie verarbeiteten das deutsche Erbe – auch das »befleckte«: Nietzsche, Heidegger – intensiver und vor allem sehr viel fruchtbarer als die Deutschen selber.

Die wichtigen Stränge nach 1945 entwickeln sich aus der Entdekkung Hegels, Husserls, Heideggers, auch Jaspers – und von Karl Marx. Sartre wie Foucault, Derrida, etwas weniger Roland Barthes und Jacques Lacan, in mancherlei Hinsicht der Strukturalismus und die Semiotik bewegen sich auf der Bahn des großen deutschen Gedankens, der Sprachphilosophie im weitesten Sinne, gezeichnet durch eine – die – kollektive existentielle Erfahrung, geprägt von einer obsessiven Präsenz des Politischen. George Steiner hat einmal von »Fußnoten zu Deutschland« gesprochen und damit den zeitgemäßen »Kommentar zu Heidegger«, als den man Sartre und einige weitere Autoren durchaus lesen kann, gemeint – keineswegs die akademische Größe. Das französische Denken seit den frühen vierziger Jahren ist eine vielfache Auseinandersetzung mit den Folgen einer traumatischen Situation, die die meisten sprachlos gemacht hatte und nur auf Umwegen angegangen werden konnte.

Mit dieser historischen Aktualität hat Sartres Ausstrahlung – hat generell die Faszination des Existentialismus zu tun. Als sich Ende 1981 deutsche und französische Schriftsteller zu einem Treffen in München zusammenfanden, rekapitulierte Heinrich Vormweg (die Beiträge sind von den Zeitschriften *Documents* und *Dokumente* in ihren ersten Heften des folgenden Jahres veröffentlicht worden) die Aufnahme der französischen Literatur im Nachkriegsdeutschland:

Sartre, der übrigens mit dem »Existentialisten« Nossack einen der ersten deutschen Schriftsteller übersetzen ließ, war »der Autor, der alle, die in Deutschland nach einer neuen Identität suchten und sich nicht mit der Romantik und Metaphysik zufriedengeben wollten, am meisten beeinflußte und stimulierte«. Dieses Phänomen wirkt in der von Traugott König konzipierten deutschen Ausgabe von Sartres Schriften bis in die Gegenwart nach – Vormweg: »Ich weiß von keinem anderen französischen Autor seit 1945, der einen solchen Einfluß ausgeübt hätte.«

Sartre, der heute in Deutschland besser verlegt ist als in Paris, war ein Extrem-, damals jedoch kein Sonderfall: »Jahrelang wurde alles, was in Frankreich ein gewisses Echo hatte, umgehend ins Deutsche übersetzt, von Anouilh über Jean Genet bis zu Ionesco und anderen Autoren des absurden Theaters.« Ähnliches galt für den Roman – zumindest bis zu den Anfängen des *nouveau roman*: »Schriftsteller wie Nathalie Sarraute haben sogar direkt für deutsche Rundfunkanstalten Hörspiele geschrieben.«

Auf dem selben Schriftstellertreffen, auf dem Heinrich Vormweg diese Bilanz zog, bezeichnete Henri Meschonnic die Beziehungen der deutsch-französischen Geistesgeschichte als eigenständige Gattung, die »seit Madame de Staël nicht von der ›Metaphysik des Sprachgenius‹« loskomme. Meschonnic erwähnte die »Asymmetrie des Austauchs«, die der Katalog zur Ausstellung »Paris–Berlin (1900–1933)« dokumentiert und die sich schließlich in ihr – ebenso ungleiches – Gegenteil verkehrte: »Zuerst Germanophobie auf der einen, Frankophilie auf der andern Seite – ein Artikel von Gide in der ›Nouvelle Revue Française‹ mündet 1921 in eine Europäisierung.« Parallel dazu war jedoch der Expressionismus antifranzösisch, und Frankreich wußte in den dreißiger Jahren praktisch nichts von der deutschen Philosophie.

Die Rezeption der deutschen Phänomenologie in einer Bresche, die der Krieg geschlagen hatte, verlängerte und intensivierte die deutsch-französische Dialektik, die seltsamen Phasenverschiebungen unterliegt. Neben den intellektuellen Einflüssen dient das traditionelle französische Deutschlandbild als Indikator innenpolitischer Zustände; dafür gibt es in der Nachkriegskultur einige besonders spektakuläre Beispiele. Auch an der Oberfläche erfolgte die langsame, schmerzvolle Aufarbeitung des Résistance-Mythos über die

Rezeption deutscher Kultur – ihre verschiedenen Stadien lassen sich an Retuschen, die am Deutschlandbild zu registrieren sind, ziemlich genau ablesen.

Die »Nouvelle Droite« wurde ausgerechnet in jenem Moment publizistisch hochgespielt, als sie sich mit *l'éternelle Allemagne* befaßte und ihre grenzenlose Germanophilie als entscheidendes Merkmal anzeigte, worin sie sich von der deutschfeindlichen *vieille droite* unterscheidet. Auch hier hat ein epochaler Umschlag stattgefunden, allerdings – und bezeichnenderweise – noch innerhalb der respektierten Tradition des verklärten Deutschlandbildes aus Klischees und romantischen Pauschalvorstellungen als Ausdruck einer Sehnsucht und eines durchaus metaphysischen Mangels. Frankreich, schreibt Alain de Benoist in *Eléments* (Nr. 30), »ist das Land des individuellen Chansons, Deutschland das Land des Gruppenlieds. Der deutsche politische Konsens ist die Verlängerung des Choralgesangs: uni sono.« Von daher charakterisiert er die Franzosen als ewig nörgelnde Nein-, die Deutschen als positive, wohl- und frohgemute Jasager: »Wie kein anderes Land war Deutschland sukzessive die Heimat der Musen, das Land der Blauen Blume, das Haus der Wissenschaft, der Tempel der Vergangenheit, die Hauptstadt des Krieges, der Altar der Metaphysik, die Walhalla der Musik, das Zentrum der wirtschaftlichen Stabilität« – glückliches Deutschland als Gegenbild eines zerstrittenen Frankreich, das mehr Staat als Nation ist ... »Der Deutsche«, schreibt Benoist, »kann gleichzeitig und ohne Bruch konservativ und revolutionär sein.«

Schließlich findet Benoist auch den Dreh, der es ihm erlaubt, das gepriesene und gelobte Deutschland mit Frankreich unter einen Hut zu bringen. Leichtfüßig blendet er tausend Jahre zurück, in die Zeit von Chlodwig bis Karl dem Großen, da gemeinsame Herrscher über beide Länder wachten: Charlemagne/Karl der Große wird von Frankreich wie Deutschland als Kaiser beansprucht, auf ihn kann sich das europäische Großreich der Zukunft berufen und stützen. »Die Wiedervereinigung« Deutschlands, prophezeit Benoist, »wird kommen – wie jene Vietnams, Chinas, Koreas. Wir haben einfach viel Zeit verloren. Die Wiedervereinigung wird erfolgen, denn Völker bleiben Völker und sie behalten recht, gegen die Zeit – und sogar gegen die Geschichte. *Et ce sont des Français qui le disent:* Muß es sein? Es muß sein.« Für Jean Cau ist im selben Heft *l'Allemagne* selbst schon geographisch offen, unfaßbar – irrational: »Wo beginnt und wo endet Deutschland? In Straßburg, in Schlesien, in Preußen, in Wien? Niemand weiß es. Land des Werdens...« Vielleicht würde eine minutiöse Analyse die junge Germanophilie der französischen Rechten tatsächlich als Erbe der schwarzen Jahre entlarven.

Im selben Jahr 1979 wurde Paris von einer »deutschen Welle«, die mit einer breiten Entdeckung der Gegenwartsliteratur einherging, erfaßt. Die *mode allemande,* die nicht auf die Neue Rechte beschränkt blieb, hatte die Neue Philosophie als kulturelle Modeerscheinung aus den Schlagzeilen verdrängt und war von einer – flüchtigen – Mode der »Neuen Romantiker« begleitet. Sie ging mit einer Renaissance des Regionalismus einher – nicht nur paradoxerweise: Für das französische Bewußtsein ist die Romantik die Wiege der geistig-kulturell gewachsenen Nation, die von der gewaltsamen Einigung Frankreichs durch Kriege, Könige und Kaiser unterschieden wird. Dieser Aspekt bekam damals neben seiner permanenten Brisanz eine gewisse innenpolitische Aktualität: Bei den ersten Direktwahlen ins Europa-Parlament präsentierte der vorübergehend im Regionalismus engagierte Schriftsteller Jean-Edern Hallier unter ausdrücklicher Berufung auf die »französischen Romantiker« Victor Hugo und Lamartine, die sich in die Niederungen der Politik begeben hatten, eine bretonische Liste.

Vorausgegangen war diesem imposanten Schub deutscher Kultur – mit unzähligen Zeitschriftensondernummern, Zeitungsdossiers, Funk- und Fernsehsendungen, hohen Verkaufszahlen für Günter Grass' *Butt*, einem ersten Höhepunkt um die Ausstellung »Paris – Berlin« und die Gründung einer »Bibliothèque allemande«, die es inzwischen nicht mehr gibt – die Neuübersetzung des *»Zarathustra«*, die Jean-Louis Barrault als Vorlage für seine Nietzsche-Inszenierung diente. Die ersten rund 100 000 Exemplare der Taschenbuchausgabe fanden reißenden Absatz, und noch jahrelang konnten davon jeweils 10 000 Stück verkauft werden.

Fast gleichzeitig setzte ein Handke-Boom ein. Georges-Arthur Goldschmidt, sein ausgezeichneter Übersetzer (dessen Romane Handke seinerseits ins Deutsche übertrug), erklärte den Erfolg des österreichischen Schriftstellers, dessen Bücher in Paris wie eine Offenbarung einschlugen, mit dem damaligen Zustand der französischen Literatur, die unfähig war, Aspekte einer »freien Individualität« und ein »Verhalten des Schweigens« zu thematisieren. Für Goldschmidt hatte der *nouveau roman* in eine Sackgasse geführt und die Literatur mit Ausnahme etwa von Jean-Marie Le Clézio, Michel Tournier oder Georges Perec kaum Talente mit sprachschöpferischen Kräften hervorgebracht. In diesem Vakuum – und angesichts einer gewissen Theoriemüdigkeit – wurde Handke als Verkünder einer neuen Literatur und Subjektivität aufgenommen – und zudem als Autor empfunden, der sich wohltuend vom Typus des großen französischen Dichters mit seinem halboffiziellen Status abhob. Handkes Rezeption war damals eine sehr französische Reaktion auf den *écrivain français* als politische Institution und moralische Instanz – in dem Augenblick, als es tatsächlich um ihn stiller zu werden begann: Camus und Malraux waren verstorben, Aragon und Sartre schon weitgehend verstummt. Frankreich fehlte – und fehlt – der überragende Dichter, der kraft seiner literarischen Autorität regelmäßig zu tagespolitischen Fragen Stellung bezieht. Der Platz, den Valéry, Gide, die großen Konservativen, später François Mauriac, Camus, Sartre, Aragon, Malraux von ihren Vorfahren des 18. und 19. Jahrhunderts geerbt hatten, war – und dies erstmals seit zweihundert Jahren – verwaist. In dieser Situation entdeckte Frankreich Günter Grass, dessen *Butt* sich fast nahtlos in eine humanistische Tradition des französischen Erzählens seit Rabelais einfügt. Zumindest phasenweise – im Umfeld der Europa-Wahlen – übernahm Grass die Funktion des politisierenden Moralisten.

Frankreich ist ein Land, in dem die Selbstregulierung des kulturellen Systems ausgezeichnet funktioniert. Einmal abgesehen von der permanenten Präsenz fremdsprachiger Literatur in Paris, der kulturellen Metropole, hat das zur Folge, daß sich das Land Einflüssen von außen vor allem dann – und das skrupellos – öffnet, wenn es irgendwo ein Loch, besser wohl: ein Bedürfnis, verspürt. Die Anleihe wird gewissermaßen »nationalisiert«, jedenfalls auf sehr französische Weise rezipiert. Handke, dessen Auflagen nicht auf dem damaligen Niveau blieben, und Grass sind dafür zwei Beispiele. Manchmal schlägt schließlich das Phänomen auf das Herkunftsland zurück: Frankreich hat Heideggers Stellung in Deutschland aufgewertet – und vor allem ist über seine Rezeption die Rückkehr Nietzsches nach Deutschland möglich geworden. Beiden Philosophen hat die französische Zivilisation so etwas wie eine neue politische Jungfräulichkeit vermittelt. Das ist zweifellos der Idealfall des Kulturaustauchs – die höchste Form des intellektuellen Dialogs.

In Frankreich selber ermöglicht die kulturelle Konjunktur auch immer wieder Rückschlüsse auf die Politik: Die Parteien, die im Vorfeld der Europa-Wahlen mit der massiven »deutschen Welle« auf den antideutschen »französischen Reflex« setzten und mit germanophoben Tönen auf Stimmen spekulierten, nämlich Gaullisten wie Kommunisten, die das Schreckgespenst einer »Partei des Auslands« zu neuem Leben zu erwecken suchten, haben empfindliche Einbußen hinnehmen müssen.

Natürlich wäre es vermessen, hier mehr als Indizien zu diagnostizieren. Tatsache aber ist, daß die gehäufte Aufnahme deutscher Kultur während der entscheidenden Phasen der antiideologischen Aufklärung erfolgte – in dem Moment, als das Wesen deutscher Kultur ins Zentrum der politisch-philosophischen Debatten rückte. Deutscher Geist und deutsche Ideologie standen am Anfang der neuphilosophischen Totalitarismuskritik vor allem bei André Glucksmann, der sich mit Fichte, Hegel, Marx, aber auch Nietzsche befaßte, bevor sie Bernard-Henri Lévy auf die »französische Ideologie« ausdehnte (gleichzeitig einen kaum bemerkten Versuch zur Aufwertung des deutschen Denkens unternahm) und Glucksmann schließlich die Ideologiekritik am »grünen Pazifismus« festmachte.

Erst im Umfeld der historischen Aufarbeitung ist – dieser Befund illustriert erneut die zeitbedingten Phasenverschiebungen, denen die deutsch-französischen Kulturbeziehungen unterliegen – die Frankfurter Schule in Frankreich bekanntgeworden: Horkheimers und Adornos *Dialektik der Aufklärung* wurde als erstes ihrer Bücher 1974 übersetzt, seither sind es weit über zehn, von Ernst Bloch (ab 1976) nicht sehr viel weniger, und bei Leuten wie Gadamer und Jauss hat sich der zeitliche Abstand zwischen Erstveröffentlichung und Übersetzung drastisch verringert. Entscheidend vorangetrieben haben diese Rezeption auch in Frankreich wirkende Deutsche wie Gerhard Höhn und Arno Münster.

Mit der Konstanzer Schule ist im Bereich der Philosophie eine der fruchtbarsten Bezugsebenen gegeben. Ihre Thematik entspricht der noch immer strukturalistisch geprägten Literaturphilosophie. Beide haben von analogen Anknüpfungspunkten und Fragestellungen aus unterschiedliche Methoden entwickelt, die auch im Nachbarland zur

Kenntnis genommen werden. Vor diesem Hintergrund konnte mit Hans Robert Jauss der führende Vertreter der »Ecole de Constance«, der auch eine der substantiellsten Kritiken an Roland Barthes formulierte, im Sonderheft der Zeitschrift *Critique* über »Zwanzig Jahre deutsches Denken« der Versöhnung von »hermeneutischen und strukturalen Methodologien« als einem der ehrgeizigsten philosophischen Projekte unserer Epoche zumindest eine »neue Chance« einräumen.

Anknüpfungspunkte sind vorhanden – doch generell steht es mit dem deutschen Interesse an der französischen Gegenwartskultur nicht besonders gut. Roland Barthes ist praktisch vollständig übersetzt, das Werk von Jacques Lacan in weiten Teilen greifbar – doch das, was unbedingt noch zu machen wäre, kann sich der Verlag nicht mehr leisten. Verspätet hat nun auch die Aufnahme der *nouvelle histoire* begonnen. Wichtige Autoren sind bekannt – doch die Übersetzung selbst bedeutender Werke ist keine Selbstverständlichkeit mehr. Auf dem erwähnten Münchner Schriftstellertreffen beschäftigte sich Christian Linder mit dem Schicksal Claude Simons, den er als den »bedeutendsten lebenden Schriftsteller Europas nach dem Tode Sartres« bezeichnete: Er »ist weg vom Markt, zumindest vom westdeutschen. Seine letzten drei Romane – ›Triptyque‹ von 1973, ›Leçons de choses‹ von 1975 und der dieses Jahr erschienene Roman ›Les Géorgiques‹ – sind nicht mehr übersetzt worden.« (Erst die Verleihung des Literaturnobelpreises 1985 an Claude Simon hat die Rezeption wieder in Gang gebracht.) Ein regelrechter Notstand wurde auch bezüglich der Information festgestellt: »Wir wissen nicht«, führte Linder aus, »was Michel Butor macht. Wo steckt Le Clézio? Womit beschäftigt sich Philippe Sollers?« Ähnlich tönte es bei Heinrich Vormweg: »Deshalb müssen informierte Leser seit Jahren schon glauben, daß sich Tendenzen wie der Nouveau Roman, die theoretische Richtung und die Praxis der Gruppe ›Tel Quel‹ folgenlos aufgelöst hätten.«

Das Defizit hat vielerlei Gründe. Wer es nur mit der Verengung des Markts erklärt, macht es sich zu leicht. Danièle Sallenave nannte die Omnipräsenz der schreibtechnischen Erörterungen als Ursache. Sie begründet den Rückgang der französischen Literatur in Deutschland mit der »Unterwerfung unter die Theorie« sowie mit dem zunehmend breiteren Graben zwischen einer *littérature de recherche* und der *litté-*

rature grand public. Die Abkehr von der jüngsten Geschichte hält sie für eine Reaktion auf Sartres imperatives Engagement, die sie wiederum mit einer »Konstanten der französischen Mentalität« erklärt – mit der Verdrängung der unbequemen historischen Erinnerung. Hatte nicht ausgerechnet diese Erscheinung Sartre für Deutschland derart aktuell gemacht? Später jedenfalls sind die Schriftsteller Michel Tournier und Patrick Modiano, die am ausgiebigsten – auf oftmals fragwürdige Weise – Themen aus den Jahren des Faschismus und der Fremdherrschaft aufgreifen, eifrig übersetzt und ganz intensiv gelesen worden.

Gegenüber der Forderung nach einer Befreiung der Literatur vom »Formalismus der Avantgarden« verteidigte Henri Meschonnic die Experimente der *écriture* – die ja wohl, wie man hier ergänzen muß, der Preis für die Korrumpierung der traditionell-klassischen (französischen) Literatur im Faschismus waren und bei dessen Aufarbeitung zumindest im Gesamtzusammenhang eine gewisse Funktion erfüllten. Meschonnic begründete, warum auch das geschichtliche Interesse an der Literatur nicht an der Sprachproblematik vorbeikommt – die Sprache, das Schreiben stehen dem Leben nicht gegenüber, sie stehen im Leben, und die »Spezialität« des Schriftstellers kann keine andere als »das Leben« sein. *L'écriture* ist eine »Form der Utopie« (vielleicht die letzte und die einzige, die bleiben wird), formulierte Meschonnic als Antwort auf die deutsche Kritik, die den Franzosen – ausgerechnet! – immer häufiger »Geschichtslosigkeit« vorwirft. Diese nicht ganz unmißverständliche Einschätzung – die durchaus historische Hintergründe hat! – geht auf den Strukturalismus zurück, mit dem der Triumph der Geisteswissenschaften, allen voran der Philosophie, in der Literatur begonnen hat, umgekehrt aber auch die Präsenz der Literatur wie ihrer Kritik in der Philosophie nochmals verstärkt worden ist.

In München formulierte Maurice Nadeau, der als Verleger und Leiter der hochstehenden *Quinzaine littéraire* mit besonderer Energie und Kompetenz für die Präsenz der ausländischen Literatur in Frankreich kämpft, eine Auffassung, deren Verflüchtigung man ebenfalls auf ihre historischen Ursachen untersuchen müßte: »Ich gehöre«, erklärte Nadeau, ein Spezialist des Surrealismus, »noch der alten Generation an, die Marx, Nietzsche, Mann gelesen hat sowie Gide und Sartre, und wir wären damals nicht auf den Gedanken gekommen, die einen als Franzosen und die anderen als Deutsche zu betrachten. Es war für uns ein einziges Gedankengut ... Wir hatten alle gemeinsam das Bedürfnis, uns auszudrücken beziehungsweise das Bedürfnis nach Schweigen mitten in dem allgemeinen Lärm um uns herum. Wir wollten etwas aufbauen, wir versuchten, nicht noch mehr Lärm zu erzeugen.«

Die Haltung zeichnet heute, da auch die Kultur viel komplexer geworden ist und so etwas wie eine literarische Allgemeinbildung Seltenheitswert bekommen hat, nicht mehr unbedingt den kultivierten Citoyen aus. Anderseits ist der theoretische Gesichtspunkt von der »planetaren Literatur«, den Roger Caillois skizzierte und auf den sich Meschonnic in seiner Charakterisierung der deutsch-französischen Beziehungen beruft, noch längst keine Selbstverständlichkeit geworden – oder eben noch nicht wieder. Gerade die Rezeption Sartres in Deutschland, von dem es sich nach einer intensiven Phase »abwendete wie von der eigenen Vergangenheit« (Henri Meschonnic), und – eine Generation später – der Frankfurter Schule in Frankreich (wo sie für die Neue Philosophie von beträchtlicher, allerdings nie wirklich untersuchter Wichtigkeit war) deuten an, welcher Art die Bremsklötze und Barrieren – Blockierungen – der deutsch-französischen Beziehungen sind – historisch, politisch, kulturell.

Alle diese Dimensionen liefen in den Auseinandersetzungen im Umfeld der Friedensbewegung zusammen. Die in Polen mit der Verlängerung des Ausnahmezustands eingetretene Konstellation machte jede Ausklammerung der Geschichte unmöglich, deren Analogien zu aufdringlich geworden waren. In diesem Augenblick der obsessiven historischen Reminiszenzen war die nicht weniger vergangenheitsfixierte pazifistische deutsche Massenbewegung der willkommene Anlaß einer heftigen Demonstration gallischen Kampfeswillens – zumindest in der Rhetorik war im Vergleich zu 1940 der deutsch-französische Rollentausch perfekt. Dieser Aspekt – der beiderseits einer schwierigen Etappe der Nachkriegsgeschichte entsprach – überlagerte alle anderen.

Bestärkt wird die Auffassung eines – im psychoanalytischen Sinne verstandenen – Prozesses der Bewältigung nicht zuletzt durch die Feststellung, daß die spektakulärsten Symptome weitgehend zurückgegangen sind – obwohl die äußeren Realitäten, die sie scheinbar hervorbrachten, nach wie vor bestehen. Für die Annahme, daß es sich bei der französischen Reaktion auf den Pazifismus primär um ein innergesellschaftliches Phänomen handelte, sprechen weitere Indizien: Niemand hat in diesem Zusammenhang ernsthaft die Gleichsetzung von deutscher Kultur und Nazi-Faschismus, die das neuphilosophische Gedankengut ja durchaus hätte suggerieren können, postuliert – es kam zu fiebrigen Ausbrüchen, aber das war eigentlich schon alles. Frankreich – das die deutsche Wiedervereinigung auch dann nie aus dem politischen und kulturellen Horizont verlor, als sie in Deutschland selber nur als reaktionäre Vision einer »unverbesserlichen« Rechten erscheinen konnte – hat mit seiner lautstarken Résistance-Erklärung gegen Deutschland und die Friedensbewegung seine militante Widerstandsbereitschaft gegen den Marxismus als Ideologie des neuen Totalitarismus zumindest verbal unter Beweis gestellt: Lieber tot als rot! Der in Kreisen der Friedensbewegung erhobene Einwand, die Franzosen sähen den östlichen Nachbarn doch schlicht – und zynisch – als »Glacis«, stimmt schlicht nicht; im Gegenteil schließen die französischen Verteidigungskonzepte und -strategien den Schutz der Bundesrepublik, die als verbündetes Land angesehen wird, das es im Ernstfall zu verteidigen gilt, ein.

Am Tag nach der großen Bonner Friedensdemonstration im Herbst 1981 waren in einem Leitartikel der Pariser kommunistischen Tages- und Parteizeitung *Humanité*, die sich seit dem Ende des Zweiten Weltkriegs durch penetrant deutschfeindliche Töne ausgezeichnet hatte, erstaunliche Weisen zu vernehmen: »Dank ihr ist Bonn für einen Tag nicht ein Symbol der internationalen Spannung, sondern wieder die Stadt Beethovens geworden, dessen ›Neunte‹ mit Schillers Versen den universellen Aufruf verkündet: ›Seid umschlungen Millionen‹. Am Samstag hat in Bonn dieses humanistische Deutschland seine Stimme erhoben. Jene des Philosophen Herder, der verkündete, die Glorie eines Vaterlandes könne nicht auf wilde Eroberungen bauen. Jene des Poeten Klopstock, der am Tag nach unserer Revolution die aufgehende Sonne der Freiheit und die morgendliche Brise, die er aus Frankreich verspürte, begrüßte. Jene des großen Goethe, der nach Valmy ›die Hoffnung, die unsere Blicke auf die neu eröffneten Wege lenkte‹, pries. – Das Deutschland, das den Krieg ablehnt. Eine Weigerung, die die französische Demonstration vom 25. Oktober noch verstärken wird. Das Deutschland, das wir ermutigen müssen, für den Frieden und unsere nationalen Interessen. Das Land, das

Romain Rolland liebte, als er schrieb, eine ›Heirat des deutschen und unseres Volkes wäre für den menschlichen Fortschritt fruchtbar‹ – in Erinnerung an die revolutionären Jahre, die glücklichen Jahre, da die Genies Frankreichs und Deutschlands in der Religion und der Freiheit kommunizierten.« *Humanité* und »Nouvelle Droite«, *même combat*? Die Deutschtümelei der ideologischen Extreme, deren Gemeinsamkeit eigentlich eher die grenzenlose Germanophobie war, darf wohl ebenfalls als Zeichen einer gründlichen Veränderung gedeutet werden.

Für sie gibt es exaktere Belege. Wenig später veröffentlichte der *Nouvel Observateur* ein Dossier mitsamt der obligaten Umfrage: Muß man vor den Deutschen Angst haben? Die demoskopisch erfaßte »Meinung der Öffentlichkeit« sowie der Tenor der journalistischen Reportagen und politischen Kommentare gaben eine gleichlautende Antwort: Nein, die Franzosen haben offensichtlich keine Angst vor Deutschland – nachdem noch relativ kurz zuvor aus Anlaß wesentlich geringfügigerer Differenzen extrem negative Resultate zu verzeichnen waren. Jacques Julliard erkannte denn auch eine »historische, politische und militärische Premiere«.

Daß ausgerechnet im weiten Bereich der Kultur, die zur »Normalisierung« die wertvollsten Beiträge leistete, die Kommunikation am schlechtesten ist, darf nicht darüber hinwegtäuschen, daß die französische Aufarbeitung der jüngsten Vergangenheit, deren Verlauf nachgezeichnet werden kann, eine kulturhistorische Differenzierung von unschätzbarer Tragweite bewirkt hat: nämlich die Trennung und Loslösung deutscher Kultur, Geschichte und Nation von einer Ideologie – der nationalsozialistischen –, die sich eines Volkes bemächtigt hatte. Signale in diese Richtung gingen erstmals von der breiten Diskussion um die TV-Schmiere *Holocaust* aus. Es wäre falsch und fatal, wollte man darüber die kulturellen Wurzeln des Faschismus – generell die Erforschung seiner Ursachen vernachlässigen.

Die um Differenzierung bemühte französische Sicht birgt für Deutschland die Chance eines neuen, weniger verkrampften Umgangs mit der eigenen Vergangenheit – Anlaß zu irgendwelcher Genugtuung ist sie nicht. George Steiner hat sich in dieser Hinsicht deutlich geäußert: »Aus vielleicht zynischen politischen Gründen, die aber nicht in jedem Fall zynisch sind, hat sich die DDR viel früher in der Geschichtsforschung, im Schulwesen, aber auch was die Verfolgung der Henker, der Schurken, der Folterknechte betrifft, von dieser Vergangenheit distanziert. Man kann in der DDR, wo ich öfter bin, vieles erwähnen, das in den Schulen, auch Hochschulen – und im Alltag Westdeutschlands totgeschwiegen wird. Es ist tragisch, daß die freie westliche Gesellschaft sich im Bereich des freien Fragens und Besprechens als ängstlicher erweist als eine mehr oder weniger totalitäre Gesellschaft im Osten.«

Dieser Erfahrung muß man allerdings gleich entgegenhalten, daß das ziemlich systematische ostdeutsche Abschieben der NS-Verantwortung nach Westen gerade angesichts der herrschenden Realitäten kaum etwas mit Bewältigung zu tun hat und Frankreich auch nicht mit dem absoluten Trauma von sechs Millionen getöteter Juden, sondern »nur« mit Pétain, nicht mit Hitler fertig werden muß. Zudem hat Frankreich, das weniger »überwältigt« war, nicht »bewußt« und willentlich aufgearbeitet, »bewältigt«, in den letzten Jahrzehnten allerdings unter dem Druck von unbequemen historischen Wahrheiten, manchmal auch nur von politischen Skandalen immer wieder die Bereitschaft gezeigt, unangenehme Tatsachen und Erinnerungen zur Kenntnis zu nehmen – manchmal sogar gegen gewaltige Widerstände und gesellschaftliche Mechanismen, die von seiner hohen Kunst des Verdrängens wie Vergessens zeugen.

Es muß die deutschen Linksintellektuellen – nicht nur die »friedensbewegten« – irritieren, wenn dieselben Kollegen, die in den fünfziger Jahren antiamerikanisch, neutralistisch und pazifistisch waren, sie heute des Antiamerikanismus, des Neutralismus und Pazifismus, ja geradezu der Kapitulation vor der Sowjetunion bezichtigen – ihnen richtiggehend unterstellen, »Münchner« gegenüber Moskau zu sein. Dieser Vorwurf bestätigt vor allem die Logik der Projektionen und Übertragungen, die ein durchgehendes Merkmal der französischen Vergangenheitsbewältigung ist – vom Feindbild und Sündenbock der Verdrängung bis zu ihrer Auflösung in nochmals sehr befremdlichen Bildern: Glucksmanns Bezeichnung der Pazifisten als Juden des dritten Weltkriegs ist ein Beispiel dafür.

Der Niedergang des Marxismus erfolgte so abrupt, wie es seine Entdeckung gewesen war, und kann nur mit seiner Funktion dazwischen erklärt werden – die wiederum in der Bundesrepublik eine andere ist: nicht die Ideologie der Verdrängung, sondern eher schon ein Instrument gegen die Verdränger. Politische Bedeutung hat er praktisch keine erlangen können (für die französischen Sozialisten war – weil nicht marxistisch – die *Sozialdemokratie à l'allemande* zumindest bis zu ihrer eigenen Machtübernahme Gegenstand tiefster Verachtung) – und nie ist der Marxismus zum Gegenstand jener kollektiven ideologischen Blindheit geworden, die in Frankreich zu zeitweiligem Kadavergehorsam geführt hat. Aus allen diesen Gründen darf – dürfte – es eigentlich die deutsche antifaschistische Sensibilität nicht zu sehr erschüttern, wenn an der französischen Konstellation, die nur noch Vor-, nicht mehr ein Idealbild sein kann, die notwendigen Korrekturen vorgenommen werden – von den Betroffenen selber. Überhaupt soll nicht vergessen werden, daß der französische Marxismus, dessen Niedergang in der Politik unaufhaltsam zu sein scheint, auch intellektuell eher dürftig und relativ unbedeutend ist, viel interessanter, substanzreicher hingegen die »subversive« Arbeit an ihm, der gleichsam kulturelle und politische Abbau einer historischen Konstellation: das, was aus dieser vielfachen Verarbeitung – die nicht eine »Kritik« im akademischen Sinne ist, dafür aber gesellschaftliche Folgen zeitigte – und Überwindung entstand.

Das wirre neuphilosophische Denken, das einen zeitgenössischen, durchaus politischen Antifaschismus entwickelt hat, der dem Begriff der Menschenrechte aber auch die kulturelle – humanistische – Dimension zurückgibt, verstört die deutschen Geister bezeichnenderweise noch stärker als seine – momentane, zudem äußerst trügerische – politische Stoßrichtung und die Abkehr vom Marxismus. Im *Merkur* (April 1985) hat Walter van Rossum unter dem Titel »Triumph der Leere« zu einem heftigen Rundumschlag angesetzt – motiviert von der zu Beginn eingestandenen Angst, daß »dieses postlinke französische Denken Exportware zu werden droht«. Der Autor geißelt das »Konvertitentum« der intellektuellen »Rentner« ohne die leiseste Ahnung um seine Hintergründe und vor allem Ursachen, ohne auch nur die Frage zu stellen, warum und wie die »französische Haute-Intelligentsia« sich »binnen 15 Jahren, jedenfalls von 1968 bis heute, nahezu geschlossen von einer (extrem) linksengagierten Position entweder zu apolitischen oder zu windelweich-liberalen Positionen bekehrt« hat. Von der »anrollenden Welle der ›démarxiation‹« sei schlechterdings »alles kritische Denken zugleich mit fortgespült worden« – »Die flache und übersteigerte Träumerei der Nouvelle Philosophie überschwemmt den französischen Markt und bannt jedes ernsthafte politische Denken. Und das gilt keineswegs nur für die effizienten Minores der Intelligentsia.«

Allerdings scheint dieser unerträglich-arrogante Ton – mit dem Foucaults Fehleinschätzung der islamischen Revolution, die er anfänglich begrüßt hatte, als »Bauchlandung« beschrieben wird – vor allem die Rat- und Orientierungslosigkeit der deutschen »Minores« zu kennzeichnen. Schon ein Jahr vor van Rossums globaler Diffamierung gelangte Jürgen Habermas in seinem Aufsatz »Untiefen der Rationalitätskritik« zu einer ganz anderen – auch das geistige Niveau treffend charakterisierenden – Einschätzung: »Während der letzten ein bis zwei Jahrzehnte sind, wenn ich nur an gesellschaftstheoretische Zeitdiagnose denke, von Paris mehr produktive Anstöße ausgegangen als von irgendeinem anderen Ort.«

Der deutsche Publizist Lothar Baier, der mit Glucksmann und den Neuen Philosophen auch nicht gerade zimperlich umgegangen ist, bezeichnet in der von ihm zusammen mit Christian Alix und Ernest Jouhy herausgegebenen Schrift *Sehfehler links?* die Mißstimmung unter den Intellektuellen als »Religionskrieg um den Frieden«. Der schmale Band ist eine Reaktion auf die Polemik im linken Lager und ein Versuch der Verständigung. Die Aufsätze, die er enthält, üben Kritik, aber es ist eine Kritik, die Zusammenhänge, Verhältnisse sichtbar macht; die argumentiert, nicht diffamiert. Unter Berufung auf Ernst Robert Curtius plädiert Lothar Baier angesichts der gegenwärtigen Lage für eine Denkpause im deutsch-französischen Dialog, für einen Waffenstillstand im rhetorischen Krieg der Kulturen: »Vieles spricht auch heute wieder für diese Lösung. Vielleicht wäre es tatsächlich klüger, den linken Chauvinismus des Sozialisten Régis Debray und die Religionskriegserklärung des Linken Laurent Dispot zu ignorieren und zu warten, bis sich die durch die Friedensbewegung aufgeschreckten französischen Gemüter wieder beruhigt haben. Es wäre in jedem Fall töricht, den hysterischen Aufschrei Dispots: ›Dahin ist es mit Deutschland gekommen!‹ mit dem nicht weniger hysterischen Aufschrei: ›Was ist nur aus Frankreich geworden!‹ zu beantworten. Vielleicht sollte man, wie ein Paartherapeut, den Rat geben, daß die beiden Partner eine Zeitlang Abstand voneinander nehmen, solange, bis sie wieder vernünftig miteinander reden können.«

Für die Möglichkeit eines erneuten Gesprächs gibt es bereits Anzeichen, die man mit dem Abflauen des Pazifismus wie auch der Résistance-Bedürfnisse erklären könnte: als für beide Seiten wesentliche, vielleicht letzte Phase im Prozeß der Vergangenheitsbewältigung. Nochmals ist das Deutschlandbild der Franzosen als Projektion gallischer Zustände in den grellsten Farben aufgeleuchtet – wird es auch damit ein Ende haben? In einem Land, das zur Vernunft zu kommen scheint, ist ein Überleben dieser Tradition – und »Gattung!« – nur schwer vorstellbar.

Jede Normalisierung bedeutet Banalisierung und birgt die Gefahr der Verarmung. Muß man sie zwischen Deutschland und Frankreich bedauern, zumindest befürchten? Befürchten, daß nicht – nie! – mehr deutsche Panzer, in deren Spur und Schatten Heidegger in Frankreich Einzug hielt, die Funktion der kulturellen Avantgarde übernehmen? Im Holismus-Individualismus-Verhältnis der beiden Länder, die Louis Dumont für ein klassisches Antagonismus-Paar hält, stecken wohl noch auf lange Zeit zur Genüge Gegensätze wie Gemeinsamkeiten, an denen sich ein kultureller Dialog entzünden und bereichern mag! Unter zivilisierten Menschen und Nationen kann er schließlich auch mit den Waffen des Geistes geführt werden.

III

Das letzte Tabu?

Die einzige Antwort auf dieses Verbrechen ist, aus ihm ein Verbrechen aller zu machen. Wie die Idee der Gleichheit, der Brüderlichkeit.

Marguerite Duras, April 1945

Der Antisemitismus gehört nicht in die Kategorie der Denkweisen, die das Recht auf freie Meinungsäußerung schützt.

Jean-Paul Sartre, 1946

Die Geschichte der Juden in Frankreich beginnt zu einer Zeit, in der das Land noch vorwiegend heidnisch war. Die frühesten christlichen Gemeinschaften ließen sich am Ende des 2. Jahrhunderts in Gallien nieder, ungefähr gleichzeitig mit den ersten Juden, die ebenfalls aus dem Orient kamen. Man weiß praktisch nichts über die Beziehungen dieser beiden Minoritäten, die in einer Gesellschaft des Paganismus oder Polytheismus einen einzigen Gott verehrten und dessen Botschaft verkündeten.

Die judenfeindliche Haltung der katholischen Kirche setzte um das Jahr 1000 ein. Die Juden, die unter der allgemeinen Misere, den Epidemien und Kriegen ganz besonders zu leiden hatten und zunehmend für sie verantwortlich gemacht wurden, waren Plünderungen und Pogromen ausgesetzt. Die relativ friedliche Ära, die unter der Herrschaft der Karolinger die Entfaltung der jüdischen Kultur ermöglicht hatte, war nur von kurzer Dauer, und mit dem zweiten Kreuzzug erreichten die Verfolgungen einen traurigen Höhepunkt. Parallel zu ihnen entwickelte sich die Legende vom rituellen Verbrechen: Das Opfer war ein Kind, das von sadistischen Juden getötet und dessen Blut zum Backen von ungesäuertem Brot verwendet worden war.

In Blois klagte man 1171 einen Juden dieses Verbrechens an, ohne daß präzisiert wurde, wer das Opfer war. Die vierzig in der Stadt lebenden Juden wurden eingekerkert. Sie waren bereit, sich freizukaufen. Die Regierenden zögerten – doch auf den Rat eines Mönchs stellten sie die Angeklagten vor die Alternative »Taufe oder Tod«. Da die Juden sich weigerten, ihrem Glauben abzuschwören, wurden sie tatsächlich zu Tode gefoltert.

Im Jahre 1182 ließ der in seiner Kindheit stark vom herrschenden Antisemitismus geprägte König Philipp II. August in den Provinzen die Juden verhaften, schließlich enteignen und verjagen. Viele traten zum Christentum über. 1198 wurden die Verbannten zwar zurückgerufen, doch blieb ihr Schicksal ungewiß und unerträglich. Als 1347 die Pest ausbrach, gab es im Königreich selber keine Juden mehr. In den Provinzen, in denen sie sich hatten niederlassen können, waren sie als Sündenböcke des göttlichen Fluchs, der die Menschheit heimsuchte, verstärkten Verfolgungen ausgesetzt; so wurden zum Beispiel im Elsaß die jüdischen Gemeinschaften praktisch ausgerottet. Später brauchte das durch den Krieg gegen England ruinierte Land Geld und holte die Juden zurück. Nur die reichsten kamen; sie wurden fiskalisch fast bis aufs Blut ausgesaugt. Nochmals drei Jahrzehnte später – am Ende des 14. Jahrhunderts – wurde ihre Aufenthaltserlaubnis nicht mehr erneuert.

Dieser ebenso selektive wie summarische Überblick auf das Mittelalter läßt deutlicher noch als spätere Ereignisse die Primärmechanismen des Antisemitismus erkennen. Ursprünglich religiöser Art, wurde er zunehmend mit wirtschaftlichen, damit auch sozialen Motivationen angereichert und zu Zwecken der politischen Manipulation mobilisiert. Seine frühesten und zeitlosen Formen und Begleiterscheinungen sind in der zweiten Hälfte des 20. Jahrhunderts nach dem Genozid von der Philosophie und Literatur, denen es buchstäblich die Sprache verschlug, ab- und ins Zentrum der geistes- wie sozialwissenschaftlichen Forschung gerückt: Verfolgung einer Minderheit als Ausdruck einer kollektiven Psychose, Mythenbildungen zur Verschleierung und Beschönigung unmenschlicher Greueltaten, Sündenbocktheorien, der Ausschluß einzelner Individuen und ganzer Minderheitengruppen, Anpassung und Assimilierung, Fanatismus, Folterung der Andersgläubigen, Andersdenkenden, bis zur physischen Ausrottung und ihre Rechtfertigung durch im weitesten Sinne ideologisch zu nennende Legenden, das Ich als Subjekt, das seine Autonomie verlor, in seiner Beziehung zum »anderen«, Machtausübung durch Sprache wie Sprechen. Totalitarismus-, Macht- und Systemkritik, das sind in verschiedenen Bereichen die großen Themen der französischen Gegenwartskultur von Jacques Lacan bis Roland Barthes, bei den Linguisten wie bei Michel Foucault.

Gemeinsam ist diesem Denken der Diskurs, in dem die Realität bewußt erfahren wird. Der Diskurs ist nicht nur eine Abhandlung, er ist auch die Sprache seiner Sache. In ihm teilt sich der Patient dem Analytiker mit. Das Unsagbare manifestiert sich in verhüllter Form im Diskurs, den die Strukturen dem Subjekt aufdrängen: es spricht nicht – es wird gesprochen. In seinen unbewußten Formen, Fehlleistungen und Abweichungen steckt die individuelle Wahrheit. Die Bedeutung der Sprachtechniker, auch Linguisten genannt, war nie so groß wie in den fünfziger bis siebziger Jahren, aber auch die Psychoanalytiker, Soziologen, die Literaturtheoretiker, die die Schriftsteller ersetzten, ja sogar die Philosophen haben sich auf den Diskurs konzentriert und das Deuten der Zeichen – mit seiner neuen Wissenschaft, der Semiotik – zur die Epoche kennzeichnenden Disziplin erhoben. Ihre – als geschichtslos verstandenen – Modelle und Methoden, ihre »Lektüre« der »Phänomene«, schließlich ihre (verwirrenden) Einsichten weisen aus unterschiedlichsten Richtungen auf ein traumatisches Schlüsselereignis zurück, auf eine Obsession, die hinter den Abstraktionen und Verabsolutierungen historisch greifbar wird: Es ist die systematische Ausrottung und Zerstörung des Menschen durch den Menschen, das Böse schlechthin – das absolute Böse. Im vorerst kaum lokalisierbaren, allenfalls diffus geahnten, gefühlsmäßig georteten Mittelpunkt der Diskurse stehen die Greuel der Judenverfolgung und ihr scheußlichstes Symbol, die Gaskammer. Diese Perspektive präzisiert das Profil der französischen Gegenwart, deren Grundlagen und Veränderungen politisch wie kulturell auf die Geschichte des Kriegs und die Vorgeschichte des Faschismus zurückgehen:

Seit dem 17., vor allem aber seit der Mitte des 18. Jahrhunderts glaubten die aufgeklärten Denker nicht mehr an die Fabeln und Greuelmärchen aus dem finsteren Mittelalter. Die Werte und Verirrungen der Vergangenheit wurden in Frage gestellt. Der christliche Glaube hielt den Anforderungen des Vernunftprinzips nicht stand. Die neue Religion des Fortschritts führte über die Kritik an der Kirche, deren Macht im »Ancien Régime« erdrückend war. Das Bild, das man sich von den Juden machte, veränderte sich – die Vernunft wurde zu ihrem besten Anwalt. Sie forderte Toleranz, und die Philosophen, von denen einige die Juden, die bisher bestenfalls im Namen des Alten Testaments als dem Buch der prophetischen Botschaft verteidigt worden waren, durchaus verachteten oder gar haßten, gaben sich alle Mühe, ihre Vorurteile zu überwinden. Der Jude wurde damit zum Prüfstein und Kronzeugen der Aufklärung – und erhielt eine unter Umständen zwiespältige Alibifunktion.

Die Epoche stellte die Frage nach der Verantwortung der christlichen Intoleranz für das, was die aufgeklärten Geister noch immer die »Entartung« nannten. Doch die »Laster«, die nicht bezweifelt wurden, galten nicht mehr als Ausdruck der jüdischen Ursünden, sondern als Folge des christlichen Fanatismus. Diese Sicht war die dominierende Haltung der Oberschicht bis in die Jahre der Revolution.

Jean Jacques Rousseau verwies darauf, daß zwei Drittel der Menschheit weder Christen noch Moslems oder Juden sind und es unmöglich sei, eine Religion als die einzig wahre und gute von den anderen zu unterscheiden. Rousseau formulierte im Gegensatz zu den »aufgeklärten« Zeitgenossen kein Urteil und vertrat damit auch nicht die Überzeugung, daß man die Juden von außen sittlich erneuern müsse. Er schloß nicht aus, daß das jüdische Volk sein Heil finden werde, sobald es seine Heimat wiedergefunden habe.

Voltaires antisemitische Ausbrüche werden immer wieder seinem Haß auf den Klerus, die Bibel sowie seinen persönlichen Händeln mit einem Juden zugeschrieben – was sie quasi entschuldigen soll. Der Philosoph legte die Schriften des Alten Testaments in einem ebenso wörtlichen wie persönlichen Sinne aus: die Könige Israels bezeichnete er als Mörder, David und Salomon machte er für den gewaltsamen Tod jener, die ihnen im Wege standen, verantwortlich. Den Anspruch, einem alten Volk anzugehören, dem ältesten aller einer monotheistischen Religion verpflichteten Völker, verwarf er mit sarkastischem Spott: »Es wäre ja möglich«, höhnt er, »daß die Neger in Angola oder Guinea viel älter sind als ihr und daß sie eine Schlange anbeteten, bevor die Ägypter ihren Isis kannten ...«

Am drastischsten kommt die Primitivität seines Antisemitismus in den vielen Briefen zum Ausdruck. Wer nur den Voltaire der »Affäre Calas« kennt, den mutigen Streiter und Denker, der die Macht provozierte, die öffentliche Meinung herauszufordern vermochte und der Gerechtigkeit zum Sieg verhalf, wird sich ihren haßerfüllten Ton wohl kaum erklären können. Immer wieder greift Voltaire auf sexuelle Metaphern und Begriffe zurück – oft spricht er verächtlich von den »Beschnittenen« –, die vermuten lassen, daß es sich bei seinen antisemitischen Gefühlen und Ausbrüchen keineswegs nur um ein unangenehmes, unerfreuliches, letztlich vielleicht noch verständliches Nebenprodukt seines Engagements gegen jeden Fanatismus – vor allem den religiösen – handelte, sondern um ein wesentliches Merkmal seiner Persönlichkeit. Voltaires Antisemitismus lastet wie ein Schatten auf seinem Werk und der Aufklärung schlechthin.

Anders argumentierte Montesquieu. Ohne Voltaires Sarkasmus und Rousseaus lyrischen Absolutismus analysierte er die Situation mit einer Nüchternheit, die den intellektuellen Idealen der Epoche am nächsten kam. Montesquieu kritisierte jene, die aus Verachtung für den Handel die Händler zu zweitrangigen Wesen degradierten. Wegen ihrer eigenen Unfähigkeit, mit Geld umzugehen und das Kreditwesen in den Griff zu bekommen, hatten sie es verboten und tabuisiert. Für Montesquieu war klar, daß »jedesmal, wenn man eine natürlichermaßen erlaubte oder notwendige Sache verbietet, jene, die sie betreiben, unehrlich gemacht werden«. Seiner Meinung nach hatte die allgemeine Armut nichts mit dem Reichtum der Juden zu tun. Sie waren die Opfer eines schädlichen Systems, in dem sie zu den Sündenböcken eines Volks wurden, das die wirklichen Ursachen seines Elends nicht erkannte. Montesquieu erinnerte daran, wie die Juden vom Staat geplündert worden waren und ihr legitimes Bemühen, die eigenen Güter zu schützen, zum Beispiel den *lettre de change,* der das unsichtbare Verschieben von Kapital ermöglichte, hervorgebracht hatte: er hat zunächst einmal ihren Selbstschutz verstärkt.

Bis zum Vorabend der Revolution hatte sich die Situation unter dem Einfluß der Aufklärung in verschiedenen Provinzen verbessert. Am schlimmsten blieb sie im Elsaß, wo der anderswo aufgehobene *péage corporel* weiter in Kraft war. Dieser Wegzoll, der das freie Zirkulieren der Menschen und Waren behinderte, war für die Juden besonders demütigend, denn sie wurden bei der Festsetzung des Tarifs den Tieren gleichgestellt und durften sich zum Beispiel in Straßburg nicht länger als einen Tag aufhalten.

Um 1785 entsprach die Diskussion um die Stellung der Juden in der Gesellschaft dem Zeitgeist. Malesherbes, Philosoph und Minister Ludwigs XVI., befaßte sich mit der Lage der nichtkatholischen Minderheiten. Dank ihm wurde 1787 ein Edikt erlassen, das die juristische Gleichberechtigung vorsah, aber von verschiedenen regionalen Parlamenten abgelehnt wurde. Im Jahr darauf arbeitete Malesherbes weitere Vorschläge aus, deren Verwirklichung das Schicksal der

Juden grundlegend verbessert hätte. Doch den König beschäftigten bereits andere Prioritäten, auch hatte Malesherbes am Hof an Einfluß verloren.

Vier Jahre vor dem Sturm auf die Bastille lautete das Thema des Wettbewerbs, den die Akademie von Metz ausschrieb, durchaus zeitgemäß: »Gibt es Möglichkeiten, die Juden in Frankreich nützlicher und glücklicher zu machen?« Der Abbé Grégoire erhielt den Preis für ein Werk, dessen Titel – »Essay über die physische, moralische und politische Erneuerung *[régénération]* der Juden« – bereits den wiederum sehr ambivalenten Charakter signalisierte: der Jude als Opfer einer eingestandenen Intoleranz, deren Stilisierung zum absoluten Übel schlechthin bereits wieder abschwächend wirkte, wurde als solches anerkannt und respektiert – aber außerhalb seiner Geschichte und Tradition, seiner Kultur und Religion.

Die Aufklärung rückte den Juden in ein Licht, das ihn dem *bon sauvage,* dem legendären »guten Wilden«, anglich. Diese Sicht teilte noch Mirabeau, der mit seiner 1787 veröffentlichten Schrift *Sur Moïse Mendelssohn et sur la réforme politique des Juifs* immerhin ein historisches Klischee zerschlug: In der Geschichte der Zivilisation, so Mirabeau, hätten die Juden mit ihren zahlreichen brillanten Köpfen eine bedeutende Rolle gespielt, und vor allem könne man ihnen keinerlei »Verrat« vorwerfen.

Doch auch Mirabeau sah den Juden als Verkörperung von Tugenden und Prinzipien, um die es dem Autor in erster Linie ging. So unterstrich er den jüdischen Sinn für die Gemeinschaft und die Familie sowie sein beispielhaftes sexuelles Verhalten, dem jegliche Perversion fremd sei. »Sie haben kein anderes Vaterland als jenes, das sie bekommen werden«, schrieb Mirabeau zwei Jahre vor 1789 und meinte damit, daß die Juden ganz besonders gute Bürger des neuen Zeitalters werden könnten. Die Emanzipation war mit einer nicht zu leugnenden Entfremdung verbunden.

Die Französische Revolution, die den Juden die Bürgerrechte brachte, wurde zum wichtigsten Ereignis in der Geschichte ihrer Emanzipation. Allerdings verschlangen die Wogen des Umsturzes keineswegs alle antisemitischen Elemente und Triebkräfte. Im Elsaß folgten auf die Befreiung der Bastille-Gefangenen erneut gewaltsame Aktionen gegen die Besitzenden, die sich im Sundgau verstärkt gegen die Juden richteten. Am 28. September 1789 beschloß die »Assemblée«, den elsässischen Juden den Schutz des Gesetzes angedeihen zu lassen: ein entscheidender Schritt.

Während der Debatte über die Stellung aller Nichtkatholiken nach der Erklärung der Menschenrechte hielt Stanislas de Clermont-Tonnerre seine berühmte Rede über die »Assimilierung à la française«: »Man muß den Juden als Nation alles abschlagen und ihnen als Individuen alles zugestehen«, führte er aus. Und: »Man muß ihre Richter ablehnen, sie dürfen nur noch unsere anerkennen. (...); sie dürfen im Staat keinen politischen Körper, keine Ordnung bilden, sie müssen einzeln Bürger sein.« Auch Robespierre ergriff das Wort und stützte sein Plädoyer für die Gleichberechtigung auf die Prinzipien von Gerechtigkeit und Vernunft: »Man schreibt ihnen noch Laster, Vorurteile, sektiererischen Geist und Interessen zu – man übertreibt. Und wem sind sie zuzuschreiben, wenn nicht unseren eigenen Ungerechtigkeiten?«

Am 27. September 1791 erhielten die Juden das französische Bürgerrecht, und wie viele Errungenschaften der Revolution war auch diese Maßnahme von universaler Bedeutung. Mit überschwenglichen frankophilen Bekenntnissen begrüßten viele Juden – unter Verzicht auf ihre einzige Tröstung über die Jahrhunderte, die Idee einer Rückkehr ins verheißene Land – Frankreich als die gelobte Heimat. In *La Chronique de Paris* schrieb Saint-Roch: »Frankreich, das als erstes Land die Schande von Jehu genommen hat, ist unser Palästina, seine Berge unser Sinai, seine Flüße unser Jordan. Laßt uns das frische Wasser seiner Quellen trinken, es ist das Wasser der Freiheit ... Die Freiheit hat nur eine Sprache, und alle Menschen kennen ihr Alphabet. Die geknechtetste Nation wird für jene beten, welche die Ketten der Sklaverei zerschlagen hat. Frankreich ist der Hort der Unterdrückten.«

Unter der Schreckensherrschaft hatten die Juden besonders zu leiden – vor allem wieder im Elsaß. Es kam zu verschiedenen Versuchen, ihnen das Bürgerrecht abzusprechen. Napoleon hingegen, der zwar durchaus die Vorurteile seiner Klasse teilte, arbeitete als guter jakobinischer Pragmatiker auf eine totale Assimilierung hin. Daraus erwuchs der jüdischen Gemeinschaft ein neues Problem: Hatten Freiheit und Gleichberechtigung innerhalb kürzester Zeit das bewirkt, was in den Jahrhunderten der Unterdrückung vergeblich versucht worden war – nämlichdie Juden zum Verzicht auf ihre kulturelle

Eigenständigkeit zu bewegen und sie in die französische Nation zu integrieren?

Im aufkommenden 19. Jahrhundert vermischte sich im Lager der Reaktion der Haß auf die Revolution mit dem Haß auf die Juden. Auch die Literatur sorgte dafür, daß der Antisemitismus nicht ausstarb – sie transportierte und perpetuierte die antijüdischen Klischees mit sonderbarer Hartnäckigkeit. Schon 1842 beklagte sich Ben Levy, einer der Redakteure der *Archives juives,* über das Bild, das die Schriftsteller zeichneten. Die Stereotypen vom irrenden Juden wurden kolportiert (von Eugène Sue bis Edgar Quinet): Die – schöne – Jüdin ist Hure oder tugendhaftes Mädchen, das der galante Christ in beiden Fällen mit seiner Liebe dem rechten Glauben zuführen will. Diese Gemeinplätze finden sich von Maupassant bis Chateaubriand, in den Versen Victor Hugos wie in Michelets Geschichtsschreibung und noch viel platter in der Populärliteratur der zweit- bis drittklassigen Autoren, die die Stimmungslage des Volkes gleichzeitig prägen und reflektieren.

Zum Antisemitismus der politischen Reaktion gesellte sich im Laufe des Jahrhunderts jener der Frühsozialisten. Fourier wie sein Schüler Toussenel haßten die Juden; Proudhon forderte geradezu ihre Ausrottung. In den üblen Elaboraten der Epoche ging es nicht nur um den *capitalisme juif* – sie sind durchdrungen von Phantasie- und Zwangsvorstellungen von der jüdischen Macht, und meistens zeichnet sie eine latent sexuelle Tendenz aus. Die Juden, die sich später intensiv der Linken zuwandten, blieben den frühen sozialistischen Bewegungen fern. Allerdings muß man hinzufügen, daß andere Sozialisten – wie Louis Blanc oder Auguste Blanqui – die Juden nie attackiert und auch in keinem Moment auf die mobilisierende Kraft des Antisemitismus gesetzt haben.

Eine wichtige Etappe der französischen Geistesgeschichte stellt das 1866 erschienene Buch *La France juive* von Edouard Drumont dar. Der um die tausend Seiten starke Wälzer gehörte zusammen mit Renans *La vie de Jésus* zu den rentabelsten Objekten des Verlagswesens seiner Zeit. Drumonts Absicht war es, eine eigenständige Philosophie, die ihre Grundlage aus dem antikapitalistischen Antisemitismus bezog, zu begründen: sie sollte zur Ästhetik der Moderne schlechthin werden. Der Einfluß auf die linken Politiker war enorm. Das intellektuell äußerst dürftige Buch wurde zum Kernstück eines antisemitischen Mythos, der das ausgehende Jahrhundert prägte und für die zentrale Problematik der kommenden Epoche bestimmend wurde. Die Weichenstellung zu den Ereignissen in der ersten Hälfte des 20. Jahrhunderts erfolgte tatsächlich in dieser Zeit. In der Dreyfus-Affäre, in deren Umfeld die reaktionäre und rassistische Saat des gleichzeitig antisemitischen und antirepublikanischen Denkens aufging, stand erneut ein Jude – der zu Unrecht angeklagte Hauptmann – im Mittelpunkt eines Geschehens, dem in der politischen Ausrichtung der französischen Intelligenz eine zukunftweisende, noch immer kaum gebrochene Bedeutung zukam. Ihre universale Dimension fand die Dreyfus-Affäre im folgenreichen zionistischen Standardwerk *Der Judenstaat* von Theodor Herzl, zu dessen Niederschrift sich der Autor durch die traurigen Erfahrungen in Frankreich rund hundert Jahre nach 1789 veranlaßt sah.

Im August 1914 wurde der Krieg zur absoluten Priorität. Die französischen Juden teilten die Begeisterung ihrer Landsleute. Diese nationale *union sacrée* ließ mit den sozialen und religiösen Unterschieden auch die antisemitischen Vorurteile vergessen. Mit dem Sieg kehrten das Elsaß und Lothringen, die Heimat vieler französischer Juden, zu Frankreich zurück. Die Gewißheit, mit der ganzen Nation gekämpft und gelitten, ihre Opfer geteilt zu haben, verstärkte das Gefühl der patriotischen Zugehörigkeit. Die Integration schien endgültig gesichert, die Assimilierung war auf einem Höhepunkt angekommen. Frankreich verfügte plötzlich über hervorragende jüdische Denker und Wissenschaftler, Bergson, Durkheim, Lévy-Bruhl. Auch Marcel Proust war Jude. Die Balfour-Deklaration ließ die französischen Juden ziemlich gleichgültig.

Doch die Ruhe war trügerisch. In den dreißiger Jahren wiederholte die Linke den kapitalen Fehler, den sie während der Dreyfus-Affäre begangen hatte: So, wie sie den »Justizskandal« lange als interne Angelegenheit der Bourgeoisie mißachtet hatte, ging es ihr nun darum, nicht in die »Falle des Antifaschismus« zu tappen. Sie verweigerte sich einer Allianz der antifaschistischen Kräfte. Zudem trug sie schwer am Erbe des Weltkriegs, diesem blutigen Triumph des Nationalismus, der die Idee des sozialistischen Internationalismus diskreditiert hatte. Sie wollte sich von diesem Sündenfall reinwaschen. Die linksextremen Gruppierungen bekämpften den Antifaschismus mit den Argumenten des gebrannten Kindes, das nicht ein zweitesmal zu

Schaden kommen will. Diese Haltung wurde mitbestimmend für den »Geist von München«, dem auch Jean-Paul Sartre erlag.

Zur gedanklichen Verwirrung dieser Vorkriegszeit trug der Dichter Georges Bernanos bei. 1929 hielt der Katholik im Auftrag der »Action française« eine Reihe von Vorträgen, die er in seinem Werk *La Grande Peur des Bien-Pensants* zusammenfaßte: Es ging Bernanos um nichts weniger als die Neubelebung der antisemitischen Mobilmachung vom Ende des 19. Jahrhunderts. In einer gigantischen Biographie Drumonts aktualisiert er dessen Gedankengut. Bernanos stilisiert ihn zur heroischen Gegenfigur des teuflischen Clemenceau, den er für die Lügen und Leiden des Weltkriegs verantwortlich macht.

In der wirren Argumentation laufen verschiedene Stränge zusammen: die unverarbeiteten Schrecken einer blutigen Barbarei, der Katholizismus und sein Haß auf die weltliche Republik, die den Juden die Emanzipation gebracht hat, dazu die Ablehnung der Revolution, politische Nostalgie und der Imperativ »nie mehr«. Bernanos klagt Clemenceau an, die Werte der *Vieille France* zerstört und die Auflösung der Gesellschaft betrieben zu haben. Er greift dabei sogar auf die abstruse Figur des Marquis de Morès zurück, einen Aristokraten, der in Paris die Schlächter von La Villette zu einer antisemitischen Bande organisiert hatte. In seinen Schriften propagiert Morès den Zusammenschluß der Gewerkschaftsbewegung mit den Antisemiten – auch das ist Teil französischer Tradition.

Durch die Literatur der dreißiger Jahre ziehen sich von Romain Rolland bis André Gide immer wieder abstoßende antijüdische Klischees und Karikaturen. Als mit Léon Blum ausgerechnet zur Zeit der Volksfront erstmals ein Jude an der Spitze des Staats stand, nahm das die Rechte zum Vorwand, es doch lieber mit Hitler als mit den Kommunisten (und Juden) zu halten. Das hinderte Pétain natürlich nicht, Blum nach der Niederlage als Sündenbock ins Gefängnis werfen zu lassen. 1940 führte Frankreich als einzige Demokratie freiwillig und ohne den Druck der Okkupationsmacht ein »Judenstatut« ein, das nach dem nationalsozialistischen Vorbild konzipiert war. Bei der Verfolgung der Juden und ihrer Auslieferung an die Deutschen gingen die französischen Behörden weiter, als es die Okkupationsmacht verlangte. In der Kollaborationspresse machte sich ein primitiver Antisemitismus breit, dessen Eifer sogar die Okkupanten überraschte.

Nach dem Krieg war die jüdische Gemeinschaft nicht nur dezimiert, sondern auch verstört und verunsichert. Eine Minderheit reagierte auf das Grauen der verflossenen Jahre mit einer verstärkten Hinwendung zur Religion oder zum Zionismus, doch die meisten wollten so schnell wie möglich alles vergessen und waren bestrebt, in der Anonymität einer weltlichen Gesellschaft aufzugehen. Die traumatische Wirkung der unmittelbaren Vergangenheit machte es unmöglich, darüber zu sprechen. Zudem standen die überlebenden und heimkehrenden Franzosen jüdischen Glaubens vor existentiellen Problemen. Ihre Wohnungen waren belegt, die Geschäfte in andere Hände übergegangen, der frühere Besitz blieb nur zu oft unauffindbar. Sie waren Opfer, und Opfer stören in einer Welt, die einen Schlußstrich unter die jüngste Vergangenheit ziehen will und einzig nach Ruhe, Ordnung und einem neuen Anfang verlangt.

Kaum jemand – und schon gar nicht »die Gesellschaft« – hatte den Mut, der Barbarei, der Unmenschlichkeit ins Auge zu blicken; man kann geradezu von einem organisierten Bemühen sprechen, den Genozid und Auschwitz zu verschweigen – ja bereits zu relativieren. Mit der eigenen Vergangenheit wurde konsequenterweise ihr dramatischster Aspekt, das Verbrechen an den Juden, verdrängt. Die Rhetorik der neubegründeten Republik war zwar eine antifaschistische – aber sie übertünchte Realitäten, die verschwiegen wurden: »Ich sage es«, schrieb ein jüdischer Publizist zehn Monate nach der *libération* in der Zeitschrift *Esprit,* »mit schwerer Stimme: Wir fühlen uns heute innerhalb der französischen Gesellschaft schrecklich vereinsamt.«

Die großen Diskussionen des Jahres 1945 drehten sich nicht um den Nazismus, der global verurteilt und ebenso energisch verdrängt wurde, auch nicht um die mögliche Hilfe für seine Opfer: Sie versteifte sich tatsächlich auf die Schuld der Juden am Tode von Jesus Christus! Das Buch *Jésus et son temps* des katholischen Schriftstellers Daniel-Rops kolportiert die bekannte Beschuldigung: Die Juden sind schuld. Wörtlich heißt es: »Das schreckliche Gewicht vom Tode Christi lastet auf Israels Schultern, und es ist nicht von der Art jener, die abzulegen dem Menschen gegeben ist.« Den Genozid interpretiert der Autor zumindest indirekt als die Erfüllung der Prophezeiung »Sein Blut komme über uns und unsere Kinder«. Nun war es also geflossen ...

Erfolg und Echo dieses Buchs, das eine Auflage von mehr als

700 000 Exemplaren erreichte, offenbaren ein kollektives Phänomen. In der Phase der Vergangenheitsverdrängung, die geradezu Formen von Exorzismus annahm, konstruierte der Autor eine perfide Übertragung, die die Unfähigkeit des Umgangs mit der eigenen Vergangenheit und ihren Ursachen illustriert. Die Juden werden zu den eigentlich Verantwortlichen des Horrors gemacht – sie sind quasi die Sündenböcke ihres eigenen Elends, unter dem die jetzt in Schutt und Asche liegende Welt sechs Jahre lang zu leiden hatte ...

Die theologische Fortsetzung der Debatte erreichte nur noch ein kleines Publikum. Sie ist insofern von Bedeutung, als der spätere Kardinal Daniélou zwar an Israels Schuld am Tode Jesu festhielt, aber das Ereignis als mystischen Ausdruck der Ursünde schlechthin auslegte. Diese radikale Neuinterpretation ermöglichte schließlich sogar eine neue Darstellung in den Schulbüchern.

Wie kein anderer Intellektueller verkörpert Jean-Paul Sartre die Epoche der Nachkriegszeit in allen ihren Imperativen und Widersprüchen. Er war es seinem intellektuellen Gewissen wie seinem philosophischen Anspruch schuldig, sich auch mit der Judenfrage zu befassen. Schon 1945 veröffentlichte er sein berühmtes *Portrait d'un Antisémite* (Porträt eines Antisemiten), und ein Jahr später folgten seine *Réflexions sur la question juive*. Das Werk gehört nicht zu den besten aus seiner Feder, aber es ist in mancherlei Hinsicht eine thematische Anwendung seiner Philosophie. Die Schrift steht in einem komplementären Verhältnis zu seinem Denken in den Kategorien von Freiheit und Bedingtheit.

In der Kritik des Antisemitismus seit der Aufklärung nimmt Sartre eine Umkehrung vor: Nicht der Jude setzt die Ursache für Antisemitismus, sondern der Antisemitismus als Ausdruck einer – faschistischen ... – Gesellschaft schafft den Juden – den Juden, den er nötig hat. Es könnte genausogut ein Neger sein. In der klassenlosen Gesellschaft wird der Antisemitismus zu existieren aufhören – die sozialistische Gesellschaft, schreibt Sartre, sei »notwendig und genügend«, um den Antisemitismus zum Verschwinden zu bringen: »Wir werden die Revolution auch für die Juden machen.«

In der Analyse des Antisemitismus dringt Jean-Paul Sartre, der wie viele andere die jüdische Kultur ausklammerte, allerdings nicht sehr weit vor. Er zeigt auf, wie dieser immer in der Forderung nach antijüdischen Kreuzzügen gipfelt. Sartre bewegt sich – durchaus schlagfertig – auf der Ebene der banalen, alltäglichen Argumente, auf der sich der Antisemitismus bei seinen intellektuellen Vertretern, wie Maurras, Barrès, Bardèche, manifestiert: »Kann man sich«, spottet Sartre, »ernsthaft jemanden vorstellen, der sagt: Etwas kann nicht stimmen mit den Tomaten, sonst würden sie mich doch nicht so anekeln.« Das ist genau die Argumentationsweise des Antisemitismus.

Sartre behandelt ihn denn auch vielmehr als Frage der Moral. Der Antisemit ist für ihn ein Mensch, der Angst hat. Nicht vor den Juden, sondern Angst vor sich selber, vor seinem Gewissen, vor seiner Freiheit, vor seinen Instinkten und seiner Verantwortung, vor der Welt und ihren möglichen Veränderungen. Der Antisemit vertritt nicht nur eine Weltanschauung, eine Meinung – er wählt sich, in der Terminologie von Sartres Philosophie, als Person, die der Unverantwortung unterliegt. Das Wesen des Antisemiten ist der Kadavergehorsam, der überall dort, wo ihn niemand durch Befehle kanalisiert, von wilden Wahnvorstellungen genährt, die schlimmsten Auswüchse zeitigt: »Er wäscht seine Hände im Dreck«, schreibt Sartre: »Man lese nochmals ›La France juive‹ von Drumont: Dieses Buch einer ›hohen französischen Moral‹ ist eine Sammlung niederträchtiger und obszöner Geschichten. Nichts spiegelt die komplexe Natur des Antisemiten besser wider: da er sich weigerte, sein Schicksal selbst zu bestimmen, und aus Angst aufzufallen, sich das Wohl aller aufbürden ließ, ist bei ihm die Moral nie auf das Bewußtsein der Werte oder das, was Platon Liebe nennt, gegründet: sie äußert sich nur in den striktesten Tabus und den strengsten wie billigsten Imperativen.«

Jean-Paul Sartre stellte den Kampf gegen den Antisemitismus politisch ins Zentrum seiner Philosophie des Engagements: »Kein Franzose kann sich in Sicherheit wähnen, solange ein Jude in Frankreich und auf der ganzen Welt um sein Leben fürchten muß«, schreibt er am Ende seines Essays. Darin findet sich auch eine Stelle, die heute, da ein linker Antisemitismus, der die Gaskammern und Auschwitz als Indikator der Meinungsfreiheit ausgibt, geradezu prophetisch anmuten muß: »Der Antisemitismus«, heißt es da, »gehört nicht in die Kategorie der Denkweisen, die das Recht auf freie Meinungsäußerung schützt«. So weise und richtig dieser Satz ist, vielleicht deutet er auch an, warum die Auseinandersetzung mit dem

Antisemitismus vorerst für längere Zeit beiseite geschoben wurde und erst viel später (Ende der siebziger Jahre) – nun aber in beängstigender, befremdlicher Form – neu auflebte.

Sartres persönliche Haltung gegenüber Israel war seiner Philosophie entsprechend voller Anteilnahme und Sympathie. Er, der sogar den Literaturnobelpreis und alle Würdigungen ausschlug, nahm als einzige Auszeichnung in seinem Leben den Ehrendoktortitel der Universität Jerusalem entgegen. Noch in hohem Alter reiste er – längst erblindet – im Rollstuhl nach Israel, um die Entwicklung des Landes zu verfolgen. Doch in seinem Engagement gab es auch einen Schatten: In einem bedenklichen Artikel rechtfertigte er das Attentat während der Olympiade in München. Zu diesem Zeitpunkt hatte sich in der Einstellung der französischen Bevölkerung gegenüber Israel generell einiges geändert.

Welches auch immer die komplexen Motivationen sein mochten – nach 1945 betrieb Frankreich eine mehr als nur israelfreundliche Außenpolitik. Sie war gekennzeichnet durch aktive Unterstützung. In seinem Buch *L'Opinion française et la naissance de l'Etat d'Israël* (Die öffentliche Meinung Frankreichs und die Geburt Israels) schildert Daniel Lazar die Anteilnahme beim Aufbau des Landes. Trotz britischer Proteste bringen französische Schiffe in aller Heimlichkeit laufend Menschen nach Israel. Mehrmals unterbricht die kommunistische Gewerkschaft ihre Streiks, um Boote nach Palästina abzufertigen. Lazar erzählt die keineswegs untypische Geschichte von einer Jacht, die angeblich Kurs auf Bolivien nahm. »Ein schönes Land«, bemerkt der französische Offizier, der sie kontrolliert, »ich kenne es gut, ich habe drei Jahre in Syrien gedient.« Worauf ihm einer der Passagiere mit einem Weinbecher zuprostet: »Auf das freie Bolivien!« Und die Reise ging ungehindert weiter.

Die ebenso diskrete wie wirkungsvolle Unterstützung durch die Regierung wurde vom französischen Volk mitgetragen. Alle Parteien standen hinter dem Ja Frankreichs zur Gründung Israels bei der UNO-Abstimmung vom 29. November 1947. Diese Einmütigkeit war um so überzeugender, als mit dem Ausschluß der Kommunisten von der Regierung das Land in eine tiefe innenpolitische Krise geraten war. Zu diesem Zeitpunkt schien der Antisemitismus der politischen Rechten wie der Kirche endgültig überwunden. Nur wenige Jahre später hielt Sartre fest: »Der Antisemitismus ist heute keine Doktrin mehr, Drumont ist nicht mehr möglich.«

Doch der proisraelische Konsens überlebte den Ausbruch des Kalten Krieges nicht lange. Nach dem Amnestiegesetz von 1951, das die Strafen für Kollaborateure reduziert hatte, kehrte die extreme Rechte auf die politische Bühne zurück. Sie begann sofort damit, sich als Opfer der Repression zu profilieren. Die Zeitschrift *Rivarol* mobilisierte kaltschnäuzig den Antisemitismus. »Alle Schätze dieser Welt werden den Kindern Israels gehören«, schrieb dieses Hetz- und Schmutzblatt, das bereits 1951 Auschwitz und die Zahl von sechs Millionen ermordeter Juden in Frage zu stellen wagte. Im kommunistischen Lager wurde mehr und mehr der stalinistische Antizionismus übernommen; er war von antisemitischen Elementen durchdrungen. Ein schon viel gefährlicheres Echo fand der latente Judenhaß bei der kleinbürgerlichen Bewegung des Pierre Poujade, der die jüdischen Minister – der brillante Intellektuelle und Politiker Pierre Mendès-France war ihm besonders verhaßt – öffentlich fragte, seit wie vielen Generationen sie denn Franzosen seien. In seiner eigenen Bewegung verlangte Poujade deren drei als Nachweis einer unzweifelhaften französischen Nationalität.

Ungeachtet dessen unterhielt die Vierte Republik bis an ihr Ende ausgezeichnete Kontakte zu Israel, dessen sicherster Verbündeter und Handelspartner – vor allem auch bei den existentiell notwendigen Waffenlieferungen – Frankreich war. Schließlich ließ das Aufkommen nationalistischer Bewegungen in Tunesien, Marokko und Algerien die Förderung der französisch-israelischen Beziehungen, die allerdings gewissen diplomatischen Rücksichten unterlagen, auch geopolitisch ratsam erscheinen. Dies galt noch für die Zeit des Sinai-Krieges.

Als Charles de Gaulle 1958 mit einem Großteil der jüdischen Wählerstimmen an die Macht zurückkehrte und die Fünfte Republik begründete, verkörperte er nach wie vor den Widerstand gegen den Nazismus und die Kollaboration. 1962 entließ er – was ihm die Rechte nie verziehen hat – Algerien in die Unabhängigkeit. Eine der Folgen waren 300 000 jüdische Zuwanderer aus Nordafrika. Mit der Entkolonialisierung verlor Israel für Frankreich an außenpolitischem Gewicht. Das diplomatische Konzept de Gaulles setzte andere Prioritäten, und die Bekenntnisse zum jüdischen Staat erwiesen sich als rein rhetorisch. Im Jahr 1967 waren die Beziehungen beider Länder auf einem Tiefpunkt angelangt. De Gaulle, der öffentlich die Balfour-Deklaration von 1917 anzweifelte, warnte Israel vor einem Angriff auf Ägypten – mehr noch: er bezeichnete die Juden als »selbstsicheres Herrschervolk«, wörtlich: *ce peuple d'élite, sûr de lui et dominateur.*

Dieser schockierende Satz provozierte Raymond Aron zu seinem einzigen Buch über die Juden: *De Gaulle, Israël et les Juifs*. Darin legte er seine Auffassung von der Diaspora dar: Jeder sei frei, ihr einen ganz persönlichen Sinn zu geben. Für seine Person unterstreicht der assimilierte Jude seinen Atheismus. In seinen Memoiren *Erkenntnis und Verantwortung* griff er die Frage nochmals auf: »Jacques Attali hat vor einigen Jahren in einer Fernsehsendung die Vorkriegsgeneration angeklagt, daß sie – taub und blind – nichts vorausgesehen und nichts getan hätte, um ihr Schicksal so zu gestalten, daß sie dem Los, das die Nazis ihr bereiteten, entfliehen konnte. Diese Anklage, die weniger gegen mich als meine Generation gerichtet war, hat mich verletzt. In Ermangelung von Vermögen und von Beziehungen konnte ich für die deutschen Juden nicht viel tun, aber ich habe einigen geholfen. So hat Hannah Arendt meine bescheidene Hilfe nicht vergessen. Meine Freunde und ich hatten verstanden, daß nach 1933 für die Juden in Hitler-Deutschland kein Platz mehr war. Obwohl ich selber assimilierter Jude war, verachtete ich die französischen ›Israeliten‹, die in den geflüchteten Juden aus Deutschland nur ›boches‹ und den Anlaß für einen neuen Antisemitismus sahen. Einem meiner Kameraden vom Französischen Akademiker-Haus in Berlin schickte ich einen wütenden Brief, als er schrieb, daß es mit Hilfe eines Gesetzes, das die letzten, noch nicht assimilierten jüdischen Einwohner aus Polen traf, möglich gewesen wäre, die seit Jahrzehnten, ja seit Jahrhunderten bestehende jüdische Gemeinde in Frankreich zu erhalten. Der Versuch der französischen ›Israeliten‹, ihr Schicksal von dem der ›Polacken‹, der Ostjuden, zu trennen, widerte mich an. Aber ich traute selbst den Anhängern Hitlers die ›Endlösung‹ nicht zu. Wer hätte es wagen sollen, eine so ungeheuerliche Operation wie die eiskalte Tötung von Millionen Männern, Frauen und Kindern durch ein kulturell hochstehendes Volk überhaupt vorauszusehen? Man mag einwenden, daß die Kollektivierung der Landwirtschaft in der Sowjetunion noch mehr Menschenleben gekostet hat. Sie war der Wahn eines Tyrannen, der entschlossen war, die landwirtschaftlichen Verhältnisse eines Riesenreiches mit Gewalt zu verändern, doch war die Kollektivierung der Landwirtschaft dem Verständnis eines normalen Menschen, eines Europäers der dreißiger Jahre, gerade noch zugänglich. Die Durchführung von Völkermord hingegen war das nicht mehr, und deshalb kann ich mir keine Vorwürfe machen, wenn ich ihn in meinen Spalten von ›La France libre‹ nicht vorausgesehen und nichts darüber geschrieben habe.«

Aber auch nach dem Krieg hat sich Raymond Aron nie um die Aspekte des Antisemitismus gekümmert. Sartre hatte ihm, dem Nichtkommunisten, das Recht, den Kommunismus zu kritisieren, abgesprochen – umgekehrt versagte sich Aron die Kritik am Antisemitismus als »subjektiv«: er wollte zuallererst Franzose sein und Jude nicht einmal so, wie jeder Baske eben baskisch ist. Doch so total, wie es den Anschein hat, war seine Assimilierung nicht – eine nie abgelegte Befangenheit gegenüber der *question juive* hat ihm eine Zurückhaltung auferlegt, die seine politischen Stellungnahmen stärker geprägt hat, als man anzunehmen versucht ist. Aron hatte für Israel viel weniger Verständnis, Anteilnahme und Sympathie als Sartre – ja man kann in dieser Hinsicht geradezu einen Rollentausch der beiden intellektuellen Pole der Nachkriegsepoche feststellen: in allem, was direkt oder indirekt mit dem *problème juif* zu tun hatte, war Sartre weise und klarsichtig und überaus sensibel, hellhörig wie sein Gegenspieler dem Kommunismus gegenüber, Aron hingegen abweisend, ziemlich widerborstig, auch »unaufgeklärt« wie sonst kaum je – die Intensität, mit der er in seinen Lebenserinnerungen den neurechten Alain de Benoist gegen den (tatsächlich unzutreffenden) Vorwurf des Antisemitismus verteidigt, spricht Bände.

Gewisse Anzeichen deuten darauf hin, daß die Negierung aller jüdischen Partikularismen und damit das unbewußte, scheinbar aber systematische Herunterspielen bedeutender Ereignisse, die mit jüdischen Komponenten in Verbindung stehen, Raymond Aron generell beeinflußt, möglicherweise sogar seine intellektuelle Ethik mitbestimmt haben. Das erwies sich nochmals in seinem letzten Lebensjahr, als er in Jersualem vom Weizmann-Institut die Würde des Ehrendoktors entgegennehmen durfte. Bei dieser Gelegenheit hat er eine Rede gehalten, die er in seiner Zeitschrift *Commentaire* abdrukken ließ und in der der französische Jude vor dem jüdischen Auditorium eine differenzierte Kritik der israelischen »Machtpolitik« formulierte. Dabei erstaunte nicht die Kritik die Hörerschaft, sondern die Art, wie Aron auf bislang nicht bekannte Etappen seiner Existenz einging. Diese ließen erkennen, wie eng – und auf welche komplexe Art – sein politisches Denken mit seiner jüdischen Herkunft und Nichtidentität (oder eben ihrer Verdrängung durch die forcierte »Normalisierung«) tatsächlich verknüpft war.

Nach dem Ersten Weltkrieg hatte Julien Benda sein bekanntes Pamphlet *La Trahison des clercs* geschrieben und darin die Aufgaben wie die Moral der Intellektuellen formuliert: die Wahrheit sagen, für Gerechtigkeit plädieren, die universellen Werte verteidigen und dies ohne Rücksicht auf allfällige Konsequenzen. Benda war von den Greueln des Kriegs und der Dreyfus-Affäre geprägt, und Aron überraschte in Jerusalem die Zuhörer mit dem Hinweis auf seinen ersten, völlig in Vergessenheit geratenen Artikel, den er sechzig Jahre zuvor geschrieben und worin er sich bereits mit Bendas Dreyfus-Interpretation auseinandergesetzt hatte. Vor dem Hintergrund seines Pamphlets gegen die Intellektuellen als »Opium-Raucher«, das eine Generation später die Gemüter erhitzte, kam Aron auf seine ursprüngliche Auslegung zurück: Die Dreyfus-Affäre sei ein Spezial- und Ausnahmefall gewesen, mithin nicht viel mehr als »ein Justizirrtum«: »Die öffentlichen Angelegenheiten sind nur selten von der Einfachheit und Reinheit der Dreyfus-Affäre.«

Sollte man den zu Unrecht der Spionage für Deutschland angeklagten Hauptmann verteidigen oder »die Gruppe jener Männer, von der vielleicht morgen das Überleben des Landes abhängen könnte«, weiter schwächen? Angesichts der Bedeutung, die »l'Affaire« – im Sommer 1985, als es um den Standort einer Dreyfus gewidmeten Skulptur ging, flackerte sie erneut auf – nicht nur bei der Politisierung der französischen Intellektuellen, die mit ihr das eigene Engagement legitimierten, sondern auch für den Zionismus gewann – in ihrem Umfeld hatte Herzl die Idee eines jüdischen Staats entwickelt –, erstaunt es einigermaßen, daß Aron die Frage in dieser Einfachheit stellte. Kein Wort über das antisemitische Hetzklima der Epoche, das Dreyfus zum Sündenbock stempelte, kein Hinweis auf den Zusammenhang von Wissen und Gewissen – nur Verantwortung und Vernunft und Staatsräsion.

Der Algerienkrieg als weitere Stunde der Wahrheit eröffnete Aron in seiner Rede eine willkommene Analogie. Persönlich war er ab

1957 für die Unabhängigkeit des damaligen französischen Departements gewesen – allerdings aus ganz anderen Gründen als die linke und intellektuelle Opposition. Über Algerien kam er – noch deutlicher – auf Vietnam, als sich wiederum im Land, dessen Soldaten an der Front kämpften, ein starker intellektueller Widerstand bemerkbar machte: »Es ist klar, daß ich die amerikanischen Intellektuellen, die die Aktion ihres Landes in Vietnam verurteilten und den Lauf der Ereignisse beschleunigten, weder billige noch mißbillige.« Vor dieser Verweigerung einer Beurteilung – an deren Stelle die vom Autor nicht verschwiegenen Ereignisse in Indochina seit der amerikanischen Niederlage wohl um so deutlicher sprechen sollen – zog Aron dann eine Schlußfolgerung, die wiederum auf die Dreyfus-Affäre zurückleuchtet (auch wenn die jeweiligen Folgen kaum verglichen werden können): »Dieser extreme Fall illustriert Rolle und Verantwortung der Intellektuellen. Als Bürger wie alle anderen auch dürfen sie ihren Gefühlen der Regierung gegenüber Ausdruck geben und diese kritisieren, aber sie können weder ihre Verantwortung ignorieren noch ihre Verpflichtungen gegenüber der nationalen Solidarität verkennen.«

Arons Rede in Jerusalem erregte einiges Aufsehen. Allerdings fiel das Echo, das innenpolitisch auf die Diskussion von Arons Interpretation – und Revision – der Dreyfus-Affäre in den Intellektuellen-Zirkeln beschränkt blieb, weniger heftig aus als die Reaktion auf de Gaulles provozierenden Ausspruch vom »selbstsicheren Herrschervolk« rund 15 Jahre zuvor: Die Juden – nicht nur in Israel – empfanden diese Qualifizierung wie einen Messerstich ins Herz. Aus dem Mund eines Staatschefs, dessen Land und Volk sie sich besonders verbunden fühlten, erschien ihnen dieses Verdikt als Verrat. Seit diesem ominösen Jahr 1967 zögert man in Frankreich jedenfalls nicht mehr, seinen Antizionismus zu verkünden – auch nicht in den Reihen der nichtkommunistischen Linken.

Auch auf der anderen Seite des politischen Spektrums waren am Vorabend des Mai 68 gründliche Verschiebungen zu beobachten. Die latent antisemitische, aber seit der Entkolonialisierung noch stärker antigaullistische Rechte, die möglicherweise sogar petainistische Rachegefühle hegte, rückte aus Protest gegen de Gaulle Israel und seinen Idealen näher. Ganz allgemein spitzte sich die innenpolitische Brisanz des *problème juif*, das eigentlich gelöst schien, zu. Während noch 1965 das Werk *Les forces religieuses dans la société française* festhält, daß das Judentum in der französischen Gesellschaft keinerlei Rolle spiele, existierte 1967 nach dem Urteil derselben Autoren Coutrot/Dreyfus eine jüdische Lobby, die sich auf die unterschiedlichsten Pfeiler stützen kann. Ihr gehört die Mehrheit der Sozialistischen Partei ebenso an wie intellektuelle Vertreter der Rechten und das Nachrichtenmagazin *L'Express,* auch die konservative Zeitung *L'Aurore* und sogar das rechtsextremistische Wochenblatt *Minute,* das seinen Antisemitismus gegen eine nicht weniger rassistische antiarabische Hetze eintauschte und nun den Zionismus auf seine publizistische Wetterfahne heftete.

Der Mai 68, den man eine »symbolische Revolution«, auch eine *révolution introuvable* genannt hat, der jedoch die tiefsten Umwälzungen der französischen Nachkriegsgesellschaft zur Folge hat, kann aus unterschiedlichen Richtungen mit guten Argumenten als Aufstand des Unbewußten gegen die Vergangenheitsverdrängung und ihren Überbau gedeutet werden – zahlreiche Symptome lassen auf einen kollektiven Ausbruch irrationaler Kräfte schließen. »Wir sind alle deutsche Juden«, schrien die Aufständischen auf den Barrikaden, die ihre Eltern als »Faschisten« beschimpften, und die große Demonstration für Ruhe und Ordnung gab ihnen die Antwort: »Cohn-Bendit nach Dachau!«

Aus den Ereignissen und Erfahrungen des Studentenaufstands erwuchsen zwei wesentliche intellektuelle Bewegungen – die Achsen des faschistischen wie des antifaschistischen Gegenwartsdenkens: »Nouvelle Droite« und *nouvelle philosophie.*

Die Neue Rechte teilt mit der traditionellen die Ablehnung der Menschenrechte, den Haß auf die Demokratie und den linken Egalitarismus ebenso wie auf die freie Marktwirtschaft. Sie predigt den Polytheismus, praktiziert den intellektuellen Rassismus und schwelgt in der Nostalgie einer vorchristlichen Zivilisation des Übermenschen, den noch kein »weicher« Humanismus pervertiert hat und dessen körperliche Kraft sie verherrlicht. Sie erhebt die Forderung nach einer »biologischen Elite« zum Programm und propagiert eine »Philosophie, in der wir die bleibenden Gegebenheiten unserer Rasse vereinigen«. Sie gibt sich wissenschaftlich, indem sie ihren Rassismus biologisch zu begründen und zu untermauern sucht, und ist bestrebt, die Lehren aus dem Scheitern der chauvinistischen Nationalfaschismen zu ziehen: bei den Nazis war die »ideologische Schwäche« dafür verantwortlich. Hitlers Autobahnen ersetzt sie durch die grenzenlose Verherrlichung der Atomkraft, dem neuen Kriterium und Maßstab der genetischen Selektion.

In den Schriften der »Nouvelle Droite« finden sich massenweise Rückgriffe auf die Nazizeit. Vor allem in bezug auf den Rassismus bedient man sich der Sekundärliteratur wie der Klassiker der Jahre 1933 bis 1945. Nimmt man ihre Ideologie aus der Perspektive des Antisemitismus unter die Lupe, frappiert die scheinbare Abwesenheit der Judenfrage – sie wird wie ein Tabu, das im Zentrum steht und dennoch nicht angerührt wird, umschifft. Es waren ausgerechnet die Bomben vor der Synagoge in der Pariser Rue Copernic, die 1980 den Damm zum Bersten brachten. Am Tag nach dem Attentat, das Tote forderte, verurteilte Louis Pauwels im neurechten *Figaro-Magazine* sage und schreibe die »Explosion einer jüdischen Gewalt«.

Die beiden prominentesten Vertreter der antitotalitären Neuen Philosophie sind jüdischer Herkunft: Bernard-Henri Lévy und André Glucksmann. Sie haben in einem persönlichen Wechselspiel die Aufarbeitung der Vergangenheit inszeniert – mit programmatischen Büchern, die wie Etappen anmuten: von Glucksmanns *Meisterdenker*, seiner Attacke auf die deutsche Philosophie als Anstifterin, bis zu Lévys *Idéologie française* als Substanz eines eigenständigen gallischen Faschismus. Wenn Glucksmann in seinem Essay »Die Philosophie der Abschreckung« auch noch die radikalste Kritik an der deutschen Friedensbewegung formuliert, sie der Vergangenheitsfälschung bezichtigt und als Ideologie einer nicht nur verlogenen, sondern ebenso feigen politischen Haltung der Kapitulation entlarvt, ja so weit geht, die »grünen Pazifisten« als »Juden des dritten Weltkriegs« zu bezeichnen, kann man in der Neuen Philosophie durchaus ein Phänomen der Übertragung sehen und ein Element der historischen Revanche ausmachen.

Neue Rechte und Neue Philosophie sind gelegentlich in einem Aufwasch als parallele Phänomene behandelt worden. Diesen Kurzschluß mag einen Moment lang ihre trügerische politische Tendenz, die ihre Tiefenwirkung verkennt, suggeriert haben – eine Analyse zeichnet ein anderes Bild. Ende der siebziger Jahre fand zwischen den beiden Denkrichtungen mit politischen Ambitionen eine erstaunliche, allerdings ziemlich flüchtige Debatte statt. Ihr Gegenstand waren

Monotheismus und Polytheismus. Sie hat Lévy zu seinem Buch *Das Testament Gottes* inspiriert, einer kühnen Exegese der Bibel aus antitotalitärer Sicht als Antwort auf die Barbarei. Für den Verfasser gibt es gegen die Greuel totalitärer Regime, die er nur unscharf von den Demokraten unterscheidet, eine einzige Hoffnung: Die Rückkehr zu Gott und zum Monotheismus, dem alle Totalitarismen den Kampf angesagt haben. Das Nein zur (weltlichen) Politik, die für ihn immer nur beschränkend und unfrei sein kann, ist total und wird aus der Geschichte begründet. Lévy räumt mit dem traditionellen Bild der Antike – als Geburtsstätte des Individuums – auf und stellt eine originelle Antigone-Interpretation zur Diskussion. Ihr fehle die Transzendenz, mit der (der jüdische) Gott Individuation und Freiheit des Menschen garantiert. Antigone verkörpere nicht den Widerstand, sondern das Scheitern des Einzelgängers – Lévy ergreift Partei für Kreon, dessen Tun er rehabilitiert, denn eine Seele ohne Transzendenz sei eine überflüssige Seele. Die griechischen Helden und Götter verfügen weder über einen eigenen Willen noch über Persönlichkeit – für Lévy sind sie stereotype Rollenträger.

Von diesem überraschenden Befund aus erklärt er in eiligen Schritten die Totalitarismen des 20. Jahrhunderts mit dem Rückfall in den antiken Paganismus, zu dem Nietzsche, in Frankreich besonders Maurras, Montherlant und Drieu la Rochelle angestiftet haben. Dieser Neo-Paganismus habe das Ich (wie es noch in Prousts Literatur existiert) zerstört. An seine Stelle ist – auch in den Köpfen der Menschen – der Staat, die Partei, die Nation, die Rasse getreten. Dem heidnischen Athen hält Lévy das biblische Jerusalem entgegen: Einzig der Mensch, der an Gott glaubt (auch wenn er von dessen Inexistenz überzeugt ist), sei zum Widerstand gegen Entfremdung, Fanatismus und Faschismus, also: gegen die Barbarei, fähig.

Man mag mit diesen Gedankenspielereien einige Mühe haben, und Lévys Essay ist nicht ohne bedenkliche Schwächen, aber sie bekommen ihr Profil angesichts der neurechten Ideologie, die vom griechischen und mehr noch germanischen Polytheismus schwärmt und ihn als Weg der »Befreiung von der christlich-jüdischen Sklavenzivilisation« propagiert. Das *Figaro-Magazine* hat denn auch Lévys *Testament Gottes* auf mehreren Seiten heftig kritisiert, gleichzeitig aber sehr intensiv darauf hingewiesen, daß der Autor einen ganz wesentlichen Aspekt aufgegriffen habe.

Während dieser Zeit betrieb Giscard eine noch viel proarabischere Außen- und vor allem Handelspolitik als seine Vorgänger de Gaulle und Pompidou. Die diplomatischen Konzessionen an die wirtschaftlichen Interessen – ob es sich nun um den Bau eines Atomkraftwerks im Irak, um Erdöllieferungen oder das Waffengeschäft handelte – gingen weit, sehr weit. Die Freilassung des PLO-Führers und Terroristen Abu Daoud war nur eine Episode in der Folge beschämender Kniefälle. Unvergessen bleibt Giscards Reise nach Jordanien, in deren Verlauf er sich von einem militärischen Stützpunkt am Jordanufer aus einen Blick durchs Fernglas auf israelisches Gebiet genehmigt hat – nachdem alle Fotografen fortgeschickt worden waren! Und nach dem Attentat auf die Copernic-Synagoge verurteilte sein Premierminister Raymond Barre den Anschlag mit den Worten, daß er »auch unschuldige Opfer« gefordert hätte.

Bei den Wahlen 1981 erhielt dieser Regierungskurs die Quittung. Aus Verbitterung über die französische Nahost-Politik wie aus Angst vor der innenpolitischen Entwicklung stimmten vor allem die Juden für Mitterrand, der auf der diplomatischen Ebene mit seinem Besuch in Israel und der mutigen Rede vor der Knesset historische Akzente setzte. In einem Gespräch mit der Zeitschrift *L'Arche* erklärte er im Dezember 1983, es sei »höchste Zeit, in den Schulbüchern festzuhalten, wieviel die französische Zivilisation den Juden verdanke«. Er beklagte das »Schweigen der Geschichtsbücher«: »als ob kein Jude bei uns gelebt, bei uns schöpferisch tätig geworden wäre«. Und: »Als ich am 4. März 1982 die Ehre hatte, vor der Knesset zu sprechen, habe ich daran erinnert, wie meine Mutter mir die Bibel nahegebracht hat: sie war ihre tägliche Lektüre. An der Quelle der Kultur erzählte mir dieses Buch der Vernunft des jüdischen Volks eine Geschichte, von der ich sehr schnell begriff, daß es meine ist.«

Wie zur Zeit der Volksfront und unter Mendès-France mobilisierte auch diesmal die Existenz einer sozialistischen Regierung antisemitische Reaktionen und Wahnvorstellungen. Sie haben sich zu Beginn von Mitterrands Amtszeit auf den jüdischen Budgetminister Laurent Fabius konzentriert, der später sogar Regierungsschef wurde. Der reiche, intelligente und brillante, aber alles andere als volksnahe Fabius entspricht vielen Klischees, und als Verantwortlichen für die Staatsfinanzen hat man ihn offen beschuldigt, den Leuten das Geld wegzunehmen. Ähnlich ist es immer wieder dem Justizminister

Robert Badinter ergangen, der »die Gefängnisse leert« und die »Gesellschaft auflöst«, indem er sie den Kriminellen ausliefert, die ja nicht einmal mehr Angst vor der Todesstrafe zu haben brauchen. Als auf Wahlveranstaltungen von Le Pen die Namen Badinter und Simone Veil, die unter Giscard die Abtreibung liberalisiert hatte, fielen, schrie die Masse: »Nach Dachau, nach Dachau ...«

Im unterschwelligen Antisemitismus, den gewisse Kreise auch der gemäßigten politischen Rechten gegen die regierenden Sozialisten latent geschürt haben, ist ein Element der Rache auszumachen – motiviert vom Gefühl, die Macht unter den Trümmern der Copernic-Synagoge verloren zu haben. Als israelische Geheimdienste meldeten, das Attentat sei wahrscheinlich von Palästinensern verübt worden, war dies dem *Magazine-Hebdo* einen aufschlußreichen Leitartikel wert: »Man muß im nachhinein schon anerkennen, daß die Linke das vergossene Blut bemerkenswert auszuschlachten verstand«, schrieb die auf dem neurechten Kurs segelnde Publikumszeitschrift am 12. Oktober 1984: »Sie erfand eine neue Art, die Toten wählen zu lassen. Damit gewann sie die Präsidentschaftswahlen. Mit der ihm eigenen exquisiten Mäßigung schrie Professor Minkowski ein schallendes: ›Ich klage Giscard d'Estaing an. Er ist der erste Verantwortliche!‹« – Titel des Kommentars: »Copernic: für wen sich das Verbrechen bezahlt gemacht hat ...« Es war der alte Reim: Die Juden haben das Land den Linken ausgeliefert. Andere waren opportunistischer und zogen aus der analogen Überlegung taktische Schlüsse: für alle bürgerlichen Politiker, die auf Mitterrands Nachfolge spekulieren, ist die Reise nach Israel bereits zum Pflichtprogramm geworden – wer hinfährt, ist als Kandidat für die Präsidentschaftswahlen von 1988 erkannt.

Daß Israel (und implizit der Antisemitismus) für die Politiker zu einer Art Gretchenfrage, vor der sie lieber kneifen würden, geworden ist, hat mancherlei Gründe. Einer ist mit der historischen Konjunktur gegeben. Über die Aufarbeitung der Vergangenheit und der Repräsentationen wie Mechanismen ihrer Verdrängung sind die »Auschwitz-Lüge« und die Faschismus-Faszination, die man eigentlich für eine eher anachronistische, um nicht zu sagen: anekdotische Aktualität halten würde, zum Indikator der zeitgenössischen Kultur gerade bezüglich ihres Verhältnisses zur Politik geworden.

Alexander Solschenizyn, der in Frankreich am Ausgangspunkt des neuphilosophischen Schocks stand, berichtet von Gefangenen des Gulag, die das sowjetische System preisen: Es gibt offenbar Leute, deren ideologische Gewißheiten durch keinerlei noch so existentielle Erfahrung erschüttert werden können. Zu ihnen gehört Paul Rassinier, der nach seinem Ausschluß aus der KPF einer der vielen linken und parteilosen Oppositionellen war, die sich in den dreißiger Jahren jeder Allianz gegen den »Krieg der Imperialisten« widersetzt haben. Im Gegensatz zu anderen, die dachten wie er, landete Rassinier nicht in der Kollaboration – Paul Rassinier wurde Résistant. Doch seinen Ideen blieb der fanatische Pazifist treu: Noch im Lager, unter der Folter der Faschisten, verurteilte er den Antifaschismus. Nach seiner Rückkehr aus Buchenwald weigerte er sich weiter, das Nazi-Regime und seine Barbarei in irgendeiner Hinsicht von anderen Regierungen zu unterscheiden. In seinem Wahn konstruierte er in seinen Büchern ein wirres politisches Gebilde, das sogar alle Unterschiede zwischen den Nazis und den Alliierten wegargumentiert.

Auf das Zeugnis des Nazi-Opfers Rassinier beruft sich der Lyoner Professor Robert Faurisson, der seit einigen Jahren als illustrer Verfechter der »Auschwitz-Lüge« bekannt geworden ist. Sein Stekkenpferd sind die Gaskammern, die er für eine Erfindung des internationalen Zionismus hält. Sein Buch *Mémoire de Défense,* in dem er den Beweis seiner Behauptung »wissenschaftlich« zu erbringen vorgibt, erschien ausgerechnet mit einem Vorwort des amerikanischen Linguisten Noam Chomsky, der selbst Jude ist. Chomsky verweist auf Voltaire, der für die Meinungsfreiheit auch Andersdenkender gekämpft habe. Die heftige Reaktion der intellektuellen Öffentlichkeit begründet er mit der unbewältigten Vergangenheit der Franzosen, deren Folge ein »Schuldkomplex« sei: »Sie haben die Besatzung und die Kollaboration nie verarbeitet.«

Als Provokation eines freien Geistes, der sich gern für zweifelhafte Realitäten und Utopien engagiert, wäre Chomskys Geste akzeptabel. In seinen Begründungen allerdings versteigt er sich zu waghalsigen Schlüssen: Hitlers *Mein Kampf* habe »auf die Entwicklung des Nazismus keinerlei Auswirkungen gehabt«, und er, Chomsky, hätte durchaus ein Vorwort dazu verfaßt. Für einen Intellektuellen – erst recht für einen politisch engagierten – kommt diese Meinung einer totalen Bankrotterklärung gleich. Danach wären Ideen ebenso machtlos wie unverbindlich und unschuldig. Die Geschichte Frankreichs wie des Antisemitismus lehrt, im Guten wie im Bösen, das genaue Gegenteil.

Ausgerechnet der ultralinke Verlag »La Vieille Taupe« hat 1980 Faurissons haarsträubende Schrift als »historische Aufarbeitung« unter dem Stichwort des »Materialismus« herausgebracht. Schon früher hatten Splittergruppen des linksextremen Spektrums die »revolutionäre Sprengkraft« nazistischer Thesen erkannt. Der Zusammenschluß zum gemeinsamen publizistischen Vorgehen erfolgte in der zweiten Hälfte der siebziger Jahre, als in Frankreich die neuphilosophische Macht- und Totalitarismuskritik ihre Abrechnung mit dem Marxismus begann. Ganz so zufällig ist die unheimliche Allianz nicht: In einem brillanten Essay mit dem Titel *L'Avenir d'une négation* verweist der junge jüdische Publizist Alain Finkielkraut auf die historischen Wurzeln und Parallelen dieser aktuellen Verwirrungen. Den Beginn eines fatalen Ausschließlichkeitsdenkens setzt er ausgerechnet mit der Dreyfus-Affäre an. Von daher begründet er in einer ziemlich komplizierten, aber einleuchtenden Beweisführung jene Logik, die schließlich die Unterschiede zwischen Demokratie und Faschismus nivelliert, die kommunistische Strategie des Klassenkampfes inspiriert hat – und in den dreißiger Jahren den linken Widerstand gegen eine Allianz der Antifaschisten.

Den entscheidenden Bruch der Linksextremisten mit dem Stalinismus lokalisiert Finkielkraut nicht als Folge des deutsch-sowjetischen Nichtangriffspakts, sondern fünf Jahre früher: 1935, als Stalin und Laval den französisch-sowjetischen Beistandspakt gegen Hitler schlossen! In den Augen der linksextremistischen Splittergruppen (wie zum Beispiel der Trotzkisten) verzichtete die UdSSR damit auf das höchste aller Prinzipien, die universale proletarische Revolution: sie beging Verrat an der Idee. Sie stellte die nationalen Interessen höher und verlor ihre Faszination für all jene, deren politisches Handeln von der Verarbeitung des nationalen Sündenfalls 1914/18 motiviert war. Sie wollten sich »nicht noch einmal für dumm verkaufen lassen«. Die linksextremen Gruppierungen vereinte ein einziger Imperativ: Nicht in die »Falle des Antifaschismus« tappen! Hitler nicht als absolutes Feindbild anerkennen beziehungsweise verkennen – denn der (Klassen-)Feind ist überall, vor allem auch in der Demokratie. Der Antifaschismus verwässerte die grundsätzliche Gegnerschaft von Ausbeutern und Ausgebeuteten. (Vor dem Hintergrund dieser historischen Irrtümer wird verständlich, warum André Glucksmann heute das alles entscheidende Kriterium in der Frage »Totalitarismus oder Menschenrechte?« ausmacht und die Frage so absolut und unerbittlich stellt, daß kein Kompromiß möglich ist.)

Eine erste Äußerung dieser linksextremen Haltung macht Alain Finkielkraut für die Nachkriegszeit im Denken der isolierten Gruppe »Socialisme ou Barbarie« aus. Schon ihr Name – Sozialismus oder Barbarei! – steht in der Tradition des ausschließlichen Argumentierens. Zwar stellt »Socialisme ou Barbarie« auf geradezu prophetische Art die Logik der zwei Blöcke in Frage, doch werden in der aktualisierten Form ihres absoluten politischen Purismus die USA und die UdSSR zu praktisch »austauschbaren Figuren der Barbarei« (Finkielkraut). Der Autor deutet ihre materialistische Faschismuskritik als ersten Versuch, Hitler zu humanisieren. Bereits 1953 konnte man in der gleichnamigen Zeitschrift lesen: »Der Antifaschismus ist die jüngste ideologische Lüge« (des Kapitalismus). Von dieser Sicht der Dinge führt eine nicht nur personelle Linie zur linken Propaganda für die Weißwäscher von Auschwitz: zur Lancierung der Thesen von Faurisson erweckte 1978 Pierre Guillaume, der seine ersten Sporen bei *Socialisme ou Barbarie* verdient hatte, die sechs Jahre zuvor geschlossene Buchhandlung »La Vieille Taupe« als Verlag zu neuem Leben – in dem Moment, da Marx, der Übervater der Epoche, plötzlich von allen verlassen und mit wahrer Besessenheit umgebracht wurde.

Die Allianz der Außenseiter allein mag die intellektuelle Brisanz der Diskussion um die Gaskammern nicht zu erklären. Sie hat mit der Verharmlosung, schließlich dem Vergessen – und Verdrängen – des Gulag zu tun, einem Vorgang, bei dem Sartre wie Merleau-Ponty mit merkwürdigen Spitzfindigkeiten mitgewirkt haben. »Wenn unsere Kommunisten«, schrieben sie im Januar 1950 in den *Temps modernes,* »die Lager der Unterdrückung akzeptieren, so deshalb, weil sie von ihnen durch das Wunder der Infrastruktur die klassenlose Gesellschaft erwarten. Sie täuschen sich, aber so denken sie. In den Nazi-Lagern gab es ebenfalls die berühmten Mottos von der Erziehung durch die Arbeit, aber von dem Moment an, da die Gaskammern eingerichtet wurden, konnte niemand mehr glauben, daß es sich – und sei es der Absicht nach – um Nacherziehung handle.« Die (gute!) Absicht als unterscheidendes Merkmal von Nazismus und Stalinismus – die Gaskammer als Kriterium der politischen Glaubwürdigkeit und Maßstab der ideologischen Blindheit...

Am spektakulärsten trat die Koalition der Ultras im Abseits in der Konstellation Barbie/Vergès zutage: dem Moulin-Peiniger und seinem linksextremistischen Verteidiger, einem Stalinisten – »Man spricht immer vom stalinistischen Terror und vergißt seine lyrische und kameradschaftliche Seite« – und Mitglied der algerischen Befreiungsfront, militanten Anhänger von Mao, Castro, Baader, Carlos. »Der Angeklagte«, so Vergès, »tut gut daran, die Rollen zu vertauschen. Dadurch bestimmt er die Fragestellung. Er eröffnet auf dem Gelände, das er gewählt hat, die zweite Front.« Diese juristische Strategie hat Vergès auf den politischen Kampf ausgeweitet: er will – und schreckte dabei nicht einmal vor einer Allianz mit dem Massenmörder Barbie zurück – Frankreich den Prozeß machen, vor allem seinen kolonialistischen Verbrechen. Doch der – geschickte – Rückgriff auf das Verdrängte und die Spekulation auf seine Explosivkraft sind nicht durch jene moralische Empörung und Aufrichtigkeit, die Sartre noch in seinen Irrtümern glaubwürdig machten, motiviert; sie entsprechen einem ideologischem Kalkül: Mit der Gleichsetzung von nazistischen und kolonialistischen Verbrechen, denen man in Frankreich nach wie vor mit einer gewissen Scheu ausweicht, wird der Kapitalismus zum Urheber allen Übels schlechthin – was den letzten Gläubigen des Marxismus erlaubt, ihrer Ideologie treu zu bleiben. »Was wissen die Franzosen über die Massaker von Sétif?« überschrieb Pierre Guillaume seinen Artikel in *Libération,* in dem er – Faurisson verteidigte.

Daß der französische Mai 68 kein Nährboden für Terrorismus wurde, spricht für die politische Dynamik der gesellschaftlichen Verhältnisse, die sich unter dem Einfluß der intellektuellen Prozesse veränderten, hatte aber nicht zuletzt mit der Persönlichkeit der Studentenführer zu tun, integren Intellektuellen, die zu einem großen Teil jüdischer Herkunft waren, was sie für die fatalen Folgen der Gewaltanwendung besonders sensibilisierte. Das Attentat anläßlich der Olympiade von München, das Sartres schlimmsten Text der Gewaltrechtfertigung inspirierte – am 15. Oktober 1972 in *La Cause du peuple* (Nr. 29) erschienen –, bot dazu eine aktuelle Illustration.

Erst Jahre später wurde Frankreich mit dem Phänomen eines einheimischen Terrorismus konfrontiert. Er kam, wo er nicht die Angelegenheit neonazistischer Gruppierungen war, aus dem Lager jener Linken, die sich den geistigen Veränderungen verweigert hatten – auf die Marxismuskritik nur die Antwort »Barbie«! hatten – und immer stärker in die Isolation geraten waren. Dieser Terrorismus gibt sich »antizionistisch-kommunistisch-revolutionär« und war von allem Anfang an gegen die Juden gerichtet, die gleichzeitig zur Zielscheibe der »linken« wie »rechten« Gewaltanwendung wurden. Unter der sozialistischen Herrschaft reagiert Frankreichs Justiz dramatischer auf diese Herausforderung als frührere Regierungen – und vor allem auch bedeutend härter als zur Zeit des Studentenprotests.

Jüngste Anschläge mit tödlichen Folgen gehen auf das Konto der »Action directe«, der Inkarnation des französischen Terrorismus schlechthin, deren Verbindungen zu den Überresten der Rote Armee-Fraktion immer evidenter werden. Frédérich Oriach, der sich selber als »Ideen-Propagandist« bezeichnet, wurde als »Sympatisant« verhaftet, nachdem bei ihm Texte gefunden worden waren, die eine Beteiligung an terroristischen Aktionen vermuten lassen, und unter Anklage gestellt. Ganz im Sinne seines Verteidigers – natürlich: Jacques Vergès! – spielte sich der Angeklagte zum Ankläger auf: »Israel ist ein faschistischer, rassistischer, theokratischer Staat, ein Bunker des westlichen Kapitalismus ... Seine Zerstörung ist unsere Pflicht.« Das Gericht interpretierte die Texte Oriachs – Analysen von Attentaten, die er nachträglich für seine Zeitschrift *Subversion* vorgenommen haben will – nicht als »intellektuelle Billigung«, sondern als »materielle Implikation«. Oriach, der »literarische Terrorist«, wie ihn *Le Matin* nannte, wurde mit dieser in der neueren französischen Rechtsprechung absolut einmaligen Auslegung wegen »Bildung krimineller Vereinigungen« im Juni 1983 zu sechs Jahren Gefängnis verurteilt, was Vergès mit einem seiner legendären Wutausbrüche quittierte: »Es gab eine Zeit, da konnte Aragon schreiben: ›Feuer auf Léon Blum!‹, ohne daß er deswegen verhaftet wurde.« Nur – auf Blum wurde nicht geschossen, und wäre dies der Fall gewesen, hätte es nicht allein die Kommunisten, sondern auch die Rechte gefreut. Im Zusammenhang mit der Barbie-Affäre sprach Vergès von einer »juristischen Gegenrevolution, die uns vor 1789 zurückwirft«. Das ungute Gefühl, das das Urteil gegen Oriach hervorrief, wurde verstärkt, als später die vier Verfahren, die ihm eine direkte Beteiligung nachweisen sollten, in aller Stille eingestellt wurden.

Der sukzessive Zusammenbruch des seit 1945 gültigen Koordinatensystems hat an allen Fronten Verwirrung gestiftet, die besten Köpfe nicht ausgenommen; das, was Pierre Guillaume den »Antinazismus ohne Nazis« – als Rhetorik der Nachkriegsepoche – nennt, funktioniert nicht mehr. Er bezog seine Legitimität aus dem Schrekken gelebter Erfahrungen, vor denen es nicht nur der Literatur die Sprache verschlug. Die – notwendige – Kritik an der antifaschistisch-marxistischen Rhetorik hat zu einer neuen Relativierung geführt und eine noch größere Orientierungslosigkeit hinterlassen. Schließlich sind nach den Worten die Bilder entwertet, ja aufgelöst worden – spätestens die TV-Serie *Holocaust* hat den Horror durch seine Klischees ersetzt, die kollektive Rückkehr des Verdrängten zu einer Inflation konfuser Vergangenheits- und Faschismus-Visionen (oft mit sexuellem Einschlag) geführt.

Auf dieser Ebene der Faschismus-Klitterung setzt Saul Friedländers Kritik an. In seiner Schrift *Reflets du nazisme,* die unter dem etwas plakativen Titel *Kitsch und Tod* in deutscher Übersetzung vorliegt, spreizt er den Fächer der faschistischen Faszination in der zeitgenössischen Kultur. Seine Materialsammlung ist beeindruckend; neben dem internationalen Film wird Friedländer vor allem in der französischen Literatur fündig: von Marguerite Yourcenar bis Michel Tournier. Doch von Syberbergs *Hitler*-Film bis zur historischen Dokumentation schert er alles über denselben Kamm – er sieht allüberall faschistische Visionen und fragwürdige Darstellungen, die er aber allzu direkt mit dem realen Faschismus gleichsetzt –, es fehlt seiner Argumentation an Kriterien der Kritik wie des Klassifizierens.

Erstaunlicherweise kommt der Autor, der sich als »Psychohistoriker« versteht und ein Standardwerk über die »Erinnerung« *(Quand vient le souvenir)* an das Grauen vorgelegt hat, gar nicht auf die Idee, daß die Flut künstlerischer Werke, die sich mit dem Thema Faschismus beschäftigen, ein Symptom im Prozeß der Bewältigung sein könnte – Phantasien, die das Tabuisierte, Verdrängte, ausdrücken und seine Rückkehr begleiten. Friedländers Essay, der die Faschismuskritik mit der Verbindung von Eros, Kitsch und Todestrieb auch nicht weiterbringt als die liberalen und marxistischen Erklärungsmodelle, die er kritisiert, stützt zumindest indirekt durchaus die Tabu-Theorie, wenn er seine Warnung vor »zuviel Wissen« mit dem Zitat »Du sollst nicht essen vom Baum der Erkenntnis« unterstreicht.

Aber Friedländer fordert kein Denkverbot – und als Gebot zur Vorsicht beim Umgang mit gefährlichen Themen ist sein Rat ernst zu nehmen. Das gilt besonders für den Antisemitismus, der eine konstante Größe des französischen Geisteslebens darstellt. Dazu ist 1983 in Amerika ein Buch erschienen, das nun auch in französischer Sprache vorliegt. Sein Verfasser – Jeffrey Mehlmann – geht von der Feststellung aus, daß der Antisemitismus, dem Sartre nach dem Krieg das Recht auf »Meinungsfreiheit« absprach, seit Hitlers Judenverfolgung von keinem französischen Intellektuellen mehr vertreten werden kann. In seinem Essay *»Legs de l'Antisémitisme en France«*, das sich vor allem mit Giraudoux, Gide, Blanchot und Lacan auseinandersetzt, zitiert Mehlmann dafür zwei spektakuläre Bekenntnisse: Georges Bernanos, der noch in den dreißiger Jahren das mobilisierende Erbe des Antisemitismus als Grundlage einer antikapitalistischen Philosophie der Moderne einer neuen Generation vermitteln wollte, verneigte sich nach dem Sieg der Alliierten im Warschauer Ghetto vor den Opfern der Nazis. Und Thierry Maulnier leistete für seine haßerfüllten Äußerungen in seinem Artikel »Die Ehre, Jude zu sein« publizistische Abbitte.

Mehlmann muß nicht einmal die spektakulären Fälle – Céline, Rebatet, Brasillach – bemühen. Er forscht diesseits der pathologischen Tiraden nach einem ganz gewöhnlichen »Antisemitismus mit menschlichem Antlitz«, den er in vielen Texten und Strömungen, zum Beispiel von Lacan und Blanchot, ausmacht. Für ihn stehen sie in einer langen Tradition, die mit 1945 nicht aufgehört hat, aber seitdem ausgeklammert wird. Frankreichs Intelligenz hat auf dieses Werk, in dem allenfalls gewisse Einzelinterpretationen anfechtbar sind, zum Teil ziemlich hysterisch reagiert. Die Zeitung *Le Matin* diagnostizierte einen »Skandal« (nicht zuletzt wegen der amerikanischen Nationalität des Autors), und auch die sonst sehr sachliche *Quinzaine littéraire* schrieb empört, daß nur ein »Fremder« diese »niedrigen Bedürfnisse« empfinden – und ihnen nachgeben – könne ... Eine etwas weniger laute Polemik ist im Sommer 1984 um den Philosophen Jean-François Lyotard, dem Guy Scarpetta in *Art Press* den Vorwurf des Antisemitismus machte, geführt worden.

Im Jahr danach erschütterten neue Résistance-Skandale das Land. Die »Affäre Manouchian« rückte mit unglaublichen Enthüllungen die Wahrheit der französischen Kommunisten ins Zentrum der Vergangenheitsdebatte und machte sie erstmals auch der breiten Öffentlichkeit bewußt: ein Film des jungen Regisseurs Mosco – *›Terroristen‹ im Ruhestand* – und parallele Recherchen der Zeitschrift *Actuel* brandmarken die historische Lüge der KPF über ihr Verhalten im Krieg und liefern Bernard-Henri Lévys These vom braunen Marxismus als Bestandteil der *Idéologie française* im nachhinein ein trauriges Fundament.

Der Aderlaß im kommunistischen Lager war nach der Unterzeichnung des Hitler-Stalin-Pakts beträchtlich gewesen, und viele der »trotzdem« parteitreu gebliebenen KPF-Kader wurden verhaftet und nach der Niederlage von 1940 den Deutschen übergeben. In Paris verfügten die Kommunisten über kaum fünfzig Widerstandskämpfer. Auch die Gewerkschafter waren nicht bereit, Beruf, Familie, Wohnung zu verlassen mit der Aussicht, gefaßt und gefoltert zu werden. Doch es gab, wie *Actuel* schreibt, Leute, die im Kampf »nicht mehr riskieren, als wenn sie untätig bleiben würden, oder sogar weniger: sie sind schon entwurzelt und dem Tode geweiht« – es waren die aus dem faschistischen Europa vertriebenen Flüchtlinge, Juden aus Ost- und Mitteleuropa, italienische Antifaschisten, Armenier. Ihre Lage war nach dem Sieg der Deutschen noch schwieriger – für viele praktisch aussichtslos geworden. Daß sie sich den Kommunisten zuwandten, deren Partei in den dreißiger Jahren als Motor der Ausländerintegration funktioniert hatte, geschah nicht aus ideologischen Gründen.

Dieses »fremde Fußvolk« wurde zur Elite des militanten Widerstands. Die Kommunisten faßten die »Main d'œuvre immigré« (MOI) in sogenannten »Sprachgruppen« zusammen; die MOI wurde ihrer militärischen Organisation »Francs Tireurs et Partisans« (FTP) angegliedert: FTP-MOI. Anfang 1943 meldete sich der 37jährige armenische Dichter Missak Manouchian als Freiwilliger. Er war in den Waisenhäusern der Diaspora aufgewachsen und kämpfte in Paris, wo er verschiedene armenische Zeitschriften gegründet hatte, für die Sache seines Volkes. Manouchian war ein sehr mutiger Mann und avancierte schnell zum Chef einer Truppe.

Im Sog einer Verhaftungswelle wurde auch einer der engsten Mitarbeiter des Kommunistenchefs Jacques Duclos festgenommen. Er hatte – in bester stalinistischer Manier – Biographien seiner Kämpfer angefertigt: Der ideologische Gehorsam ging offenbar über die Imperative des Widerstands. Nach weiteren Verlusten wurden die

»Sprachgruppen« zu einer einzigen Organisation zusammengelegt und der militärischen Leitung von Manouchian unterstellt. Trotz einer immer schwieriger werdenden Situation schickte man die Gruppe im Sommer 1943 in den Kampf gegen die Deutschen – auf Befehl der Partei und gegen den Willen der Pariser MOI-Verantwortlichen: In Algier verhandelten die Kommunisten mit de Gaulle, und sie wollten ihre innenpolitische Stärke demonstrieren, denn es ging bereits um die Positionen im Nachkriegsfrankreich. Damals, schreibt *Actuel*, »wurden die Ministerien mit Ruhm und Blut gekauft«.

Die Verfolgung durch die Polizei nahm gefährliche Ausmaße an. Zudem stellte die Partei Manouchian, dem sie inzwischen mißtraute, weil er gegen die Weiterführung des aussichtslosen Kampfes war, den sie jedoch wollte, einen »politischen Kommissar« zur Seite – und drehte schließlich den Geldhahn zu. Am 12. November 1943 entschloß sich Manouchian zur Verzweiflungstat: Er überfiel einen deutschen Geldtransport – es war die letzte Aktion seiner Truppe, die sich vier Tage später beim Bahnhof von Evry-Petit-Bourg einfinden sollte. Manouchian ahnte den Hinterhalt, wollte seine Leute aber nicht ohne den Chef hochgehen lassen. 66 Partisanen wurden verhaftet und in Fresne gefoltert; kein einziger gab Namen oder Geheimnisse preis.

Die Deutschen wählten 23 Gefangene aus – darunter eine Frau und Manouchian – die als Mustergruppe die rassische Herkunft des Widerstands exemplarisch illustrieren sollten. Gleich nach dem Ende des Prozesses im Pariser Hotel Continental wurden die dreiundzwanzig am 21. Februar 1944 auf dem Mont-Valérien, einer späteren Résistance-Gedenkstätte, erschossen. In den französischen Städten klebten die Nazis 15 000 rote Plakate mit den Porträts von zehn der Opfer – in ihrer Mitte Manouchian, »Armenier, Bandenführer, 56 Attentate, 150 Tote, 600 Verletzte« – an die Mauern. Das war das berühmte »rote Plakat«, das zum Symbol der Repression wurde – nie zuvor hatten die Deutschen gegen die Résistance einen derartigen Propagandafeldzug inszeniert.

In seinem Abschiedsbrief spricht Manouchian von dem, der seine Gruppe »verraten« (der »politische Kommissar«), und von jenen, die sie »verkauft« haben. Die Zeitschrift *Actuel*, die den Namen des Verräters nennt, diskutiert alle möglichen Versionen des Verrats. Keine ist plausibel – außer der erschreckendsten: »Die Liquidierung

Manouchians kann nicht auf eine Tragödie der Anti-Hitler-Résistance reduziert werden. Im stalinistischen System waren Manouchian und seine Genossen bereits im Namen einer späteren Politik verdammt...«

Einmal abgesehen von der Einsicht, die bereits von Emmanuel d'Astier de la Vigerie im Film *Le Chagrin et la Pitié* angedeutet wurde – daß der Widerstand zuerst die Angelegenheit von Außenseitern, Entwurzelten, Enrechteten war (nach Manouchians Verhaftung gab es in Paris praktisch keine Attentate mehr) –, wird der Verdacht, die Kommunisten, die sich nach dem Krieg stolz die »Partei der Füsilierten« nannten, hätten die Résistance-Aktivitäten von Ausländern, die sie skrupellos verheizten und schließlich aus ideologischen Gründen wie zur eigenen Glorifizierung verrieten, für den eigenen Widerstand usurpiert, durch zahlreiche Indizien gestützt. Für Stalin ging es darum, jene Kommunisten zu eliminieren, deren Hinwendung zum Marxismus nicht ausschließlich ideologisch motiviert, sondern zum Beispiel eine Folge des antifaschistischen Engagements gewesen war. So wurde die MOI von der stalinistischen Geschichtsschreibung schon früh totgeschwiegen – in den Prager Schauprozessen waren die ehemaligen Mitglieder der Manouchian-Gruppe, die in die Tschechoslowakei zurückgekehrt waren, als Angehörige eines »imperialistischen Spionagenests«, zu dem die MOI in der Terminologie der Geschichtsfälscher wurde, im voraus verurteilt.

In Frankreich, dessen Kommunistische Partei unvermittelt um eine nationale Identität bemüht war und als »Nachfahre von du Guesclin und Bayard«, des unteilbaren Frankreich »von Robespierre und Jeanne d'Arc« *(Actuel)* erscheinen wollte, wurden die ausländischen Partisanen nach 1945 in zunehmendem Maße aus der Partei gedrängt, zum Teil auch ausgeschlossen, und ihre Namen aus den Dokumenten des Widerstands entfernt. In einem 1946 von der KPF herausgegebenen Buch *Lettres de fussillés* sind die Briefe Manouchians und seiner Freunde noch enthalten – in der 1951 in Moskau in französischer Sprache herausgebrachten Neuauflage fehlen sie. Und aus den Faschismus-Opfern Epstein, Chapiro, Zalnikov wurden: Sémard, Rebière, Hapiot. Als die Brüder Lévy 1953 für eine Sammlung von Résistance-Novellen einen Literaturpreis bekamen, erlaubte Louis Aragon die Publikation in einem kommunistischen Verlag unter der Bedingung, daß die Namen »französisiert« würden – Adam

Kowalski durfte nur als reinrassiger Franzose namens »Marcel Chevalier« gedruckt werden.

Erst nach diesen »Säuberungen« – und nach Stalins Tod! – schrieb Louis Aragon sein berühmtes Gedicht »L'Affiche rouge«, das der Chansonnier Léo Ferré Millionen zu Gehör brachte: Ihr hattet eure Porträts an unseren Mauern ... Aragon vergleicht in einer Metapher das rote Plakat mit einem Blutfleck, der den Passanten Angst machen sollte – »23 Fremde und dennoch unsere Brüder«. Inhaltlich stützt sich Aragon auf Manouchians letzten Brief, doch unterschlägt er die Stellen, in denen vom Verrat die Rede ist. Elf Jahre sind seither vergangen – *onze ans déjà, que cela passe vite*. Das Gedicht ist keine Hymne auf die Partei, man kann in ihm sogar Ansätze einer leisen Selbstkritik ausmachen – doch noch 1955 verschweigt der poetische Wiedergutmachungsversuch die historische Wahrheit.

Trotz aller Anstrengungen – und Verklärungen – gelingt es nicht, sie aus der Welt zu schaffen. Stückweise kommt sie ans Licht – in Dokumenten, Zeugnissen, Biographien. Zusammen mit den letzten sieben Überlebenden der Manouchian-Gruppe, die sich regelmäßig am Jahrestag der Erschießung auf dem Friedhof von Ivry versammeln, drehte Mosco seinen Film: Die ›*Terroristen*‹ *im Ruhestand* leben in bescheidenen Verhältnissen im Schatten der Gesellschaft – für die heroischsten und zeitweise einzigen Figuren des Pariser Widerstands hat es nach 1944 keine Résistance-Karriere gegeben. Die Republik, fordert *Actuel*, »ist diesen Fremden, die unsere Ehre gerettet haben, eine Ehrbezeugung schuldig (...) Nicht genug damit, daß man die MOI in den Kämpfen für die Befreiung Frankreichs geopfert hat, daß sie verraten und verkauft wurde – bis heute hat man ihr die Glorie gestohlen, wenn man sie nicht gar beschmutzte.« Einige der Überlebenden warten noch immer auf die französische Staatsbürgerschaft!

Im Film, der endlich ihrer Bedeutung gedenkt, meint der Schriftsteller Claude Lévy zum Komplott des vierzigjährigen Schweigens: »Die Operation hätte vollständig gelingen können, wenn es nicht das rote Plakat gegeben hätte. Ich meine nicht Aragons Gedicht, sondern das Plakat an den Mauern von Paris. Anderswo sind die Deportierten, Füsilierten der MOI gestorben, ohne große Spuren zu hinterlassen. Ohne dieses Plakat hätte wohl niemand von Manouchian, Rayman, Alfonso und den anderen ausländischen Widerstandskämpfern gesprochen.

Als Moscos Film 1984 zum 40. Jahrestag der Erschießung im Fernsehen gezeigt werden sollte – und abgesetzt wurde –, kam es in der Öffentlichkeit zu keinem nennenswerten Protest. Kurz darauf schieden die Kommunisten aus der Regierung aus, und *Antenne 2* nahm die *›Terroristen‹ im Ruhestand* erneut ins Programm auf. Die Proteste der Kommunistischen Partei – sie spricht von »antikommunistischer Geschichtsfälschung«, ist aber nicht bereit, das dokumentarische Material zugänglich zu machen – führten dazu, daß sich die Aufsichtsbehörde des Fernsehens – die »Haute Autorité« – mit dem Fall befassen mußte. Sie wandte sich zur Beurteilung nicht an Historiker – sondern an den offiziellen Résistance-Ehrenrat, dem zwar ehrenwerte, verdienstvolle Leute angehören, der sich aber in seinem Selbstverständnis als eine Art Gralshüter des unbefleckten Gedenkens zunächst eindeutig gegen die Ausstrahlung des Films aussprach. Diesmal allerdings löste die Entscheidung einen Sturm der Entrüstung aus, in dem sich antikommunistische Gefühle ebenso manifestierten wie eine verstärkte Bereitschaft, gewissen Greueln der Vergangenheit in die Augen zu schauen – vor allem auch die Angst der Sozialisten, von der Rechten als Zensoren des Fernsehens angeprangert zu werden. An einem denkwürdigen französischen Abend wurde der Film im nationalen Programm gesendet.

Die anschließende Diskussion – unter Ausschluß der noch lebenden Hauptakteure – wich allen wesentlichen und wirklich brisanten Fragen aus: wer – und sei es als Historiker – etwas über die Affäre zu sagen gehabt hätte, war nicht eingeladen worden. Der ehemalige gaullistische Premierminister Jacques Chaban-Delmas, ein großer Widerstandskämpfer, bezeichnete die »Affäre Manouchian«, von der er bisher nichts gewußt hatte, in einem Anflug von rhetorischem Pathos als »Beispiel der kriegerischen Grausamkeit«; er gab sich mit diesem historischen Auftritt kurz vor Mitternacht geradezu den Status eines möglichen Premierministers der *cohabitation*. Anstelle einer Debatte, schrieb Jacques Julliard, »servierte man uns die 17. Folge der unsterblichen Serie ›Kommunisten und Gaullisten Hand in Hand während des Kriegs‹«. Am Schluß waren alle zufrieden – das Ansehen des Fernsehens intakt, die Ehre der Kommunisten von den Gaullisten gerettet, der Zwischenfall (scheinbar, vorübergehend) beigelegt. Doch seit der »Affäre Manouchian« ist die Wahrheit des kommunistischen Widerstands eine andere, komplexere – wobei diese Enthüllung bezeichnenderweise erst nach dem Abbau seiner Ideologie möglich wurde. An diesem Befund ändert auch die Tatsache nichts, daß die pathetische Diskussion im Anschluß an die Ausstrahlung in verlogener Einmütigkeit die Einheit der Résistance zelebrierte und die erneut aufgerissenen Wunden balsamierte. Das wird in Zukunft kaum mehr möglich – und wohl auch nicht mehr nötig – sein.

Das tragische Schicksal der Manouchian-Gruppe mit der Verstoßung der fremden Partisanen im eigenen Lager durch die Kommunisten – als Präzedenzfall? – wirkt wie eine antizipierende Illustration von Paul Thibauds Hypothese zur nicht mehr funktionierenden Integration der Ausländer. In den gleichen Wochen des Jahres 1985, da Frankreich von diesem wenig ruhmreichen Blatt seiner Geschichte Kenntnis nahm, sorgte ein postum veröffentlichtes Interview mit dem Philosophen Vladimir Jankélévitch für zusätzliches Aufsehen. Der 1903 geborene Philosoph russisch-jüdischer Herkunft war 1939 zur Armee eingezogen worden, wurde im Jahr darauf verwundet und nach dem Erlaß der rassischen Ausnahmegesetze durch Vichy seiner Funktion enthoben. Er trat umgehend der Résistance bei; heimlich vertrieben seine Studenten Jankélévitchs Schriften. Nach der *libération* war er als Professor und Publizist tätig und immer wieder um das Andenken der Nazi-Opfer bemüht. Jankélévitch empfand sich als engagierten, nicht als beobachtenden Philosophen – engagiert auf der Seite der menschlichen Würde und einer Moral des Handelns. Er kämpfte, als sie wieder aktuell wurde, gegen die Euthanasie wie für die Beibehaltung der Philosophie als Schulfach. Im Mai 68 schloß er sich den Aufständischen an; 1981 gehörte er zu den wenigen Intellektuellen, die für Mitterrand eintraten.

»Hört nicht, was sie sagen, schaut, was sie tun«, schrieb er in Anlehnung an Bergson. In den Werken von Vladimir Jankélévitch (der konsequenter als alle anderen alles »Deutsche« auch in der Kultur ablehnte), der erst in den letzten Jahren seines Lebens aus dem Schatten der akademischen Anonymität trat und einem größeren Publikum bekannt wurde, geht es um das Böse, um die Lüge und die Liebe – und immer wieder um die Musik. Die moralische Haltung wird als Aufgabe, als dringliche Pflicht definiert; das moralische Bewußtsein, lehrt Jankélévitch, kann nur aus einem Gefühl der Schuld entstehen. So muß sein »anstößiges« letztes Interview, das für eine Neuausgabe seiner Schrift *Pardonner* gedacht war und von *Libé-*

ration ausgerechnet am Tage von Jankélévitchs Begräbnis veröffentlicht wurde, durchaus als moralischer Akt verstanden werden – auch wenn es als intellektuelle und persönliche Abrechnung ausgelegt werden kann. Jankélévitch kritisiert in diesem Gespräch Sartres mangelndes Engagement im Krieg, das er mit seinen späteren Imperativen kompensiert habe, greift aber vor allem Merleau-Ponty an, der sich während Jankélévitchs Flucht in dessen Pariser Wohnung eingenistet und sich mit der Begründung, er müsse unbedingt eine Arbeit schreiben, dem politischen Gebot der Stunde entzogen hatte. Jankélévitch beklagt die Ungerechtigkeit der Nachkriegskultur, auf deren Thron Leute wie Sartre und Merleau-Ponty ziemlich triumphierend Platz nahmen, während der aktiv im Widerstand tätige Jean Cavaillès, der größte französische Wissenschaftsphilosoph der Zwischenkriegszeit, nach seiner Erschießung durch die Nazis im Jahre 1944 von der publizistischen Öffentlichkeit praktisch vergessen wurde. Ein ähnliches Schicksal erlitt Cavaillès' Nachfolger auf dessen Lehrstuhl, der heute über achtzig Jahre alte Philosoph Georges Canguilhem – und zeitweise hat wohl auch Jankélévitch selber unter dieser Undankbarkeit gelitten. Wenn Vladimir Jankélévitch am Ende seines Lebens – nicht ohne Bitterkeit – darauf verwies, daß viele bedeutende Résistance-Kämpfer, Intellektuelle von Rang, aufgrund der veränderten Situation nach 1945 in Vergessenheit geraten sind, weil ihrem Denken die »Aktualität« ermangelte, so vollzog er damit einen Akt des Gedenkens, das heißt auch der Gerechtigkeit, der durchaus als Datum einer Epoche vermerkt werden soll.

Das Verdrängte schlägt nur zu oft in den perversesten Formen zurück. So ist der verfemte Dichter Louis-Ferdinand Céline offensichtlich so lange tabuisiert und verboten worden, daß er geradezu zum Kronzeugen für das, wofür er stand (und büßte), wird. Ausgerechnet Bernard-Henri Lévy, der mit der *Idéologie française* ins Gericht geht, nennt ihn »den größten Historiker des 20. Jahrhunderts«, hält gerade seinen Antisemitismus für »progressiv«: »Céline lesen heißt verstehen, warum es keinen Traum von Gemeinschaft gibt, der nicht wie seinen Schatten und seine Grenze die Versuchung der Ausschließung in sich trägt. Heißt verstehen, warum die Moderne eine – eine einzige – Religion erfand, die fähig ist, die verstreuten Fäden des aufgelösten sozialen Gewebes zusammenzubringen: die faschistische Religion.«

Céline also trotz seiner antisemitischen Aus- und Anfälle nicht der große Dichter, als den ihn niemand in Frage stellen konnte, sondern wenn nicht gar dank, so zumindest auch wegen, jedenfalls mit ihnen? Philippe Muray, der in seinem Buch *Le 19ème siècle à travers les âges* die langsame Geburt des Sozialismus – als »dominierende Ideologie des 20. Jahrhunderts« – aus einer kaschierten, verneinten Rückkehr des Okkultismus und »aller Themen der modernisierten alten Magie unter dem Begriff der Theosophie« beschreibt, weigert sich, den genialen »literarischen« Romancier vom gräßlichen antisemitischen Pamphletisten zu unterscheiden – jene Trennung vorzunehmen, die schon die nur begrenzte Zugänglichkeit seiner Schriften aufdrängt.

»Céline ist der einzige, der letzte französische Schriftsteller, von dem es keine Gesamtausgabe gibt«, stellt Muray in einem Gespräch mit Philippe Sollers' Zeitschrift *L'Infini* (Nr. 8) fest. Dies war zuletzt Sade widerfahren, mit dem der eigenwillige amerikanische Theoretiker Céline vergleicht. Beide stehen in ihrer jeweiligen Epoche für eine »unabwendbare Monstrosität« – Sade wie Céline »repräsentieren die Schwelle des für die Gesellschaft Erträglichen«.

Im Falle von Sade kann Muray die »Mißverständnisse« als Ausdruck des permanenten Konflikts von Symbolik und Realität auslegen: »Nichts von Sade verstehen heißt glauben, daß er für den Mord plädiert, wo doch mit seinem absoluten Ekel vor der Todesstrafe mitten im Terror (der Revolution) der Beweis des Gegenteils gegeben ist.« Doch die Berufung auf unser aller »Träume von Mord und Lust durch die Zerstörung, die unter dem Deckmäntelchen unserer humanitären Proteste in uns spuken« und die mit dem, was wir tagsüber tun, dennoch wenig gemein haben, genügen bei der Deutung Célines nicht: Man kann seine *Bagatelles pour un massacre* aus dem Jahre 1937 nicht ohne die »retrospektive« (Muray) Realität der Konzentrationslager lesen – Célines Phantasie stimmt durchaus mit ihrer unerträglichen Wirklichkeit überein.

Als Dichter hat er »in der französischen Literatur« im 20. Jahrhundert alle anderen »überholt« *(pris de vitesse):* er ist weiter gegangen, radikaler, stärker, wirkungsvoller – schöpferischer. Er hat den literarischen Stil – die *écriture* – der Epoche gefunden und damit, ohne ihr je angehört zu haben, die Träume, die Utopie der Avantgarde verwirklicht. In seiner Sprache schlummert das Gespenst des absoluten Grauens. Weshalb verweigerte man derart hartnäckig die Auseinandersetzung mit ihm? Weil sie, wie Muray mehr als nur suggeriert, den wahren Charakter aller Avantgarden enthüllen könnte: »Das, was die Avantgarden, die traditionellerweise auf der Achse des ›Fortschritts‹ und der besseren Welten angesiedelt sind, im Geheimnis aller euphorischen Fortschrittsgläubigkeit an krimineller Regression kaschieren könnten. Daß Céline die lebendige Sprache des Jahrhunderts entdeckt hat und man gleichzeitig in seinem Werk bei jedem Schritt über Tote stolpert, ist ein Skandal, ein Rätsel und geradezu ein Alptraum.«

Muray interpretiert Célines Antisemitismus, den der Dichter selber immer mit sadistischen Attacken der Juden gegen seine Person und den dümmsten Klischees seiner Epoche erklärte, aus seinem literarischen Schaffen heraus. In *Mort à crédit* (Tod auf Kredit) schildert der Schriftsteller seine Unfähigkeit, eine mittelalterliche Legende zu erzählen. Dieses Scheitern – an etwas, das seiner Dichtung radikal entgegengesetzt ist – produziert im Roman die *fiction célinienne*, die an sich schon nicht frei von antisemitischen Gefühlen ist, und löst in den Pamphleten die primitive judenfeindliche Hetze aus. So betrachtet kann man durchaus von einem sehr komplex gelagerten Sündenbockmechanismus sprechen und festhalten, daß es Célines ästhetische Revolution (der Sprache) ist, die den antisemitischen Schund produziert.

Damit ist der Aspekt des Antisemitismus im Kern der Avantgarde-Problematik festgemacht: »Die literarische Avantgarde, der Fortschritt in der Kunst sind in der Vorstellung des Jahrhunderts Synonyme für den Fortschritt und die soziale Revolution, das linke Denken...« Muray erwähnt, daß Céline gerade dann, wenn er sogenannt links schreibt (indem er soziale Reformen fordert, Projekte eines neuen Urbanismus oder einer verbesserten Hygiene vorträgt), in seine judenfeindlichen Tiraden verfällt.

Von den vier ominösen Pamphleten Célines entsprechen drei ganz den Vorstellungen, die von ihnen zirkulieren – sie sind dumm, vulgär, primitiv und bösartig. Muray meint sogar, daß ihre Veröffentlichung nach wie vor unerwünscht sei. Doch es gibt den vierten Text, der den erstaunlichen Titel *Mea culpa* trägt. Er ist sehr kurz und stellt eine Abrechnung mit der Sowjetunion dar, die er 1936 besucht hatte: »Es handelt sich um ein antisowjetisches Pamphlet«, das weit hinter dem, »was wir heute wissen«, zurückbleibt: »Doch dieses Pamphlet bleibt immer noch im Dunstkreis der verbotenen antisemitischen Schriften, was mich erstaunt. Hat es denn niemand gelesen? Wirft man Céline noch immer vor, das sowjetische System anzugreifen?« Das kann heute kein ausreichender Grund mehr sein, im Gegenteil – aber ein Indiz für die seltsame Verknotung von Antifaschismus und Antisemitismus im linken politischen Denken.

Louis-Ferdinand Céline, den man im Anschluß an die *libération* geradezu exkommunizierte, später auch verurteilte, der wirklich schuldig war, der zudem jede Selbstkritik verweigerte und damit zum idealen Sündenbock wurde (»als ob die Gesellschaft nicht wissen wollte, was sie seit 2000 Jahren dachte«, schreibt Muray), ist politisch und künstlerisch besonders für die nach 1945 dominierende kulturelle Linke ein Ärgernis und wird es wohl noch geraume Zeit bleiben. Er erinnert sie nicht nur an die antisemitischen Anfänge des Sozialismus, die seit dem Zweiten Weltkrieg noch unerträglicher geworden sind, und brandmarkt alle ihre Überzeugungen vom revolutionären Kunstwerk aus dem Geiste des Engagements. Céline ist zudem geglückt, was er nicht unbedingt beabsichtigte und woran Sartre – mit *Wege der Freiheit* und auch sonst – scheiterte: Er hat die Katastrophe und den Krieg literarisch in den Griff bekommen, zu gestalten vermocht und (»mit der deutschen Trilogie, mit ›Normance‹«, sagt Muray) das überzeugendste, das »einzige« große Epos der Elenden und Verfolgten geschrieben – der im Dreck der Geschichte liegende, von den Ereignissen besiegte Dichter, der an der Epoche historisch wie existentiell und auch moralisch gescheiterte Céline, der an ihren schlimmsten Verbrechen mitschrieb, hat ihr in der Literatur ihre Sprache, ihren ästhetischen Ausdruck verliehen. Der Preis, auch für die Literatur, war hoch – noch immer ist er nicht voll beglichen.

Zum Tribut, der von ihr gefordert wurde, gehörte das Engagement. Sein Imperativ wurde von der strukturalistischen Subversion ausgehöhlt und von den formalistischen Experimenten – besonders des *nouveau roman* – umgangen. Nur langsam veränderte sich der Anspruch an die Literatur, und im Umfeld der sich abzeichnenden Abkehr vom Sozialismus formulierte Philippe Sollers, der mit seinem ideologischen Stoßtruppunternehmen »Tel Quel« vom orthodoxen Parteimarxismus über den Maoismus und die verschiedenen Wellen des Nach-Mai bis zur antitotalitären Mode so ziemlich jeden intellektuellen Hakenschlag entweder eingeleitet, ausgedrückt oder mitgemacht hatte, in der Mitte der siebziger Jahre eine neue literarische Ästhetik und Ethik, die endgültig von der Forderung nach Engagement abrückte, die revolutionäre Dimension neu auslegte, das Links-Rechts-Schema in Frage stellte und nicht mehr die weltverändernde Kraft der Literatur unterstrich, sondern – die neuphilosophischen Kriterien auf sie übertragend – ihre Fähigkeit zum Widerstand als gleichsam politischen und ästhetischen Maßstab setzte: »Meiner Ansicht nach ist es revolutionär, die Sprache einer Gesellschaft, ihre sexuellen und mentalen Repräsentationen, in Frage zu stellen. Nun gibt es aber politische Stellungnahmen avantgardistischer Künstler, die eindeutig faschistisch sind, denken wir nur an die italienischen Futuristen, Pound oder Céline. Auf der anderen Seite gibt es revolutionäre Stellungnahmen, die in einer politischen Sackgasse enden – zum Beispiel die Surrealisten. Man muß die Probleme anders formulieren. Eine Avantgarde deckt in einem gegebenen Moment Symptome eines Widerspruchs zwischen Kultur und Politik auf. Obwohl Faschist, ist Pound ein bedeutender Schriftsteller. Hier kann es sogar die Aufgabe der Avantgarde sein, die politische Blindheit einer Epoche zu inkarnieren. Eine Avantgarde mag, darf sich politisch irren – nie aber wird ein totalitäres Regime sie tolerieren können. Schaut man aus zeitlicher Distanz auf eine Epoche zurück, erkennt man eine Anzahl Abweichungen und Brüche, die sich als Symptome erweisen. Schriftsteller wie Céline, so verschieden sie sind, werden zu Gradmessern ihrer Zeit; Céline nahm faschistische Positionen ein, Artaud hat man in eine psychiatrische Klinik eingesperrt. Artaud, Céline, Kafka, Joyce, Pasolini – sie zeigen die fiebrige Temperatur einer Epoche an. Das ist nicht revolutionär, sondern subversiv und viel wesentlicher als alle politischen Stellungnahmen.«

Der Widerspruch von Subversion und Politik wird zur Nahtstelle der Kultur, wo die Risse am schnellsten sichtbar werden: »Eine Avantgarde, die sich politisch völlig unterwerfen würde (oder nur noch politisch wäre), ist nicht mehr avantgardistisch. Jene, die Politik machen, akzeptieren nie eine Kontestation, das Infragestellen bestehender Herrschaftsverhältnisse. Die Avantgarde setzt sich der Zensur aus, die unter völlig verschiedenen Regimen die gleiche ist. Kann man sagen, die Sowjetunion sei ein revolutionärer, sozialistischer Staat, während man in Prag Kafka nur unter großen Schwierigkeiten publizieren kann? Ist dieses Land etwa fortschrittlicher als Chile, wo man die Werke

Freuds verbrennt? Eine der vordringlichsten Aufgaben der zeitgenössischen Avantgarde wäre es zu untersuchen, inwiefern jede Form von Gesellschaft möglicherweise bis zu einem gewissen Grade faschistisch ist.« Die Provokation der Avantgarde besteht nicht in der politischen Position, die sie beziehen mag – sie »berührt und schließt das Unbewußte auf«: Der Begriff, eine militärische Metapher, »weist auf die Distanz zwischen Vorhut und Hauptmacht hin, auch auf die Isolierung – und gerade auf den Einfluß, der am heftigen Widerstand, mit dem man ihr begegnet, gemessen werden kann«. Die Funktion, die Sollers mit dieser Konstruktion dem Widerstand zuschreibt, kann eine politische sein – die Art des Ablaufes ist in einem geradezu klassischen Sinne psychoanalytisch.

Das beklemmende Gewicht des faschistischen Sündenfalls ist in den modernen Geistes- und Sozialwissenschaften, die das Wesentliche der manchmal bizarre Formen annehmenden Aufarbeitung leisten und deren Einbruch in Literatur wie Philosophie zu den prägendsten Merkmalen der Nachkriegskultur gehört, dominierend und richtungweisend – von Jacques Lacan bis Roland Barthes, bei den Linguisten wie bei Michel Foucault. Diese generelle Ausrichtung manifestiert sich in vielerlei Themen und Theorien – methodisch wie inhaltlich. Die organisierte Verfolgung und Ausrottung von Juden, die sich auf viele Anstifter berufen konnte, ist, wo sie nicht direkt angegangen wird, im Schatten der von der Kultur intensiv thematisierten faschistischen Phänomene omnipräsent.

In Louis Dumonts Theorie der Zivilisation, die ebenfalls ein psychologisierendes Geschichtsverständnis impliziert, entsteht der Totalitarismus aus einer pathologischen Störung des Gleichgewichts von Individualismus und Holismus. Die fanatische Ausrichtung auf das Völkische, auf die Gemeinschaft, die den Faschismus kennzeichnet, kann die Rückkehr des verdrängten Individualismus nicht stoppen. Für Dumont ist es die antisemitische Paranoia, die die unbewußte Faszination des Individualismus auffangen mußte und konnte – in der Verherrlichung des Willens zur Macht des Führers, mit dem sich die Masse zur Kompensation ihres »vermaßten Ichs« identifiziert. Ihr eigener Wille ist entfremdet, aber er wird, und das genügt offenbar zur Manipulation der Masse, auf der Bühne des Imaginären, das der Faschismus grandios und genial zu inszenieren versteht, im Kult der höheren Rasse gespiegelt und zelebriert.

Hitler, schreibt Dumont in den *Essais sur l'individualisme,* hat den Sozialismus, »das heißt hier wesentlich die Manipulation der Masse«, in den Dienst des Nationalismus – unter dem er den »pangermanischen Rassismus« versteht – gestellt. Er erkannte das Ungenügen des religiösen Antisemitismus und machte den Rassismus (anders als Gobineau, bei dem er eine pessimistische und negative Ideologie ist) zur positiven Doktrin. Die jüdische Rasse verkörpert das Böse schlechthin, die Kraft, die seit Moses immer wieder den natürlichen Lauf der Dinge stört – der perverse Faktor der Geschichte. Es genügt aber – dies der »positive« Aspekt –, daß hier endlich einmal eingegriffen wird, um den »normalen« Gang der Welt wiederherzustellen. Damit kann auch hinter allen Übeln – Marxismus und Kapitalismus, Christentum wie Demokratie – ein und derselbe Sündenbock ausgemacht werden. Mit der »Endlösung« der »Judenfrage« wird eine weitere – einzige und innere – Front gegen den ewigen Feind eröffnet.

Um den Sündenbockmechanismus dreht sich auch René Girards Kulturanthropologie, in der er vom »mimetischen Konflikt« ausgeht: »Sieht nämlich ein Mensch, wie einer seiner Artgenossen die Hand nach einem Gegenstand ausstreckt, ist er sogleich versucht, dessen Geste nachzuahmen.« So, wie das Kleinkind durch Imitation lernt, ist die Kultur ein Lernprozeß der mimetischen Übermittlung. Die Geste der Aneignung wird zur Ursache der Konflikte. Girard spricht von der »mimetischen Urgewalt«, die jede Gesellschaft, die einigermaßen friedlich leben will, ausschalten muß. Er erläutert das am Beispiel der hysterischen Masse, die im Stadium des kollektiven Deliriums nach einem Opfer verlangt. Die Mimesis hat eine ansteckende Wirkung: Je zahlreicher die nach dem Objekt strebenden Individuen sind, um so größer wird die Zahl derer, die ihrem Beispiel folgen. Irgendwann tritt der Augenblick ein, in dem sich die Menge gegen einen einzigen wendet. Dann geht das mimetische Urprinzip »jeder gegen jeden« im Kampf aller gegen einen auf. Girard unterstreicht, daß das zu opfernde Individuum ein zufälliges, willkürliches ist. Es polarisiert durch kumulative Ansteckung die ganze kollektive Gewalt, die es kanalisiert, und wird zumindest implizit – unbewußt – zum Komplizen des »Sündenbockmechanismus«, den der Autor entwirft. Zu ihm gehört die »mechanische Tendenz« aller, dieses ausersehene Opfer haftbar zu machen. Es ist verantwortlich für alle Übel und für die herrschende Unordnung. Seine Ausmerzung verspricht die Rückkehr zur *unanimité fondatrice,* zur Einmütigkeit aller, mit der der Faschismus die Menschen ködert.

Die Soziologie befaßte sich ihrerseits mit einer modernen Version des rituellen Verbrechens. Im Jahr nach den Mai-Unruhen hielten sich in Orléans, Reims und verschiedenen anderen Kleinstädten des Landes hartnäckig Gerüchte, die monatelang nicht verstummen wollten. Aus jüdischen Geschäften sollten junge Frauen spurlos verschwunden sein. Zwar wurde niemand vermißt, die Präfekten dementierten ebenso energisch wie die Zeitungen, doch die »verdächtigen« jüdischen Geschäftsinhaber wurden mit anonymen Anrufen und Briefen, die Beschimpfungen und Drohungen enthielten, geradezu bombardiert. Edgar Morin widmete dieser irrationalen Kampagne, die kein Mensch mehr für möglich hielt, eine minutiöse Untersuchung mit dem Titel *La Rumeur d'Orléans.* Darin kommt er zu dem Schluß, daß sie als Folge der gesellschaftlichen »Banalisierung« (der selbstverständlich gewordenen Präsenz) der französischen Juden gewertet werden müsse: »Dieser meist junge Geschäftsinhaber ähnelt gewiß nicht den alten Juden, die mit einem komischen Akzent sprechen und denen man ansieht, daß sie nicht von hier sind. Er gleicht uns allen, er hat nicht einmal die häßliche Nase, die es erlaubt, ›sie‹ zu erkennen. Gerade das macht ihn zu einem Wesen mit doppeltem Gesicht: er gleicht jedermann und ist doch anders, ist jüdisch, das heißt, er versteckt seine mysteriöse, beunruhigende Andersartigkeit.«

Gut zehn Jahre später wurde sogar das Konzentrationslager zum Gegenstand soziologischer Studien. Pierre Bourdieus Zeitschrift *Actes de la recherche* widmete ihm ein Heft, das die letzte Schwelle des Schweigens niederreißt: »Keine Situation scheint so klar zu sein wie die sozialen Beziehungen in einem KZ. Auch der ›Erfolg‹ in seiner elementarsten Form, dem Überleben, scheint außerhalb der Regeln des sozialen Lebens angesiedelt zu sein: ein Resultat des reinen Zufalls und der körperlichen Verfassung (...) Während eine psychologisierende oder anekdotenhafte Erklärung des Überlebens ein moralisches Urteil enthalten könnte, das den Überlebenden implizit anklagt, legt die soziologische Analyse den Akzent auf ein System, das vom einzelnen verlangt, sich als ›Held‹ zu verhalten, falls er in der unserer Moral entsprechenden Würde überleben will.« Das KZ erscheint denn auch als Modell menschlichen Zusammenseins in einem verschärften Konkurrenzsystem, in dem das Überleben um den Preis lebenslänglicher Schuldgefühle erkauft wurde.

Mit dem KZ als sozialwissenschaftlichem Laboratorium – und den nicht ausschließlich pornographischen, sondern »intellektuell relevanten« Filmen, die sado-masochistische Abhängigkeitsverhältnisse zwischen Henkern und Opfern in »freizügigen« Bildern darstellen: der Ort des absoluten Grauens, der totalen Unmenschlichkeit, ein Garten heimlicher, verbotener Lüste – war eine weitere Stufe erreicht. Abbau eines Tabus durch wissenschaftlich-rationale, analytische Annäherung an das traumatische Urerlebnis und gleichzeitige Rückkehr des Verdrängten in den fiebrigen Phantastereien der Trivialkultur? Noch hat es die Philosophie nicht verstanden, diese vielfältigen Ansätze aufzunehmen und zu einer Synthese zu verarbeiten. Daß sie sich den verwirrenden Fragen stellen wird, darf erwartet werden – so, wie sie sich dem methodischen Einfluß der Soziologie, Psychoanalyse, Ethnologie, der kulturellen Anthropologie schlechthin öffnen mußte. Sie ist von diesen jungen Disziplinen zurückgedrängt worden, hat an Autonomie wie Verbindlichkeit verloren und kann mit keiner neuen Theorie des Antisemitismus aufwarten. Doch aus der Perspektive der »jüdischen Thematik« findet zumindest das Rätsel von Heideggers skandalöser Wirkung in Frankreich eine mögliche Lösung. Sind Glucksmanns *Meisterdenker* als Anstifter des Totalitarismus eigentlich Nazis? Nein, meint der jüdische *nouveau philosophe*, aber es gibt ein zentrales Element der Wesensverwandtschaft: den Antisemitismus. Ihn haben die Meisterdenker mit dem Nationalsozialismus gemein. André Glucksmann interpretiert ihn als Ausdruck des Staatskults, der in Italien ebenso gefehlt habe wie der Antisemitismus, den er bei Hegel, Marx und Nietzsche ausmacht: »Man muß bis Heidegger warten, um eine deutsche Philosophie, die nicht antisemitisch ist, zu finden.«

Es blieb dem Schriftsteller und Germanisten Georges-Arthur Goldschmidt, der als Jugendlicher vor den Nazis nach Frankreich flüchtete, vorbehalten, in verschiedenen Aufsätzen Heideggers phänomenales Wirken öffentlich anzuprangern. Für den französischen Übersetzer von Handke und Nietzsche ist Heidegger ein Philosoph der Nazis, der sich auch nach 1945 uneinsichtig zeigte und weigerte, die intellektuellen Konsequenzen zu ziehen. Genau das unternahmen – unter Einbezug des deutschen Nicht-Antisemiten – französische Denker. In seiner aufrichtigen, verständlichen Empörung allerdings irrt sich Goldschmidt, der Jean Beaufret und ebenso René Char, Jacques Derrida und Emmanuel Lévinas geradezu der politischen Unverantwortlichkeit bezichtigt, zumindest insofern, als er den Einfluß Heideggers als *mode intellectuelle* verkennt: Er reicht sehr viel tiefer und ist eine permanente Konstante, was man mit einiger Berechtigung als Skandal empfinden kann.

Goldschmidt ist – zusammen mit Leuten wie Joseph Rovan und Alfred Grosser – zu einem der unermüdlichsten, kompetenten Vermittler im deutsch-französischen Dialog geworden, den auf deutschsprachiger Seite zwei hervorragende Intellektuelle jüdischer Herkunft förderten und weiterbringen: der aus dem Leben geschiedene Jean Amèry und François Bondy, ein umfassend gebildeter kosmopolitischer Publizist, wie es kaum mehr einen gibt.

Die deutsch-französischen Kulturbeziehungen, die im Krieg allzu reibungslos funktioniert hatten, waren nach seiner Beendigung den Folgen des Faschismus ausgesetzt. In diesem Spannungsfeld hat ein nachweisbares Stück »Vergangenheitsbewältigung« stattgefunden, nicht als bewußter, steuerbarer Prozeß, sondern als Auseinandersetzung zweier korrumpierter, überwältigter, zumindest betroffener Kulturen im Konflikt (auch einer gewissen Komplementarität), von denen die französische zwar weniger versehrt und verdammt, aber zur eigenen Regenerierung auf die gründlichsten je vorgenommenen Anleihen aus der anderen Kultur angewiesen war. Der Preis sind Irrtümer, Mißverständnisse, irritierende Phasenverschiebungen, exzessive Klischees und eine Kritik, die ignoriert – Erscheinungen jedoch, die allemal sogenannten klaren Verhältnissen vorzuziehen sind, auch wenn ihre Dynamik oftmals zur Zerreißprobe wird.

In den achtziger Jahren, da die nationalen Kulturen irgendwie zu stagnieren scheinen und die neue Herausforderung nur Europa heißen kann, finden die interessantesten intellektuellen Prozeße in diesen Spannungsfeldern statt – im Bereich der Vermittlung, beim gegenseitigen Austausch: Wenn Frankreich Heidegger derart ausgiebig verarbeitet und als nicht-antisemitischen Denker profiliert, wird er – trotz seiner bleibenden politischen Verantwortung, die ein noch lange nicht abgeschlossenes Kapitel darstellt – auch für Deutschland wieder ein Thema. Ähnliches gilt für Nietzsche, der über seine Rezeption und eigentliche Renaissance im fremdsprachigen Ausland nach Deutschland zurückkehren konnte.

Den geistigen Entwicklungen und historischen Veränderungen systematisch versagt hat sich Roger Garaudy. Entgegen seinen verbalen Bekenntnissen zum Dialog, erweist er sich immer wieder als Verfechter doktrinärer Haltungen. Die kritische Distanz ist seine Sache nicht, und da er sich auch nicht zum Dissidenten berufen fühlt, wendet er sich mit jeweils unverminderter Gläubigkeit neuen Weltanschauungen zu. Garaudy schlüpft in philosophische Systeme und Religionen wie andere das Hemd wechseln. Während der Weg der französischen Intelligenz, den man schon deshalb nicht als »Konvertitentum« bezeichnen kann, weil er eine einzige wirkliche Wende umfaßt, auch nachvollziehbar ist in allen seinen Etappen, erweist sich Garaudys Karriere als eine Folge von spektakulären Sprüngen und demonstrativen Bekenntnissen, die jedesmal so widersprüchlich und total sind, daß sie fast automatisch einen Sündenbock benötigen. Nach seiner letzten Konversion, seiner Bekehrung zum Islam, war er damit schnell bei der Hand: der Jude, Israël. Ihnen widmete er eine infame Schrift: *L'Affaire Israël* – ein perfider Titel, der auf die Dreyfus-Affäre anspielt. Israels Innenpolitik? »Auf den Rassismus gegründet!« Israels Außenpolitik? »Aggression und Expansion!« Israels Diplomatie? »Staatsterrorismus!«

Sündenbocktheorien, Übertragungsphänomene: auf einer kollektiven Ebene ist der Anschauungsunterricht im Funktionieren psychohistorischer Mechanismen nicht weniger aufschlußreich – und nochmals direkter auf das Trauma der Nachkriegskultur bezogen. Wie kurz zuvor die Polen-Krise erlebte Frankreich den Libanonkrieg als kollektive Hysterie und umgekehrte Analogie zu den Ereignissen des Zweiten Weltkriegs: Eine imperialistische »Großmacht« marschiert in einem kleinen, wehrlosen Land ein, das zudem als Bestandteil der frankophonen Kultur gilt ... So präsentierten die französischen Medien in ihrer Mehrheit den Krieg in Beirut, und ihre Kritik, die ausschließlich mit Israel ins Gericht ging, wurde noch beflügelt durch die Massaker von Sabra und Schatila, die vollends die historischen Reminiszenzen aufwühlten: Der Jude wird selber zum Henker – und Nazi. Die Heftigkeit – wie Blindheit – der französischen Reaktionen ist nur als psychoanalytische Befreiung und Übertragung einigermaßen verständlich. Der kollektive Ausbruch reinigte, befreite vom Trauma der eigenen Vergangenheit – der Krieg im Libanon lieferte den Antisemiten (vor allem den linken, die sich als Antizionisten drapieren) ein Alibi, das ausgeschlachtet wurde. Die Wellen der Emotionen schlugen hoch, und sie weckten auch die Empörung der Juden: »Eure Worte haben den Killern bei Goldenberg die Hand geführt«, klagte Claude Lanzmann (von der Zeitschrift *Les Temps modernes*) bei der Trauerfeier für die sechs Opfer des Attentats auf Joe Goldenbergs Restaurant in der Rue des Rosiers die Medienschaffenden an: »Man manipuliert nicht ungestraft mit Juden, nicht mit Worten, wenn sie Juden betreffen...«

Anläßlich einer mehrstündigen Veranstaltung von *Radio J* beschuldigten die jüdischen Intellektuellen die Journalisten, im Umfeld des Libanon-Feldzugs eine »antizionistische Hysterie« ausgelöst zu haben. Roger Pinto brandmarkte die »Kampagne der Verleumdung und Fälschung«, die Sängerin Rika Zaraï eine »antisemitische Welle und die Lügen der Medien«, Shmuel Trigano »die Fälschung der Bilder und Zahlen«, Claude Lanzmann schließlich »die Umkehrung der Sprache und das semantische Gleiten«: Die Protestreaktionen waren nicht weniger heftig als die Beschuldigungen gegen Israel. Mit der Zurückhaltung gegenüber dem jüdischen Staat, die sich viele aus einem Gefühl der Schuld oder auch nur als Gebot des Takts auferlegt hatten, war es endgültig vorbei – aber auch mit jener der Juden, die sich bislang kaum zu äußern gewagt hatten. Wie schwer die Last, die zu dieser Enthaltsamkeit zwang, gewesen sein muß, läßt der Eifer, mit der sie auf beiden Seiten abgelegt wurde, ahnen. Der Rollentausch war spektakulär und verwirrend. Die Juden wurden aus der Rolle des Opfers, die man ihnen stets auferlegt hatte, in die des Henkers gedrängt. Die konfuse Debatte um den Libanon-Feldzug verwischte vollends die Grenze zwischen antizionistischer Kritik und linkem Antisemitismus (während die extreme Rechte die Zerstörung der PLO bejubelte); das Trauma der Vergangenheit verstärkte noch die allgemeine Orientierungslosigkeit – man warf sich ebenso willkürlich wie leichtfertig die Verantwortung der Worte und die Macht der Bilder an den Kopf. Angesichts dieser Wirrnis vollzog Simone de Beauvoir eine erstaunliche Rückkehr zur Literatur, die sie schon lange nicht mehr gepflegt hatte und die ihr zur Annäherung an die Wahrheit plötzlich wieder als viel glaubwürdiger erschien. In Nummer 436 der *Temps modernes* erzählt die Gefährtin Sartres die Geschichte des Libanon-Feldzugs als Gleichnis:

Eine junge Frau verspätet sich bei ihrem Geliebten, und wenn sie nicht umgehend heimkehrt, wird sie ihr Mann – sie ist verheiratet – mißhandeln, zumindest verprügeln, vielleicht sogar töten. Doch sein Haus, in dessen Bett die ungetreue Gattin zurück muß, befindet sich auf der anderen Seite des Flusses, und in den Nachtstunden nimmt ein Monster die Brücke in Beschlag. Es tötet alle, die zum anderen Ufer hinüber wollen. Zwar gibt es einen Fährmann, dessen Passagiere nichts riskieren – doch dieser Fährmann rudert nur gegen Bezahlung.

Die Frau hat kein Geld. Der Geliebte will ihr keines geben, denn er möchte, daß sie bleibt. Ein befreundeter Nachbar verweigert es aus Geiz. Verzweifelt macht sich die junge Frau zu Fuß auf den Heimweg, und es kommt, wie es kommen muß: Sie wird auf der Brücke vom Monster ermordet. Wer trägt nun die Schuld an ihrem Tod, fragt Simone de Beauvoir: der Ehemann, der Geliebte, der Freund, der Fährmann oder gar das Opfer? »Die Antworten«, so die Autorin, die sie gar nicht erst diskutiert, »fallen unterschiedlich aus, aber der Mörder wird nicht angeklagt«.

Simone de Beauvoir verneint keineswegs die »Schwere der von Sharon und Begin begangenen Fehler«, doch wisse man schließlich, daß die grauenhaften Verbrechen nicht von israelischen Staatsangehörigen verübt worden seien. Warum spricht man nur von der Verantwortung Israels und kaum von den Mördern? Werden sie – wie das Monster und der Fluß im Gleichnis – als »naturgegeben« betrachtet, als unabänderliche Realitäten hingenommen? Das hieße, folgert Simone de Beauvoir, die Juden sind als verantwortungsbewußte Menschen anzusehen, die Araber hingegen nicht mehr als wilde Tiere. Warum, fragt sie erstaunt, habe denn der Papst zu den von Christen begangenen Greueln geschwiegen: weil man von Arabern eben nichts anderes erwartet? »Hinter einem Rassismus«, formuliert Simone de Beauvoir ihre Schlußfolgerung, »steckt manchmal noch ein anderer Rassismus«.

Zum Zeitpunkt der Massaker befand sich Jean Genet in Beirut. Umgehend begab er sich nach Schatila, wo er von Haus zu Haus, von Leiche zu Leiche ging und sich von Männern, Frauen, Kindern erzählen ließ, was sie zwischen dem 16. und 18. September des Jahres 1982 erlebt hatten. Sein Bericht – sein erster Text nach einem langen Schweigen –, den er aus Sympathie für ihre Sache der *Revue d'études palestiniennes* zur Erstveröffentlichung überließ, ist ein eindringliches literarisches Denkmal, das Genet als Dichter ausweist, der wohl als einziger wirklichkeitsnah über das Massaker zu schreiben vermochte. Die Sätze aus der Hölle von Schatila folgen dem Rhythmus seiner intensiven Wahrnehmungen im Lager, in die sich Erinnerungen an Palästinenser, die er 1970 in Jordanien kennenlernte, mischen – nur noch dumpf unterscheiden Verfasser und Leser zwischen Lebenden und Toten, und diese Unterscheidungen scheinen auch keinen Sinn mehr zu haben. In Schatila hat sich Genets dichterisches Universum des unheimlichen Grauens und seiner Faszination an den Schauplatz der Wirklichkeit verlagert – und er ist als Augenzeuge präsent:

»Für mich wie für das, was von der Bevölkerung geblieben ist, glich der Verkehr in Schatila dem Spiel des Bockspringens. Zuweilen kann ein totes Kind eine Straße versperren, sie sind so eng. (...) Der erste Leichnam, den ich sah, war der eines fünfzig- oder sechzigjährigen Mannes. Seine Haare hätten eine weiße Krone gebildet, wenn ihm nicht eine Verletzung (ein Schlag mit der Axt, wie mir schien) den Schädel geöffnet hätte. Ein Teil des schwarz gewordenen Hirns hatte sich neben dem Kopf auf den Boden ergossen. Der Körper lag in einer Pfütze schwarz geronnenen Blutes. Der Gürtel steckte nicht in der Schnalle, die Hose hielt an einem einzigen Knopf. Die Füße und Beine des Toten waren nackt, schwarz, violett und malvenfarbig: vielleicht war er nachts oder im Morgengrauen überrascht worden? Auf der Flucht?«

Am Vorabend des Mai 68 hatte General de Gaulle mit seiner Bemerkung über das Elite- und Herrschervolk erstmals seit Vichy die französischen Juden zutiefst brüskiert und aufgeschreckt. Seine Äußerung trug zu ihrer massenhaften Mobilisierung für Israel bei. Sie wird – ebenso wie der Studentenaufstand mit seinen zahlreichen jüdischen Anführern – getragen von einer neuen Generation, der Generation der Nachgeborenen. Diese Generation, die so alt ist wie Israel, wuchs auf ohne Beziehung zur Kultur und Religion ihrer (assimilierten) Väter, die nur eins wollten: vergessen. Die Annäherung dieser Jugend an das Judentum erfolgte über die schockierende Entdeckung eines neuen Antizionismus und Antisemitismus, vor allem aber über die dringliche Notwendigkeit, sich mit der Vergangenheit, die sie nicht selber erlebt und die man ihr vorenthalten hat, auseinanderzusetzen.

Darüber hat die Publizistin Nadine Fresco die Nachgeborenen befragt. Die Erfahrungen der zwischen 1945 und 1948 geborenen

Franzosen jüdischer Abstammung, die sie unter dem Titel »Die Diaspora der Asche« in der *Nouvelle Revue de Psychanalyse* (Nr. 24) veröffentlicht hat, gleichen und überschneiden sich. Zu Hause wurde nicht über die Ereignisse der Kriegsjahre gesprochen, die eine »Totenstille« umgab. Stückweise konstruierten diese Jugendlichen ein Bild vom Holocaust. Die Offenbarung kam für die meisten während der Adoleszenz: »Es ist Zeit, daß du es weißt: du hattest einen Bruder, er blieb mit deiner Großmutter in Polen...«

Damit war das Schweigen nicht gebrochen – die Schilderungen der Eltern brachen mit dem Beginn des Krieges ab und setzten nach 1945 wieder ein, als sie in Frankreich Wohnsitz genommen hatten – es gab das »Vorher« und das »Nachher«. Das totale Tabuisieren sog schließlich die ganze Vergangenheit auf und schloß jede Trauerarbeit aus, die so nötig gewesen wäre: Den Kindern, denen die Erinnerung vorenthalten blieb oder geradezu entzogen wurde, übermittelte man lediglich die Wunden, den stillen Schmerz, die absolute Sprachlosigkeit. Sie wuchsen in der »kompakten Leere des unmöglichen Sprechens« heran. Was die Nazis zerstört hatten, waren Menschen und mit ihnen »die Substanz einer Welt, eine Kultur, eine Geschichte«, die der Vernichtung anheimfielen: »Der Erfolg ihres Unternehmens offenbarte sich letztlich in dieser Kolonialisierung des Lebens durch den Tod«; die »unaufhörlich wiederholten Gedenkzeremonien« waren nichts als ein steter hilfloser Versuch, »das Schweigen, das auf allem lastete, was einst existiert hatte, zum Schweigen zu bringen«.

Die erste Generation nach dem Genozid lebt mit dem Gefühl, daß ihr nicht einmal die Schmerzen erlaubt seien. Die Briefe im Keller durfte niemand lesen, die Dokumente im Schrank blieben im dunkeln, die Spuren in den Ausweispapieren wurden nicht befragt. »Man weiß nicht, was schrecklicher ist, die Erinnerung oder das Vergessen. Oder die Vorstellung, daß man eines Tages vergessen könnte, daß man vergessen hat.« Im alltäglichen Wortschatz oft gebrauchte Begriffe wie Gas, Eisenbahnzug, Stern und viele andere mehr lösen Vorstellungen des Grauens aus.

In Nadine Frescos Bericht folgt schließlich die Schilderung eines Nachgeborenen, der sich entschlossen hatte, die Vergangenheit zu rekonstruieren, und dazu nach Polen reiste: »Ich hatte die Namen der Dörfer, in denen meine Eltern geboren wurden, notiert. Das scheint absurd, aber ich hatte Angst, sie unterwegs zu vergessen. Ich begab mich nach Auschwitz, nach Treblinka – es gibt keine Juden mehr in Polen, es gibt nur noch die Orte ihres Todes und Orte, die weiterleben, während sie nicht mehr sind.« In Treblinka erzählen ihm die Bauern, wie sie damals die ankommenden Juden mit brutalen Gesten auf ihr Schicksal aufmerksam machen wollten. Im Lagerdorf hatten die Nazis zur Beruhigung der Deportierten einen Bahnhof auf eine Mauer gemalt – mit allem, was dazu gehört. Doch die Zeiger der Uhr standen still.

»Ich weiß nicht, ob ich das Recht habe, solches zu sagen – aber manchmal habe ich das Gefühl, als ob *wir* deportiert worden wären. Nicht weil wir wie sie sind, sondern weil wir nachher gekommen sind und unser Leben keinen Sinn mehr hat.« Sie wurden gezeugt, um die verlorenen Kinder zu ersetzen – der Genozid war ihre eigentliche *raison d'être,* der Grund ihres Daseins. »Wenn er nicht tot wäre, gäbe es mich nicht. Wenn ich nicht hier wäre, würde er leben.«

Zu dieser Generation der Nachgeborenen gehört Patrick Modiano, in dessen Romanen es um die Suche nach der Vergangenheit und Identität geht. 1968 publizierte er als Einundzwanzigjähriger sein erstes Werk: Ein Deutscher – man schreibt das Jahr 1942 – fragt im besetzten Paris einen Passanten nach der »Place de l'Etoile« (dies der Titel des Werks), der als Antwort auf die linke Seite seiner Brust verweist ... Der Ton, in dem Modiano das antisemitische Klima der dreißiger Jahre und seine literarischen Vertreter wie Céline, Brasillach, Drieu la Rochelle und Rebatet evoziert, ist gleichzeitig fiebrig-halluzinatorisch und ironisch. Der phänomenale Erfolg, der dem Erstling des jungen Juden beschieden war, der mit unschuldiger Naivität, ja geradezu einer gewissen Frivolität an die verbotene Thematik par excellence rührte, kann jedenfalls nicht allein mit seinen literarischen Qualitäten erklärt werden.

Einmal abgesehen vom indirekten Aufarbeiten des Algerienkriegs in *Villa Triste,* liefert in den ersten fünf Romanen Modianos die Okkupation, die er nicht selber erlebt hat, den Rahmen der Handlung: sie steht als eine Art Vorgeschichte, von der Modiano stets in der ersten Person Einzahl erzählt. Seine Schilderungen sind oft von einer schwer erträglichen, unbestimmten Besessenheit, doppeldeutig, ungreifbar – traumartig, alptraumartig. Bilder, Eindrücke, Erinnerungen kehren regelmäßig wieder. In *Rue des boutiques obscures* (Die Gasse der dunklen Läden) inszeniert der Verfasser die Suche eines Gedächtnislosen nach einem Verschwundenen, der er selber sein könnte und mit dem er sich schließlich zu identifizieren beginnt. Patrick Modiano ist auch der Autor des umstrittenen Drehbuchs von *Lacombe Lucien*, einem Kultfilm der siebziger Jahre von Louis Malle, in dem ein bäurischer Jugendlicher aus Abenteuerdrang für die Polizei der Besatzer arbeitet, eine schöne Jüdin rettet und während der *libération* erschossen wird. *La Ronde de nuit* handelt von einem jungen Franzosen, der sich gleichzeitig in der Gestapo engagiert und sich in eine Résistance-Gruppe einschmuggelt. Das Werk, das die äußerst komplexe Sowohl-als-auch-Problematik der französischen Kriegszeit thematisiert, ist voller Anspielungen auf die Literatur sowohl der Kollaboration wie der Résistance – und als eigentliche Vorlage unschwer Drieu la Rochelles Novelle *L'Agent double* (Der Doppelagent) auszumachen.

Was Patrick Modiano betreibt, ist gleichzeitig von entwaffnender Unschuld und mit einem immensen Schuldkomplex belastet. Im Stil der dreißiger Jahre erzählt er die Geschichte(n) des Jahrzehnts danach; seine frühen Werke gehören zu den ersten der Nachkriegsepoche, die nicht mehr die Klischees vom *boche* als dem inkarnierten Bösen und die Mythen einer verklärten Résistance transportieren, sondern – auf befremdliche Weise – in die französische Vergangenheit und ihre wirre Ideologie tauchen, die Tabus berühren, aufweichen, schließlich aufbrechen und das Verdrängte in undeutlichen Bildern wie aus einer anderen Welt an die Oberfläche quellen lassen. Diese dunkle, traumatische Zeit, die in erruptiven Schüben hochkommt, ist unstrukturiert wie das Unbewußte: Die Gesetze von Raum und Zeit haben keine Gültigkeit – Raphaël Schlemilovitch, der sich selbst immer wieder entziehende Erzähler in *La Place de l'Etoile*, ist ein Mann des Jahrgangs 1940 und in diesem selben Jahr schon ein Zwanzigjähriger. Im Roman sagt er von sich: »Was mich betrifft, so habe ich beschlossen, der größte jüdische französische Schriftsteller nach Montaigne, Marcel Proust und Louis-Ferdinand Céline zu sein.«

Die Entsprechung zu diesem Zitat findet sich in Patrick Modianos autobiographischem *Livret de famille* (Familienstammbuch) aus dem Jahre 1977: »Ich war siebzehn und es blieb mir nichts anderes übrig, als ein französischer Schriftsteller zu werden.« Er ist es geworden – einer der talentiertesten seiner Generation. Seit seinen delirierenden

Anfängen nähert sich Patrick Modiano in den jüngeren Werken, die nach wie vor auf die Vergangenheit fixiert sind, in einem verblüffenden Maß dem klassischen Ideal des *écrivain français*: Durchschaubarkeit der Handlung, klarer Stil, knappe, lineare Handlung – dem Imperativ der kartesianischen Verständlichkeit verpflichtet, lesbar und gut.

Nur zweimal hat sich George Steiner, der in Paris geborene jüdisch-kosmopolitische Intellektuelle der Emigration, der Mittel der Belletristik bedient: in seinen frühen Novellen *Anno Domini*, die sich um die Frage drehen, ob 1943 und 1944 auch Jahre des Herrn waren, und sehr viel später mit *The Portage to San Cristobal of A. H.*, einer unerträglichen Vision, die einen internationalen Skandal heraufbeschwor: Hitler lebt, und das nicht nur als historische Figur. Den inzwischen Neunzigjährigen haben israelische Geheimagenten im Amazonas-Gebiet aufgespürt. Ihre Reise, stromaufwärts zur Quelle, wirkt wie eine Exkursion ins Zentrum der menschlichen Seele – die Fäulnis der Natur als Metapher für die Korruptheit der Menschen. Wie reagiert die Welt auf die bevorstehende Rückkehr des Führers aus dem Urwald? Verlegenheit in Paris, London, Washington – die politischen Spekulationen basieren auf gesicherten historischen Dokumenten. Der Verfasser errechnet, wie viele Quadratmeter Wald der Verbreitung der Nachricht zum Opfer fallen werden – denn die Zerstörung geht weiter. Daß die Expedition der israelischen Truppe geradezu als mystische Initiation geschildert wird, macht nur noch die Quintessenz der Suche zum Ärgernis. Sie wird von Hitler in einer flammenden Verteidigungsrede formuliert: Erst die Juden hätten ihn mit ihrer Idee des auserwählten Volks zu seinem Tun inspiriert. Er rechtfertigt die Ausrottung, an der die Opfer selber schuld seien. Hitler rühmt sich zum Messias der Juden hoch – und verpflichtet sie zur Dankbarkeit: er habe ihnen den Staat Israel geschenkt, sie heimgeführt ins Gelobte Land.

Diese Fiktion erschien zuerst in englischer Sprache und dann in verschiedenen Übersetzungen. Eine deutsche Ausgabe will Steiner nach wie vor nicht gestatten – weil sie ihm sprachlich unerträglich sei. Der Essayist sieht sich weniger als Verfasser dieser Vision denn als Medium einer Botschaft, die ihn wie ein Blitz traf: »Sie kennen die Heidegger-Aporie ›Die Sprache spricht‹ – diesmal habe ich es weniger geschrieben, als es mich geschrieben hat. Ich konnte nicht Luft schöpfen, war wie unter Druck – nur fehlt mir die poetische Unschuld des Künstlers, ich bin ein Ideenmensch, ein Denker. Aber diesmal war es eine spontane Explosion. Die Sache hat sich in einigen Wochen geschrieben, ich empfand einen Schock und habe es 1975 weggelegt, für viele Jahre, weil es mich wie eine Flamme durchfuhr. Jetzt sagt die gesamte Kritik: Wie kann man keine Antwort auf Hitler haben?«

In seiner Ohnmacht erteilt Steiner Hitler das letzte Wort: »Wenn er sagt, daß es in seiner Lehre möglicherweise teuflisch-parodistische Elemente einer sehr schlau durchschauten alttestamentarischen Lehre von der Idee eines auserwählten Volkes gab, muß man ihm zuhören. Die Griechen zum Beispiel hatten diese Idee nie. Hitler spielt mit ihr. Wenn er sagt, die Amerikaner haben 75 Visa geboten, als man 100 000 Kinder retten konnte, die Engländer wollten die Juden nach Tanganjika schicken, die Franzosen haben sie mir zurückgeliefert – mit Freude: das zu sagen hat er jedes Recht. Nie hätte es ohne das Mitwirken, die Gleichgültigkeit, den Zynismus von uns allen so weit kommen können. Wir sind alle mitschuldig. In ›Holocaust‹ halte ich die Anrede für das wichtigste Element – eine Litanei über das Märtyrertum aller, nicht nur der Juden: Vietnam, Türkei, Armenien gestern, Burundi – 500 000 Opfer, drei Millionen bei Pol Pot.«

Die Schriften *Heidegger* und *A. H.* stehen in einem merkwürdigen Verhältnis. In seiner Hitler-Fiktion bringt Steiner die Mitschuld aller zur Sprache. Er gibt ihr eine provozierende dramaturgische Form und fügt sie in einen nicht abgeschlossenen Prozeß der Zerstörung ein: Die nazistische Barbarei, in die Heidegger verstrickt ist, geht in der ökologischen weiter – gegen die Heideggers Denken ein Instrument des Widerstands sein könne. Noch schockierender ist seine Analogie von jüdischer Tradition und nazistischer Mythologie. Sie allerdings kann auch als Verweigerung eines nicht physisch Betroffenen verstanden werden: als protestierende Weigerung, ein besonderes – das auserwählte Opfer zu sein.

Kurz nach *Der Liebhaber* hat Marguerite Duras ein weiteres Buch erscheinen lassen mit dem Titel: *La Douleur* (Der Schmerz). Es weist – über den Kolonialismus zurück – auf die Wunde der Kriegszeit. Es sind Erzählungen, die Marguerite Duras im April 1945 verfaßt hat und an die sie sich nicht mehr erinnert haben will. Die Schriftstellerin erwartet die Rückkehr ihres Mannes, Robert L., doch sie weiß nicht, von wo er zurückkehren wird – er kommt von Dachau. Der Mann, der ihn zurückbringt, ist François Morland; er gehörte der gleichen Résistance-Gruppe an wie Marguerite Duras und heißt mit bürgerlichem Namen: François Mitterrand.

Die Autorin hat, wie sie im Vorwort schreibt, die vergessenen sechs Erzählungen in einem Schrank wiedergefunden. In einem Interview sagte Marguerite Duras, daß sie die Literatur angesichts der wirklichen Schmerzen und Greuel mit Scham erfüllte. Das Schweigen wäre die einzig angemessene Reaktion gewesen – man kann es im vierzigjährigen Vergessen ausmachen und, literarisch, in der Art, wie Marguerite Duras diese Dichtungen dem Schweigen abgerungen hat. Mit Ergriffenheit liest man, was die Duras 1945 inmitten der abflauenden *libération*-Euphorie schrieb. Sie fordert, die Verantwortung für die Nazi-Verbrechen müsse auf die ganze Welt ausgeweitet werden und die Menschheit müsse sie kollektiv auf sich nehmen. Alles andere sei ein Verrat am Widerstandskämpfer, der sich opferte und im Konzentrationslager endete: »Wenn man die Nazi-Greuel als deutsches Verhängnis betrachtet und nicht als kollektives Verhängnis, reduziert man den Menschen von Bergen-Belsen auf eine regionale Herkunft. Die einzige Antwort auf dieses Verbrechen ist, aus ihm ein Verbrechen aller zu machen. Wie die Idee der Gleichheit, der Brüderlichkeit.«

Verschiedene Kreise schließen sich mit diesem Text von Marguerite Duras, der in seiner Bedeutung durchaus dem *Liebhaber* vergleichbar ist – es ist nicht zuletzt ein stilistischer, ein ästhetischer Kreis. Er erschließt die zwei zentralen historischen Dramen, die damals (unter Scham- und Schuldgefühlen) und jetzt wieder sehr viel selbstbewußter mit den Mitteln der klassischen Literatur gestaltet werden. Dazwischen lag ein progressives Schreiben weg von den persönlichen Gefühlen wie von den historischen Umständen. Es wäre vermessen, von einer Renaissance der französischen Literatur, die noch nicht wieder die Qualität ihrer Blüte in der Zwischenkriegszeit erreicht hat, zu sprechen – doch eine Voraussetzung dafür, die primäre sogar, ist erfüllt: Das Vertrauen in sie ist wiederhergestellt. Dafür gibt es Anzeichen in der Literaturkritik wie in der Produktion der Autoren: der Zwang zum avantgardistischen Schreiben, von dem heute niemand so recht weiß, wie und wo es sich manifestiert, wird weniger empfunden – Alain Robbe-Grillet hat sogar eine Art Autobiographie geschrieben! –, und es ist für den deutlich aufgewerteten Status der

Literatur mehr als bezeichnend, daß Bernard-Henri Lévy nach seiner ideologischen Brandstiftung und antifaschistischen kulturellen Agitation wie Aufklärung die existentiellen Hintergründe seines Tuns in einem extrem konventionellen, aber erstaunlich guten Roman darlegt. Der Titel *Le Diable en tête* (Im Kopf der Teufel) wirkt nicht weniger symptomatisch für die *éducation sentimentale* einer Epoche, die er erzählt.

Es ist die Geschichte von Benjamin C., Jahrgang 1942. Der Vater fraternisiert mit den Nazis, die Mutter legt sich mit einem zweiten Gatten – diesmal aus der Résistance – eine neue politische Jungfräulichkeit zu; doch der Himmel schickt ihr die gerechte Strafe in Form eines Krebsgeschwürs. Eine Erbsünde lastet auf dem reichen, intelligenten, gutaussehenden Benjamin C., der als Waise auf der Suche nach immer neuen Vätern eine exemplarische Odyssee durch die politischen und intellektuellen Mythen der Nachkriegszeit erlebt: Algerien, der Mai 68 (als Maoist) mit einem Abstecher in die Renault-Automobilwerke, Louis Althusser, Barthes, propalästinensischer Terrorist in Beirut, Mitglied der Roten Brigaden im ewigen Rom ... bis zum Verschwinden des Helden im biblischen Jerusalem. Ein bißchen viel für einen einzelnen, sogar in einem Schlüsselroman als Fresko einer Epoche – aber es ist die Last, die Lévys Generation mit sich trägt. Es ist ihr dornenvoller Weg der Buße, den er in Benjamin C. nachzeichnet – ihre ideologische Passionsgeschichte.

Sie erschließt sich aus fünf Quellen: dem Tagebuch der Mutter, dem Befragen des alternden Stiefvaters, den Briefen der Frau, die ihn am intensivsten liebte (Marie), dem Zeugnis des Anwalts (der ihn als Terrorist verteidigt) sowie der eigenen – Beichte. Die Bilder von Benjamin C. überschneiden sich, jedes ist fragmentarisch und noch ihre Totalität partiell widersprüchlich: jedem seine Wahrheit – eine sehr literarische Art, mit dem Jahrhundert und seinen katastrophalen Gewißheiten abzurechnen. Der Name der Hauptperson verweist – mit einer literarischen und politischen Symbolik – auf Benjamin Constant, den liberalen Theoretiker und unglücklich Liebenden des 19. Jahrhunderts, auf dessen Grab sich die Mutter von Lévys *enfant du siècle* trotz des drohenden Bombenhagels zu sammeln und zu bekreuzigen pflegte.

Lévy und Modiano sind keine Einzelfälle. Immer stärker interessieren sich die jungen jüdischen Intellektuellen, von denen viele Hebräisch lernen, für ihr Judentum, mit dem sie erstmals Sartres *question juive* geistig konfrontiert hatte. Als Juden, die im Sinne Sartres »authentisch« geworden sind, fühlen sie sich nicht mehr schamvoll-versteckt, sondern voller Selbstbewußtsein – das auch Kritik verträgt. Bereits in André Glucksmanns *Meisterdenker* gibt es einige herrliche Seiten, die aus der Kritik des Antisemitismus im deutschen Denken Ansätze einer modernen politischen Ethik herleiten: »Der Deutsche muß zur Einigung seiner Heimat den Staat konstruieren – der Jude hat keine Heimat, denn er hat keinen Staat gewollt, und dies seit Abraham.« Glucksmann skizziert den Juden als Gegenfigur zum Bürger des modernen Staats, als ewig Entwurzelten, Vagabundierenden, der sich dem aufkommenden Zentralismus und seinen Einschließungstendenzen systematisch verweigert, dessen Geld ihn unabhängig macht auch vom Staat – der Jude als stolzer Rebell gegen die Unterdrückung, ein Symbol der Freiheit: der Archetyp des Dissidenten.

Andere *anciens* des Mai 68 konzentrieren sich ausschließlich auf die Beschäftigung mit dem Judentum. Benny Lévy, der ehemalige Chef der maoistischen »Gauche prolétarienne«, dem Sartre sein letztes Interview gewährte und den er als »neuen Intellektuellen« – Philosoph und Mann der Tat in einem – bezeichnet hatte, bekennt sich heute in einem orthodoxen Sinne zu seiner Religion. In seinem Essay *Le Nom de l'homme* führt er einen – so der Untertitel – »Dialog mit Sartre«, dessen zentrale philosophische Problematik er aufgreift: die Sartresche Freiheit, die aus dem Nichts entsteht und von nichts getragen wird. Sartre, argumentiert Lévy, hat sich selber nicht als »Sohn« gefühlt, er wollte sich »ungeschaffen«, ohne Wurzeln, ohne Vergangenheit, ohne Herkunft, als Sohn ausschließlich seiner Werke verstanden wissen – ein Denker, ein Intellektueller mit dem existentiellen Hintergrund des Juden. Er dachte den Menschen in den Begriffen einer Bekehrung zum sozialistischen Glauben, der eine Religion des Menschen als Ebenbild Gottes ist – *le même de Dieu*. Für den gläubigen Juden jedoch ist Gott der absolut Andere, *l'Autre absolu*, das Unendliche: Er ist das Gesetz, das Er diktiert hat und das die geistliche Tradition des jüdischen Volkes begründet. Benny Lévy findet, ohne daß man von spekulativer Vereinnahmung sprechen könnte, die Antworten auf Sartres Ungenügen, auf seine offengebliebenen Fragen – auch die unformulierten – in der jüdischen Weisheit, aus der er eine Moral bezieht, die mit den existentialistischen Konzepten operiert.

Aus dieser geistigen und geistlichen Renaissance des jüdischen Denkens ragt ebenso unvermittelt der vor über achtzig Jahren in Litauen geborene Philosoph Emmanuel Lévinas heraus, den *Le Monde* Ende 1984 einen »Leuchtturm des französischen Denkens« nannte. Der einer strenggläubigen Familie entstammende Lévinas, in jungen Jahren Zeuge der Russischen Revolution und Leser der Bibel wie der russischen Klassiker, kam zu Beginn der zwanziger Jahre nach Mitteleuropa. Er studierte in Freiburg i. Br. und Straßburg, wo er mit der ersten größeren Arbeit über Husserl in französischer Sprache promovierte; auch zur Entdeckung Heideggers in Frankreich hat er sehr viel beigetragen. 1939 mußte Lévinas zur Armee. Seine Erfahrung mit dem Totalitarismus reicht vom Zarismus über den revolutionären Terror bis zum Faschismus und Pétainismus – seine gesamte litauische Familie wird Opfer der Judenverfolgungen. Die Problematik von Krieg und Frieden, von Auschwitz und organisiertem Massenmord rückt ins Zentrum seiner Existenz. Das, was um ihn geschieht, bringt ihn in die Nähe des Atheismus, doch reagiert er auf das Versagen der abendländischen Kultur, deren Ideale zusammenbrechen, mit einem erneuerten, ethisch-religiös begründeten »Humanismus des anderen Menschen«, in dem er auch sein historisches Erleben gedanklich verarbeitet.

Nach dem Krieg lehrt Lévinas an Jean Wahls »Collège philosophique« – praktisch unter Ausschluß der Öffentlichkeit, die ihn erst gut dreißig Jahre später entdeckt: »Angelehnt an den Sinn der Geschichte oder auf die revolutionäre Dringlichkeit fixiert, hat man diese *unzeitgemäße* Meditation über die Verantwortung dem Nächsten gegenüber lange für *démodé* gehalten, wenn man ihre Existenz nicht schlechterdings ignorierte«, schreibt Alain Finkielkraut in *La Sagesse de l'Amour,* einer brillanten Schrift, für die er im Dezember 1984 den Europäischen Essay-Preis erhielt und die über weite Strecken als Lévinas-Exegese zu lesen ist. Für Finkielkraut ist Lévinas im doppelten Sinn ein »jüdischer Philosoph«: er steht für die Rückkehr zum Judentum wie für die Rückkehr der Philosophie. Für letztere beansprucht und begründet er das Recht, vom Menschen als autonomem Subjekt, mündig, verantwortlich und zur Freiheit befähigt, zu sprechen – und damit den Platz: den ersten, den ihr die im wahrsten Sinne des Wortes amoralischen Geisteswissenschaften, die die Begriffe von gut und böse bis zur Unverbindlichkeit verwischten, streitig gemacht hatten.

Das intellektuelle Interesse an der jüdischen Tradition hat nicht zuletzt die auf das 18. Jahrhundert zurückgehende Distanz zwischen »orthodoxem« und »assimiliertem« Juden verringert – es findet eine Aussöhnung, zumindest Annäherung statt, die wiederum Analogien und Parallelen zur französischen Geschichte jener Zeit aufweist, der geistigen wie der politischen. Plötzlich werden in Frankreich, dessen Kultur sich ganz allgemein in einem spektakulären Maße öffnet, bislang ignorierte Denker wie Gershom Scholem und Franz Rosenzweig nicht nur endlich entdeckt, sondern überhaupt erst ins Französische übertragen. Vom Talmud, den die Christen des Mittelalters als gefährliche Magie bekämpften und den Voltaire als obskurantistisch, auch trivial beschimpfte und verhöhnte, hat Sartres Adoptivtochter Arlette Elkaïm-Sartre Teile ins Französische übersetzt.

Eine nicht zu unterschätzende Rolle spielte bei dieser Bewußtseinsbildung das Schicksal von Pierre Goldman. Er kam 1944 in Lyon als Kind jüdischer Résistance-Kämpfer zur Welt; in den sechziger Jahren – nach dem Bruch mit den Eltern; die Mutter war nach Polen zurückgekehrt – war er revolutionärer Aktivist in Frankreich und in einigen anderen Ländern. Er beteiligte sich am Mai-Aufstand und kam kurze Zeit später wegen bewaffneten Diebstahls, den er als Umverteilung bourgeoiser Güter verstand, mit dem Gesetz in Konflikt; Goldman wurde 1970 verhaftet und später verurteilt. Im Oktober 1975 erschienen seine *Souvenirs obscurs d'un Juif polonais né en France*, die trüben Erinnerungen eines in Frankreich geborenen polnischen Juden, in denen er seinen Leidens- und Lebensweg schildert und sich zu seinen Prozessen äußert – ein bemerkenswertes, mehr als nur persönlich relevantes und historisches Dokument, das von verschiedenen zeitgenössischen Literaturgeschichten erwähnt wird. Pierre Goldman wurde zum Symbol für die Beschäftigung mit der eigenen Herkunft, der Suche nach Identität, und als solches von nie entlarvten Mördern der extremen Rechten im September 1979 niedergeschossen.

Neben dem Zeugnis des Märtyrers und Pioniers Pierre Goldman, dessen Schicksal seine Generation erschütterte und ihre Bewußtseinsbildung beschleunigte, stellt auch das Filmereignis *Shoa,* Claude Lanzmanns Epos der Endlösung, das 1985 der Öffentlichkeit vorgestellt wurde, einen Aspekt der jüdischen Renaissance in Frankreich dar. Zehn Jahre hat Lanzmann dem Unterfangen gewidmet und ausschließlich Überlebende befragt – Opfer wie Henker. Sie wurden vierzig Jahre danach von Lanzmann mit unglaublicher Besessenheit in die damalige Situation zurückversetzt. Das Resultat sind Sequenzen von unerträglicher Intensität. Der Film besteht nicht eigentlich aus Erinnerungen, denn Erinnerungen »sind schwach, entstellt, in Legenden verwandelt«, sagt der Regisseur: »Um zu erzählen, was sie gesehen und erlebt haben, mußten die Leute den höchsten Preis bezahlen: *revivre* – wieder(er)leben. Nochmals durchleben – und nicht erinnern. Dies ist der Preis der Wahrheit. Und diese Wahrheit wollte ich ergründen und weitergeben. Um das zu erreichen, habe ich präzise und immer präzisere Fragen gestellt über das Aussehen des Lagers, den Tagesablauf, die Zahl und den Inhalt der Eisenbahnwagen, die Todestechniken. Ich war gezwungen, das in mir aufsteigende Grauen niederzukämpfen, kaltblütig zu bleiben, mich zu beherrschen. Höflich zu sein mit dem Nazi, den ich befragte. Ihn zum Essen einladen. Ich habe ihm Ente und Sahne bezahlt, denn ich wollte ihn mit der versteckten Kamera töten. Ich bin kein Nazi-Jäger. Ich wünschte eher, daß man sie in Reservate steckt, damit ihnen die Erinnerung gegenwärtig bleibt.«

»Die Toten sind nicht im Film. Sie sind nirgends« (Lanzmann). Um diese Leere ist der Film in infernalischen Spiralen konzipiert; das hat Überschneidungen, auch Längen, Wiederholungen zur Folge. Die Überlebenden, die SS-Offiziere, die polnischen Bauern, die wie dumpfe Kühe auf die Wagen starrten und im Sommer vor lauter Gestank mit stets verschlossenen Fenstern leben mußten: sie sagen letztlich dasselbe. Lanzmann spricht von den »Spuren von Spuren von Spuren«, denen er nachgegangen ist, um sein Ziel zu erreichen. In den Bibliotheken, durch die er sich las, stellte er fest, daß die Nazis, deren Bürokratie immerhin reichlich Material hinterlassen hat, die Schrecken, die sie inszenierten, nie beim Namen nannten. Die Toten hießen »Figuren« – »Begriffe wie Ausmerzung und Endlösung wurden nicht verwandt« (Lanzmann) – sie waren tabu. »Man kann diese Geschichte nicht erzählen«, sagt Simon Sbrenik, ein Überlebender von Treblinka, der damals dreizehn war, zu Beginn des Films. Doch genau das hat Lanzmann gewollt und mit List, Energie und Genie durchgesetzt: Er hat die Menschen, die ihm merkwürdigerweise gehorchten, gezwungen, diese Geschichte zu erzählen – das Unsagbare, das auch die Nazis aus ihrem Vokabular verbannten und verdrängten, Stück um Stück auszusprechen. Der Film von Claude Lanzmann, einem engen Gefährten von Sartre und Simone de Beauvoir, ist das lebendigste Monument des Gedenkens – mit *Shoa* ist die französische Nachkriegskultur an ihren Nullpunkt zurückgekehrt.

Über 350 Stunden haben Claude Lanzmanns Dreharbeiten beansprucht; fast zehn Stunden dauert die Kino-Version; zur Pariser Premiere wurde sie mit einer Bombe begrüßt. *Shoa* ist nicht *Holocaust*, vielmehr das ganze Gegenteil. Wegen seiner Machart – und weil *Shoa* dem Zuschauer große physische und psychische Strapazen abverlangt – wird Claude Lanzmanns Werk nie der durchschlagende Erfolg der KZ-Schnulze made in Hollywood beschieden sein. Doch das Interesse ist beträchtlich, das publizistische Echo nicht geringer; und irgendwo im anteilnehmenden Interesse einer breiten Öffentlichkeit überschneiden sich schließlich französische Vergangenheitsbewältigung und jüdische Renaissance.

Von Marek Halters Buch *Mémoire d'Abraham*, das die Geschichte einer jüdischen Familie über 2000 Jahre erzählt, sind in zwei Jahren eine Viertelmillion Exemplare verkauft worden – noch vor kurzem wäre eine derartige Publikation ignoriert worden. Halter könnte dereinst zum Direktor des weltweit größten jüdischen Kulturzentrums, das in Paris entstehen soll, berufen werden. Getragen wird das »Institut Juif« vom Staat und der Stadt mit der drittgrößten Diaspora, die sich seit Mitterrands Wahlsieg kaum je auf gemeinsame Projekte einigen konnten und an deren politischer Rivalität auch der Plan einer Weltausstellung für 1988/89 scheiterte.

Regelmäßig werden seit wenigen Jahren Festivals jüdischer Kultur organisiert, die regen Zuspruch finden. Auf einer dieser Veranstaltungen befaßte sich Alain Finkielkraut mit der Situation der jüdischen Intellektuellen im Umfeld des *gauchisme*. Für sie zählte ihr Judentum scheinbar nicht – man berief sich auf die universelle Strategie der jüdischen Revolutionäre zu Beginn des Jahrhunderts. Dennoch war »es« – unausgesprochen – omnipräsent als eine Art Symbol, ein gleichsam abstraktes »Gold-Maß der Unterdrückung« und vor allem »Modell des Leidens«: »Und sobald es irgendwo ein Leiden gab, einen Kampf, eine Ausbeutung, wurde das immer in Begriffe des Kriegs übersetzt und das Symbol Jude mobilisiert.« Während dieser ganzen Epoche, vor allem aber seit dem Studentenprotest in den sechziger Jahren, wurde die bislang den Juden auferlegte Opferrolle, aus der die Judenheit nun befreit war, auf die *causes politiques*, für die man sich engagierte, übertragen – was aber beim Palästinenserproblem plötzlich Schwierigkeiten machte: nun waren die Opfer die Opfer von Juden, der Jude hatte seine eigenen »Juden« geschaffen – die Übertragung wurde zur Umkehrung. Und dies zum Zeitpunkt, da im Zug der Aufarbeitung von Vergangenheit und Marxismus der *gauchisme* unterging – »und seine Symmetrien mit ihm: und was daraus hervorging, ist das Recht auf ein Anderssein« (Finkielkraut). Für die »Versöhnung der jungen Juden mit sich selber« war dieser Prozeß von entscheidender Bedeutung. Es galt nun nicht mehr, den Juden oder sein Symbol bei den anderen zu suchen – »eine gewisse innere Spaltung war verheilt«.

Diese Entwicklung ist keine isolierte, sie kennzeichnet die Epoche und ist auch wegweisend für die Aufsplitterung des Engagements in minoritäre Forderungen. Erkennbar wurde das nicht zuletzt bei den Solidaritätsdemonstrationen im Anschluß an die letzten antisemitischen Attentate: Nach dem Anschlag auf die Copernic-Synagoge traten in der Menge Minderheitengruppen (zum Beispiel Frauengruppen) deutlich als solche in Erscheinung: auch sie fürchten die Bedrohung ihrer Freiheit. Ihre Teilnahme sollte nicht nur Solidarität in einem absoluten Sinne bezeugen, sie schloß gleichzeitig eine vielleicht übertriebene, möglicherweise völlig ungerechtfertige – jedenfalls präventiv gedachte Selbstschutz-Demonstration ein. Etwas traurig stellt Alain Finkielkraut fest, daß mit dem emanzipatorischen Recht auf ein Anderssein etwas anderes verlorengegangen ist, ein uneigennütziges Engagement, die Öffnung auf den anderen, eine mitmenschliche Anteilnahme mit der Bereitschaft – und Anmaßung! –, sich in etwas einzumischen, das einen nichts angeht. Im Zeitalter des Individualismus und des Narzißmus ist diese Haltung, die Sartre geradezu als Prototyp verkörperte und die auch Lévinas' Ethik auszeichnet, politisch kaum mehr relevant. Universal sind der Staat, die Öffentlichkeit, die Republik und die Gerechtigkeit, das Prinzip der Revolution als Hoffnung – partikularistisch die egoistischen Interessen, der Kult der Minderheit und der »ethnischen« Unterschiede, die Bestätigung und Befriedigung des eigenen Ichs als Priorität. In diesem Sinne bezeichnet Finkielkraut das Recht auf ein Anderssein als »ethische Regression«. Mit Emmanuel Lévinas möchte er das zeitgenössische Judentum nicht als absondernden *particularisme* verstehen, sondern als existentielle »Modalität«: als eine Art zu sein in der Welt – mit dem Gefühl der Verantwortung für diese Welt.

Nachwort 1989

Das Ende der Revolution und des Zweiten Weltkriegs

»Die Menschen«, sagt der französische Philosoph Michel Serres, »denken immer nur in sehr, sehr kurzen Zeiträumen, sowohl in politischen wie in ökonomischen Belangen.« Doch: »Weil sie eine Zukunft braucht«, bedarf die Welt der Philosophen. Michel Serres gehört heute zu den einflußreichsten Denkern Frankreichs. Seit zwei, drei Jahrzehnten vertritt er eine neue Tendenz des Philosophierens, aber erst jetzt, nach dem Untergang der Sartre-Sonne, nimmt man ihn zur Kenntnis; nachdem auch der Einfluß von Claude Lévi-Strauss, Jacques Lacan, Michel Foucault, Roland Barthes, Jacques Derrida – die im nichtfrankophonen Ausland, vor allem in Amerika, allerdings noch immer mit der französischen Gegenwartsphilosophie gleichgesetzt werden – langsam zurückgeht. »Wir, die Philosophen«, sagt Michel Serres weiter, »sind Menschen, die langfristig denken. Wir müssen verstehen, wie eine Zeit funktioniert. Man muß so sehr in seiner Zeit stehen, daß man möglichst klar erkennen kann, wohin die Entwicklung führt.«

Der Philosoph als Prophet der Zukunft: Diese Aufgabe stellt ihm – und sich – Michel Serres. Damit steht er in einer Tradition, von der er sich gleichzeitig absetzt: »Ich habe nach dem Zweiten Weltkrieg angefangen, Philosophie zu betreiben. Wir waren damals von den politischen Problemen, die sich aus der apokalyptischen Katastrophe ergaben, geprägt, das ist verständlich. Aber mich hat dies letztlich weniger beschäftigt als der brutale Eingriff der Wissenschaft in den Krieg. Ich sage oft, daß ich wegen Hiroshima Philosoph geworden bin.«

Michel Serres, Jahrgang 1930, entwickelte seine Philosophie im Schatten der herrschenden Tendenzen, vor allem des Existentialismus und Sartres, »der eine Philosophie des Krieges machte« (Serres). Mit Sartre und seiner Generation stand das Nachkriegsdenken ganz im Zeichen von Auschwitz und noch immer in einer – zunehmend gefährdeten – Tradition, die auf die Aufklärung zurückgeht. Doch die Einfluß-Verhältnisse *(rapports d'influence)* haben sich mehr oder weniger umgekehrt – die Intellektuellen die Welt auf paradoxe Art und Weise verändert: rückwärtsgewandt. Die in diesem Buch entwickelte Perspektive der französischen Faschismusverdrängung und ihrer sukzessiven Aufarbeitung erlaubt es, in den gründlichen politischen wie intellektuellen Veränderungen, die das zeitgenössische Frankreich kennzeichnen, eine gewisse Logik auszumachen.

Zu den Ereignissen, die seit dem Abschluß des Manuskripts – vor den Wahlen von 1986 – über die Bühne gegangen sind, gehört der Barbie-Prozeß. Es gäbe – im einzelnen – vieles an ihm zu kritisieren, und es fällt schwer, die Essenz einer Lektion in Geschichte zu formulieren. Doch im großen ganzen gesehen verlief er würdevoller und weniger peinlich, als man erwarten mußte. Bedauerlich ist, daß der Aspekt der Kollaboration nicht stärker einbezogen wurde – das hätte auch glaubwürdiger gemacht, daß man einen Schergen wie Barbie noch 1987 vor ein Gericht stellte. Vor ihm stand er mit jedem Recht, doch die Tatsache, daß wichtigere Elemente eines Systems, Promotoren und Vollstrecker einer Ideologie, der man exemplarisch den Prozeß machen wollte, in Freiheit sind, ohne je zur Rechenschaft gezogen worden zu sein, gab dem Barbie-Prozeß den Anstrich einer gewissen Willkürlichkeit. Und in der Tat: Wäre Barbie nicht der Mörder des Märtyrers Jean Moulin, er wäre nie vor die Schranken eines französischen Gerichts gekommen. Letztlich war es wohl sein Verteidiger Jacques Vergès, der mit seiner Strategie der Bedrohung und Erpressung verhinderte, daß auch der Aspekt der Kollaboration auf glaubwürdigere Art und Weise einbezogen wurde, was wiederum erlaubt hätte, die historischen Perspektiven und Verhältnismäßigkeiten schärfer zu zeichnen.

Der Barbie-Prozeß hat auch nicht, wie einige Kommentatoren meinten, die Beschäftigung mit der Vichy-Vergangenheit angeregt. Im Gegenteil: Diese hochexplosive Abrechnung hatte vorher stattgefunden – auf bewußte und unbewußte Weise. Und nur weil es dazu gekommen war, konnte der Prozeß gegen Barbie, der ja weiß Gott lange genug hintertrieben und herausgezögert worden war (keineswegs erst seit der Auslieferung von Barbie), überhaupt erfolgen. Zu einem Zeitpunkt, da er seine gesellschaftliche Brisanz weitgehend verloren hatte. Darum war auch die Strategie des Verteidigers, der mit Enthüllungen drohte, wie eine Seifenblase geplatzt. – Der Barbie-Prozeß kam spät. Es fällt auch schwer, in ihm eine kollektive Katharsis auszumachen, zu vieles an ihm war verlogen. Aber er wurde gut geführt, und er hat die Erinnerung erneuert. Vor allem konnte der Schaden seiner perversen Effekte in Grenzen gehalten werden.

Den Barbie-Prozeß überdauert die drückende Präsenz der Vergangenheit. Unzählige Bücher befassen sich mit der Nazi-Zeit. Die Publikationen über die »Endlösung« – wie das erst im Frühjahr 1988 veröffentlichte Standardwerk *La Destruction des juifs d'Europe* (Die Vernichtung der europäischen Juden) von Raul Hilberg – sind um so wichtiger, als die französischen Revisionisten, welche die Existenz der Gaskammern in Frage stellen, im Schatten der die Gegenwart bestimmenden Aufklärung ein Echo finden, das einen bei aller Gelassenheit bedenklich stimmen muß – obwohl Le Pens »Detail« (als das er die Gaskammern von Auschwitz bezeichnete) dem Politiker des »Front National« letztlich mehr geschadet als genützt hat. Die Vergangenheit prägt jedenfalls weiterhin die politische Entwicklung, und in diesem Kontext konnte es wohl nicht mehr nur als Zufall gedeutet werden, daß Mitterrand, der von allen französischen Politikern über das beste historische Gespür verfügt, den entscheidenden Durchgang bei der Wahl des Staatspräsidenten ausgerechnet auf den 8. Mai festlegte, den Tag, an dem die bereits im August 1944 befreiten Franzosen weniger das Ende des Zweiten Weltkriegs im Jahre 1945 begehen als ihren »Sieg« über die Deutschen, und dessen heimiche Aktualität Mitterrand 1981, als er erstmals gewählt wurde, sehr viel klarer erfaßt hatte als Giscard, der die zuvor von ihm veranlaßte Abschaffung des 8. Mai als nationalen Feiertag zum mehr oder weniger einzigen großen Irrtum seiner Amtszeit erklärt hatte.

Seinem historischen Instinkt mehr noch als seiner politischen Intelligenz verdankt es Mitterrand, daß er, der im Elysée alle Rekorde der Unpopularität schlug, als bislang einziger Präsident der Fünften Republik vom Volk wiedergewählt wurde. Die *cohabitation* von linkem und rechten Lager, der er sich zwischen 1986 und 1988 unterzog, war beliebt und eine demokratische Lehrzeit; Mitterrand profitierte von ihr. Nur zu einem geringen Teil Zufallsprodukt des Wahlkalenders, entsprach sie einem allgemeinen Bedürfnis, repräsentierte sie eine Phase der französischen Geschichte – und findet eine Fortsetzung: Die Wähler verweigerten sich einer Neuauflage des Szenarios von 1981. Sie gaben Mitterrand bei den Parlamentswahlen im Juni 1988 bloß eine relative Mehrheit – nachdem die Meinungsumfragen eine neue »rosa Welle« vorausgesagt hatten. Diese Perspektive erschreckte viele Wähler – sie hatten den Mitterrand, der für eine historische Entwicklung steht, im Amt bestätigt; mit einer Neuauflage des Sozialismus à la 1981 hatten sie nichts im Sinn.

Auch wenn es in der politischen Landschaft Frankreichs äußerst schwierig ist, die Mitte zu lokalisieren, zumindest politisch zu besetzen: Das Zentrum entspricht dem jetzigen ideologischen Bewußtseinsstand und den politischen Erwartungen. Niemand mag bestreiten, daß es sachliche Unterschiede zwischen einer Politik der Linken und einer Politik der Rechten gibt – aber sie haben mit dem traditionellen Links-Rechts-Schema, das zu Recht als überholt empfunden wird, denn es hat seine historische Dynamik verloren, nicht mehr viel zu tun. Die jetzige Konstellation wertet das Parlament auf – ein weiterer Schritt in Richtung Demokratisierung. Daß eine funktionierende Demokratie neben einer handlungsfähigen Regierung eine starke Opposition braucht, ist jedermann klar – doch wurde die Funktion der Opposition insbesondere von den bürgerlichen Parteien in den ersten Jahren der sozialistischen Ära und nicht zuletzt von den Intellektuellen allzu stereotyp und systematisch wahrgenommen – in einem Korsett, das nun abgelegt wird. Ein halbes Jahrhundert nach der Niederlage von 1940 scheinen die Folgen des Traumas und seiner Verdrängung nahezu überwunden – und 200 Jahre nach der Revolution sind die politischen Lager im Begriff, den bürgerkriegsähnlichen Stil der Auseinandersetzung aufzugeben und sich einander bis auf die natürliche Distanz, die sie im Sachlichen trennt, anzunähern. Diese Versöhnung Frankreichs mit sich selbst ist das hervorstechendste Merkmal dieser Jahre; dagegen fallen die weniger erfreulichen Begleiterscheinungen wenig ins Gewicht.

Dennoch hat die politische Klasse erneut Schwierigkeiten, zum Teil aufgrund persönlicher Geisteshaltung, zum Teil durch die Institutionen bedingt, der ideologischen Entwicklung zu folgen. Dabei tun sich die Sozialisten mit der »Öffnung«, die dem historischen Trend entspricht, und mit der Präsenz nichtsozialistischer Minister in der Regierung »ihres« Präsidenten, sehr viel leichter als Politiker der Rechten. Hat am 8. Mai 1988 mit der Bestätigung Mitterrands im Amt der Anfang vom Ende des Gaullismus begonnen – der zweiten ideologischen Größe, welche die Nachkriegszeit beherrschte? Jean Lacouture sprach im *Nouvel Observateur* von *la seconde mort du Général*. In die politische Niederlage und tiefe Krise gestürzt hat den Gaullismus sein Erzfeind, die extreme Rechte. Das Jahr 1988 erinnert im rechten Spektrum an das, was 1978 im linken Bereich geschah: anstelle des als sicher erwarteten Sieges der Streit der Verbündeten, die Zersplitterung. Und so, wie vor zehn Jahren die Sozialisten erstmals die Kommunisten zu überholen vermochten, rangierte diesmal die UDF vor den Gaullisten Jacques Chiracs – eine wohl folgenreiche historische Premiere. Werden die Gaullisten im gleichen Maße marginalisiert werden wie die Kommunisten? Auszuschließen ist es nicht. Insgesamt steht die Rechte vor der gleichen Aufgabe, wie sie die Linke zuvor gelöst hat: der Loslösung vom ideologischen Extrem, das eine historische Hypothek darstellt.

Und Le Pen? Er ist ebenso ein Phantasma, das der Prozeß der Aufarbeitung hervorgebracht hat – als solches wird er wieder verschwinden – wie eine ernst zu nehmende Realität, deren wirkliches Gewicht schwer abzuschätzen ist. Ausschlaggebend ist jedoch – und zwar für den Prozeß der antitotalitären Läuterung, der im rechten Lager erst so richtig bevorsteht – die Tatsache, daß die extreme, faschistische Rechte innenpolitisch gefährlicher ist als die Kommunistische Partei. Das gilt es angesichts der historischem Reminiszenzen zu bedenken, wenn Le Pen und seine Getreuen sich in Äußerungen ergehen, die in ihrer Radikalität alles übertreffen, was sie bisher tun – tun können. Damit das Rhetorik bleibt, braucht die Rechte einen – ihren – Mitterrand, dem es gelingt, eine neue Sammelbewegung zu gründen, die sich vom faschistoiden Rand distanziert, den ideologischen (also auch: gaullistischen) Ballast, mit dem sich die Sozialisten 1981 schwer taten, über Bord wirft und zu einer modernen Partei, die gleichermaßen zur Machtausübung wie zur Opposition fähig ist, werden kann.

Es war der überraschende Streik der Schüler im November und Dezember des Jahres 1986, der die ideologische Offensive der bürgerlichen Regierungsparteien gebremst hatte. Unpolitisch und jeder Ideologie abhold: So verstand sich die Revolte der akademischen Jugend, die sich entschieden von jeder Gewaltanwendung distanzierte. Selbst auf der Straße erwies sie sich als Generation von Musterschülern. Es waren vorwiegend Provokateure aus dem rechtsextremen Lager, welche die Eskalation der Gewalt auslösten. Da auch die Polizei weniger diszipliniert als die Masse der Demonstrierenden war, kam es zu den

Szenen, die Erinnerungen an den Mai 68 heraufbeschworen. Erst die Bilder brennender Autos und natürlich der Tod des Märtyrers Malik Oussekine vermochten dank ihrer Symbolkraft auch die Regierung zur Vernunft zu bringen – das heißt zur Rücknahme des Gesetzentwurfs zu veranlassen.

Diese junge Generation verwirft die extremen Ideologien des linken wie des rechten Lagers – allenfalls als liberal und sozial mag sie sich verstehen, dies aber auf eine individualistische Art und Weise. Von Konsumverzicht und -kritik ist nicht die Rede, auch nicht von einer globalen Veränderung der Gesellschaft. Der Widerstand richtete sich gegen drei Punkte der Loi Devaquet (insbesondere den Selektionsdruck in der Ausbildung) – weder wurde eine Utopie an die Wand gemalt, noch wurde eine gesellschaftspolitische Forderung gestellt. Energisch wehrte sich die Bewegung gegen jede Vereinnahmung durch die Politiker gleich welcher Couleur. Aus einer historischen Perspektive kann man die Revolte des Jahres 1986 allenfalls als Aufstand, mit dem die *beurs* (die Maghreb-Immigranten der zweiten Generation) ihre Integration besiegelten – ihr *droit de cité* erwarben, deuten.

Auf geradezu kongenial zu nennende Weise entsprach der Verlauf der Ereignisse der *cohabitation:* Nach der Linken, die den historischen – und anachronistischen – Schulstreit neu hatte aufflammen lassen, scheiterte jetzt die Rechte am zwanghaften Hang, das Bildungswesen einer Totalrevision zu unterwerfen – eben nicht, weil es reformbedürftig wäre (was es in der Tat ist), sondern als mehr oder weniger bewußter Tribut an die historische Logik; weil sich die Machtverhältnisse geändert haben. Keine Reform – das ist die schlagendste Lektion der Revolte.

Bis auf Le Pen, der das Nachgeben der Regierung unter dem Druck der Straße unterstrich, unterstützte die gesamte politische Klasse, die der Aufstand der Jugend noch etwas älter wirken ließ, den Rückzug der Reform, die nach den Worten des zuständigen Ministers »gar keine war« – die Partei, die sie in die Welt gesetzt hatte, mit der Begründung, daß sie offenbar nicht breit genug abgestützt sei und man daraus die Konsequenzen ziehe. Was eine – nicht ganz ehrliche – Begründung einer durchaus demokratischen Verhaltensweise ist. Schon zuvor hatte ein eher linker Publizist und Professor die Forderung formuliert, Universitätsreformen dürften nur noch unter einer Bedingung gemacht werden: daß sie frühestens fünf Jahre später in Kraft treten. Anders gesagt: nach den nächsten Wahlen…

Auf das durch und durch demokratische Wesen wie das Funktionieren der 86er Revolte hat der Philosoph Luc Ferry hingewiesen. Den wesentlichen Unterschied zum Mai '68 sieht er in einer Aufwertung des Rechts, das zwei Jahrzehnte zuvor als Manipulationsmaschine der Bourgeoisie verschrien worden war. 1968 war die Revolte irrational – 1986 von der Vernunft geleitet: Man forderte (wegen der übertriebenen Repression, auch wegen der Verschärfung der Einbürgerungspraxis für in Frankreich geborene Ausländer) die Demission des Innenministers, doch nannte niemand Pasqua einen Faschisten – während 1968 die Studenten überzeugt waren, es im damaligen Innenminister mit Hitler persönlich zu tun zu haben.

War es die Konstellation der *cohabitation*, welche die Regierung zum Rückzug des Gesetzesentwurfs führte? Chirac fürchtete eine staatspolitische Krise, von der Mitterrand profitiert hätte. Dazu kam es nicht. Die Vernunft siegte – an beiden Fronten, auf allen Seiten. So jedenfalls ist in Frankreich noch nie eine Revolte über die Bühne und vor allem: zu Ende gegangen.

Die Intellektuellen spielten bei diesem Ereignis keine aktive Rolle. Aber sie meldeten sich umgehend mit ausgiebigen Voten zu Wort. Der Terrorismus in Paris wenige Wochen zuvor hatte sie sprachlos gelassen, die Politik schien sie zu langweilen – die Revolte der Schüler, die auf keinem Programm angesagt war, machte sie redselig. Analysen, Debatten, Kommentare, Petitionen: In den Köpfen rumorte es. Das Erwachen einer neuen Generation forderte sie heraus – von den Soziologen bis zu den Semiotikern machten sie keinen Hehl aus ihrer Sympathie und Solidarität. Félix Guattari erkannte die kollektive Bewußtseinsbildung einer Generation, die zur Uniformität und Verdummung durch die Medien verdammt war. Andere deuteten den Protest als Aufstand gegen die sich abzeichnende duale Gesellschaft. Der Philosoph Gilles Lipovetsky dozierte zum Thema »Blut, das Tabu unserer Gesellschaft«. Der Linguist und Schulkritiker Jean-Claude Milner bejahte die Selektion – »aber für die Lehrer«. Cornelius Castoriadis befaßte sich mit der *ambiguité de l'apolitique*. Serge July lobte die Jugend für ihre staatsbürgerliche Reife: In die gleiche Richtung wies der Kommentar von Alain Savary, der als Unterrichtsminister Mitterrands Alain Devaquets Schicksal (der Demission) geteilt hatte: »1986 sind die Jugendlichen mündig.« Pierre Bourdieu, der ironisch nach der Gründung eines Bernard-Tapie-Gymnasiums fragte, erkannte in den

Ereignissen eine lebendige, intelligente, lustige und zutiefst seriöse Bewegung, welche »die Ideologie vom Ende der Ideologien« dementiere.

Damit drängt sich eine weitere Lehre aus der Revolte auf: Ihr Verhalten im November und Dezember 1986 zeigt, daß die vom Marxismus geläuterten Ex-Linksintellektuellen im Begriff sind, langsam ihre gesellschaftliche Rolle wiederzufinden. Es ist die Funktion des – mehr oder weniger kritischen, mehr oder weniger sympathisierenden – Beobachters und Kommentators, der bei allem Engagement eine gewisse Distanz zu den Ereignissen wahrt.

Auf der rechten Seite des politischen Spektrums erneuerte die Intelligenz hingegen ihre übelste Tradition: Als Ausdruck von »geistigem Aids« (*sida mental*) bezeichnete Louis Pauwels den Aufstand der jungen Generation, die er für kollektiv infiziert hielt. Mit seinem Leitartikel im weitverbreiteten *Figaro Magazine* machte Pauwels dem Ruf der »dümmsten Rechten der Welt« alle Ehre, doch war seine Polemik keineswegs für das gesamte bürgerlich-konservative Lager bezeichnend. Allerdings verweist der Haß des Mannes, der vor Jahren die »Nouvelle Droite« publizistisch groß gemacht hatte, neben den Idealen und Werten, die hinter der Revolte standen – nämlich eine gewisse Generosität und Solidarität sowie das Prinzip der Chancengleichheit – auch auf die Herkunft der Bewegung aus dem Umfeld der *beur*-Kultur. Es bestätigt sich nun überdies, daß die »Nouvelle Droite« in der Tat die Schleusen öffnete – der Flut, die Le Pen auf 15 Prozent der Stimmen brachte. Aber daß sich der rechtsextremistische Front National auf eine kulturelle Bewegung stützen, daß er auf einen intellektuellen Beistand zählen könne – wie Vichy im Jahre 40 –, kann wirklich nicht behauptet werden.

Geradezu voraussehbar war – aus der Perspektive der historischen Aufarbeitung – der Skandal um Heidegger. Weder Zeitpunkt noch Intensität der Debatten um seine Vergangenheit sind Zufall; Victor Farias anklagende Schrift »Heidegger et le nazisme« war das Fanal. Mit Heidegger geschieht seit Ende 1987 – und erneut scheinbar völlig unvermittelt –, was ein Jahrzehnt zuvor an Marx' Werk vollzogen wurde: Nach der politisch-ideologischen Aufarbeitung des Überbaus folgt, chronologisch und intellektuell durchaus konsequent, die philosophische. Daß Heidegger dabei nicht wie Marx einfach vom Tisch gefegt werden kann, sondern hartnäckigen Widerstand leistet, zeugt von der Qualität seines Denkens und der Tiefe seines Wirkens in Frankreich.

Die Debatten um seine Verantwortung und seine Verfehlungen müssen aber auch im Zusammenhang mit der Krise des politischen Intellektuellen gesehen werden. Seit langem schon ist unbestritten, daß die Literatur aus dem Bösen entstehen kann, mit ihm liiert ist, einen teuflischen Pakt geschlossen hat – das ist schon fast ein Gemeinplatz der zeitgenössischen Ästhetik. Die Philosophie hingegen wird noch immer mit dem Guten gleichgesetzt, zumindest dem Anspruch nach, den man an sie stellt. Sartre hat sich politisch geirrt, aber persönlich war er »sauber« (wenn auch in der Résistance kein antifaschistischer Held). Und wenn er sich irrte, so gerade deshalb, weil er das Gute wollte. Bei Heidegger, der in Frankreich zur dominierenden Denkfigur dieses Jahrhunderts geworden ist, wird nun ein schockierender Zusammenhang evident: daß die Philosophie – die beste, abstrakteste, höchste – mit dem Bösen, mit dem Bösen schlechthin, ja mit dem absoluten Bösen etwas zu tun haben könnte. Das ist die Einsicht, die in Frankreich, wo das politisch gefährliche, verdächtige Denken nach 1945 als minderwertig übergangen werden konnte, langsam dämmert – und daß die Ambivalenz aller Dinge, das Paradoxe als Prinzip, auch die Philosophie infiziert hat. Pikanterweise wirft man Heidegger nicht einmal vor, er sei Vordenker des Nazismus gewesen und hätte bei seiner Verbreitung eine Rolle gespielt, was ja keineswegs der Fall war – es geht um das Wesen, die Essenz seiner Philosophie. Und um paradoxe Folgen: Das beste Denken kann aus dem Denken des Bösen entstehen und diesem einen neuen Status vermitteln – bis hin zu einem Denken des Widerstands, das heute durchaus linke (und über jeden politischen Zweifel erhabene) Philosophen Heidegger zugestehen. Dennoch bleiben uns Sartres politische Irrtümer (und Utopien) lieber als jene Heideggers, die vielleicht gar keine sind.

Sartre hatte nach 1944 gewissermaßen die Kollektivschuld auf sich genommen – aus ihr und von ihr existiert. Er verkörperte den Haß der Intellektuellen auf Frankreich wie den Selbsthaß. Die Wunden sind nun verheilt – in einem Prozeß, der eine *culture molle* des Konsenses, des Kompromisses (und der *compromission*), der Kritikunfähigkeit, generell der gesellschaftlichen Apathie hervorgebracht hat. Doch diese Situation ist im Begriff überwunden zu werden. Einer der Philosophen, die erneut Kriterien der Kritik und Wertmaßstäbe aufzustellen versuchen, ist Alain Finkielkraut. Er macht in der zeitgenössischen Nivellierung den Sieg der Romantik über die Aufklärung aus – den Triumph

Herders über Goethe. Seine Genealogie, die den Massenkulturkonsum auf Herder und seine Konzepte zurückführt – das Schlagwort von der Gleichwertigkeit aller Kulturen bewirkt habe, daß alle Gattungen der Kultur für gleichwertig befunden werden –, erscheint etwas fragwürdig. Finkielkraut tut Herder zwar Unrecht, aber das ändert nichts am aktuellen Befund, den er formuliert: Es gibt heute keinen wertmäßigen Unterschied mehr zwischen Wagner und Video, ein (guter) Werbeslogan wird auf die Stufe eines Gedichts von Verlaine gesetzt, ein Paar Stiefel ist ebenso »ästhetisch« – im Design – wie ein Stück von Shakespeare, van Goghs Rekordpreise werden wie sportliche Spitzenleistungen gehandelt, und Rennpferden wird ohne Zögern das Attribut »genial« zugebilligt.

Für Alain Finkielkraut ist die Kultur nicht mehr ein Instrument der Emanzipation, sondern zu dem verkommen, was man Unterhaltung nennt. Die Werbung hat – was anthropologisch schon sehr viel schwerwiegender ist – die Askese verdrängt, und in seiner zeitgenössischen Form impliziert der Kapitalismus das unmittelbare Genießen, das er zur Zeit seiner Entstehung verbot. Zum *enrichissez-vous* hat sich das *amusez-vous* gesellt. Der zeitgenössische Hedonismus erhebt jede Form von zerstreuender Freizeitgestaltung in den Stand des Kulturellen: Kein transzendentaler Wert darf, nach Finkielkraut, den totalen Gebrauch der Freiheit und die Ausbreitung des Konsums bedrängen oder gar stoppen. Der Autor kann in der totalen und prompten Verfügbarkeit der Werke und des Wissens keinen emanzipierenden Zug, keinen Aspekt einer möglichen Demokratisierung ausmachen, denn: Das postmoderne Individuum hat vergessen, daß Freiheit etwas anderes ist als die Macht, auf ein anderes Programm umzuschalten – und Kultur etwas anderes als ein befriedigtes Bedürfnis. Im Sieg des die Kultur beherrschenden »Lustprinzips«, gewahrt Finkielkraut (in seinem Essay »La défaite de la pensée«) einen Triumph der partikularen, egoistischen Interessen, des Fanatismus und der Zombies – damit Herders – über die Ideale der Aufklärung: Die Barbarei hat sich der Kultur bemächtigt, konstatiert Finkielkraut in einem kurzen Epilog, in dem er die Ausbreitung der Intoleranz und die zunehmende Infantilisierung hervorhebt: Die kulturelle Identität, die das Individuum in seine Herkunft einschließt und der totalen Berieselung ausliefert, verwehrt ihm den Zugang zum Zweifel, zur Ironie, zur Vernunft – zu allem, was den Menschen von seiner kollektiven Matrix *(matrice collective)* losreißen könnte.

Finkielkraut wirft den Intellektuellen vor, sich nicht mehr um das Überleben der Kultur zu kümmern. Ihre vergangenen ideologischen Irrtümer, deren Preis sie noch immer bezahlen, mögen ihre diesbezügliche Zurückhaltung motivieren, in der sich auch das Schwinden des politischen Bewußtseins, generell die mangelnde Kritikfähigkeit auswirken – doch wer weiß, ob nicht morgen schon der fehlende Widerstand gegen die Ausweitung der Kulturindustrie, die bereits das Prestige des kreativen Schaffens für sich beansprucht, als Blindheit gegenüber der neuen Barbarei erscheinen wird? Finkielkraut jedenfalls spricht von einem »neuen Verrat« der Intellektuellen, die »abgedankt« haben.

Als eine der Ursachen der intellektuellen Abwesenheit nennt Bernard-Henri Lévy, der die Entwicklung der vergangenen zwei Jahrzehnte ebenfalls entscheidend mitgeprägt hat, die *cohabitation*. Ihren Beginn datiert er allerdings nicht seit 1986 mit dem – mehr oder minder unfreiwilligen – politischen Zusammengehen von linkem und rechtem Lager, sondern seit dem bahnbrechenden Handschlag zwischen Sartre und Raymond Aron im Jahr 1979 im Elysée-Palast, als die beiden Gegenpole der Nachkriegsepoche sich für die Aufnahme von asiatischen Flüchtlingen einsetzten. Diese historische Begegnung hat Lévy (in seinem Pamphlet »Eloge des intellectuels«) in den Begriff »Sartron« – eine Verschmelzung der Namen Sartres und Arons, womit er die künstliche und lähmende Überwindung der Gegensätze meint – gebannt: Man glaubt, die Vereinigung wird zur Tugend, der nationale Konsens ein Imperativ, der Kompromiß ein Segen. Es ist die Faszination des Gemeinplatzes – entspricht aber der historischen Logik: Die postrevolutionäre Epoche hat begonnen. Das hat für die Intellektuellen, deren Irrtümer diese Entwicklung beschleunigt haben, Konsequenzen. In Zukunft wird es nicht mehr möglich sein, sich lieber mit Sartre politisch irren, als mit Aron recht haben zu wollen: Diese Einstellung, für die man in der Phase der Nachkriegszeit ein gewisses Verständnis haben konnte, verdammt die Debatten, die man sich in der Tat wiederum etwas heftiger, auch substantieller, politisch engagierter wünscht, von vornherein zur Unverbindlichkeit. In diese Richtung weist Lévy selbst mit seiner Forderung, der kritische Intellektuelle müsse den organischen, den (im Sinne des italienischen Theoretikers Gramsci) doktrinär und ausschließlich eine Sache oder Idee vertretenden Intellektuellen ablösen. Als nonkonformistischer, kritischer, kühner Intellektueller kann der Schriftsteller, Philosoph, Künstler auch im Zeitalter der Medien, deren er sich bedienen soll, im weitesten Sinne eine gesellschaftliche Rolle spielen – die erste Voraussetzung dafür bleibt aber seine Demokratisierung.

Glucksmann, Lévy, Finkielkraut, viele andere – auch ein großer Denker wie Emanuel Lévinas, der erst jetzt, im hohen Alter, zur Kenntnis genommen wird: ihre Namen stehen für eine jüdische Renaissance, die zu den erstaunlichsten Erscheinungen im zeitgenössischen Frankreich gehört. Sie artikulieren eine Geisteshaltung, die in der durch die rückwärtsgerichtete Aufarbeitung bedingten großen Verwirrung neue – keineswegs religiöse – Wertmaßstäbe zu setzen und ethische Kriterien zu entwickeln sucht. Beispielhaft für das Schicksal der jüdischen Intellektuellen nach 1945 ist in diesem Zusammenhang das Leben und Schreiben der Philosophin Sarah Kofman, die sehr viel zur Rezeption Nietzsches beigetragen hat. Sie gehört zu den vielfältigen Figuren der Nachkriegs- und Gegenwartsphilosophie, die – als Antwort auf Auschwitz, mehr implizit als direkt auf die Katastrophe der Vernichtung bezogen – mit dem Rationalismus zusehends auch den Humanismus beerdigte. Keinem ihrer zahlreichen Bücher sei das Judentum anzumerken, meint Sarah Kofman, die diesen Anspruch mit Jacques Derrida, dem prominentesten Heideggerianer, teilt – bis auf die letzten drei, in denen sie sich mit Shakespeares Shylock, der Verdrängung des Judentums bei Freud und schließlich mit dem Tod des eigenen Vaters in Auschwitz befaßt: Nach vielen Umwegen hat sie nach vierzig Jahren dieses – verdrängte – zentrale Thema (und Trauma) ihrer Existenz und einer ganzen Epoche aufgegriffen. Am Ende ihrer schmalen Schrift »Paroles suffoquées« hofft sie auf einen neuen Humanismus, der einzig die Wiederholung von Auschwitz verhindern könne. Ihre Zuversicht gilt einer erneuerten »Gemeinschaft der Menschen«, die sich auf die Vernunft stützen müsse.

Das sind verblüffende, überraschende Hoffnungen. In der Veränderung von Frankreichs philosophischer Landschaft schließt sich ein Kreis. Die Rehabilitierung – und Renaissance – intellektueller, moralischer, politischer Werte, für die vor allem jüdische Denker verantwortlich sind, kommt – nicht nur bei Sarah Kofman – aus der Beschäftigung mit dem totalen Trauma, das sie kompromittiert hatte. Was von dieser in Etappen unternommenen Verarbeitung bleibt, ist die Bedeutung des Texts, der sich im Nachkriegsfrankreich gewissermaßen der

Realität substituierte und an dem die epochale Aufarbeitung geleistet wurde. Auf ihn beziehen sich nach dem Zerfall der Utopien, die im Rückblick fast nur noch als Trugbilder der Verdrängung erscheinen, auch die sehr viel bescheideneren, aber nicht weniger authentischen Hoffnungen bei anderen wie bei Sarah Kofman: »Nur wer lesen kann, ist vor der Rückkehr von Auschwitz gefeit.«

In Frankreich fällt das Ende der revolutionären Ära mit der Überwindung der aus dem Zweiten Weltkrieg hervorgegangenen Konstellation zusammen. Die Entwicklung hat die Kultur an einen Nullpunkt geführt – der zugleich ein Ausgangspunkt ist. Frankreich, das in den letzten vierzig Jahren vor allem mit sich selber beschäftigt war, öffnet sich in einem spektakulären Maße. Die im Prozeß der historischen Aufarbeitung stark strapazierte Literatur und Philosophie sind – befreit von der Hypothek der Avantgarde, befreit auch vom Imperativ des Engagements – rehabilitiert worden, wobei diese Rehabilitierung unter dem Druck der Gefahr, der die kulturellen Gattungen ausgesetzt sind, vorerst eine theoretische bleibt, jedoch zusätzlich an Profil gewinnt. Noch fehlen die großen Werke, die auch der drohenden Barbarisierung entgegentreten könnten. Doch ist der Blick bereits so frei, daß er bislang ignorierte Horizonte ins Auge zu fassen vermag.

»Ich habe«, erinnert sich der unvermittelt ins Licht des öffentlichen Interesses gerückte Michel Serres, »dreißig Jahre lang in Frankreich in einem Klima des Schreckens gelebt. Die Philosophie war in die Hände kleiner Gruppen geraten, die alle behaupteten, die globale Wahrheit zu kennen.« Unverdrossen arbeitete er an einer Philosophie, in die er die veränderten Gegebenheiten unserer Zeit zu verarbeiten sucht – an einer Philosophie, die den Lärm zu denken versteht und die Übergänge, die das Chaos und die Mischung in ihre Gedankengänge einbezieht. Schon in den fünfziger und sechziger Jahren veröffentlichte Michel Serres unter dem Titel *Hermes* sechs Bände, die davon ausgehen, daß die angebrochene Epoche eine Ära der Kommunikation, der Codes, der Information sein würde. Jetzt endlich wird seine Philosophie, die das mathematische, physikalische, kunst- und geisteswissenschaftliche, auch das literarische Wissen kennt und berücksichtigt, in ihrer Aktualität erkannt: »Auschwitz ist in unserem Leben, Hiroshima ist in der Wissenschaft. Hiroshima hat die Wissenschaft verändert und ein neues Zeitalter eröffnet, während

Auschwitz dem Vergangenen angehört. Die Philosophie ist die Gesamtheit der Unternehmungen, die einen Sinn ergeben. Der Philosoph muß die Vielzahl der Standpunkte, Gegebenheiten, Disziplinen in Betracht ziehen und versuchen, daraus ein umfassendes Denken zu entwickeln, das alles an seinen Platz stellt.«

Genf 1989 *J. A.*

Bibliographie

Zahlreiche der Zitate stammen aus Gesprächen, die ich in den letzten Jahren führen konnte. Auf die verwendete Literatur wird im Zusammenhang der einzelnen Kapitel verwiesen. Die folgenden bibliographischen Hinweise beschränken sich deshalb auf eine Auswahl.

J.A.

Deutsch

Aron, Raymond, Erkenntnis und Verantwortung. München 1985.

Biermann, Karlheinrich, Literarisch-politische Avantgarde in Frankreich 1830–1870. Stuttgart 1982.

Descombes, Vincent, Das Selbe und das Andere: Fünfundvierzig Jahre Philosophie in Frankreich 1933–1978. Frankfurt a.M. 1981.

Furet, François/Richet, Denis, Die Französische Revolution. Frankfurt a.M. 1968.

Heller, Gerhard, In einem besetzten Land. Hamburg 1982.

Kohut, Karl (Hrsg.), Literatur der Résistance und Kollaboration in Frankreich. 3 Bände. Wiesbaden 1982.

Neudeck, Rupert, Die politische Ethik bei Jean-Paul Sartre und Albert Camus. Bonn 1975.

Poidevin, Raymond/Bariéty, Jacques, Frankreich und Deutschland. Die Geschichte ihrer Beziehungen 1815–1975. München 1982.

Richard, Lionel, Deutscher Faschismus und Kultur. München 1982.

Schiwy, Günther, Poststrukturalismus und »Neue Philosophen«, Hamburg 1985.

Schoch, Bruno, Marxismus in Frankreich seit 1945. Frankfurt a.M. 1980.

Soboul, Albert, Die Große Französische Revolution. Frankfurt a.M. 1973.

Waldenfels, Bernhard, Phänomenologie in Frankreich. Frankfurt a.M. 1983.

Weisenfeld, Ernst, Frankreichs Geschichte seit dem Krieg. München 1980.

Zimmermann, Margarete, Die Literatur des französischen Faschismus. München 1979.

Französisch

Amouroux, Henri, La grande histoire des Français sous l'occupation. 6 Bände. Paris 1976.

Assouline, Pierre, Gaston Gallimard. Paris 1984.

Bredin, Jean Denis, L'Affaire. Paris 1983.

Bianchi, Serge, La révolution culturelle de l'an II. Paris 1982.
Droz, Bernard/Lever, Evelyn, Histoire de la guerre d'Algérie. Paris 1982.
Furet, François, Penser la Révolution française. Paris 1978.
Guillemin, Henri, Charles Péguy. Paris 1981.
Hamon, Hervé/Rotman, Patrick, Les intellocrates. Paris 1981.
Hampson, Norman, Le siècle des Lumières. Paris 1972.
Hoffmann, Stanley, Sur la France. Paris 1976.
Jeanson, Francis, Sartre dans sa vie. Paris 1974.
Lidsky, Paul, Les écrivains contre la Commune. Paris 1982.
Loubet del Bayle, Jean-Louis, Les non-conformistes des années 30. Paris 1969.
Lottmann, Herbert R., Albert Camus. Paris 1978.
ders., La Rive gauche, Paris 1981.
Palmer, Robert R., 1789. Les révolutions de la liberté et de l'égalité. Paris 1968.
Philippe, Béatrice, Etre juif dans la société française. Paris 1979.
Rémond, René, Les Droites en France. Paris 1982.
Seghers, Pierre, La Résistance et ses poètes. 2 Bände. Paris 1978.
Sigmann, Jean, 1848. Les révolutions romantiques et démocratiques de l'Europe.
Sternhell, Zeev, La droite révolutionnaire. Paris 1978.
Willette, Luc, Le coup d'Etat du 2 décembre 1851. Paris 1982.
Winock, Michel, La République se meurt. Paris 1978.

Personen- und Sachregister

Philosophie bei Piper

Hannah Arendt
Eichmann in Jerusalem
Ein Bericht von der Banalität des Bösen. Mit einem Essay von Hans Mommsen.
358 Seiten. Serie Piper 308

Hannah Arendt
Elemente und Ursprünge totaler Herrschaft
Antisemitismus. Imperialismus. Totalitarismus. 758 Seiten. Serie Piper 645

Hannah Arendt
Macht und Gewalt
Von der Verfasserin durchgesehene Übersetzung. Aus dem Englischen von Gisela Uellenberg.
137 Seiten. Serie Piper 1

Hannah Arendt
Rahel Varnhagen
Lebensgeschichte einer deutschen Jüdin aus der Romantik.
298 Seiten. Serie Piper 230

Hannah Arendt
Über die Revolution
426 Seiten. Serie Piper 76

Hannah Arendt
Das Urteilen
Texte zu Kants politischer Philosophie.
Herausgegeben und mit einem Essay von Ronald Beiner.
Aus dem Amerikanischen von Ursula Ludz. 224 Seiten. Leinen

Hannah Arendt
Vita activa oder Vom tätigen Leben
375 Seiten. Serie Piper 217

Hannah Arendt
Vom Leben des Geistes
Band I: Das Denken. 244 Seiten. Frontispiz. Serie Piper 705
Band II: Das Wollen. 272 Seiten. Frontispiz. Serie Piper 706

Philosophie bei Piper

Hannah Arendt
Wahrheit und Lüge in der Politik
Zwei Essays. 93 Seiten. Serie Piper 36

Iring Fetscher
Der Marxismus
Seine Geschichte in Dokumenten. Philosophie, Ideologie, Ökonomie, Soziologie, Politik.
960 Seiten. Serie Piper 296

Jeanne Hersch
Die Ideologien und die Wirklichkeit
Versuch einer politischen Orientierung. Aus dem Französischen von Ernst von Schenk.
376 Seiten. Geb.

Jeanne Hersch
Das philosophische Staunen
Einblicke in die Geschichte des Denkens.
Aus dem Französischen von Frieda Freund.
354 Seiten. Serie Piper 1059

Leszek Kolakowski
Die Gegenwärtigkeit des Mythos
Aus dem Polnischen von Peter Lachmann. 169 Seiten. Serie Piper 49

Die Suche nach der verlorenen Gewißheit
Denk-Wege mit Edmund Husserl.
Aus dem Englischen von Jürgen Söring.
99 Seiten. Serie Piper 535

Hannah Arendt / Karl Jaspers

Briefwechsel 1926–1969

Herausgegeben von Lotte Köhler und Hans Saner.
859 Seiten. Leinen im Schuber

In der Geschichte des Denkens ist dies die bisher einzige umfangreiche Korrespondenz zwischen einer Philosophin und einem Philosophen, die veröffentlicht wird. Sie umfaßt 29 Briefe aus der Vorkriegszeit (1926–38) und 403 aus der Zeit von 1945 bis 1969, dem Todesjahr von Karl Jaspers. Mit Ausnahme weniger Briefe, die z. Z. als verloren gelten müssen, ist die Korrespondenz vollständig.
Sie wird durch wenige Briefe der beiden Ehepartner – Gertrud Jaspers und Heinrich Blücher – ergänzt, wo die Gesprächslage es erfordert. Ein umfangreicher Anhang bringt die nötigen Erklärungen über Personen und Ereignisse, auf die Bezug genommen wird; ein Personen- und ein Werkregister schlüsseln die Ausgabe auf.
Man darf ohne Übertreibung sagen, daß dieser Briefwechsel eines der großen Dokumente unserer Zeit ist. In ihm spiegelt sich die Zeitgeschichte der ersten Nachkriegsjahrzehnte: der Berliner Aufstand, die ungarische Revolution, der Mauerbau, der Eichmann-Prozeß, die Kubakrise, die Ermordung Kennedys, der Vietnamkrieg, der 7-Tage-Krieg Israels bis hin zu den weltweiten Studentenunruhen von Berkeley bis Berlin. Problemkomplexe der deutschen und internationalen Geschichte und Politik – die deutsche Schuldfrage, der Widerstand gegen den Nationalsozialismus, die Atombombe, die amerikanischen Verhältnisse, die Anerkennung der DDR, die Berlinfrage, das Judentum und Israel, der Ost-West-Konflikt – werden ausführlich erörtert.
Zugleich wird die Lebensgeschichte zweier Menschen bis ins Detail sichtbar, die das Stigma der Zeit – die nationale Bodenlosigkeit – als Chance bejahen.
Die Freundschaft wurde im Laufe der Jahre so verläßlich, daß beide Partner einander nichts verschweigen mußten. Die Offenheit einer sehr klugen, oft visionären Frau von hinreißendem Temperament und die eines in der Unbestechlichkeit rücksichtslosen, aber in der Vernunft kommunikativen Denkers begegnen einander und werden sich zu einer Art Heimat.
Der Briefwechsel zeichnet das Persönlichkeitsprofil der beiden Gestalten direkt und indirekt mit verläßlicher Exaktheit auf, er wird zu einem vielfältigen Spiegel der in Einzelheiten so verschiedenen und letztlich doch verwandten Denkungsarten. Darüberhinaus ist er ein wirkliches Lesevergnügen: belehrend, unterhaltend und beeindruckend zugleich für jeden, der sich für die kulturelle und politische Geschichte unseres Jahrhunderts interessiert.